구원은
하나님
은혜의
선　물

구원은 하나님 은혜의 선물
SALVATION, A Gracious Gift of God by Prof. Dr. Yoon Bae Choi

발행 2016년 8월 5일

지은이 최윤배
발행인 윤상문
편집부장 권지현
코디네이터 박현수
디자인실장 여수정
디자인 표소영, 박진경
발행처 킹덤북스
등록 제2009-29호(2009년 10월 19일)
주소 경기도 용인시 기흥구 동백동 622-2
문의 전화 031-275-0196 팩스 031-275-0296

ISBN 978-89-94157-051-6 (03230)

Copyright ⓒ 2016 최윤배
이 책은 저작권법에 따라 보호받는 저작물이므로 무단전재와 복제를 금지하며,
이 책의 내용의 전부 또는 일부를 이용하려면 반드시 저작권자와 킹덤북스의
서면 동의를 받아야 합니다.

※ 잘못된 책은 구입하신 곳에서 교환하여 드립니다.
※ 책 가격은 표지 뒷면에 있습니다.

킹덤북스(Kingdom Books)는 문서사역을 통해 하나님의 나라를 확장하고, 한국교회와 세계 교회를 섬기고자 설립된 출판사입니다.

구원은 하나님 은혜의 선물

아무도 멸망하지 아니하고 다 회개하기에 이르기를 원하시느니라(벧후 3:9)

최윤배 지음

킹덤북스
Kingdom Books

SALVATION
A Gracious Gift of God

헌정사

이 책을 지난 2002년부터 필자를
새문안교회 강신명 석좌교수로 후원하고,
기도해주신 새문안교회와 정년퇴임을 앞두신
새문안교회 담임목사 이수영 은사님께 바칩니다.

머리말

본서의 출판을 가능케 하신 성(聖) 삼위일체(三位一體) 하나님께 가장 먼저 큰 영광과 힘찬 찬송과 형언할 수 없는 감사를 올려드린다. 외국어로는 구원론에 대한 훌륭한 책들이 이미 많이 출판되었지만, 국내 목회자들이나 신학자들이 직접 저술한 구원론에 대한 저술들은, 구원론의 큰 비중을 고려할 때, 매우 미미한 상황이다. 이런 상황 속에서 필자는 『구원은 하나님 은혜의 선물』(Salvation: A Gracious Gift of God)을 출판하게 된 이유와 목적을 독자들에게 먼저 설명 드리지 않을 수 없다.

본서를 집필하게 된 가장 큰 동기는 본서 저술의 절대적 필요성에 대한 킹덤북스(Kingdom Books) 대표 윤상문 목사님의 강권(强勸)이다. 한국교회의 모든 평신도들과 목회자들이 쉽게 이해할 수 있는 '구원론'(救援論, soteriology)에 대한 저술이 많지 않다는 윤상문 목사님의 충고를 듣고서 필자는 집중적으로 도서관과 서점과 온-오프라인 등에서 서지정보를 검색한 결과 그의 충고가 참이라는 사실을 확인했다.

본서는 크게 세 가지 목적을 염두에 두고 기획되었다. 한국교회(개신교)에는 다양한 교파들이 존재한다. 첫째, 본서는 개혁교회에 속한 필자 자신의 입장을 유지하면서도 한국교회의 다양한 교파들의 구원론을 경청하면서, 모든 교파들에게 구원 이해에 도움을 줄 수 있는 관점에서 기획되었다. 둘째, 본서는 평신도들뿐만 아니라, 신학생들과 목회자들과 신학자들을 위해서도 기획되었다. 평신도들은 본서의 제1부와 제2부의 내용을 통해서도 구원에 대한 충분한 이해에 도달할 것이다. 그리고 더욱 전문적이고도 학술적인 제3부에서부터 제6부까지 내용은 신학생, 목회자, 신학자의 구원에 대한 이해를 충분히 채워줄 것이다. 본서를 집필한 세 번째 동기와 목적은 한국교회 안과 밖에서 성경을 벗어난 구원론에 대한 변증의 필요성에서 비롯되었다.

본서는 제6부로 구성되어 있다.

제1부는 구원에 대한 예비지식을 취급하는 바, 구원론 관련 신학 용어들에 대한 설명과, 구원 교리와 다른 교리들과의 관계에 대한 자세한 설명과, 교회사 속에서 특히 한국 사회와 교회 속에서 제기되는 구원 관련 문제들에 대한 명료한 설명을 담고 있다.

제2부는 구원론에 대한 전체 틀과 방향을 언급한 뒤에, 소위 '구원서정'에 해당되는 내용들(소명, 중생, 신앙, 회개, 칭의, 성화, 영화, 견인, 예정 등)을 취급하고 있다.

제3부는 칼빈의 구원론이 언급되어 있고, 제4부는 한국장로교회의 대표 신학자들(박윤선, 박형룡, 김재준, 이종성, 이상근 박사)의 구원을 취급하고 있다.

제5부는 한국 장로교회 초기에 영향력을 지대하게 미쳤던 중국 신학자 가옥명(賈玉銘, Chi Yu Ming)의 구원론을 다루고 있다.

제6부는 유럽의 세 개혁신학자들(베르까우어, 베버, 로흐만: G. C. Berkouwer, O. Weber, J. Lochman)"의 구원론을 논의하고, 제7부는 저자의 저작목록을 담고 있고, 제8부는 참고문헌을 수록하고 있다.

본서의 저술을 진심으로 독려하시고, 출판을 기꺼이 허락하신 킹덤북스(Kingdom Books) 대표 윤상문 목사님과 모든 출판 관계자 분들께 진심으로 감사드린다. 참고문헌을 다듬고, 교정을 도와주신 김지현 전도사님과 수업조교 오상원 전도사님과 애제자이신 김연수 박사님께도 감사를 드린다.

칼빈은 그의 『기독교 강요』(1559)를 "하나님을 찬양하라!"(LAUS DEO)로 마치고, 칼빈의 18년 선배이자 '영적 아버지'였던 마르틴 부처(Martin Bucer)는 그의 임종 얼마 전에 쓴 『그리스도 왕국론』(De regno Christi)을 "아멘, 아멘. 그리스도 왕국에 관한 책을 마침. 하나님께 영광이 있기를!"(Amen, Amen. Libri de Regno Christi finis. τῷ θεῷ δόξα)라고 마치고 있다. 그래서 필자도 "오직 하나님께만 영광!"(Soli Deo gloria)을 돌려드리고자 한다.

주후 2016년 1월 25일
광나루 선지동산 장로회신학대학교
마포삼열(Samuel A. Moffet)기념관 5022호 연구실에서
향목(香木) 최윤배

차례

머리말　　　　　　　　　　　　　　　　　　　　　7

제1부 구원론에 대한 예비지식　　　　　　　　15

제1장 구원론 관련 용어들의 의미　　　　　　17
Ⅰ. '구원'의 의미
Ⅱ. '화해'의 의미
Ⅲ. '구원론'의 의미
Ⅳ. '구원 서정(순서)'의 의미

제2장 구원론과 각론들(loci)의 관계　　　　　44
Ⅰ. 구원론과 신론(삼위일체론)의 관계
Ⅱ. 구원론과 창조론 및 섭리론의 관계
Ⅲ. 구원론과 인간론의 관계
Ⅳ. 구원론과 기독(그리스도)론의 관계
Ⅴ. 구원론과 성령론의 관계
Ⅵ. 구원론과 교회론의 관계
Ⅶ. 구원론과 종말론의 관계

제3장 구원론에서 제기되는 문제들　　　　　51
Ⅰ. 구원의 시간과 시제
Ⅱ. 구원의 대상과 범위
Ⅲ. 구원은 잃어버릴 수 있는가?
Ⅳ. 예수 그리스도만이 유일한 구세주이고, 기독교만이 유일한 구원종교인가?
Ⅴ. 노예의지와 자유의지
Ⅵ. 구원론에서 선행과 상급의 위치

제2부 "성경적·개혁적·복음주의적·에큐메니칼적·기독교적" 구원론   63

제1장 우리의 전제와 방향   65
I. 우리의 신학적 입장
II. 하나님의 주권적 은혜와 성령의 역사 및 우리의 신앙과 신앙 실천
III. 상호 유기적, 내적 관계들 속에 있는 다양한 구원 서정

제2장 소명   72

제3장 중생   77
I. '중생(重生, regeneration)'의 성경적 의미
II. 협의의 중생과 광의의 중생

제4장 신앙   83

제5장 회개   92

제6장 칭의   97

제7장 성화   104

제8장 영화   126

제9장 견인   135
I. '성도의 견인'은 무엇을 의미하는가?
II. 삼위일체 하나님의 은혜를 통한 성도의 보전
III. 경성(警省)과 기도를 통한 성도의 견인

제10장 예정(선택)   144

제3부 칼빈의 구원론   153
제1장 칭의와 성화의 관계   155
제2장 칼빈의 성령론적 구원론   164

제4부 한국 장로교회의 대표 신학자들의 구원론   221
제1장 박윤선 박사의 구원론   223
제2장 박형룡 박사의 구원론   281
제3장 김재준 박사의 구원론   307
제4장 이종성 박사의 구원론   339
제5장 이상근 박사의 구원론   371

제5부 중국 신학자 가옥명의 구원론   405

제6부 베르까우어와 베버와 로흐만의 구원론　447

제1장 베르까우어의 구원론　449

제2장 오토 베버의 구원론　454

제3장 로흐만의 구원론　459

제7부 저자 저작목록　509

제8부 참고문헌　539

제 1 부

구원론에 대한 예비지식

제 1 장

구원론 관련 용어들의 의미

I. '구원'의 의미

'구원'(救援, salvation; Heil; salut)은 어떻게 정의(定義, definition)되는가? 국어사전은 '구원'을 "① 곤궁에서 도와 건져줌. ② (기독교) 인류를 죄악과 고통에서 건져 냄. 사탄의 마력(魔力)에서 구해내어 천국으로 이끎" 등으로 풀이한다.[1]

헬라어 동사 '소조'(σῴζω; 구원하다; save, rescue, deliver) 또는 헬라어 명사 '소테리아'(σωτηρία; 구원; salvation; deliverance)와 '소테르'(σωτήρ, 구원자; Savior; Redeemer; Deliverer)는 동일한 어원을 가지며, 헬라 세계에서 다음과 같은 의미로 사용되었다. 이 단어들은 ① 심각한 위험으로부터 인간적 또는 신적 구원, 질병으로부터의 치유, 전쟁으로부터 말을 구하거나 파선된 배를 구함 등의 의미로 사용되는

---

1 국어국문학회 감수, 『새로나온 국어대사전』 (서울: 민중서관, 2007), 315.

'구원함'(saving)이라는 뜻을 갖고, ② 생명을 지키거나 화재로부터 재산을 지킨다는 등의 의미로 사용되는 '유지시킴'(keeping)이라는 뜻을 갖고, ③ 건강이나 가정, 사회, 국가 등의 안녕(安寧)을 의미하는 것으로 사용되어 '유익이 되게 함'(benefitting)의 뜻을 가지며, ④ 내적 존재나 본질을 '보전함'(preserving the inner being)으로 사용되고, ⑤ 종교적 용법으로 사용될 때는 위에서 언급한 모든 용법들을 포괄하면서 사용되었다.[2]

헬라어 '소조'(σώζω; 구원하다)와 '소테리아'(σωτηρία; 구원)와 '소테르'(σωτήρ 구원자)는 구약성경의 히브리어 동사 '야사'(ישע; 구원하다)와 주로 관련되고, 가끔 히브리어 '팔라트'(보전하다)와도 관련된다. '야사'는 원래 '여백이 충분하다'라는 뜻을 가지지만, 인간을 통한 구조와 도움과 구원에 사용될 뿐만 아니라, 하나님을 통한 구조와 도움과 구원에도 사용된다. 그러나 구약성경은 하나님에 의해 인준(認准)되지 않고 이루어진 인간을 통한 구원에 대한 한계를 분명하게 보여주면서, 하나님을 통한 구조와 도움과 구원이 절대적으로 중요함을 강조한다.[3]

성경에서 구원에 대한 가장 핵심적인 뜻은 곤궁의 상황 속에 있는 사람들이 완전함(wholeness; 샬롬)에로 회복되면서, 그들의 행복(복지, 안녕, well being)을 위협하는 것으로부터의 구원이다. 완전함(샬

---

[2] Gerhard Friedrich(ed.), *Theological Dictionary of the New Testament* Volume VII, tran. ed. by G. W. Bromiley (Grand Rapids: WM. B. Eerdmans Publishing Company, 1975), 965-969.

[3] Gerhard Friedrich(ed.), *Theological Dictionary of the New Testament* Volume VII, 970-978.

롬)과 행복은 피조물을 위한 하나님의 본래적 의도로서, 완전함을 방해하는 것, 말하자면 그들의 모든 형태들 속에서의 죄, 악, 죽음은 근본적으로 반(反)창조적인 것이다. 하나님과의 관계, 다른 사람들과의 관계, 세계와의 관계 속에서 곤궁으로부터의 구원과 행복에로의 회복은 구원이 가지고 있는 결정적으로 중요한 요소이다.[4] 구원은 이방인들을 포함하기 위해 이스라엘을 넘어가며, 전(全) 우주를 포함하기 위해 인류를 넘어간다.[5] 결론적으로 성경에서 구원은 "죄, 죽음, 사탄, 악을 완전하게 타파(패배)시키는 것"이다.[6] 성경은 화해(和解)와 관련하여 의, 칭의, 회복이라는 용어와 속죄, 보상, 용서라는 용어를 집중적으로 사용한다.[7]

1. 구약성경에서의 구원

구약성경에서 출애굽은 구원의 범례에 속한다. 출애굽에는 번영과 행복을 방해하는 방해물과 곤궁 속에 있는 사람들에게 도움을 주기 위한 탄성(灘聲)이 있다. 야훼는 곤궁의 역사적 상황 속으로 들어오시고, 신적 왕이 곤궁 속에 있는 사람들을 위해 싸운다. 하나님은 가끔 피

---

4   K. D. Sakenfeld(General Edtor), *The New Interpreter's Dictionary of the Bible* (Nashville: Abingdon Pess, 2009), 45.

5   K. D. Sakenfeld(General Edtor), *The New Interpreter's Dictionary of the Bible*, 46.

6   K. D. Sakenfeld(General Edtor), *The New Interpreter's Dictionary of the Bible*, 46.

7   Brevard S. Childs, Biblical Theology of the Old and New Testaments, 유선명 역, 『신 · 구약 성서신학』 (서울: 은성출판사, 1994/2001), 583-633.

조적인 수행자들을 사용하신다. 하나님은 곤궁을 번영하는 상황으로 회복시키시고, 구속받은 사람들과 함께 거하시고, 곤궁 속에 있는 사람들에게 더 우선적인 관계를 맺으신다.[8]

하나님의 창조적 의도는 땅의 번영이다. 인간은 하나님의 형상으로 불리며, 인간성은 하나님의 현존의 중재자들이 된다. 인간의 죄에 의해 하나님의 목적이 방해를 받는다. 나라들과 민족들에게 복을 주기 위해 하나님은 사람들을 부르시고, 구원은 이스라엘의 범주를 넘어간다.[9]

지혜서와 율법서에는 생명의 길이 제시되어 있고, 야훼에 대한 불신앙으로서의 불의(不義)에 대한 예언자적인 비판이 있다. 바벨론 포로를 넘어서 회복에 대한 예언자적인 비전들이 있다. 여기에는 땅에로의 귀환과, 사회공동체 속에서의 하나님의 백성의 회복과 치유, 동물들 가운데서의 평화를 포함하는 자연세계의 번영과 번창이 있다. 또한 시온을 중심으로 함께 모인 나라들과 민족들에 대한 새로운 관계가 있다. 그리고 이스라엘을 위한 의로운 지도력의 회복이 있고, 새로워진 땅 속에 살고 있는 사람들 가운데 하나님의 현존이 있다.[10]

구약성경에서 구원을 받아야 하고, 구원을 받아야 할 이유를 가진 대상들은 개인적, 집단적, 국가적, 민족적 필요들이다. 구원의 수행자들과 관련하여 자력구원(自力救援)은 전형적인 성경적 관점이 아니다.

---

8   K. D. Sakenfeld(General Edtor), *The New Interpreter's Dictionary of the Bible*, 46.

9   K. D. Sakenfeld(General Edtor), *The New Interpreter's Dictionary of the Bible*, 46.

10   K. D. Sakenfeld(General Edtor), *The New Interpreter's Dictionary of the Bible*, 46.

구원은 다른 사람들을 통해서 온다. 어떤 본문들(시 77편과 시 78편)은 인간적 행동가들이 없이 신적 행동을 강조하고, 다른 본문들은(출 1장과 4장, 시 105편) 인간적 행동가들에 빛을 비추고 있다.

구약성경에서의 구원의 특징은 구원의 현세적 성격을 강조한다. 여기서 물질적, 국가적, 민족적 번영이 눈에 띄게 나타난다. 그러나 현세적인 것을 강조하는 구약성경의 구원개념과 영적이고도 철저하게 내세적인 구원을 강조하는 신약성경의 구원개념을 대조시켜서는 안 된다. 구원의 매개와 관련하여 하나님의 구원하시는 자기-소통(self-communication)은 사람들이 경험하고, 해석하고, 기억하고, 재현했던 사건들을 통해 매개된다.[11]

2. 신약성경에서의 구원[12]

신약성경에서 구원의 전체적 특징은 기독론 중심적이며, 신중심적이며, 서술적인 구원론과 공체적(公體的, corporate) 구원 개념이다. 신약성경에는 인간구원에 대한 다양한 차원들이 있다. 완전함과 공동체의 회복, 죄의 용서와 계약(언약)관계의 회복, 죄와 악한 힘들로부터의 해방과 구속, 그리스도 안에 있는 칭의와 화해에로의 참여, 하나님과 이웃과의 화해, 부활과 영생, 미래의 진노로부터의 해방 등의 차원들

11　David Noel Freedman(Ed.), *The Anchor Bible Dictionary Volume* 5 (New York: Doubleday, 1992), 907-910.
12　신약성경에서의 구원론을 자세하게 고찰하기 위해 다음을 참고하시오: Herman Ridderbos, *Paulus: Ontwerp van zijn theologie* (Kampen: Uitgeversmaatschappij J. H. Kok, 1966); Ferdinad Hahn, *Theologie des Neuen Testaments* II, 김문경 · 김희영 역, 『신약성서신학 II』 (서울: 대한기독교서회, 2010), 354-484.

이 있다.[13]

　신약성경에서 구원받아야 할 대상은 개인적 필요들이나 집단적이며, 공동체적 필요들이다. 구원자들로서 인간들이 구원의 도구들로 사용되기도 하고, 예수 그리스도께서 절대 구원자로 나타난다. 구원의 성격은 지상적 차원과 영적 차원을 가진다. 공관복음은 하나님 나라에 들어가는 관점에서 구원을 묘사하기도 한다(막 10:23-26).[14]

　구원과 관련하여 예수 그리스도와 바울의 주관심사가 영혼구원에 놓여진 것이 사실임에도 불구하고, 이들이 이해한 구원은 영혼구원을 넘어 다양한 차원들을 갖는다. "그리하여 가난한 유대인들에 있어 희년은 해방과 자유, 구원과 은총의 해였다. 이는 그리스도로 말미암아 이루어질 하나님의 나라의 그림자였다. 그리하여 이 말씀은 예수께서 그의 구원사역 속에 자연구원을 포함시켰음을 암시한다. 이같이 예수님은 구원을 포괄적으로 이해했으며 통전적으로(holistically) 이해하셨다. 그러나 그런 가운데서도 그의 주된 관심은 영혼의 구원이었다. 예수님은 육신구원, 자연구원, 사회구원을 두고는 '내가 왔다'('엘돈') 는 진술을 하지 않았기 때문이다."[15] 이런 관점에서 우리는 '구원의 포괄성'이라는 술어를 사용할 수 있을 것이다.[16] "구원(redemption)이란 포괄적인 개념으로서 모든 악과 고난에서 해방되는 것"을 의미한다.[17]

13　K. D. Sakenfeld(General Edtor), *The New Interpreter's Dictionary of the Bible*, 46.

14　David Noel Freedman(Ed.), *The Anchor Bible Dictionary Volume 5*, 910-913.

15　박수암, 『신약신학주제사전』 (서울: 장로회신학대학교출판부, 2012), 71.

16　유태화, 『삼위일체론적 구원론』 (서울: 도서출판 대서, 2007), 473-506.

17　김세윤, 『구원이란 무엇인가』 (서울: 도서출판 두란노, 2001), 11.

"하나님의 구원은 총체적이다."[18]

사실 죄는 삼중적인 소외를 가져온다. 하나님으로부터의 소외, 이웃으로부터의 소외, 그리고 진정한 자아로부터의 소외를 가져온다.[19] 바울 사도는 주로 속죄, 화목과 화해, 칭의 등에 대해 많은 언급을 하였다. 바울에게서 하나님과 인간과의 화해는 인간과 인간 사이의 화해와, 인간과 우주 간의 화해까지 발전한다. 요한 사도는 특히 생명을 강조했다.[20]

II. '화해(和解)'의 의미[21]

1. 서론

필자가 살고 있는 오늘날 매일 시시각각 온라인(on-line)이나 오프라인(off-line)을 통해 접하는 소식들은 마태복음 24장에 기록된 묵시적(默示的) 상황들을 생각나게 하는 소식들이 상당수를 차지한다. 난리와 난리의 소식, 민족과 민족이 대적하고, 나라와 나라가 전쟁하는 소식, 기근과 지진을 비롯한 엄청난 자연재해 소식, 사람과 사람 사이의 분쟁과 살인의 소식, 산불이나 유조선 탱크 폭발로 인한 자연환경 훼손의 소식, 핵미사일과 핵폭탄의 위험의 소식, 남북의 분단, 빈부 갈

18　김세윤,『구원이란 무엇인가』, 167.
19　김세윤,『구원이란 무엇인가』, 23.
20　박수암,『신약신학주제사전』, 71-73.
21　최윤배. "화해(和解)에 대한 조직신학적 소고," 한국성서학연구소 편,「성서마당」vol. 106 (2013. 6.30, 여름), 37-48; 최윤배,『성경적 · 개혁적 · 복음주의적 · 에큐메니칼적 · 기독교적 조직신학 입문』, 924-935.

등, 노사 갈등, 세대 갈등, 부부 갈등 등이 다반사(茶飯事)의 뉴스들이다. 이와 유사한 사건들을 예언한 마태복음은 "불법이 성하므로 많은 사람의 사랑이 식어지리라 그러나 끝까지 견디는 자는 구원을 얻으리라. 이 천국 복음이 모든 민족에게 증언되기 위하여 온 세상에 전파되리니 그제야 끝이 오리라"(마 24:12-14)라고 묵시적 상황 속에서도 그리스도인과 교회에게 사랑의 실천과, 인내할 것과, 복음전파의 선교사명을 강력하게 요청한다.

우리는 본고를 통해 화해(和解; reconciliation; Versöhnung; 네덜란드어 verzoening) 또는 화목(和睦)에 대한 올바른 신학적 이해를 통해 인간의 마음과 세계 속에서 진행되고 있는 불화(不和), 적의(敵意), 분열, 소외(疏外), 소원(疏遠), 갈등 등을 불식시키고, 근절시켜 화해와 평화에 기여할 수 있는 신앙과 신학의 기초를 제공하고자 한다. 이를 위해 주로 신약성서를 통해 성서주석 기초를 제시하고, 조직신학적 관점에서 '화해론'(the doctrine of the reconciliation)에 대해 언급한 뒤, 결론에 이르고자 한다.

2. 성서적 관점에서 본 화해

국어사전은 '화해(和解)'를 "다툼질을 끝내고 나쁜 감정을 서로 풂" 또는 법률상 "소송 또는 분쟁 당사자가 서로 양보하여 상호간의 분쟁을 그치기로 약속함으로써 성립하는 계약" 등으로 풀이하여 인간관계들 속에서 일어나는 분쟁이나 대립의 원만한 해결로 이해한다.[22]

---

22 국어국문학회 감수, 『새로나온 국어대사전』(서울: 민중서관, 2007), 2797.

신약성서에 사용되고 있는 헬라어에서 구원(救援; salvation)[23] 또는 구속(救贖; redemption)과 관계된 대표적인 두 개의 단어가 있다. 그 중에 하나는 '카탈라소'(καταλλάσσω), 즉 '화해하다'(reconcile) 또는 '화목하다'로서 "하나님께서 우리를 그리스도 안에서 화해(화목)하게 하셨다"라고 고린도후서 5장 18절 등에서 사용된다. 다른 한 단어는 '힐라스코마이'(ἱλάσκομαι), 즉 '속량(贖良)하다'(expiate)로서 "제사장이신 예수 그리스도께서 그의 백성의 죄를 속량하셨다"라고 히브리서 2장 17절 등에서 사용된다.[24]

그러나 이 두 단어들은 동의어는 아니다. 이 두 단어는 상호 구별되게 번역되어야 한다는 주장이 많다. 그러나 다른 언어에서보다 네덜란드어에서 이 두 단어들은 상호 구별하기가 매우 어렵다. 네덜란드어에서는 전자와 후자를 각각 '페르주넌'(verzoenen)과 '주넌'(zoenen)으로, 독일어에서는 '페르죄넨'(versöhnen)과 '죄넨'(söhnen)으로, 프랑스어에서는 '레꽁씰리에'(réconcilier)와 '엑스삐르'(expier)로, 영어에서는 '레컨사일'(reconcile)과 '프러피쉬에이트'(propitiate; 또는 expiate)로 번역될 수 있다. 첫 번째 단어에서 중요한 것은 '관계 회복'(골 1:21-22)이고, 두 번째 단어는 종교의식(宗教儀式)과 관계되는 용어로서 구약성서의 '키페르'(כפר; 덮다; cover)과 같은 선상에서 이해되어, 하나님은 죄를 속(贖)하기 위해 반드시 있어야만 하는 희생

---

23 용어의 혼돈을 피하기 위해 영어 신학용어를 다음과 같이 번역하기로 한다: 구원(救援; salvation), 구속(救贖) 또는 속죄(贖罪)(redemption), 희생제물(sacrifice), 화해(和解) 또는 화목(和睦)(reconciliation), 유화(宥和)(propitiation/expiation), 속전(贖錢)(ransom) 등. 참고, John Murray, *Redemption: Accomplished and Applied*, 25.

24 최윤배, 『그리스도론 입문』(서울: 장로회신학대학교출판부, 2009), 185-186.

제물(sacrifice)에 유의하시고, 그리스도 안에서 속죄를 그 자신의 일로 만드신다.25 우리는 구속(redemption) 또는 속죄의 실재성에 분명하게 도달하기 위해 '화해'(카탈라게; καταλλαγή)와 '속량'[힐라스모스;ἱλασμός; 힐라스모스는 유화(宥和, propitiation) 또는 expiation의 수단들]을 상호 밀접한 관계 속에서 이해해야 한다. 구속은 서로 반대편에 서 있는 자들이 서로에게로 다가가는 데서 존재하고(카탈레게), 구속은 주어진 희생제물(sacrifice)을 통해서 죄를 덮을 때 일어난다(힐라스모스). 이것이 바로 '만족(滿足; satisfaction)을 통한 속죄'이다. 우리는 이것을 가지고 구속에 대한 성서주석의 핵심 내용을 말할 수 있다. 여기서 중요한 것은 대제사장이시며 구속주(救贖主; Savour; Redeemer)이신 예수 그리스도의 희생제물을 통한 하나님과의 화해(화목)이다(롬 5:10-11).26

구원 또는 구속과 관련하여 신약성서에서 헬라어 '속전(贖錢)'(ἀντίλυτρον; ransom)(딤전 2:6; 막 10:45; 마 20:28)이라는 단어가 있다. '속량'(힐라스모스)이 성례전적(聖禮典的), 제의적(祭儀的) 차원을 가진다면, '속전'은 법률적 용어이다. 예수 그리스도의 대리적 죽음과 보혈을 통해 인간의 죄와 생명에 대한 '대가'(代價)가 지불되었다. 우리는 그리스도의 속전의 지불로 말미암아 죄로부터 자유롭게 되고, 해방되었다(엡 1:7; 골 1:14). 로마서 3장 24절은 성례전적이고, 제의적인 '속량'의 차원과, 법률적인 '속전'의 차원이 구원과 구속 속에서 매우 밀접하게 짝을 이루고 있다.27 "화해는 용서(면제) 뿐만 아니라 배상

---

25 최윤배,『그리스도론 입문』, 186.
26 최윤배,『그리스도론 입문』, 186.
27 Herman Ridderbos, *Paulus: Ontwerp van zijn theologie* (Kampen:

(회복)하는 것"을 의미한다.[28]

칭의(稱義; justification)라는 개념과 함께 '화해(화목)'는 예수 그리스도의 죽음과 부활에서 성취된 '하나님에 대한 새로운 관계'로 표현된다. 칭의와 화해는 로마서 5:9-10절에서, 그리고 고린도후서 3장 9절과 5장 8절(의의 직분과 화목의 직분)에서 동의어로 사용되고 있다. 하나님과 더불어 평화를 누리는 것으로서의 화목케 됨은 칭의의 결과이며(롬 5:1), 그 반대로 하나님의 의롭게 하시는 행위에 의해 이루어진 의를 하나님과 화목케 된 새로운 관계로 볼 수 있다. 바울에게서 '칭의'는 종말론적인 구조 속에서 종교적-법정적(religieus-forensisch) 개념이라면, '화목(화해)'(카탈라게)이라는 개념은 사회적(sociaal-maatschappelijke) 영역에서 유래된 말(고전 7:11)로서 두 당사자 사이의 올바른 관계의 회복을 말한다. 바울은 이 용어를 종종 '원수'(怨讐; enmity)와 '소원'(疏遠; alienation)(롬 5:10; 엡 2:14ff; 골 1:22)과 대조시켜 사용하고, 적극적으로는 '평화'라는 의미로도 사용한다(롬 5:1, 10; 엡 2:15ff; 골 1:20ff). 이런 맥락에서 화목케 됨에서 하나님께서 항상 화해의 주창자이시며, 창시자이시다.[29]

화해(화목)에서 하나님은 자기 자신과 세상을(고후 5:18-21), 자기 자신과 교회와 신자들을(롬 5:10), 자기 자신과 유대인들과 이방인 사이를, 그리고 자기 자신과 만물을(엡 2:16; 골 1:20, 22) 화해케 하신다.[30] 하나님과 화해된 결과로 인간과 세상은 종말론적인 평화와 평강

Uitgeversmaatschappij J. H. Kok, 1966), 209-211.

28 장흥길, 『산상설교』 (서울: 장로회신학대학교출판부, 2010), 106.

29 Herman Ridderbos, *Paulus: Ontwerp van zijn theologie*, 197-198.

30 Herman Ridderbos, *Paulus: Ontwerp van zijn theologie*, 198-199.

인 '샬롬'을 누리게 된다. 이 샬롬은 하나님의 마지막 심판대에서 있을 진노, 분노, 시련, 고뇌와 대조되는 메시야 왕국의 평화 속에 존재하는 것이다(롬 2:9-10). 화해가 갖는 차원은 개인적, 인격적 차원뿐만 아니라, 사회적, 정치적, 우주적 차원에까지 확장되는 하나님 나라의 차원으로까지 확장된다.

"그런즉 누구든지 그리스도 안에 있으면 새로운 피조물이라 이전 것은 지나갔으니 보라 새 것이 되었도다 모든 것이 하나님께로 났으며 그가 그리스도로 말미암아 우리를 자기와 화목(화해, 필자 주)하게 하시고 또 우리에게 화목하게 하는 직분을 주셨으니 곧 하나님께서 그리스도 안에 계시사 자기와 화목하게 하시며 그들의 죄를 그들에게 돌리지 아니하시고 화목하게 하는 말씀을 우리에게 부탁하셨느니라 그러므로 우리가 그리스도를 대신하여 사신이 되어 하나님이 우리를 통하여 너희를 권면하시는 것같이 그리스도를 대신하여 간청하노니 너희는 하나님과 화목하라 하나님이 죄를 알지 못하신 이를 우리를 대신하여 죄로 삼으신 것은 우리로 하여금 그 안에서 하나님의 의가 되게 하려 하심이라."(고후 5:17-21)

"그러면 이제 우리가 그의 피로 말미암아 의롭다하심을 받았으니 더욱 그로 말미암아 진노하심에서 구원을 받을 것이니 곧 우리가 원수되었을 때에 그의 아들의 죽으심으로 말미암아 하나님과 화목(화해, 필자 주)하게 되었은즉 화목하게 된 자로서 더욱 그의 살아나심으로 말미암아 구원을 받을 것이라 그뿐 아니라 이제 우리로 화목하게 하신 우리 주 예수 그리스도로 말미암아 하나님 안에서 또한 즐거워하느니라."(롬 5:8-11)

3. 조직신학적 관점에서 본 화해[31]

예수 그리스도의 삼중직(munus triplex; 선지자/예언자, 왕, 제사장) 중에서 제사장직(祭司長職)과 관련하여 예수 그리스도의 십자가의 죽음의 신학적 의미는 무엇인가? 몰트만은 예수 그리스도께서 '신성모독자', '국가반역자', '하나님 없는 자'였던 우리들을 위해 신성모독자로, 국가반역자로, 하나님 없는 자로 우리 대신 처벌받으셨다고 진술했다.[32] 교리사적으로, 그리고 조직신학적으로 여기에 대한 다양한 이론들이 있는데,[33] 우리는 이것을 화해론 또는 속죄론이라고 부른다. 누구보다도 칼 바르트(Karl Barth)는 그의 『교회교의학』(Die Kirchliche Dogmatik)에서 '화해론'(Die Lehre von der Vers hnung)을 방대하게 기술했다.[34]

1) 배상설

배상설(賠償說, Ransom Theory)은 초대교회에서 통용되던 그리스

---

31 참고, 윤철호, 『너희는 나를 누구라 하느냐』, 차재승, 『7인의 십자가 사상: 십자가 그 자체로부터 넘치는 십자가로』 (서울: 새물결플러스, 2014).

32 최윤배, 『영혼을 울리는 설교』 (용인: 킹덤북스, 2012), 61-64, J. Moltmann, *Der gekreuzigte Gott: Das Kreuz Christi als Grund und Kritik christilicher Theologie* (M nchen: Chr. Kaiser Verlag, 1972), 105-146.

33 최윤배 공저, 『제2권 성경통신대학』 (서울: 한국장로교출판사, 2007), 221-222; Louis Berkhof, *Systematic Theology* (WM. B. Eerdmans Publishing Co., 1938), 384-391; 최윤배, 『성경적·개혁적·복음주의적·에큐메니칼적·기독교적 조직신학 입문』, "제1부 6장 그리스도론."

34 Karl Barth, *Die Kirchliche Dogmatk* IV/1, IV/2, IV3-1, IV3-2, IV/4 (Zollikon-Z rich: Evangelischer Verlag A.G., 1953-1967).

도의 죽음에 대한 이해인데, 초대교회는 그리스도의 죽음을 사단에게 준 속전(贖錢; ransom; $\alpha\nu\tau\iota\lambda\tau\rho o\nu$)으로 이해했다. 몇몇 성경 구절들(막 10:45; 딤전 2:6; 롬 7:14; 롬 6:20; 롬 7:23; 벧후 2:1; 계 5:9; 계 14:3-4)을 근거로 예수 그리스도의 죽음을 마귀와의 거래의 결과로 일어난 사건으로 이해한다. 하나님께서 마귀의 권세 하에 있던 인류를 해방시키려 했으나, 마귀가 응하지 않음으로써, 하나님은 자신의 권능으로 인류를 해방시키실 수 있었으나, 그 방법 대신에 마귀에게 인류의 죄의 값을 치르고, 인류를 석방시키셨다는 것이다.

이 학설의 결정적인 문제점은 이원론적(二元論的)인 문제로서, 마귀와 하나님을 동등하게 간주하여, 하나님의 절대주권이 손상당하게 된다는 것이다. 그러나 성경에는 속전이라는 사상이 분명하게 있는 바, 이로 인해 이 학설의 장점은 우주적인 차원에서 악의 세력의 영향을 파악하고 있는 점이 이 학설의 장점이라 할 수 있다.

2) 만족설(객관설)

만족설(滿足說, Satisfaction Theory)은 객관설로도 불리는데, 11세기 영국 켄터베리 대성당의 대주교였던 안셀름(San Anselm, 1033/34-1109)이 그의 유명한 책『왜 하나님이 사람이 되셨는가?』(Cur Deus homo)에서 이 견해를 주장했다. 아담이 여호와 하나님의 명령을 어겨 범죄함으로써 아담 자신은 하나님의 진노(震怒)로 죽음이라는 형벌을 받음으로써, 하나님은 자신의 명예(名譽; honor)에 큰 손상을 입으시게 되었다. 하나님은 자신의 의와 명예를 회복하고, 만족(滿足; satisfaction; satisfactio)하시려고, 인간의 죄를 벌하는 방법을 선택하셨는데, 신 자신 외에 이것을 할 수 있는 자가 없었다. 그러므로 하나님께서 하나님 자신이신 예수 그리스도를 이 땅에 보내 죽게 하셨다. 그러므로 예수 그리스도의 십자가의 사건은 인간을 향한 사건이 아니라, 하나님을 향한 사건이다. 여기에는 주로 하나님의 진노와 공의 사상이 강하게 나타난다.

3) 도덕설(주관설)

도덕설(Moral Theory) 또는 도덕 감화설 또는 주관설로 알려진 속죄론은 앞에서 언급한 만족설과 거의 반대 입장에 서 있다. 아벨라르(Peter Abelard, 1079-1142)에 의하면 성경에 나타난 하나님은 무섭게 심판하시는 진노와 공의의 하나님이라기보다는 사랑과 자비의 하나님이라는 것이다. 따라서 예수 그리스도의 십자가의 죽음은 하나님의 손상된 명예를 회복시켜, 하나님께 '만족'(satisfaction)을 드리기 위한 사건이 아니라, 하나님의 사랑이 얼마나 큰지를 보여 주는 동시에, 누구든지 십자가상에서 하나님의 사랑을 목격하는 사람은 감동을 받아 자기희생적 사랑을 하게 된다는 것이다. 곧 예수 그리스도의 죽음은 하나님께 만족을 주는 공의의 사건이 아니라, 인간에게 하나님의 사랑의 감화를 주려는 사건이라는 것이다. 이 같은 사상은 특히 18세기에 슐라이어마허(Friedrich Scheiermacher, 1768-1834)에게 나타났고, 오늘날에도 이 설을 지지하는 사람들이 있다.

4) 형벌만족설

루터와 칼빈을 대표하는 종교개혁자들은 대체로 안셀름의 주장을 따르면서도, 안셀름의 주장에서 약화된 죄에 대한 형벌의 사상을 첨부하여 강조했다. 이것이 형벌 만족설(刑罰滿足說, Penal Satisfaction Theory)이다. 종교개혁자들은 특히 바울서신에서 그리스도의 십자가의 죽음이 인간의 죄와 불가분리의 관계에 있다는 점과, 십자가에서 죄가 벌을 받는 동시에 사함도 받는다는 점도 알고 강조하였다. 종교개혁자들에 의하면, 십자가 사건은 하나님께 대한 만족만을 주는 사건으로만 이해되지 않는다.

이상의 속죄설 외에도 네덜란드의 법학자 그로티우스(Hugo Grotius, 1583-1645)가 주장한 '통치설'(Governmental Theory), 아울렌(Gustaf Aulén, 1879-1977)이 주장한 '고전설'(Classical Theory) 등이 있다. 통치설에 의하면, 예수 그리스도의 죽음은 하나님의 통치권을 재확립하기 위하여 일어난 사건이라는 것이다. 루터파 신학자인 아울렌은 예수 그리스도의 십자가 사건을 배상설의 속전 개념이나 만족설의 만족 개념에 반대하면서, 아벨라르의 하나님의 사랑의 시현으로서 십자가 사건을 받아들인다. 그러나 아울렌은 십자가 상(上)의 하나님의 사랑을 도덕적 감화로 이해하지 않고, 하나님의 사랑의 승리로 이해한다. 즉, '그리스도께서 승리자'(Christus victor)라는 것이다.[35]

그러나 우리는 특히 루터와 칼빈의 입장에서 속죄론을 이해하면서도 안셀름이 강조한 하나님의 진노와 공의의 관점과, 아벨라르와 아울렌이 이해한 하나님의 사랑의 관점도 아우르는 속죄설을 견지해야 할 것이다. 만족설 또는 객관설에 의하면, 예수 그리스도의 죽음은 하나님께 받쳐진 희생제물로서 그 효과는 하나님이 죄인에 대한 태도를 변경한다는 주장이다. 도덕설 또는 주관설은 그리스도의 죽음이 신자들의 외부에 영향을 준 것이 아니라, 신자들의 내부에 변화를 일으키는 결과를 가져온다. 이상의 두 가지 측면이 우리가 앞에서 살펴본 성서신학적 관점에서 본 화해 이해에서 발견된다.

---

35 Gustaf Aulén, *Christus Victor: An Historical Study of the Three Main Types of the Idea of the Atonement*, tr. A. G. Herbert (London: SPCK, 1952).

4. 화해론의 특징과 윤리 실천

우리는 예수 그리스도 안에서 하나님께서 이룩하신 화해의 은혜를 누리고 온 세상에서 화해를 이룩하기 위해 화해의 은사적(恩賜的) 측면과 화해의 과제(課題)의 측면을 잘 알아야 할 것이다.[36]

첫째, 화해 행위의 주체는 삼위일체 하나님이시며, 화해사역은 하나님의 자유롭고도 주권적인 은혜와 사랑으로부터 시작되었다. 화해의 배경에는 어두움의 세력과, 인간의 범죄와, 타락한 세상이 있다. 그러므로 화해는 은혜의 하나님의 '사랑'과 거룩한 하나님의 '공의'가 밀접하게 연결되어 있다.

둘째, 화해의 주체자이신 하나님께서 화해의 수단으로서 예수 그리스도를 대속적(代贖的; vicarius)이며 대리적(代理的; substitutionary) 희생제물과 화목제물로 삼으셨다.

셋째, 하나님의 화해의 대상은 인간을 포함한 세상이다. 다시 말하면, 화해의 대상은 개인적이면서도 공동체적이고, 세계적이면서도 우주적이다.

넷째, 화해는 하나님의 선물(Gabe; indicative)인 동시에 과제(課題; Aufgabe; imperative)이다. 하나님께서 예수 그리스도의 십자가의 죽음과 부활을 통해서 화해사역을 이룩하셨다. 이제 화해의 직분을 받은 교회와 그리스도인은 화해의 말씀과 성령을 통해 선교적으로, 그리고 종말론적으로 화해를 선포하고 실천해야 한다.

그리스도인으로서 우리는 메시야의 성령의 능력을 통해 이신칭의

---

36 참고, 장로회신학대학교 연구지원처, 『제11·12회 소망신학포럼: 화해와 화해자: 화해자로서의 교회와 장신신학의 정체성』(서울: 장로회신학대학교출판부, 2012).

를 통한 죄와 율법의 저주로부터 자유와 구원과 해방을 얻을 뿐만 아니라, 다양한 차원(사회적, 경제적, 정치적, 우주적)에서 공의와 사랑과 자유와 해방을 통한 화해를 실현시켜야 할 것이다. "메시야의 영의 능력 안에 있는 하나님의 목회는 종교적으로, 영적으로, 사회적으로, 정치적으로, 모든 방면에서 포로가 되고, 갇히고, 부자유 속에 있는 개인과 공동체에게 자유와 해방을 가져다주는 자유와 해방의 목회"이다.[37] "왜냐하면 화해(reconciliation)와 해방(liberation)으로서의 구원(salvation)은 우리로 하여금 평화(peace)와 자유(freedom)의 목적에로 봉사하도록 강요하기 때문이다."[38]

하나님께서 그리스도의 죽음 안에서 스스로 세상과 화해하시는 분으로 행동하셨을 때, 화해는 맺어졌으며(롬 5:10), 그리스도는 죄를 위하여 단번에 죽으셨다(롬 6:10). 그러나 화해에 관한 메시지는 이미 시작되었으나, 아직 완성되지 아니한 종말 시대에 신자들의 삶의 역사적 현실을 기술하고 있다. 왜냐하면 그리스도의 죽음의 과거 안에서 현실이 된 하나님의 화해의 행동은 아직 완성되지 않았기 때문이다. 완성되지 않는 것은 '화해(화목)의 직분'이 아직은 '여러분을 하나님과 화해하십시오!'라고 선포하고, 경고해야 하기 때문이며, 더구나 하나님이 화평을 세우신 것은 온 세상을 포괄하려는 것이었으나(골 1:20), 아직 이 메시지가 모든 사람에게 전해지지 않았기 때문이다.[39]

---

37 최윤배, 『영혼을 울리는 설교』, 150-151.

38 Jan Milič Lochman, *Versöhnung und Befreiung*, David Lews, *Reconciliation and Liberation* (Belfast: Christian Journals LTd., 1980), 160.

39 W. G. Kmmel, *Die Theologie des Neuen Testaments nach seinen Hauptzeugen Jesus · Paulus · Johannes*, 박창건 역, 『주요증인들에 따른 신약성서신학』 (서울: 성광문화사, 1985), 242.

교회와 그리스도인이 전파해야 할 복음은 "평화와 화해의 복음"이며, 세상 속에서 이루어야 할 사역은 "평화와 화해의 사역"이며, 교회와 그리스도인에게 부여된 이 화해와 평화의 사역은 아직도 이 세상의 긴장과 갈등과 대립 가운데 놓여 있음을 전제한다.[40]

5. 결론

우리는 본고를 오늘날 우리가 처한 국내외의 세계 상황이 마태복음 24장의 묵시적 상황을 생각나게 하는 상황으로서의 화해의 반대현상이 가득한 현실이라는 의식을 표현하면서 시작했다. 우리는 성서적 관점에서, 그리고 조직신학적 관점에서 화해의 의미를 살펴보았다. 특히 신약성서와 관련하여 구원 또는 구속과 관련하여 신약성서 헬라어 단어 세 가지, 즉 관계회복에 중심을 둔 '화목(화해)'(카탈라게; καταλλαγή), 제의적(祭儀的) 구속으로서의 '속량'(힐라스모스; ἱλασμός), 대가를 치루는 율법적 의미의 '속전'(ἀντίλτρον; ransom)에 대해 고찰했다.

화해의 창시자와 주인공, 즉 화해의 주체는 삼위일체 하나님이며, 그는 은혜와 사랑의 하나님이신 동시에 거룩한 공의의 하나님이시다. 그는 인간의 죄를 통한 모든 불화(不和)와 소외(疏外)를 평화로 회복시키기 위해 독생자 예수 그리스도를 화목제물(和睦祭物; sacrifice)로, 대속물(代贖物; ransom)로 주셨다. 그러므로 화해는 하나님의 전적인 은혜와 은사로서의 선물이다. 화해의 선물을 받은 그리스도인과 교회에

---

40 성종현, 『신약총론』 (서울: 장로회신학대학교출판부, 1997), 356.

게 화해의 과제를 수행해야 하는 '화목의 직분'도 동시에 위탁되었다. 그리스도인과 교회는 다차원적(多次元的)인 불화(不和)의 관계들을 메시야의 영과 화해와 자유와 해방의 말씀을 가지고 선포와 실천을 통해서 '샬롬'(שלום)의 관계, 사랑의 관계를 만들어야 할 것이다.

III. '구원론'의 의미

학자에 따라 "구원론(救援論)"{soteriology = soteria(σωτηρία)+ logos(λόγος)}에 대한 정의(定義)가 매우 다양하다. 예를 들면, 찰스 핫지(C. Hodge)는 구원론에 하나님의 구원계획, 은혜언약(은혜계약), 그리스도의 인격(위격)과 사역, 그리고 성령을 통한 구원 적용(適用, application)의 내용을 포함시키고,[41] 윌리엄 쉐드(W. G. T. Shedd)는 구원론에 그리스도의 사역과 성령을 통한 구원의 적용의 내용을 포함시키고,[42] 머레이(J. Murray)는 그리스도에 의해 성취된 구속(救贖, redemption)과 성령에 의해 적용된 구속을 동시에 다루고,[43] 루이스 베르코프(L. Berkhof)와 후끄마(A. A. Hoekema)는 구원론에서 성령을

41　Charles Hodge, *Systematic Theology Vol. 2: Part II Anthropology, Part III Soteriology* (Grand Rapids: Eerdmans Printing Company, 1977/1871), 313-732.

42　William G. T. Shedd, *Dogmatic Theology Vol. 2* (Grand Rapids: Zondervan, 1889-1894), 353ff.

43　John Murray, *Redemption: Accomplished and Applied* (Grand Rapids: WM. B. Eerdmans Publishing Company, 1955).

통한 구원의 적용만을 다룬다.[44] 또한 김균진과[45] 오트(H. Ott)는[46] 구원론을 그리스도론과 성령론으로부터 구별시키는 동시에 그리스도론과 성령론을 전제하면서 신앙론의 틀 속에서 다룬다.

비록 구원론이 조직신학의 모든 각론(各論)들(loci), 특히 그리스도론과 성령론과 신앙론과 밀접한 관계 속에 있을지라도, 우리가 구원론을 예수 그리스도께서 성취하신 구원에 대한 "성령과 믿음을 통한 적용"이라는 틀에서 이해할 경우, 큰 문제가 없다고 생각된다. "구원론은 구원의 복들이 죄인에게 전달되는 것과, 하나님의 호의에 의한 죄인의 회복과, 하나님과의 긴밀한 교제 안에 있는 생명으로의 죄인의 회복을 다룬다."[47] 후끄마도 루이스 베르코프와 동일한 범주에서 구원론을 이해하면서, 구원론에서 믿음과 성령의 사역의 중요성을 강조한다.

> "그러나 본서에서 구원론은, 그것이 더욱 일반적으로 불리워지듯이, 하나님 백성의 구원의 복들의 적용과, 하나님의 호의에 의한 그들의 회복과, 그리스도 안에서 그리스도와의 교제의 삶에로의 그들의 회복에 대한 연구(硏究)만을 포함하는 것으로 이해될 것이다. 비록 이런 적용이 믿음에 의해서 소유(所有) 또는 전유(專有)될지라도

---

44 Louis Berkhof, *Systematic Theology* (Grand Rapids: Eerdmans Publishing Co., 1981/1938), 415-554; Anthony A. Hoekema, *Saved by Grace* (Grand Rapids: WM. Eerdmans Publishing Company, 1989).

45 김균진, 『기독교조직신학 Ⅲ』 (서울: 연세대학교출판부, 1987), 145-373.

46 Heinrich Ott, *Die Antwort des Glaubens: Systematische Theologie in 50 Artikeln* (Stuttgart · Berlin: Kreuz Verlag, 1973), 277-331.

47 Louis Berkhof, *Systematic Theology*, 415: "Soteriology deals with the communication of the blessings of salvation to the sinner and his restoration to the divine favor and to a life in intimate communion with God."

(appropriated), 이런 적용은 성령의 사역이라는 사실로 이해되어야 한다."⁴⁸

우리는 여기서 그리스도론과 성령론과 신앙론이 다같이 구원론 속에서 밀접하게 연결되어 있다는 사실을 확인할 수 있다.⁴⁹ "구원론이란 그리스도의 사역을 개인들의 삶에 적용하는 내용을 취급한다."⁵⁰

IV. '구원 서정(순서)'(ordo salutis)의 의미

유태화는 '구원 서정(序程)' 또는 '구원 순서(順序)'(ordo salutis, the order of salvation)라는 신학 용어를 제일 먼저 사용한 사람이 프란츠 부데우스(Johann Franz Buddeus, 1667-1729)와 야곱 카르포프 (Jacob Carpov, 1699-1768)라고 주장하고,⁵¹ 트릴하스(W. Trillhaas)는

---

48 Anthony A. Hoekema, *Saved by Grace* (Grand Rapids: Wm. B. Eerdmans Publishing Co., 1989/1994), 11-12: "In the present volume, however, soteriology or 'the doctrine of salvation,' as it is more commonly called, will be understood as including only the study of the application of the blessings of salvation to the people of God, and their restoration to God's favor and to a life of fellowship with him in Christ. It should be understood that this application is the work of the Holy Spirit, though it must be appropriated by faith."

49 참고, 적절한 비유인지는 몰라도 독자의 이해를 돕기 위해 설명한다면, '빛의 3원색'(red, green, blue; trichromat of light)과 '색의 삼원색'(magenta, cyan, yellow; trichromat of color)이 섞여져 전자는 흰색을 만들고, 후자는 검정색을 만들 듯이, 그리스도론, 성령론, 신앙론이 다함께 만나서 구원론을 형성한다고 볼 수 있다.

50 Millard J. Erickson, *The Doctrine of Salvation*, 김광렬 역,『구원론: 에릭슨 기독교 신학5』(서울: 기독교문서선교회, 1992), 83.

51 유태화,『삼위일체론적 구원론』(서울: 도서출판 대서, 2007), 65, 참고, F. Buddeus, *Institutiones Theologiae Dogmaticae*(1723, 1741⁴); J. Carpov, *Theologia Reveleta*

칼로프(A. Calov, 1612-1686)라고 주장하고,[52] 베르까우어는 일반적으로 야곱 카르포프로 인정된다고 말한다.[53]

누가 이 용어를 제일 먼저 사용했는지에 대한 문제는 역사신학자들의 몫이며, 이 문제는 현재 우리의 논의를 위해 결정적으로 중요한 것이 아니다. 우리게 중요한 것은 이 용어 자체가 가지고 있는 신학적 의미와 오늘날 우리에게 시사해주는 의미이다. "구원 서정(Heilsordnung, ordo salutis)은 개인에게 주어지는 신적 구원의 전유(專有)에 대한 물음을 다룬다."[54] 이 용어는 개신교(루터파와 개혁파) 정통주의의 구원론에서 공식처럼 사용되었다. 개신교 정통주의는 이 순서를 대체로 시간적 · 단계적으로 이해했지만, 개혁파 종교개혁자들인 칼빈과 마르틴 부처(Martin Bucer)는 이 순서를 신학적 · 논리적으로 이해했다. "개신교 정통주의(루터파 또는 개혁파)에서는 구원의 순서가 시간적 · 단계적으로 파악되었다. 이와는 대조적으로 칼빈의 경우, 구원의 순서는 시간적 · 단계적으로 이해되는 것이 아니라, 성령을 통한 순서로서 신학적 · 논리적으로 이해되었다."[55]

Dogmatica(1739).

52 Wolfgang Trillhaas, *Dogmatik* (Berlin: Verlag Alfred Töpelmann, 1966), 337.

53 Gerrit Cornelis Berkouwer, *Dogmatische studin: Geloof en rechtvaardiging* (Kampen: Uitgave J. H. Kok N.V., 1949), 24, 참고, 유해무, 『개혁교의학: 송영으로서의 신학』 (서울: 크리스챤다이제스트, 1997), 414.

54 Art. "Heilsordnung," Kurt Galling(Hrg.), *Die Religion in Geschichte und Gegenwart*(= *RGG*) III (Töbingen: J. C. B. Mohr, 1963), 189.

55 최윤배, 『깔뱅신학 입문』 (서울: 장로회신학대학교출판부, 2012), 266, 참고, 최윤배, 『잊혀진 종교개혁자 마르틴 부처』 (서울: 대한기독교서회, 2012), 243: "일반적으로 개신교 정통주의에서와는 달리, 칼뱅과 마찬가지로 부처는 구원의 순서를 시간적 · 단계적으로 이해된 연대기적 순서로 이해하지 않고, 신학적 · 논리적 순서로 이해한다."

헤르만 바빙크(H. Bavinck)는 "언약(계약)의 유익들에 관하여"(Over de weldaden des verbonds)라는 장(章)에서 용어 '구원 서정'(De Heilsorde)을 긍정적으로 사용하고,56 그 내용으로서 "소명(召命)과 중생(重生)"(roeping en wedergeboorte), "신앙(信仰)과 회개(悔改)"(geloof en bekeering), "칭의(稱義)"(rechtvaardiging), "성화(聖化)와 견인(堅忍)"(heiliging en volharding)을 다룬다.57 베르까우어는 "구원 서정"(ordo salutis) 대신 "구원의 길"(de weg des heils)이라는 용어를 사용하면서, '구원 서정'이라는 용어를 부정적으로 간주한다.58 후끄마(A. A. Hoekema)도 자신을 여기에 연결시킨다.59 후끄마는 이 놀랄만한 하나님의 사역에 대한 다양한 관점들이 구별되어야 한다는 사실을 첨가한다. 헨드리꾸스 베르꼬프(H. Berkhof)는 '인간의 갱신(새로워짐)'(de vernieuwing van de mens)이라는 제목 하에 이 문제를 취급한다.60 칼 바르트(K. Barth)는 '구원 서정' 개념을 비판적으로 취급하면서 이런 개념을 수용해서는 안 된다는 입장을 취하면서, 칭의, 성화, 소명에 대해 논의하는 바,61 바로 이점에서 밀리오리(Daniel L.

---

56 Herman Bavinck, *Gereformeerde Dogmatiek* 3 (Kampen: J. H. Kok, 1929), 482-604.

57 Herman Bavinck, *Gereformeerde Dogmatiek* 4 (Kampen: J. H. Kok, 1930), 1-257.

58 G. C. Berkouwer, *Dogmatische Studiën: Geloof en Rechtvaardiging*, 23-35.

59 A. A. Hoekema, *Saved by Grace* (Grand Rapids: W.B. Eerdmans Pub. Co., 1989), 15.

60 Hendrikus Berkhof, *Christelijk Geloof* (Nijkerk: Uitgeverij G. F. Callenbach bv, 1990), 415-485.

61 Karl Barth, *Die Kirchliche Dogmatik* IV/3 (Zollikon-Zürich: Evangelischer Verlag AG., 1959), 581f.

Migliore)는 칼 바르트를 충실하게 따르고 있다고 볼 수 있다.[62] 몰트만 (J. Moltmann)은 '메시야적 삶의 스타일'이라는 삶의 국면, 제목으로 살아 있는 소망에로의 "중생"(Wiedergeburt), 의미 있는 삶의 역사(歷史), 창조적 긴장들에 대해 언급한다.[63]

칼빈의 『기독교 강요』(1559) 제III권의 제목을 "그리스도의 은혜를 받는 방법: 어떤 열매들이 우리에게 오며, 어떤 효과들이 뒤따라오는가"로,[64] 『기독교 강요』(1559) 제III권 제1장의 제목을 "그리스도에 관해서 말씀해진 내용들이 영(성령)의 신비한 사역을 통해 우리에게 유익을 준다."로 붙였다.[65] 이 두 제목 안에서 그리스도와 성령이 불가분리의 관계 속에 있음이 발견된다.

칼빈은 한 걸음 더 나아가, 그리스도와의 연합과 교제와 우리의 신앙과 성령을 다함께 결부시킨다. "그리스도가 소유하고 계시는 모든 것은 우리가 그리스도와 한 몸을 이루기 이전까지는 우리에게 무용지물(無用之物)이다. 그러나 모든 사람들이 복음을 통해 제공된 그리스도와의 그런 교제(communicationem)를 무차별적으로 받지 않는 것

---

62 다니엘 L. 밀리오리, *Faith Seeking Understanding: An Introduction to Chriatian Theology*, 신옥수 · 백충현 역, 『기독교조직신학개론: 이해를 추구하는 신앙』 (서울: 새물결플러스, 2012), 392, 373-410.

63 Jürgen Moltmann, *Kirche in der Kraft des Geistes: Ein Beitrag zur messianischen Ekklesiologie* (München: Chr. Kaiser Verlag, 1975), 302-315.

64 John Calvin, 『기독교 강요』(1559), III: "De modo percipiendae Christi gratiae, et qui inde fructus nobis proveniant et qui effectus consequantur."; "The way in which we receive the grace of Christ: what benefits come to us from it, and what effects follow."

65 John Calvin, 『기독교 강요』(1559), III i: "Quea de Christo dicta sunt, nobis prodesse, arcana operatione Spiritus."; "The things spoken concerning Christ profit us by the secret working of the Spirit."

을 보기 때문에, 이런 이유는 우리가 보다 더 높이 올라가서 영(성령)의 신비한 효력(efficacia)을 검토할 것을 가르친다. 영(성령)에 의해서 우리는 그리스도와 그의 모든 유익들을 향유하게 된다."[66] "그러므로 요약해서 말하면, 성령은 그리스도께서 효과적으로 우리를 그리스도 자신과 연결시키는 끈이다."[67]

우리는 '구원 서정'을 어떻게 이해할 것인가? "중요한 것은 그리스도의 사역의 열매이다. 우리 안에서 작용하는 성령의 효과도 그리스도의 사역의 열매에 속한다. 우리는 출발점을 인간과 인간의 경험에서 찾지 않고, 인간이 추구하는 확실성과 인간이 그것을 얻는 어떤 방법에서도 찾지 않는다. 중요한 것은 구원자이신 그리스도께서 그의 사람들을 위해 성취하셨던 그 무엇이며, 그리스도께서 이것을 그의 사람들에게 어떻게 참여시키느냐이다. 열매와 효과, 이 둘은 공히 이 유익들에 속한다. 참으로 이런 구별 때문에 확실한 연대기적인 순서나 경험적인 순서가 '구원 서정'으로 이해되는 것은 옳지 않다. 특히 우리는 정통주의에 의해서 이해된 이 단어의 뜻을 수용하지 않는다."[68]

그럼에도 불구하고, 다양한 유익들 사이에 내적 연결이 있다는 사실을 보여주기 위해 우리는 '서정(순서)'(ordo)이라는 단어를 선택하여 사용하기로 한다. 이 내적 연결은 로마서 8장 30절, 마가복음 1장 15절, 고린도전서 6장 11절에 분명하게 나타난다. 하나님의 주권적인

---

66   John Calvin, 『기독교 강요』(1559), III i.

67   John Calvin, 『기독교 강요』(1559), III I: "Huc summa redit, Spiritum sanctum vinculum esse, quo nos sibi effcaciter devincit Christus."; "To sum up, the holy Spirit is the bond by which Christ effectually unites us to himself."

68   J. van Genderen & W. H. Velema, *Beknopte Gereormeerde Dogmatiek* (Kampen: Uitgevermaatschappij J. H. Kok, 1992), 525.

선택으로부터 모든 구원이 흘러나온다. 『도르트 신조』 제I조 7항은 이 유익들을 총합하고, 거기서 그리스도를 중심에 위치시킨다. 모든 유익들은 그리스도와의 연합(unio cum Christo) 속에 있다. 예를 들면, 비록 이 둘이 상호 불가분리의 관계 속에서 연결되어 있을지라도, 성화(거룩)는 칭의보다 앞서지 않고, 칭의 뒤에 온다. 회개는 소명 뒤에 오고, 그 반대는 아니다. 견인은 이 순서에서 첫 번째 단추는 아니고, 마지막 단추이다. 다양한 유익들이 선호하는 순서대로 마음대로 취급될 수 없다는 사실이 중요하다. 그럴 경우, 유익들의 내적인 관계가 방해받는다. 우리는 어떤 경험순서, 즉 연대기적 순서를 만들지 않는다. 중요한 것은 유익들의 신학적 연결이다. 우리는 은사들과 효과들의 구원론적인 연결이 중요하다고 말할 수도 있다. 우리가 구원을 내적인 연결 속에서 간주할 때, 우리에게 떠오르는 순서가 있다. 이런 의미에서 우리는 칼빈이 이해한 구원의 순서에 대해 말할 수 있다.[69] 우리는 본서에서 '구원 서정(순서)'(ordo salutis)이라는 용어를 사용하되, 칼빈과 마르틴 부처처럼 신학적·논리적 순서로 이해하여 이 용어를 사용할 것이다.

---

69   J. van Genderen & W. H. Velema, *Beknopte Gereormeerde Dogmatiek*, 525.

제 2 장

구원론과 각론들(loci)의 관계

I. 구원론과 신론(삼위일체론)의 관계

타락전예정론(supra-lapsarianism)은 만물이 창조되기 전에 하나님께서 인간의 행위와 무관하게 인간의 미래의 최종 운명인 구원(선택)과 유기(遺棄) 사이를 결정하셨다고 주장하고, 타락후예정론(infra-lapsarianism)은 인간이 타락 이후에 하나님께서 인간의 행위와 무관하게 인간의 운명을 결정했다고 주장한다. 이 두 견해에서는 하나님의 절대주권 사상이 보전된다. 아르미니우스(Arminius)의 예지 예정론은 인간이 자신의 자유의지에 따라 미래에 행할 행동에 근거하고, 하나님께서 그것을 예지(豫知)하여 인간의 미래의 운명을 결정한다고 주장한다.

웨슬리는 하나님의 선행적(先行的) 은혜 또는 우주적 은혜를 강조함으로써 아르미니우스보다 한 걸음 더 나아갔다. 하나님께서 모든 사람들에게 주시는 이 은혜는 이 세상에서 발견되는 모든 인간의 선한 것들의 기초가 된다. 이 선행하는 은혜는 사람들이 예수 그리스도 안에 있는 구원의 소식을 받아들일 수 있게 도와준다. 펠라기우스(Pelagius)는 아담의 타락 이후에도 인간은 원죄가 없어서 타락하지 않았기 때문에 여전히 선을 행할 능력이 보존되어 인간의 자력구원이 가능하다고 주장한다.

이상과 같이 절대 은총주의자들에게 구원론은 신론 곧, 삼위일체론에 굳게 뿌리를 두고 있고, 반(反, semi)-펠라기우스주의자들은 구원을 하나님의 주권과 인간의 자유의지 모두에 근거지음으로써 신인협동설(神人協同說, synergism)로 귀결되는 반면에, 펠라기우스주의에서 구원론은 신론(神論)으로부터 분리되거나 자유로울 수가 있다.

우리는 예정론에 근거하여 내재적 삼위일체 하나님 안에서 계획된 구원이 경륜적 삼위일체 하나님을 통해 완성된다고 주장한다. 여기서 하나님 아버지의 주권적인 은혜와 사랑이 우리 구원의 궁극적 원인(causa efficiens)이라면, 하나님의 아들이신 예수 그리스도의 사역이 우리 구원의 내용적 원인(causa materialis)이라면, 성령은 우리 구원의 형식적 또는 도구적 원인(causa formalis vel instrumentalis)이고, 하나님의 영광을 지향하는 목적인(目的因, causa finalis)이라고 표현할 수 있을 것이다. 따라서 우리는 성경적·기독교적 구원은 삼위일체론적 구원이라고 규정할 수 있다. "우리의 구원을 위한 동력인(動力因)은 아버지 하나님의 사랑이며, 질료인(質料因)은 아들이신 하나님의 순종이며, 형상인(形相因)은 성령의 조명인 신앙이며, 목적인(目的因)은 하나님의 크신 사랑을 영화롭게 하는 것이다. 이 네 가지 원인은 주께서 행위를 종속원인으로 삼으시는 것을 막지 않는다."[1]

---

1 John Calvin, 『기독교 강요』(1559), III xvi 21.

II. 구원론과 창조론 및 섭리론의 관계

대체로 마르시온주의나 영지주의를 비롯하여 플라톤적 이원론에 서 있는 사람들은 창조 자체를 악(惡)한 것으로 간주하여, 구원을 창조로부터의 해방이나 창조의 폐기로 이해한다. 여기서는 창조 자체가 부정적인 것으로 이해된다. 이와는 정반대로 진화론적 신학자들에게서 구원은 시작부터 미완성된 창조가 완전한 성장과 발전과 완성에 이르는 것으로 이해된다. 여기서는 인간을 비롯한 피조세계의 타락이 전제되지 않기 때문에, 참된 의미의 죄와 구원과 구속은 발견되지 않는다.

우리는 "완전한 첫 창조·전적 타락·구속의 완성"이라는 구속역사 또는 구원역사에[2] 기초하여 구원과 창조 및 섭리의 관계를 이해한다. 다시 말하면, 창조주 하나님께서 우주 만물을 선하게 무(無)로부터 창조(creatio ex nihilo)하셨지만, 사탄의 유혹과 인간의 타락으로 말미암아 인간을 포함한 모든 창조(피조)세계가 타락하였다. 피조세계의 타락 이후에도 창조주 하나님은 피조세계를 여전히 보전하시고, 유지하시는 섭리주 하나님이시다. 또한 구속주(구세주) 예수 그리스도께서 인간을 구원하시고, 창조세계를 새롭게 하시기 위해서 성육신하셨다. 그러므로 구원과 창조(섭리)는 상호 구별되나, 결코 상호 분리될 수 없다. 창조와 구속을 상호 분리하여 구속만을 취할 경우 16세기 일부 재세례파처럼 플라톤적 이원론의 위험에 빠지고, 창조만을 선택할

---

2   박수암, 『신약신학주제사전』(서울: 장로회신학대학교출판부, 2012), 66: "구속사(救贖史, Heilsgeschichte)란 하나님의 구원의 역사를 가리키는 말로서, 이 세상 역사 가운데에는 하나님의 구원의 역사가 흐르고 있으며, 이 역사는 예수 그리스도를 중심으로 약속과 성취, 모형과 실재의 형식으로 대칭되어 있다고 보는 사관(史觀)이다."

경우, 떼이야르 드 샤르댕(Pierre Theilhard de Chardin, 1881-1955)의 신학처럼 오늘날의 진화론적 신학의 위험에 빠지게 된다.

Ⅲ. 구원론과 인간론의 관계

구원론과 인간론의 관계는 우리가 앞에서 이미 논의한 신론과 창조론 및 섭리론과 맥을 같이 한다. 오직 하나님의 은혜를 통한 구원과, 오직 믿음을 통한 구원을 주장하는 은총주의 전통은 인간의 전적 타락을 주장한다. 전적으로 타락한 인간은 여전히 심히 훼손된 하나님 형상을 가지고 있어서, 땅의 문제(자연은총, 일반은총 부분)에는 어느 정도 능력을 가지고 있지만, 하늘의 문제와 구원의 문제에는 전적으로 무능력하다. 바로 이 점에서 전적으로 타락한 인간은 "노예의지(奴隷意志)"를 가지고 있다. 마르틴 루터를 비롯한 모든 종교개혁자들은 노예의지를 주장했다.

반펠라기우스주의는 타락한 인간이나 거듭난 인간은 하나님의 은혜와 협력(synergism)하여 구원을 완성해 나갈 수 있다고 본다. 왜냐하면 인간이 전적으로 타락하지 않았고, 하나님의 은혜로 거듭난 후에 자유의지(自由意志)가 회복되기 때문이다. 펠라기우스(Pelagius)는 아담의 타락 이후에도 인간은 타락하지 않았기 때문에 인간의 자력구원(自力救援)의 길은 자명하다고 주장했다.

Ⅳ. 구원론과 그리스도(기독)론의 관계

예수의 이름은 구원자(눅 2:11; 딤후 1:0; 딛 1:4; 딛 2:13; σωτήρ = soter; Savor, Redeemer, Deliverer)이다. 그가 사람들을 위해서 행

하는 것은 구원과 복으로 명명된다(swthri,a = soteria; salvation, deliverance; 특히 요 4:22; 행 4:12; 엡 1:13; 히 1:14; 계 2:10). 이 '구원론'이라는 단어는 그리스도의 사역과 유익들이 내포되어 있는 예수 그리스도라는 칭호를 가리킨다. 예수 그리스도께서 구원을 성취하셨다. 이런 관점에서 예수 그리스도의 사역은 구원의 객관적 내용을 이룬다. 그리스도께서 성취하신 구속사역에 대해 "화해"(화해론, 속죄론, 구속론)라는 제목으로 앞에서 이미 다루었다.[3]

V. 구원론과 성령론의 관계

전통적으로 구원론과 성령론의 관계는 특별한 관계였다. 최근 성령론이 발달되기 전에는 일반적으로 조직신학에서 구원론 자체가 성령론이었다. 1931년부터 한국장로교회에서 조직신학 교재로 널리 사용되던 중국인 가옥명(賈玉銘, Chia Yu Ming)의 한글번역서는 구원론을 성령론이라는 제목으로, 기독론을 구원론이라는 제목으로 출판했다.[4] 최근에도 상당한 신학자들이 구원론을 성령론의 틀 속에서 취급한다.[5] 왜냐하면 성령께서 예수 그리스도께서 성취하신 구원사역을

---

[3] 참고, 본서 "제1부 제1장 II".

[4] 가옥명(賈玉銘) 저/정재면(鄭載冕) 역/이눌서(李訥瑞) 감수, 『조직신학 제2책: 신도론(神道論)』(소화6년 6월 28일), 『조직신학 제3책: 인죄론(人罪論)』(소화6년 6월 15일), 『조직신학 제4책: 구원론』(소화6년 7월 23일), 『조직신학 제5책: 성령론(聖靈論)』(소화6년 7월 30일), 『조직신학 제6책: 말세론(末世論)』(소화6년 6월 27일). 소화6년은 1931년이다. 참고, 중국어 원본: 賈玉銘, 『神道學〈上〉,〈中〉,〈下〉』(中華民國臺灣省: 財團法人基督教: 1931/1996).

[5] 유해무, 『개혁교의학: 송영으로서의 신학』, 413: "우리도 '구원론'이라는 명칭을 고수하지만, 우리는 '성령론 중 구원론'이라는 의미에서 이 명칭을 사용하려고 한다. 구원론은 성령의 사역인데, 이는 구속의 획득사역을 뜻하는 그리스도의 사역과의 혼동을 막기 위함이다. 본

적용하는 사역을 담당하기 때문이다.

VI. 구원론과 교회론의 관계

키프리아누스(Cyprianus)가 말한 "교회 밖에는 구원이 없다."(extra ecclesiam nulla salus; outside the Church no salvation)라는 말이나 "구원의 방주로서의 교회"라는 표상(表象)은 지금도 유효하다. 칼빈이 이 명제를 받아들였을 때, 이 명제는 교회 자체가 로마 가톨릭 교회가 이해하는 것처럼 '구원기관(救援機關)'(Institution of salvation)으로서 교회 직제와 성례전에 의해 자동주의적으로 구원의 능력을 소유하고 구원을 배분한다는 뜻이 아니라, 교회가 하나님께서 교회에게 허락하신 구원 수단들(말씀, 성례전 등)을 성령과 믿음을 통해 사용할 때, 교회를 통해서 죄 사함과 구원을 받을 수 있다는 뜻이다.[6] "사도신경은 먼저 교회를 고백하고 있다. 즉 성경에서 구원은 일차적으로 교회에 주어졌기 때문이다."[7] 이런 의미에서 교회는 신앙 공동체인 동시에 구원(구속) 공동체이다.

각론은 그리스도가 이미 획득한 구속을 적용하는 성령의 구원사역이다." 참고, 다니엘 L. 밀리오리, *Faith Seeking Understanding: An Introduction to Christian Theology*, 신옥수 · 백충현 역, 『기독교조직신학개론: 이해를 추구하는 신앙』, 373-410; 윤철호, 『기독교신학개론』 (서울: 대한기독교서회, 2015), 304: "성령 안에서의 기독교인의 새로운 삶은 그리스도 안에서의 하나님의 칭의와 성화와 영화의 사역 안에서 포함되는 삶이며, 동시에 이에 응답하는 삶, 즉 믿음과 사랑과 소망 안에서의 삶이다."

6   최윤배, 『깔뱅신학 입문』, 386-387.
7   유해무, 『개혁교의학: 송영으로서의 신학』, 494.

Ⅶ. 구원론과 종말론의 관계

구원론은 최종적으로 종말론을 지향한다. 다시 말하면, 구원의 최종적인 내용이 하나님 나라이며, 하나님 나라는 구원이 이루어진 곳이다. "구약 종말론의 기조는 재난과 구원의 연속이다. 물론 초점은 구원과 구원의 야훼이다."[8] "구약성경으로부터 종말론적 기다림을 체계적으로 요약하고, 각 부분에 접목시키는 것이 쉬운 일은 아니지만, 주된 내용들은 아주 분명하다. (1) 구원뿐만 아니라, 비구원도 함께 선포되어진다."[9] "종말론에 대한 구약 성경적 출발점과 신약 성경적 출발점들은 본질적으로 서로 다르지 않다. … 주의 날은 신약성경 속에서도 역시 신자들에게는 구원의 날이지만, 다른 사람들에게는 비구원의 날이다."[10]

---

8 유해무, 『개혁교의학: 송영으로서의 신학』, 587.
9 최윤배, 『성경적・개혁적・복음주의적・에큐메니칼적・기독교적 조직신학 입문』, 441.
10 최윤배, 『성경적・개혁적・복음주의적・에큐메니칼적・기독교적 조직신학 입문』, 442.

제 3 장
구원론에서 제기되는 문제들

I. 구원의 시간과 시제

한국교회의 목회와 선교 상황에서 구원의 시간과 시제가 중요한 문제가 되는 큰 이유로서 크게 두 가지를 손꼽을 수 있다. 하나는 교회와 목회와 선교의 실천 상황 속에서 구원의 시간과 시제를 중심으로 파생된 이단적 구원교리의 문제이며, 다른 하나는 신학적인 문제로서 구원의 시간과 시제가 종말론과 밀접하게 결부되어 있는 문제이다.

우리가 종말론을 어떻게 이해하는가에 따라 구원의 시간과 시제 이해가 달라진다. 종말론에 대한 다양한 견해들이 있지만, 시간과 시제와 관련해서 우리는 크게 세 가지 종말론을 제시할 수 있을 것이다. 다시 말하면, 하나님의 나라가 벌써 도래했고, 이미 완성되었다는 과거형 종말론, 현재 이루어지고 있다는 현재형 종말론, 장차 이루어질 것이라는 미래형 종말론이 있다.[1] 이 세 가지 시간과 시제를 포괄할 수 있는 '이미'(already)와 '아직 아니'(not yet) 사이의 긴장 속에 있는 종말에 대한 이해가 성경적이라는 것은 자명한 사실이다. "이 모든 사실은, 우리가 이생(以生)에서 살고 있는 동안, 우리의 구원은 '이미'와 '아직 아니' 사이에 있는 진짜로 참된 긴장에 의해 특징지어진다는 사실을 말해준다."[2] 그러므로 "나는 이미 구원받았다(구원되었다)", "나는 지금 구원받고 있다(구원되고 있다)", "나는 장차 구원받을 것이다(구원될 것이다)"라는 표현들이 모두 가능하지만, 셋 중에 어느 한 가지는 다른 두 가지와의 밀접하고도 포괄적 관계 속에서 사용되어야지, 다른 두 가지와 절대 배타적 관점에서 사용되면 안 될 것이다.

우리는 구원의 과거적 요소(칭의), 현재적 요소(성화), 미래적 요소(영화)를 말할 수도 있고,[3] 구원의 주관적 측면과 구원의 객관적 측면을 말할 수도 있다.[4] 그러나 우리는 이런 용어들을 사용하더라도 단정적으로, 그리고 절대적으로 사용하지 말고, '구원 서정'의 신학적·논리적 성격을 고려하여, 상호 유기적이고도, 상호 내적인 관계들을 참고하면서, 교육적 측면에서 사용하는 것이 더 좋을 것이다. 그러므로 한국교회에서는 물론 국외 선교 현장에서도 문제를 일으키고 있는 "구원파"의 구원교리는 구원의 현재적 시간과 시제 및 구원의 미래적

---

1   최윤배, 『성경적·개혁적·복음주의적·에큐메니칼적·기독교적 조직신학 입문』, 438-440.

2   A. A. Hoekema, *Saved by Grace*, 9.

3   최태영, 『성경의 신학』 (서울: 기독교문서선교회, 2013), 130-131, 참고, "과거적 구원", "현재적 구원", "미래적 구원", 소을순, 『삼위일체 하나님과 구원』 (서울: 한글과 진리, 2013), 220-524.

4   유태화, 『삼위일체론 구원론』, 199-417.

시간과 시제를 전혀 고려하지 않고, 구원의 과거적 시간과 시제만을 절대적으로, 단정적으로 주장함으로써 빚어진 문제들 중에 하나로 판단된다. 구원에는 세 가지 시제가 있다. 구원의 과거, 구원의 현재, 구원의 미래이다.[5]

II. 구원의 대상과 범위

구원의 대상과 범위에 대한 입장은 매우 다양하지만, 대체로 제한속죄론, 만유화해론(객관적 화해론), 조건부 구원론, 만유구원론 입장 등으로 세분화될 수 있다. 제한속죄론의 입장은 예수 그리스도의 속죄의 능력이 모든 인류를 구원할 정도로 충분하지만, 선택된 자들에게만 그 효과가 미친다고 주장한다. 만유화해론의 입장(K. Barth)에 의하면, 예수 그리스도의 화해사역이 존재론적으로 모든 인류에게 이미 해당되어 그리스도인들은 이 사실을 인식론적으로 받아들였지만, 비그리스도인들은 아직도 이 사실을 인식론적으로 받아들이지 못한 상황이다. 조건부 구원론의 입장은 모든 인류를 위해 이룩하신 예수 그리스도의 구속사역을 믿음으로 받아들이는 사람만이 구원을 얻을 수 있다고 주장한다. 고대 교회에서 이레네우스(Irenaeus)와 오늘날 몰트만(J. Moltmann) 등이 주장하는 만유구원론(총괄갱신론; apokakastasis)은 모든 인류는 물론 마귀를 포함하는 모든 피조물이 구원받는다고 주장하고, 지옥의 영원성을 부정한다.

인간의 영혼구원만을 주장하는 견해가 있지만, 우리는 영혼구원이

---

5 김세윤, 『구원이란 무엇인가』, 83.

매우 중요한 것을 인정함에도 불구하고, 영혼구원만을 주장하지 않고, 영혼을 포함하는 '신령한 몸의 부활', 곧 전인(全人) 구원을 받아들인다. 우리는 마귀는 물론이고, 하나님 나라에 참여하지 못하는 일부 사람들이 그리스도의 재림과 심판 때에 존재할 것이라고 믿는다. 예수 그리스도의 재림과 심판 때, 하나님의 자녀들이 하나님 나라에 참여하고, 현재 우리가 이해할 수 없는 방법으로 피조물도 썩어짐의 종노릇에서 해방되어 하나님의 자녀들의 영광의 자유에 참여할 것이다(롬 8:18-22).

영혼구원을 포함해서 '신령한 몸의 부활'이라는 최종적인 개인구원은 물론, 사회구원, 자연구원 등을 포함하는 포괄적 구원개념으로서의 하나님 나라를 우리는 받아들이지만, 최종적으로 천국(天國)과 지옥(地獄), 영생(永生)과 영벌(永罰)이라는 이중적 결과가 나타날 것이라고 믿는다.[6]

III. 구원은 잃어버릴 수 있는가?

"내가 이미 얻은 구원이 상실(喪失)될 수 있는가?" "우리가 이미 받은 구원을 잃어버릴 수 있는가?"라는 질문과 여기에 대한 대답은 오늘날 한국교회 안에서만 뜨거운 감자인 것이 아니라, 교회사 속에서 뜨거운 감자로 존재해왔다. 우리는 본서에서 이 문제를 길게 논의하지 않는다. 왜냐하면 이 문제는 각 교단이나 개인이 가지고 있는 신앙적·신학적 입장에 따라 첨예하게 대립되고, 모두가 나름대로의 성경적

---

6   최윤배, 『성경적·개혁적·복음주의적·에큐메니칼적·기독교적 조직신학 입문』, 459-460.

논리를 가지고 각자의 입장을 견지하고 있기 때문이다.

결론적으로 말하면, 예정 교리와 성도의 견인(perseverance of the saints; perseverantia sanctorum) 교리를 인정하는 대부분의 개혁교회는 참된 신앙을 가진 신자들은 자신들의 인내와 하나님의 은혜의 보전을 통해 신앙과 구원이 상실되지 않는다고 이해한다. 이런 주장을 비판하기 위해 어떤 사람들은 이런 주장 속에 정태적이며, 결정론적이고, 운명적인 요소가 있다고 비판하지만, 사실은 견인의 과정 속에 성령을 통한 하나님의 지속적인 보전과 보호 및 각 그리스도인의 신앙적 인내와 책임적 행동과 하나님의 경계와 심판의 경고가 내포되어 있다. 이런 관점에서 개혁교회는 하나님의 은혜를 '불가항력적(不可抗力的) 은혜'(irresistible grace)로 이해하여 하나님의 은혜를 인간이 거부할 수 없다고 생각한다.

개혁교회의 입장에 반대하는 웨슬리안적·오순절주의적 교회는 하나님의 은혜도 강조하지만, 인간의 '자유의지'를 강조하여 하나님의 은혜를 '가항력적 은혜'로 이해하여, 이미 얻은 구원도 신앙생활 과정에서 상실될 수 있다고 생각한다.

Ⅳ. 예수 그리스도만이 유일한 구세주이고, 기독교만이 유일한 구원종교인가?

유일한 구세주로서의 예수 그리스도의 문제와 유일한 구원종교로서의 기독교에 대한 문제는 기독교 이외의 다른 종교들에 대한 태도와 직결되고, 종교다원주의(宗教多元主義) 문제와도 연결된다.

김명용은 기독교의 타종교에 대한 입장을 세 가지, 즉 배타주의(교회 중심적 배타주의와 그리스도 중심적 배타주의), 포괄주의, 종교다원주의로 분류하고,[7] 최태영은 네 가지로 분류한다.[8] 우리는 최태영의 분류 방법에 따라 이 관계를 설명하고자 한다.

첫째 입장은 예수 그리스도만이 유일한 구세주이고, 기독교에만 구원이 있다고 주장하고, 한 걸음 더 나아가 타종교 속에는 어떤 계시도 없고, 어떤 선한 것도 없다고 주장한다. 그러므로 타종교는 선교의 대상일 뿐만 아니라, 사탄이 활동하는 박멸의 대상일 수가 있기 때문에 대화는 절대적으로 불가능하다. 이런 관점 속에서 자칫 타종교에 대한 무시와 증오가 나타날 수가 있다.

둘째 입장은 예수 그리스도만이 유일한 구세주이고, 기독교에만 구원이 있다고 주장하면서, 한 걸음 더 나아가 타종교 속에 구원은 전혀 없지만, 창조주 하나님의 자연계시와 일반은혜(자연은혜) 차원과, 성령의 역사를 통한 하나님 나라의 관점에서 볼 때, 분명 타종교 속에는 치명적인 죄와 사탄의 활동도 있지만, 가정과 사회와 인류를 위해 유익한 자연계시에 근거한 정신적으로, 도덕적으로, 사회적으로 긍정적인 요소가 있을 수 있다고 주장한다. 그러므로 기독교는 타종교를 선교의 대상으로 마땅히 삼아야 하지만, 타종교에 대해 배타적인 태도를 취하지 말고, 공적 영역에서 사회발전과 인류공영(人類公營)을 위해 상호 대화하고 상호 협력할 필요가 있다는 것이다.

셋째 입장은 주로 로마 가톨릭 교회의 칼 라너(K. Rahner)가 주장하는 입장인데, 타종교 속에도 초월적인 하나님의 은혜를 체험하는 소위 '익명의 그리스도인'이 있기 때문에, 타종교 속에서의 구원 가

---

7 김명용, 『현대의 도전과 오늘의 조직신학』 (서울: 장로회신학대학교출판부, 1997/2002), 84-109.

8 최태영, 『성경의 신학』, 158-167.

능성을 인정한다. 여기서 중요한 것은 로마 가톨릭 교회가 최고 정상에 있는 완전한 구원종교이고, 타종교에 대한 규범이며, 타종교 속에 있는 구원조차도 예수 그리스도의 십자가에서 계시된 구원은혜이며, 로마 가톨릭 교회의 구원의 절대우위성이 주장되고 있다.

넷째 입장은 기독교와 다른 종교들은 모두 동등한 구원종교라고 주장한다.[9] 여기서는 구세주로서의 예수 그리스도의 절대성과 유일성이 포기되어지고, 예수 그리스도는 많은 구원자들 중에 한 구원자에 속할 수도 있다. 이런 입장에서 선교는 전혀 필요치 않을 뿐만 아니라, 심지어 금지되고 있다. 넷째 입장은 사도행전 4장 12절의 말씀을 구세주로서의 예수 그리스도의 유일성에 관한 말씀으로 이해하지 않고, 전적으로 다르게 해석한다.

이상의 네 가지 입장들 중에 우리는 둘째 입장이 성경적이라고 생각한다. "복음은 예수 그리스도이시고 예수 그리스도 외에 다른 복음은 없다! 예수 그리스도 외에 다른 복음을 첨가하는 것은 이미 온전한 복음이 아니다. 그것은 복음의 심각한 변질이다."[10]

V. 자유의지와 노예의지

종교개혁신학이나 개혁신학은 자유의지(自由意志)와 노예의지(奴隸意志)를 종교개혁자 마르틴 루터의 『노예의지론』(De servo arbitrio;

---

9 여기에 속하는 사람들은 존 힉(John Hick), 파니카(R. Panikkar), 니터(Paul Knitter) 등이 있다. P. Knitter, *No Other Name?*, 변선환 역, 『오직 예수 이름으로만?』 (서울: 한국신학연구소, 1986); 한숭홍, 『라이몬 파니카』 (성남: 북코리아, 2011).

10 김명용, 『온 신학(Ohn Theology)』 (서울: 장로회신학대학교출판부, 2014), 142.

On the Bondage of the Will, 1525)의 입장에서 이해한다.[11] 최초의 인간인 아담과 하와는 타락하기 전, 하나님께서 인간에게 선 또는 악을 선택할 수 있고, 실천할 수 있는 능력으로서의 자유의지를 선물로 주셨다. 그러나 아담과 하와가 범죄로 타락한 후, 모든 인간에게 주어진 자유의지가 노예의지로 바뀐 결과, 모든 인간은 선을 선택하거나 행할 수 있는 능력을 완전히 상실하여, 악(惡)만을 선택하여 항상 죄를 지을 수밖에 없게 되었다. "우리는 우리의 의지를 거역하여 죄를 범하는 것이 아니라 오히려 우리의 의지에 따라 죄를 범한다."[12] 인간은 자기 자신의 의지의 노예이며, 또한 사탄의 권세 아래에 있다.[13]

그러므로 인간이 예수 그리스도를 믿어 중생함으로써만, 선을 행할 수 있는 길이 열리게 된다. 이 때 '자유의지'는 완전히 회복되는 것이 아니라, 성령 안에, 믿음 안에, 그리스도 안에 있을 때만, 인간은 하나님께 순종하게 되고, 하나님의 율법을 준행함으로써 선을 행할 수 있게 된다. 은총주의 전통에 서 있는 아우구스티누스, 루터, 칼빈은 노예의지를 주장했으나, 펠라기우스, 에라스무스, 피기우스는 자유의지를 주장했다.

웨슬리를 비롯하여 그의 전통을 잇고 있는 웨슬리안들은 하나님의 선행은총을 통한 자유의지의 긍정적인 역할을 주장하고, 이미 구원받은 성도도 중도에 구원을 거부할 수 있으며, 반대로 완전 성결(성화)에 이를 수 있다고 주장한다. 하지만 웨슬리안적 완전주의(perfectionism)

11　이형기, 『종교개혁신학사상: 루터와 칼빈을 중심으로』(서울: 장로회신학대학교출판부, 1984/1997), 230-239.

12　WA 18, 693.

13　WA 39 , 379.

나 웨슬리안적 완전주의자들(perfectionists)에 대한 이해가 달라지고 있다. 웨슬리안적 '완전'에 대한 이해를 "죄 없는 완전주의"(sinless perfectionism)로 이해할 것이 아니라, 성숙된 성화의 단계로서의 "불완전한 완전주의"로 이해해야 한다는 것이다. 앞에서 언급한 은총주의자들은 이 땅에서의 성화를 "불완전한 성화"로 이해한다.

VI. 구원론에서 선행과 상급의 위치

성령을 통해 오직 믿음으로 우리는 칭의되고, 성령을 통해 오직 믿음으로 우리는 성화된다. 칭의와 성화 속에 인간의 공로 사상이 개입되어서는 결코 안 될 것이다. 문제는 선행과 성화가 어떤 관계에 있는가이며, 상급과 성화가 어떤 관계에 있느냐이다. 우리가 행한 선행은 우리의 자력으로 성취한 것이 아니라, 성령과 신앙 안에서 성취된 것이다. 여기에는 우리의 공로가 발생하지 않는다. 그러므로 우리의 선행과 성화가 구원의 내용 속에 중요한 요소로 반드시 포함되어야 하지만, 우리의 구원의 조건은 아니다. "믿음은 구원의 실제적 근거이고, 믿음의 행위는 구원의 인식적 근거이다."[14] 우리의 구원의 조건은 오로지 성령을 통한 하나님의 은혜와 그리스도에 대한 우리의 믿음이다.

성령과 믿음 안에서 성취된 선행에 대한 공로는 전적으로 하나님과 성령께 있다. 여기에 대한 상급을 성령께서 받으셔야 마땅한데, 하나님께서 우리를 격려하시려는 교육적인 동기에서 우리에게 상급을 주시겠다고 약속하셨다. 이 땅에서 우리가 받는 상급이나 장차 새 하늘

---

14 Horst Georg Pöhlmann, *Abrider Dogmatik*, 이신건 역, 『교의학』 (서울: 신앙과 지성사, 2013), 403.

과 새 땅에서 우리가 받을 상급은 우리의 공로나 대가(代價)의 차원에서 이해되어서는 결코 안 되고, 하나님의 전적인 은혜와 시혜(施惠)의 차원에서만 이해되어야 한다. 상급을 우리의 공로로 근거지우거나 환원하는 것도, 그리고 상급 자체를 부정하는 것도 성경적이지 않다. 우리는 상급을 인정하되, 하나님께서 약속하신 하나님의 은혜와 시혜의 차원에서 이해하고, 인정해야 할 것이다. 대부분의 로마 가톨릭 교회 신학에서 발견되는 인간의 선행과 상급에 대한 공로주의적 이해와, 구복주의에 대한 비판적 관점에서 일부 개신교 신학에서 발견되는 상급 자체를 불인정하는 것은 성경적이지 않다.

VII. 천주교의 의화(義化)와 동방정교회의 신화(神化)

구원의 본질에 대해, 토마스 아퀴나스는 구원을 의화(義化)로 이해했다. 아퀴나스에 의하면, 인간은 작용 은혜로 말미암아 의롭게 되고, 협력 은혜의 효과로 공로를 얻는다. 아퀴나스에게서 의화는 죄 용서에 의해 불의의 상태에서 의의 상태로 변화되는 것이고, 하나님에 의해 죄책의 상태로부터 의의 상태로 나아가는 운동이다. 그러나 인간의 자유의지로 하나님 은혜에 협력하는 것은 당연한 공로가 아니라 공로에 상응하는 공로로 보았다. 아퀴나스는 은혜를 받고 의지가 사랑을 행함으로 말미암아 영생의 가치가 있는 공로를 얻는다고 보았다.[15] 천주교가 이해한 '의화' 교리 속에 반(半, semi)-펠라기우스적 사상이 발견된다. "문제는 스콜라 신학자들의 의화, 성례전, 은혜, 면죄부 등에 대한

---

15 송인설, 『에큐메니칼 구원론: 구원론의 화해가 가능한가?』 (서울: 겨자씨, 2008), 113.

교리들이 하나님의 살아 있는 은혜를 성례전과 교직 체계 안에 화석화시킨 것과, 이 교리들이 성경적 근거를 떠나 공로주의에 빠지고, 면죄부를 돈 받고 파는 타락에 빠진 것이다."[16]

구원의 본질에 대해, 동방정교회는 신화(神化; deification)로 이해했다. 동방정교회 교부들은 인간의 곤경을 죄로 말미암는 죽음의 문제로 본 반면에, 죽음에서 건짐 받아 생명을 얻는 것을 구원으로 보고, 이것을 신화교리로 발전시켰다. 동방정교회 교부들에게서, 신화는 하나님의 생명을 얻는 것이고, 하나님의 불멸성과 불후성을 얻는 것이다. 신화는 하나님의 모양을 닮는 것이고, 하나님의 성품을 닮는 것이다. 동방정교회 교부들은 영혼의 신화만이 아니라, 육체의 신화도 주장하여 전인적 구원에 대한 초보적 개념을 보여 주었다.[17] 동방교회의 '신화' 교리 속에서 존재유비(analogia entis) 내지 신비주의 사상이 발견된다.

16　현요한, 『신학은 하나님 배우기: 신학, 영성, 실천의 재연합』 (서울: 대한기독교서회, 2011), 201-202.

17　송인설, 『에큐메니칼 구원론: 구원론의 화해가 가능한가?』, 44, 참고, 윤철호, 『기독교신학개론』 (서울: 대한기독교서회, 2015), 306, 407.

제 2부

"성경적·개혁적·복음주의적· 에큐메니칼적·기독교적" 구원론

제 1 장

우리의 전제(前提)와 방향

I. 우리의 신학적 입장

제1부에서 필자는 신앙적·신학적 입장을 상당히 반영했지만, 그럼에도 1부에서 필자는 필자의 입장을 결정적으로 밝히지는 않았다. 필자는 "성경적·개혁적·복음주의적·에큐메니칼적·기독교적" 입장에서 구원론을 논하고자 한다.[1] 각 교단과 교회와 신학자와 그리스도인은 반드시 성경적인 동시에 기독교적인 신앙과 신학을 추구해야 할 것이다. 그러나 각 신학자와 그리스도인은 자신이 속해 있는 신앙 전통과 신학 전통과도 직접적으로 밀접한 관계 속에 있다. 필자는 개혁교회 전통에 서 있으면서도, 복음주의 전통과 에큐메니칼 전통을 다 같이 수용하는 신앙과 신학전통에 속해 있다.

그럼에도 불구하고, 개혁신학 전통과 비교하여 복음주의적 관점이

---

1   참고, 최윤배, 『성경적·개혁적·복음주의적·에큐메니칼적·기독교적 조직신학 입문』, 23-33.

나 에큐메니칼적 관점에서 이단적이 아닌 견해상의 차이가 발견될 때, 필자는 개혁신학 전통을 선호하면서도, 성경과 기독교가 허용하는 범위 안에서 복음주의적 관점이나 에큐메니칼 관점에 대해 배타적인 태도를 취하지 않을 것이다. 여기에 대한 한 예로, 필자는 개혁교회 전통에서 예정교리와 견인교리를 받아들이지만, 이 두 교리를 수용하지 않는 웨슬리안적·오순절주의적 복음주의자들과 에큐메니칼주의자들을 고려하여, 이 두 교리를 제일 마지막 부분에서 논의할 것이다. 또한 칼빈은 예정교리를 신론에서 다루지 않고, 구원론에서도 후반부에 다루고 있다. 견인과 예정교리를 뒷부분에 위치시킴으로써, 이 두 교리를 받아들이지 않는 독자들은 이 두 교리가 담긴 부분을 반드시 읽을 필요는 없고, 참고할 수는 있을 것이다.

II. 하나님의 주권적 은혜와 성령의 역사 및 우리의 신앙과 신앙실천

기독교 신학의 모든 내용과 대상은 삼위일체 하나님에 관한 것과, 인간을 포함한 피조물에 관한 것으로 구성된다고 볼 수 있다. 그러므로 칼빈은 이 두 부분을 언급하면서, 이 두 부분이 상호 불가분리의 밀접한 관계 속에 있음을 강조하여 교육적으로 전자를 먼저 언급하는 것을 선호한다.

"우리가 갖고 있는 모든 지혜(sapientia), 곧 참되며 건전한 지혜는 두 부분으로 구성되어 있다. 그 하나는 하나님에 대한 지식(cognitio)이요, 다른 하나는 인간에 대한 지식이다. 그러나 이 두 지식은 여러 줄로 연결되어 있기 때문에 어느 쪽이 먼저이며, 어느 쪽의 지식이 다른 쪽의 지식을 산출해 내는가를 알아내는 것은 쉬운 일이 아니다. … 그러나 아무리 하나님을 아는 지식과 우리 자신을 아는 지식이 서로 연결되어 있다 할지라도, 올바른 가르침의 순서가 있는 법이므로, 우리는 전자를 먼저 다루고 그 다음에 후자를 취급해야 할 것이다."[2]

기독교 신학은 물론 기독교적 구원론에서 신론(神論)이 없는 인간론(人間論)을 생각할 수 없는 것과 마찬가지로 인간론이 없는 신론을 생각할 수 없다. 전자의 사고 속에는 율법주의나 공로주의, 곧 펠라기우스주의가 자리 잡아 인간의 자력구원(自力救援)의 길을 열어주고, 후자의 사고 속에는 도덕과 율법폐기론의 형태를 띤 자유방종주의가 자리 잡아 도덕과 윤리생활의 파산을 초래할 것이다.

성경에 나타난 은혜언약(계약)은 내용은 일방적이지만, 형식은 쌍방적이다.[3] 삼위일체 하나님께서 직설법적(indicative) 측면에서 먼저 우리에게 성령을 통해 은혜를 주시고, 신앙을 은사와 선물로 주시고, 그 다음에 하나님께서 우리가 명령법적(imperative) 측면에서 신앙과 신앙실천을 통해 하나님의 은혜에 응답하고, 순종하기를 원하시고 기뻐하신다. 우리는 직설법과 명령법, 하나님의 은혜와 신앙행동이 상호 구별되면서도, 상호 분리되지 않고, 상호 밀접하게 연결되어 있는 구절들을 성경에서 만나게 된다. "너는 이스라엘 자손의 온 회중에게 말하여 이르라 너희는 거룩하라 이는 나 여호와 너희 하나님이 거룩함이니라."(레 19:2) "그러므로 하늘에 계신 너희 아버지의 온전하심과

---

[2] John Calvin, 『기독교 강요』 (1559), I i 1-3.
[3] 최윤배, 『성경적 · 개혁적 · 복음주의적 · 에큐메니칼적 · 기독교적 조직신학 입문』, 132-134.

같이 너희도 온전하라."(마 5:48)

　에베소서 1장 4-6절은 하나님의 예정과 선택의 목적이 "우리로 사랑 안에서 그 앞에 거룩하고 흠이" 없게 하기 위함이라고 기록했다. 빌립보서 2장 12-13절은 하나님의 기쁘신 뜻을 위하여 우리가 "항상 복종하여 두렵고 떨림으로" 우리의 구원을 이루어 나가야 한다고 기록한다. 하나님의 주체(Subject)와 주격성(主格性)이 직설법적 성격을 갖는다면, 우리의 주체(subject)와 주체성은 명령법적 성격을 갖는다고 볼 수 있다. 하나님과, 신앙인으로서 우리의 관계는 비인격적인 억압이라는 주종관계가 아니라, 사랑의 인격적인 파트너십(partnership)이 있는 은혜언약의 관계에 근거한 사랑과 책임적인 관계이다. 하나님은 아무 조건 없이 사랑으로 우리에게 은혜를 주시지만, 우리는 감사와 기쁨으로 하나님의 은혜에 자발적으로 응답해야 한다.

　이런 인격적인 관계는 '그리스도 안'(ἐν Χριστῷ; en Christo)이라는 바울의 사상 속에 잘 나타난다. 바울에게서 '그리스도 안에서', '신앙 안에서', '성령 안에서'라는 구절들은 성령과 믿음을 통한 그리스도와 우리의 연합과 상호 교통과 교제를 묘사하는 전형적인 표현들이다. 그리스도와, 신앙인으로서의 그리스도인이 성령과 신앙을 통해 함께 연합하여 교제를 이루고 있는 모습이 갈라디아서 2장 20절에 잘 묘사되어 있다. 바로 여기에 그리스도론과 성령론과 신앙론이 다함께 만나 어우러져 구원론을 형성하고 있다. 우리는 각각의 구원 서정을 논의할 때 바로 이 사실을 항상 염두에 두어야 할 것이다. 그렇지 않을 경우 각 구원 서정은 파편화되고, 객관화되고, 정적화(靜的化)되고, 정태적이 된 결과, 그 역동성과 생명력을 상실할 수밖에 없을 것이다.

III. 상호 유기적, 내적 관계들 속에 있는 다양한 구원 서정

우리는 성령과 신앙을 통해 예수 그리스도와 연합하여 그와 교제하며, 하나님의 완전한 형상이신 예수 그리스도를 닮아갈 뿐만 아니라, 그가 이룩하신 구원의 유익들이 우리에게 효과적으로 적용되고, 전달되어 그 유익들을 누리게 된다. 예수 그리스도는 "우리에게 지혜와 의로움과 거룩함과 구원함"이 되셨다(고전 1:30). 우리는 "의와 진리의 거룩함"으로 지음을 받았다(엡 4:24). 우리는 예수 그리스도 자신과 그가 성취하신 사역들 사이를 구별은 하되, 분리해서는 결코 안 될 것이다.

"지혜와 의로움과 거룩함과 구원함"이 되신 예수 그리스도의 은혜를 받고, 하나님의 아들의 형상을 본받아 구원받는 길이 우리에게 열렸다. "하나님이 미리 아신 자들을 또한 그 아들의 형상을 본받게 하기 위하여 미리 정하셨으니 이는 그로 많은 형제들 중에서 맏아들이 되게 하려 하심이라 또 미리 정하신 그들을 또한 부르시고 부르신 그들을 또한 의롭다 하시고 의롭다 하신 그들을 또한 영화롭게 하셨느니라."(롬 8:29-30)

우리는 '구원 서정'을 칼빈과 마르틴 부처처럼 단계적 · 시간적 · 연대기적이 아니라, 논리적 · 신학적으로 이해하여 구원론에서 사용하고자 했다. 문제는 그리스도께서 성취하신 유익들이 너무나도 많고, 풍성하고, 다양하여, 몇 가지 신학 용어들과 몇 가지 구원 순서들을 통해서 모든 그리스도의 유익들이 표현될 수 없다는 사실이다. 성경이 말씀하고 있는 이 다양하고도 풍성한 내용들을 완전하게 체계적으로 기술한다는 것은 애초에 불가능한 일이다. 그럼에도 불구하고 우리는 여기에 대한 조직신학적 작업의 하나로 구원론에 대한 기술이라는 과제를 요청받고 있다.

칼 바르트처럼 구원의 은혜와 유익들을 세 가지만 언급하는 신학자가 있는 반면에, 심지어 10가지 이상을 언급하는 신학자들도 있다.[4] 우리는 논리적·신학적 순서를 따를 경우, 대체로 개혁신학 전통에 따라 "예정(선택), 소명, 중생, 신앙, 회개, 칭의, 성화, 견인, 영화"라는 순서로 논의하는 것이 필자의 입장이지만, 앞에서 이미 언급한 바와 같이, 개혁신학 전통에 따라 예정과 견인을 따르지 않는 웨슬리안적·오순절주의적 독자들을 고려하여 예정과 견인을 맨 뒤쪽에 위치시켜 "소명, 중생, 신앙, 회개, 칭의, 성화, 영화, 견인, 예정(선택)"의 순(順)으로 논의하고자 한다.

우리는 구원 서정에 대해 논의할 때, 인간론과 구원론의 범주를 뛰어넘어 ① 그리스도와 성령과 신앙을 통한 각각의 은혜와 유익과 효과의 밀접한 상호 내적 관계들을 기억해야 하고, ② 우리가 앞에서 이미 논의한 구원론이 연결되는 조직신학의 다른 각론들(loci)과의 관계들도 기억해야 하고, ③ 창조·타락·구속이라는 삼위일체 하나님의 구속사라는 큰 틀을 기억해야 하고, ④ 전인(全人)으로서의 개인은 물

---

[4] 참고, K. Barth(칭의, 성화, 소명), D. L. Migriore(칭의, 성화, 소명), G. C. Berkouwer(신앙과 칭의, 신앙과 성화, 신앙과 견인), J. van Genderen & W. H. Velema(소명과 중생, 신앙과 회개, 칭의, 성화, 견인), H. Bavinck(소명과 중생, 믿음과 회개, 칭의, 성화와 견인), M. J. Erickson(예정, 유효적 소명, 회심, 중생, 연합, 칭의, 양자됨, 신앙, 성화, 견인, 영화), J. Murray(유효적 소명, 중생, 신앙, 회개, 칭의, 양자, 성화, 견인, 연합, 영화), L. Berkhof(연합, 소명, 중생, 회심, 신앙, 칭의, 성화, 견인), 박형룡(소명, 중생, 회심, 신앙, 칭의, 수양, 성화, 견인, 영화), A. A. Hoekema{(외적 소명, 내적 소명), 중생, 회심(conversion), 회개(repentance), 회개, 믿음, 칭의, 성화, 견인)}, 유태화(소명, 중생, 회심, 믿음, 칭의, 성화, 양자됨과 성령의 인치심, 견인, 예정), 유해무(소명, 중생, 신앙, 회개, 칭의, 견인, 지상에서의 영화), 『웨스트민스터 신앙고백』(1647/1648)(실제적 부르심, 의인, 양자, 성화, 믿음, 회개, 견인, 영화). 어떤 사람은 '연합', '양자(養子) 삼음'(adoption, 입양) 또는 '수양'과 '성령의 인치심'을 구원 서정에 포함시킨다.

론, 사회, 자연과 세계가 관계되어 완성될 하나님 나라, 포괄적이고도 우주적 지평을 가진 하나님 나라를 기억해야 할 것이다. "우리의 구원은 이 세계와의 분명한 관련 안에서 이해되어야 하고, 이 세계의 완성도 개개인의 완성을 분명히 포함하는 것으로 이해되어야 한다."[5] 수도원 운동이나 일부 영성운동 속에서 종종 발견되는 것처럼, 구원론이라는 것이 한 개인의 내적·심리적·경험적 차원으로만 환원되어서는 안 될 것이다. 왜냐하면 구원 개념은 다양한 관계들을 전제하고, 참으로 포괄적이며, 항상 하나님 나라를 지향하고 있기 때문이다.

---

5 이신건, 『조직신학 입문』 (서울: 한국신학연구소, 1992/1994), 94.

제 2 장

소명

하나님께서 우리를 부르실 때, 우리는 그 부르심을 표현하기 위해 두 가지 소명(부르심, 召命; calling), 즉 외적(external) 또는 일반적(general) 소명과, 내적(internal, 특별한) 또는 효과적(실제적, effectual) 소명으로 구별하여 사용할 수 있을 것이다.[1] 그러나 우리는 이 두 가지를 구별하되, 상호 분리하지 말고, 상호 밀접하게 연결시켜야 할 것이다.

하나님께서 우리를 부르실 때, 교회의 말씀선포와 복음전파의 방법을 사용하시는 동시에 하나님께서는 말씀과 함께 성령으로 사람의 마음을 내적으로 조명하시기도 한다. 여기서 교회를 통해서 사용하시는 복음전파의 방법이 외적 소명에 해당된다고 볼 수 있다. 그렇다면 내적 소명이란 무엇인가? 내적 소명은 성령의 내적 역사인 바, 말씀과 복음이 전파될 때, 성령께서 말씀을 통해 우리로 하여금 우리의 죄와 비

---

1 참고, "vocatio externa et internario."

참을 확실히 알게 하시고, 그리스도에 대한 지식으로 우리의 마음을 밝게 하시며, 우리의 뜻을 새롭게 하신다. 성령은 말씀과 복음 안에서 우리에게 값없이 주신 예수 그리스도를 받아들이도록 우리를 설복하시는 동시에 그렇게 할 수 있는 능력을 주신다. "그러므로 효과적 부르심에 대한 보다 완전한 정의는 다음과 같다. 효과적 부르심은 성령을 통한 하나님의 주권적인 행위인데, 성령은 복음의 초청을 받는 사람들이 회개와 신앙과 순종을 가지고 하나님의 부르심에 응답하게 할 수 있다."[2]

칼빈과 마르틴 부처도 소명을 두 가지로 구별한다. "부르심에는 내적 부르심과 외적 부르심이 있다. 하나님의 외적 부르심은 말씀의 선포를 통해서 모든 사람들을 평등하게 자신에게로 부르시는 것을 의미한다. 하나님의 내적인 부르심은 개별적인 부르심으로서 성령의 내적 조명을 통해서 신자들에게만 주어진다. 이 때 하나님께서 성령으로 신자들의 마음을 비추시어, 선포하신 말씀이 신자들의 마음속에 머물게 하신다."[3] 마르틴 부처로 하여금 일반소명과 특별소명을 구별하게 한 성경 본문은 특히 마태복음 22장 14절이다.[4]

"외적 소명과 내적 소명은 구원은 사람들을 통해서 선포되어질 뿐만 아니라, 또한 성령은 설교를 통해서 그리스도와의 교제(연합)에로 인도한다는 사실을 말해준다. 이런 구별은 부르심의 원천적인 의미 안에서 부르심의 다양한 내용을 보여주는 것이 아니다. 이런 구별은 하

---

2   A. A, Hoekema, *Saved by Grace*, 86.
3   최윤배, 『칼뱅신학 입문』, 308, 참고, John Calvin, 『기독교 강요』(1559), III xxiv 8; IV i 2.
4   최윤배, 『잊혀진 종교개혁자 마르틴 부처』 (서울: 대한기독교서회, 2012), 259.

나의 부르심이 다른 부르심과 서로 상충(相衝)되어 있다는 사실을 보여주는 것이 아니다. 오직 하나의 부르심만이 있다. 부르심은 한 가지 부르심이 가지고 있는 이중적인 작용과 관계된다.「도르트 신조」는 진지하고도 능력 있게 부름 받는 것에 대해 기록하고 있다(Serio, III/IV, 8, efficaciter, III.IV, 10). 다른 사람은 단지 외적으로 왔기 때문에 덜 진지하거나 덜 강력하게 된다는 사실을 내적 부르심이 말하는 것이 아니다. 어떻게 그것이 그리스도 자신을 부르심의 내용으로 삼을 수 있단 말인가? '내적'(interna)이라는 말은 인간의 마음속에 무엇인가가 일어나야만 한다는 사실을 말하는 바, 그것은 긍정적인 반응 속으로 올 것이다. 그곳에 내적인 부르심의 직접적인 작용은 중생이다."[5]

하나님은 그리스도와의 교제로(고전 1:9), 영생으로(딤전 6:12), 하나님 나라 영광으로(살전 2:12), 거룩한 삶으로(살전 4:7), 그리스도를 따르도록(벧전 2:21), 자유와 화평으로(갈 5:13; 골 3:15), 상급으로(빌 3:14) 우리를 부르셨다. 비록 효과적 부르심이 하나님의 주권적 은혜의 열매일지라도, 그것은 우리의 완전한 책임성을 요구한다. "부르심의 주권성과 효과성은 인간의 책임성을 완화시키지 않고, 도리어 인간의 책임성을 근거시키고 확고하게 한다. 은혜의 중대성은 의무를 높인다."[6]

소명에 대한 이해를 중심으로, 두 가지 견해가 상호 충동할 수 있다. 극단적 칼빈주의(hyper-Cavinism)는 "청함을 받은 자는 많되 택함을 입은 자는 적으니라"(마 22:14)는 말씀을 근거로 이중예정과 제한속죄

---

5 J. van Genderen & W. H. Velema, *Beknopte Gereformeerd Dogmatiek*, 531-532.

6 J. Murray, *Redemption: Accomplished and Applied*, 113.

설에 입각하여 "하나님께서 모든 사람들이 구원받기를 원하신다"라는 말씀을 복음전파에서 사용할 수 없다고 주장한다. 여기에 반대하여 웨슬리안적·오순절주의적 그리스도인들은 "나는 악인이 죽는 것을 기뻐하지 아니하고 악인이 그의 길에서 돌이켜 떠나 사는 것을 기뻐하노라"(겔 33:11, 참고, 벧후 3:9)는 말씀에 근거하여 누구든지 복음전파를 통한 하나님의 외적 소명을 스스로 수용하여 구원받을 수도 있고, 스스로 거부하여 구원받지 못할 수도 있다고 주장한다.

우리는 마태복음 22장 14절 말씀과 에스겔서 33장 11절 말씀 모두를 수용해야 한다고 생각한다. 우리는 복음초청과 관계하여, 인간 스스로 복음 수용 여부를 결정할 수 있다는 견해에 동의하지 않고, 예정론을 지지하면서도,7 다른 한편으로 복음을 전파하면서 "하나님께서 모든 사람들이 구원받기를 원하신다"라고 담대함과 선교적인 열정과 사명감을 가지고 진지하게 말할 수 있어야 한다고 주장한다. 여기에 대한 후끄마의 다음의 말 속에서 그 타당성이 발견된다.

"우리는 이 두 합리적인 방향들 중에 어느 한 방향으로 나아가는 것을 거부해야만 한다. 성경은 영원한 선택과 잘 의도된 복음초청을 가르치고 있기 때문에, 비록 우리가 우리의 유한한 이성을 가지고 이 두 가지 가르침들을 화해시킬 수 없을지라도, 우리는 이 두 가지를 계속해서 견고하게 붙잡아야 한다. 우리는 하나님을 인간적 논리의 감옥에 가둘 수 없다는 사실을 기억해야만 한다. 우리의 신학은 성경적 역설(paradox)을 유지해야만 한다. 칼빈과 함께 우리의 신학적 관심은 합

---

7   필자는 이중예정과 제한속죄설의 입장에 서 있다.

리적으로 일관성 있는 체계(system)를 구축하는 일이 아니라, 성경의 모든 가르침들에 충실해야 하는 것이다."[1]

우리는 다음의 사실을 강조하면서 '소명'에 대한 결론을 내리고자 한다. 하나님의 부르심은 진지함을 지향한다. 우리는 부르심을 뒤따르지 않는 것을 단지 부르심의 외적인 특징으로 규정해서는 안 된다. 부르심이 외적으로 머무를 때, 사람들은 자신의 죄 때문에 자신을 부르심의 내용 자체이신 그리스도로부터 퇴각하게 된다. 따라서 부르심(vocatio)이 마음(가슴)에 와 닿지 않을 때, 자신의 불신앙을 책망해야 한다. 하지만 부르심이 내적으로(interna) 언급된다는 사실은 성령에게 감사를 돌려야 할 일이다. 그리스도의 영으로서의 성령은 부르심 속에서 우리에게 오시는 약속의 내용을 동반한다.[2]

칼 바르트가 주장한 소명은 우리가 논의한 소명보다도 훨씬 더 포괄적이고도 적극적인 의미를 가지고 있다. "바르트에 의하면 성령께서 인간을 부르신 일차적 목적은 인간의 칭의와 성화이다. 인간의 칭의와 성화가 성령께서 인간을 부르신 목적이라는 것은 이미 전통적 구원론에, 또한 종교개혁자들의 구원론에 분명하게 나타나 있다. 그러나 예수 그리스도의 십자가와 부활을 통해 나타난 인간의 칭의와 성화를 인간들이 향유하는 것만이 성령께서 인간을 부르신 목적이 아니다. 성령께서 인간을 부르신 또 하나의 중요한 목적은 소명에 있는데, 곧 하나님 나라를 향한 인간의 소명에 있다."[3]

---

1 A. A. Hoekema, *Saved by Grace*, 79.
2 J. van Genderen & W. H. Velema, *Beknopte Gereformeerd Dogmatiek*, 532-533.
3 김명용, 『칼 바르트의 신학』 (서울: 도서출판 이레서원, 2007), 282.

제 3 장

중생

I. '중생(重生, regeneration)'의 성경적 의미

'중생(重生, regeneration)'이라는 단어는 신약성경 여러 곳에서 발견된다. 한편 구약성경 안에서도 실제적 내용과 성령론적 내용이 발견된다.[4] 중생의 문제와 관련해서, 특히 디도서 3장 5절은 매우 중요하다. 여기서 바울은 다음과 같이 기록한다. "우리를 구원하시되 우리가 행한 바 의로운 행위로 말미암지 아니하고 오직 그의 긍휼하심을 따라 중생의 씻음과 성령의 새롭게 하심으로 하셨나니."(딛 3:5) 여기서 중생은 구원과 성령의 사역과 직접적으로 연결되어 있다. 바로 여기에 중생이 자리를 잡고 있다. 중생은 성령의 결과로서, 우리로 하여금 구원에 참여하게 한다. 야고보서 1장 18절이 특히 중생에 대해 언급하고 있지 않음에

---

[4] J. van Genderen & W. H. Velema, *Beknopte Gereformeerd Dogmatiek*, 533-536 에 대한 요약 번역을 실었다.

도 불구하고, 이 구절은 우리가 땅에 온 이후에 일어나는 태어남(출생)에 대해 언급하고 있다. 이런 출생은 예수 그리스도께서 요한복음 3장 3절과 5절에서 언급하신 태어남과 동일하다. 여기서 예수 그리스도께서는 "다시 태어남"과 "물과 성령으로 태어남"이라는 용어를 사용하신다. 디도서 3장 5절에서 바울 사도는 자신을 이 같은 단어들과 밀접하게 연결시킨다. 야고보서 1장 18절은 중생의 수단으로서의 진리의 말씀을 언급한다. 동일한 것이 베드로전서 1장 23절에도 적용된다. 우리는 요한서신에서 "하나님으로부터 난"이라는 단어를 발견한다(요일 1:13; 요일 3:9). 비록 "중생"이라는 단어가 분명하게 언급되지는 않았을지라도, 우리는 다음의 표현들 속에서 "중생"이라는 내용을 발견한다. "허물로 죽은 우리를 그리스도와 함께 살리셨고"(엡 2:5), "오직 너희의 심령이 새롭게 되어"(엡 4:23; 골 3:10), "그런즉 누구든지 그리스도 안에 있으면 새로운 피조물이라 이전 것은 지나갔으니 보라 새 것이 되었도다"(고후 5:17), "그는 허물과 죄로 죽었던 너희를 살리셨도다"(엡 2:10), "너희는 이 세대를 본받지 말고 오직 마음을 새롭게 함으로 변화를 받아"(롬 12:2), "우리의 속사람은 날로 새로워지도다"(고후 4:16)

구약성경 속에서 우리는 새 언약의 선물로서의 성령론적인 실재성을 특히 만난다. 마음속에 율법이 새겨지고(렘 31:31-34), 에스겔서도 여기에 대해 기록하고 있다(겔 36:25-28). 여기에는 불결이 청결하게 되는 것과 열매들로서의 가장 내면 속에 있는 새로운 영이 기록되어 있다. 신명기에는 마음의 할례가 기록되어 있다(신 30:6). 이렇게 언급된 본문들과 몇몇 문장들 속에서 하나님의 형상 회복이라는 언급이 중요한 역할을 하고 있다는 사실을 우리는 주목해야 한다.

이 모든 본문들은 상호 연관 속에서 다음과 같은 내용을 제공한다. ① 중생은 그리스도 안에 있는 구원의 한 부분이다. ② 중생은 특히 성령의 사역이다. 가장 깊은 차원에서 볼 때 중생의 원천은 하나님이시다. ③ 성령은 중생의 수단으로서 말씀을 사용하신다. ④ 중생은 하나님 앞에 있는 우리 인간 존재의 총체적인 내적 변화를 지향한다. 중생은 새로움(갱신)의 시작을 지향하면서도, 자신을 그 첫 순간에 제한시키지 않는다. 새로운 삶은 그 후에도 역시 중생의 열매로 나타난다.

특히 중생은 그리스도의 선물(은사)로서 그의 몫이 되는 하나님의 영을 통한 내적 새로움이다. 이 은사(선물)에 대한 다른 명칭들이 있다. 중생과 함께 특히 하나님께서 인간에게 행하시는 주권적인 사역을 생각나게 한다. 중생이 내적 소명(vocatio interna)의 첫 열매로서 명명되는 것은 놀랄만한 일이 아니다. 처음에 언급한 성경 본문들은 여기에 대한 모든 서론에 해당된다.

II. 협의의 중생과 광의의 중생

좁은 의미(협의)의 중생과 넓은 의미(광의)의 중생 사이를 구별하는 것이 필요하다. 좁은 의미에서 사용된 중생은 새로운 삶의 시작을 의미한다. 마치 태어남(출생)이 이 세상에로의 시작을 가리키며, 그 후에 삶이 점점 더 발전하듯이, 중생 역시 새로운 삶의 첫 시작과 관계된다. 다른 사람들은 '중생'이라는 단어를 새로운 삶의 계속적인 발전과 완성과도 관계시킨다.

칼빈은 중생을 특히 회개로서 묘사하고, 그 후에 중생을 삶 전체와 연관시킨다.5 그것은 특히 『기독교 강요』 제III권 iii절 5항에서 그렇

---

5 John Calvin, 『기독교 강요』(1559), III iii.

다. 칼빈은 회개와 역시 중생을 하나님의 형상의 회복과 연관시킨다.[6] 「네덜란드 신앙고백」 제24항이 행한 것처럼, 칼빈은 신앙과 중생의 관계를 매우 강조한다.[7]

우리는 「도르트 신조」 III/IV, 11-12에서도 새로운 삶의 시작으로서의 중생 개념을 만난다. III/IV, 13에 있는 실천적인 강조에 대한 안목을 갖는 것이 중요하다. 「도르트 신조」에 따르면, 중생의 열매는 특히 그리스도에 대한 사랑이다. "하나님의 사역 안에 어떻게 신자들이 완전하게 개입될 수 있단 말인가? 그러나 신자들은 진심으로 하나님의 은혜를 믿는다는 것과 그들의 구세주를 사랑한다는 사실을 알고, 경험한다는 사실 속에서 그들은 안식을 발견한다."

중생이라는 용어가 새로운 삶의 시작을 위해 사용된다는 사실에 우리는 주의를 기울이고자 한다.(「도르트 신조」 III/IV, 11-12) 그러나 우리는 중생이라는 단어를 새로운 삶의 첫 시작에만 국한시키려 하지 않는다(「네덜란드 신앙고백(Belgic Confession)」, 제24항). 똑같은 이유 때문에 우리는 중생을 하나님의 말씀의 선포 아래에서, 그리고 하나님의 말씀의 선포를 통해서 성령의 사역으로 이해한다.

III. 중생은 사람을 육체적으로 바꾸는 것이 아니라, 하나님과 이웃에 대한 자신의 관계 안에서 바꾼다.

중생의 핵심은 하나님의 형상의 회복이다. 사람은 새로운 지식과

---

6 John Calvin, 『기독교 강요』(1559), III iii 9.

7 John Calvin, 『기독교 강요』(1559), III iii.

새로운 통찰력과 새로운 경향성을 얻는다. 인간의 전 실존은 죄를 통해 손상을 입었다. 인간의 전 실존이 정결하게 되고, 새롭게 된다. 우리는 중생을 마음의 변화로 묘사할 수 있다. 중생은 하나님의 사랑 안에서 동료 인간을 지향한다(「도르트 신조」 III, IV, 11-12). 여기서부터 우리는 그리스도를 '우리의 생명'이라고 부른다(골 3:4; 갈 2:20; 빌 1:21). 새로운 삶(생명)은 말씀에 의해서 작용되고, 양육된다(벧전 1:23; 고전 4:15). 성장은 새로운 삶에 대한 특징이다.[8]

IV. 마지막으로, 우주에 관한 중생과 하늘과 땅의 새로움에 관한 중생이 언급되어 있는 한 곳이 있다(마 19:28).

판 브루헌(van Bruggen)은 여기서 민족과 세계의 회복이 중요하다고 올바르게 주장했다.[9] 우주적인 것은 인종적(민족적)인 것이 없는 것이 아니다. 세계는 교회가 없는 것이 아니며, 하늘은 거주자들이 없는 것이 아니다. 이스라엘에 따른 새로움과 함께, 이 같은 우주론적이고, 교회론적으로 새롭게 됨은 중생 안에서 시작된 새롭게 됨의 완성이다.[10]

우리는 항상 일반적인 의미에서의 소명으로부터 시작했다. 우리는

---

8   W. H. Velema, *De geestelijke groei van de gemeente*(1966), 여기에 영적 성장에 대한 다양한 관점들이 소개되어 있다.

9   Jakob van Bruggen, *Matte s: het evangelie voor Isra l* (Kampen: Uitgeverij Kok, 1990), 369.

10   A. König, *Heil en Heilsweg*(1982), 135: 그는 여기서 개인적인 것의 창조와 전체적인 것의 창조의 연합을 가리킨다. 그는 로마서 8장 18절 이하를 생각나게 한다.

개인적인 새로워짐을 통하여 세계와 하나님의 백성이 참여할 중생으로 마친다. 즉 시작의 폭이 협소하게 끝나지 않는다는 것이다. 구속주 예수 그리스도에 대해 집중을 통해 하나님의 백성으로서의 교회의 새롭게 됨과, 최종목적으로서의 우주의 새롭게 됨에 대한 시야를 얻게된다. 이와 더불어 구원 서정(ordo salutis)의 구원의 폭이 넓어진다.

제 4 장

신앙

    우리가 신앙을 소명(부르심, 召命) 뒤에 언급하는 것이 더 적절한 것이 아닌가? 신앙과 소명이 서로 서로에게 속해있다는 사실은 맞는 말이다. 이런 관점에서 소명과 신앙이 한 단락 안에서 언급될 수 있는 이유가 어느 정도 있다. 그러나 우리는 그렇게 하지 않았다. 소명과 중생 이후에 신앙과 회개를 언급하는 우리의 결정은 신앙의 은혜의 특징을 강조하는 우리의 생각으로부터 주어진 것이다. 신앙과 회개로 귀결되는 소명에 대한 인간적 반응은 성령의 결과이다. 소명과 직접적 연결 안에서 신앙이 없이는 중생도 없다. 중생으로부터 발생하지도 않고, 중생 안에서 함께하지 않는 어떤 신앙도 없다.[1]

    국어사전은 '믿음'의 뜻을 대체로 다음과 같이 풀이한다. ① 꼭 그렇게 생각해 의심하지 않다. ② 마음을 붙이고 든든하게 여기다. ③ 종교에 대한 신앙을 가지다. ④ 남의 힘의 도움을 받을 생각을 하다. 일반

---

1   J. van Genderen & W. H. Velema, *Beknopte Gereformeerde Dogmatiek*, 536-537.

적으로 '믿음'은 자기 자신에 대한 내적 상태를 말할 뿐만 아니라, 외부에 대한 내적 태도를 말하기도 한다.

구약성경에서 신앙에 대한 가장 대표적인 히브리어는 '아만'이고, 신약성경에서 신앙에 대한 가장 대표적인 단어는 '피스티스'(πίστις)이다. 구약에서 신앙은 주로 야훼 하나님의 인격(위격)과 사역과 관련되고, 신약에서 믿음은 주로 예수 그리스도의 인격(위격)과 사역과 관련되어 있다. 그러나 신앙은 하나님의 참된 말씀과, 신실하신 삼위일체 하나님의 인격과 사역을 신실하게 신뢰하고, 믿는 것이다. 신앙은 삼위일체 하나님과의 인격적인 관계이다. 칼빈은 신앙을 삼위일체론적으로 다음과 같이 정의하고 있다.

> "신앙은 그리스도 안에서 값없이 주어진 진리에 근거하여 하나님이 우리를 향하여 베푸신 자비에 관한 확고하고 확실한 지식인데, 성부와 성자의 두 사역이 성령을 통하여 우리의 생각에 계시되고, 우리의 마음에 인쳐졌다."[2]

정통주의 신학은 일반적으로 신앙을 "믿어지는 신앙"(fides quae creditur)과 "믿는 자의 신앙"(fides qua creditur)으로 구별하는 경향이 있다. 전자는 이미 주어진 신앙의 내용과 대상에 대한 신앙을 강조함으로써 여기서는 더욱 역사적이고도 객관적 측면이 두드러지고, 후자는 믿는 사람의 확신이나 결단 등을 강조함으로써 주관적 측면을 강하게 보여준다. 이런 구별은 그 명확성으로 인해 교육적으로 우리에게

---

2   J. Calvin, 『기독교 강요』 (1559), III ii 7.

어느 정도 도움을 줄 수 있으나, 이 두 가지 관점들을 하나로 통합해야 하는 어려운 과제를 만나게 된다. 칼빈은 신앙(fides)의 주요 구성 요소로서 '지식'(notitia)과 '신뢰'(fiducia)를 제시하면서, 16세기 로마 가톨릭 교회처럼 마음의 신뢰와 확신이 없는 지식을 비판하는가 하면, 16세기 재세례파처럼 지식이 없는 신뢰도 비판했다. 정통주의 신학은 지식과 신뢰의 요소에 '동의'(assensus)를 첨가했다. 어떤 신학자는 지식(knowledge), 확신(conviction), 신뢰(trust)를 꼽기도 한다.[3]

신앙과 관련하여 우리에게 무엇보다도 중요한 것은 신앙은 성령의 은사라는 사실이다. 성령의 은사로 우리에게 주어진 신앙이 우리에게 주어져서 우리가 여기에 상응하는 우리의 신앙적 행동과 책임이 뒤따라야 하지만, 신앙의 출처는 하나님의 은혜와 성령이라는 사실이다. 신앙은 인간 자신이 스스로 얻을 수 있는 것이 아니라, 성령의 역사(役事)를 통해서 주어지는 하나님의 초자연적인 은혜이다. 성령이 하시는 가장 중요한 일은 신앙을 일으키는 것이다. 따라서 일반적으로 성령의 능력과 역사를 표현하는 말들은 신앙과 관련이 있는데, 그 이유는 성령께서 오직 신앙에 의해서 우리를 복음의 광명으로 인도하시기 때문이다. 그리스도를 신앙하는 사람에게는 하나님의 자녀가 되는 특권이 부여되고, 이 사람들은 혈육으로 난 것이 아니라, 하나님께로부터 중생한다(요 1:12-13). 사도 요한 역시 하나님과 혈육을 대조시키면서 성령의 감동이 없으면 여전히 불신앙으로 살았을 사람들이 신앙으로 그리스도를 받아들인다는 것은 초자연적인 은혜라는 것을 선포하였

---

3   J. Murray, *Redemption: Accomplished and Applied*, 137-140.

다.[4]

또한 신앙과 관련하여 우리에게 중요한 것은 신앙은 그리스도의 말씀을 들음에서 생긴다는 사실이다(롬 10:17). 사람은 믿음으로만 값없이 의롭다하심을 받는 동시에(롬 3:14; 롬 8:1), 하나님의 자녀의 특권을 누리게 된다(요 1:12; 롬 8:16-17). 그리스도인은 칭의(稱義)된 자리에만 머물러 있지 않고, 성령의 인도를 받아 하나님의 자녀답게 사는 성화의 생활까지 나아간다(롬 8:4-6). 칭의의 은혜는 일회적이나 성화의 생활은 일생을 통하여 계속된다. 그리고 구원의 완성은 세상의 마지막 날인 그리스도의 재림 때 부활에서 성취된다(롬 8:23-25). 그것은 영원한 생명으로 이어질 것으로 모든 성도가 굳게 지녀야 할 소망이다.

신앙의 은사는 그리스도인들 마음 속에서 활동하시는 그리스도의 영의 역사이다(고후 4:13; 엡 1:17-19; 엡 2:8). 그것으로 말미암아 택함을 받은 사람들은 자신들의 구원을 믿을 수 있게 된다(히 10:39). 그것은 보통 말씀을 전파함으로써(롬 10:14, 17) 역사한다. 또한 믿음은 성례전을 집행하고, 기도를 함으로써 증가되고 강화된다(벧전 2:2; 행 20:32; 롬 4:11; 눅 17:5; 롬 1:16-17).

이 신앙으로 신자는 무엇이든지 말씀 안에서 계시된 것은 참된 것으로 믿게 된다. 왜냐하면 하나님의 권능 자체가 그 안에서 말씀하시기 때문이다(요 4:12; 살전 2:13; 요일 5:10; 행 22:14). 그리고 각 구절에 포함되어 있는 내용에 따라서 각각 다른 모양으로 역사한다. 때로는 계명에 복종하고(롬 16:26), 때로는 경고에 대하여 두려워한다

---

4   John Calvin, 『기독교 강요』(1559), III i 4.

(사 66:2). 그래서 이생이나 내생을 위한 하나님의 약속을 받는다(히 11:13; 딤전 4:8). 그러나 구원에 이르게 하는 신앙의 주요한 역할은 신자들로 하여금 은혜의 약속의 힘으로(요 1:12; 행 16:31; 갈 2:20; 행 15:11) 칭의와 성화와 영생을 얻기 위하여 그리스도만 영접하고 받아들이고 그의 안에서 쉬게 한다.

이 신앙은 약할 때도 있고 강할 때도 있다(히 5:13-14; 롬 4:19-20; 마 6:30; 마 8:10). 때로는 여러 가지 모양으로 어려움을 당하여 약해지기도 하지만, 결국 승리한다(눅 22:31-32; 엡 6:16; 요일 5:4-5). 예수 그리스도를 통하여 온전한 확신을 얻는데 이르기까지 신앙은 여러 가지 모양으로 성장한다(히 6:11-12; 히 10:22; 골 2:2). 예수 그리스도는 우리의 신앙의 창시자요, 완성자이시다(히 12:2).

'믿음'이란 말이 하나님께 대하여 사용될 때, 믿음의 가장 중요한 의미는 그분의 위격(인격)과 본성과 사역으로 인해 하나님께 대하여 전적으로 '아멘'하는 것이다. 하나님의 본성과 속성과 사역과 관련해서 하나님은 참으로 신실하시고 미쁘신 분이시다. "그런즉 너는 알라 오직 네 하나님 여호와는 하나님이시요 신실하신 하나님이시라 그를 사랑하고 그 계명을 지키는 자에게는 천 대까지 그 언약을 이행하시며 인애를 베푸시되."(신 7:9) "이스라엘의 구속자, 이스라엘의 거룩한 자이신 여호와께서 사람에게 멸시를 당하는 자, 백성에게 미움을 받는 자, 관원들에게 종이 된 자에게 이같이 이르시되 너를 보고 열왕이 일어서며 방백들이 경배하리니 이는 너를 택한바 신실한 나 여호와 이스라엘의 거룩한 자를 인함이니라."(사 49:7) 하나님의 말씀과 계명과 약속은 완전하고, 확실하다. "그런즉 이스라엘 하나님이여 원컨대 주는 주의 종 내 아비 다윗에게 하신 말씀이 확실하게 하옵소서."(왕상 8:26) "너희는 귀를 기울이고 내게 나아와 들으라 그리하면 너희 영혼이 살리라 내가 너희에게 영원한 언약을 세우리니 곧 다윗에게 허락한 확실한 은혜니라."(사 55:3) "여호와의 율법은 완전하여 영혼을 소성케 하고 여호와의 증거는 확실하여 우둔한 자로 지혜롭게 하며."(시 19:7) "그 손의 행사는 진실과 공의며 그 법도는 다 확실하니 영원 무궁히 정하신 바요 진실과 정의로 행하신 바로다."(시 111:7-8) 하나님의 능력, 사랑, 성실함, 신실하심, 진실, 정직, 의 등은 모두 믿을 만하고, 참되다. 가장 큰 불신앙은 이 같은 하나님 이외의 분이나 이외의 것을 믿고, 신뢰하는 우상 숭배이다.

믿음은 신자인 우리들에게 적용될 때, 이것은 신실하시고, 성실하시고, 완전하시고, 확실하신 하나님에 대한 우리의 태도와 우리의 마음의 상태를 가리킨다. 이것은 부분적인 태도나 행동이 아니라, 전체적이고도 전인적인 태도와 행동이다. 이 같은 믿음은 우리 인간으로부터 생기는 것이 아니라, 하나님의 선물이며, 성령의 선물이다. "그러므로, 믿음은 들음에서 나며, 들음은 그리스도의 말씀으로 말미암았느니라."(롬 10:17) "여호야다의 아들 브나야가 왕께 대답하여 가로되 아멘 내 주 왕의 하나님 여호와께서도 이렇게 말씀하시기를 원하오며."(왕상 1:36) 우리가 이같이 하나님을 믿을 때, 우리는 그분만을 경외하고, 예배하고, 의지하고, 신뢰하고, 그분께 충성하고, 사랑과 소망 가운데서 살아갈 수 있다. 여기에 우리의 안전과 미래와 구원과 영생이 있다. "하나님이 세상을 이처럼 사랑하사 독생자를 주셨으니 이는 저를 믿는 자마다 멸망치 않고 영생을 얻게 하려 하심이라."(요 3:16) "복음에는 하나님의 의가 나타나서 믿음으로 믿음에 이르게 하나니 기록된 바 오직 의인은 믿음으로 말미암아 살리라 함과 같으니라."(롬 1:17)

믿음은 하나님과 우리 사이의 인격적 관계이다. 그러므로 믿음은 하나님의 것을 우리의 것으로 만드는 영적 수단과 통로가 된다. "믿음은 바라는 것들의 실상이요 보지 못하는 것들의 증거니."(히 11:1) 성경은 본질적으로 믿음의 대상을 삼위일체 하나님으로 간주하지만, 구약성경은 대체로 '여호와 하나님'을 믿음의 대상으로 삼고(창 15:6), 신약은 주로 '예수 그리스도'(요 3:16; 롬 10:9)를 믿음의 대상으로 삼는다. 믿음의 내용은 매우 다양하지만, 간단하게 말하면, 삼위일체 하나님의 위격(인격)과 본질과 속성과 사역(창조, 섭리, 구속)이다. "네가 만일 입으로 예수를 주로 시인하며 또 하나님께서 그를 죽은 자 가운데서 살리신 것을 네 마음에 믿으면 구원을 얻으리니."(롬 10:9) 믿음은 하나님의 은혜와 선물로서 성령의 은사이다. "성령의 사역인 믿음은 성령의 능력과 사역을 언급할 때마다 가장 많이 사용되는 제목이다."[5] 또한 믿음은 지정의(知情意)가 모두 포함되기 때문에, 전인적(全人的)이다. "사람이 마음으로 믿어 의에 이르고 입으로 시인하여 구원에 이르느니라."(롬 10:10) "영생은 곧 유일하신 참 하나님과 그의 보내신 자 예수 그리스도를 아는 것이니이다."(요 17:3) 따라서 믿음에는 올바른 지식과 의지적인 동의와 마음의 내적 확신의 요소가 있다.

믿음은 "일하는 믿음"이다. 일반적으로 비그리스도인, 그리고 심지어 그리스도인조차도 어떤 일을 하다가 그것을 이루지 못할 경우, 여러 가지 이유로 자신을 변명하거나 원망하기도 하고 다른 사람을 원망하기도 한다. 자본 부족으로, 교육 부족으로, 미모가 모자라서, 운이 따라주지 않아서라든지 수없이 많은 실패의 원인을 찾는다. 비그리스도인은 이 같은 일을 만날 때 모든 것이 끝장이라고 선언하지만, 그리스도인은 한 걸음 더 나아가서 다음의 사실을 알아야 한다. "비록 그리

5　John Calvin, 『기독교 강요』(1559), III i 4.

스도인은 세상의 장점을 가지고 있지 않더라도, 믿음만 가지고도 엄청난 일, 상상하지 못할 일들을 아주 성공적으로 할 수 있다는 사실을 알아야 한다." 그리스도인이 갖는 믿음은 마귀도 하나님의 존재를 믿는 그런 정도의 믿음이 아니다(약 2:19). 그리스도인의 신앙은 하나님의 본질과 속성과 사역을 그대로 믿고, 그것을 그대로 삶 가운데 현재화시키는 믿음이다.

믿음으로 영생과 구원을 얻는다는 것은 기적 중에 기적이다. 돈, 학식, 능력, 미모, 권세 등으로도 얻지 못하는 구원과 영생을 믿음으로만 얻게 된다(요 3:16; 요17:3). "예수께서 이르시되 네 믿음이 너를 구원하였느니라 하시니 그가 곧 보게 되어 예수를 길에서 따르니라."(막 10:52; 막 1:15; 롬 1:17)

믿음으로 우리에게 권능이 주어진다. 그리스도인이 자신의 힘으로 불가능하게 생각한 일이라도 믿음을 통해서 권능을 받으면 전혀 불가능해 보이는 일도 가능해진다는 것이다. "예수께서 이르시되 할 수 있거든이 무슨 말이냐 믿는 자에게 능치 못할 일이 없느니라 하시니."(막 9:23)

우리는 믿음으로 하나님을 기쁘게 해드릴 수가 있다. 그리스도인에게 있어 삶의 최고의 행복이요, 목적은 사실상 하나님을 기쁘게 해드리는 것이다. 어떤 그리스도인은 봉사의 시간을 많이 내지 못하기 때문에, 어떤 그리스도인은 큰 액수의 헌금을 드리지 못하기 때문에 많은 고민을 하고 하나님께서 자신을 기뻐하시지 않을 것으로 오해하기도 한다. (우리가) 가능하다면, 물질과 시간과 몸의 봉사와 철저한 헌신이 틀림없이 중요하고도 필요하다. 그러나 우리는 먼저 믿음을 가짐으로써 하나님을 기쁘게 해드릴 수가 있다. "믿음이 없이는 하나님을 기쁘게 하지 못하나니 하나님께 나아가는 자는 반드시 그가 계신 것

과 또한 그가 자기를 찾는 자들에게 상(賞) 주시는 이심을 믿어야 할지니라."(히 11:6)

믿음은 사랑으로 역사하는 믿음이다. 올바른 믿음으로부터 사랑과 선행이 반드시 흘러나온다(약 2:14-18). 가끔 어떤 그리스도인은 자신의 사랑의 실천이 부족하다고 고민에 빠진다. 그러나 우리가 참 사랑이신 하나님과 십자가의 사랑을 일생동안 몸소 실천하신 예수님을 참으로 바로 믿을 때 참 사랑의 실천이 가능해진다.

믿음은 소망하는 믿음이다. 현대인들은 조급하여 잘 기다리지 못하는 경향이 있다. 그러나 믿음은 인내심과 참을성을 우리로 하여금 가지게 하여 끝까지 기다리고 소망하게 한다. "믿음은 바라는 것들의 실상이요 보지 못하는 것들의 증거니."(히 11:1)

제 5 장

회개

후끄마는 "일반적으로 회심(conversion)은 회개(repentance)와 신앙(faith)으로 구성되는 것으로 생각된다"고 말함으로써 회심과 회개를 구별하여, 회개를 회심의 한 구성요소로 이해한다.[1] 이런 구별에 근거하여 (어떤 사람은) 회개는 회심의 부정적 측면으로서 죄로부터 돌아서게 하는 것이며, 신앙은 회심의 긍정적인 측면으로서 하나님께로 돌아가 그리스도의 약속과 사역을 붙잡는 것으로 이해한다.[2]

우리가 여기서 사용하고자 하는 '회개(悔改)'라는 용어는 바울 사도가 다메섹 도상에서 경험한 것처럼 그리스도를 만나는 갑작스럽고도 순간적으로 이루어진 회개로부터 칼빈이 말하듯이 일생동안 그리스도인이 실행해야 하는 지속적으로 이루어지는 회개 모두에 포함시킬 수 있는 포괄적 의미를 가진 회개이다. "그리스도인은 일평생 회개해

---

1 A. A. Hoekema, *Saved by Grace*, 113. L. Berkhof도 Hoekema와 동일하게 회심은 회개와 신앙으로 구성된 것으로 이해한다.

2 M. J. Erickson, *The Doctrine of Salvation*, 김광렬 역, 『구원론』, 167-168.

야 한다."³

신앙과 회개는 중생(重生, regeneration)의 열매이다. 그러므로 신앙과 회개의 뿌리는 중생이다. 신앙과 회개는 너무나도 밀접한 관계 속에 있어서(행 20:21) 이들은 상호 분리시킬 수 없다. 우리는 본서에서 신앙 다음에 회개를 언급했지만, 어떤 사람은 이 둘 사이의 선후를 따지는 것은 불필요한 일이라고 주장하고,⁴ 어떤 사람은 회개 다음에 신앙을 언급하기도 한다.⁵ 칼빈의 경우, 신앙이 회개를 선행하며, 회개는 신앙의 결과와 열매이다.⁶

신약성경은 회개와 관련하여 동사 '메타노에오'(μετανοεω, 회개하다)와 명사 '메타노이아'(회개)를 사용하는데, 그 뜻은 '메타'(바꾸다)와 '노에오'(생각하다)의 합성어로서 '생각을 바꾸다', '방향을 전향하다'의 뜻을 가진다.⁷ 예수 그리스도의 사역에서 주된 선포는 하나님의 나라이며, 그는 하나님의 나라를 회개와 관련시켜서 선포하셨다(막 1:15; 마 4:17).⁸

헬라어 '메타노이아'에 해당되는 히브리어 '슈브'(שוב)는⁹ '돌아섬', '다시 돌아감', 곧, '방향을 바꿈', 잘못된 길로부터 올바른 길인 하나님

---

3   John Calvin, 『기독교 강요』(1559), III iii 2, 참고 III iii 9.

4   J. Murray, *Redemption: Accomplished and applied*, 140; A. A. Hoekema, *Saved by Grace*, 123.

5   박형룡, 『박형룡저작전집V: 교의신학구원론』, 193-269.

6   John Calvin, 『기독교 강요』(1559), III iii 1.

7   박수암, 『신약신학주제사전』, 495, TWNT, IV, 727.

8   'metanoia'(μετάνοια)와 'epistrepho'(ἐπιστρεφω)가 같이 사용되기도 한다(행 3:9; 행 26:20). 또한 '메타멜로마이'(μεταμελομαι, 마21:29 등)도 사용된다.

9   히브리어 '나함'(נחם)도 동의어이다.

께로 돌아감의 뜻을 가지며, 하나님과 이스라엘이 맺은 본래적 관계로 돌아감을 뜻했다. 그러나 예수 그리스도는 범우주적인 하나님의 나라, 즉 하나님이 세상을 창조하신 그 때에 하나님과 전 인류가 맺었던 본래적 관계를 강조했다. 회개는 전인격적(全人格的)인 전향(轉向)이며, 죄로부터 돌아서는 것이며, 하나님께 대한 전인적 헌신이며, 하나님이라는 새 주인에게 굴복하고, 순종하는 것이며, 죄와 방탕한 생활을 버리고 아버지의 집과 품안으로 돌아오는 것이다.[10]

또한 회개는 구원의 조건이 아니라, 구원의 결과로서 하나님의 일방적 구원의 은혜에 대한 감사로부터 생기는 인간의 자발적인 응답이다. 회개는 죄 사함의 결과이다.[11] 회개에서 하나님이 주도적인 것은 분명하지만, 특이한 사실은 구약성경이나 신약성경에서 "회개하고 돌아오라!"는 구절들(사 45:22; 사 55:7; 겔 33:11; 마 4:17; 행 2:38; 행 3:19; 행 16:31; 행 17:30; 행 26:18; 행 26:20)이 "하나님께서 사람들을 회개시켜 돌아오게 한다."(행 11:18; 딤후 2:24)라는 구절들보다 더 많다는 사실이다. 그러므로 우리는 복음전파를 통해 사람들에게 회개를 항상 촉구해야 한다. 그러나 우리는 회개의 은사를 주권적으로 부여하시고, 사람들이 하나님께로 돌아오게 하시는 분은 하나님이라는 사실도 기억해야 한다. 말라기서 3장 7절에서 회개라는 말이 하나님과 인간에게 동일하게 사용되고 있다. 회개는 "성령 하나님의 선물이며(행 5:31; 11:18; 딤후 2:25), 동시에 인간의 임무이다(행 2:38; 3:19; 17:30)."[12] 회심 혹은 회개 역시 하나님의 일이요, 그분의 이끄시는 은총 가운데 시

---

10 박수암, 『신약신학주제사전』, 496-497.
11 박수암, 『신약신학주제사전』, 498-499.
12 유해무, 『개혁교회의학: 송영의로서의 신학』, 457.

작되는 것이지만, 동시에 인간의 지·정·의로 구성된 인간의 마음의 결단에 속한 일이기도 하다. 그러나 이것이 하나님의 은혜 가운데 발생하고 성령 하나님의 인도하심으로 진행되기에 신인협력적(神人協力的)인 것은 아니다.

신약성경은 회개에 대한 촉구로부터 시작하여(마 3:2), 회개에 대한 촉구로 마칠 정도로(계 3:19) 회개를 강조하고, 회개의 중요성을 가르친다. 세례 요한과 예수 그리스도의 공생애의 시작과(마 3:2; 마 4:17; 눅 24;46-47), 사도 바울 사역의 중심은(행 26:17-18; 행 17:29-30, 참고 벧후 3:9) 회개에 대한 선포이다.

성경에서 회개는 다음과 같이 다양한 성격을 가진다. 회개는 죄와 우상 숭배로부터의 떠남과 살아계신 하나님을 향한 전향을 지향한다. 회개는 긍정적인 관점을 갖는다. 회개는 하나님의 계명에 대한 순종과 하나님에 대한 예배(봉사)로부터 온다. 회개는 회심과 죄의 고백을 동반한다. 가끔 회개의 행위가 보여질 수도 있다(금식; 회개의 날들). 회개는 복음의 선포를 통해서 일어나고, 죄적인 인간들 속에서의 하나님의 일 자체이다. 회개의 긍정적인 성격(특징) 때문에, 비록 이 신앙은 항상 명시적으로 언급되지 않을지라도, 하나님의 약속의 말씀에 대한 신앙이 없이는 있을 수가 없다.[13]

칼빈에 의하면, "회개는 우리의 생활을 하나님의 편으로 전향(轉向)하는 일이며, 하나님을 순수하게, 그리고 진지하게 두려워하기 때문에 생기는 전향이다. 그리고 회개의 요소는 옛 사람과 육을 죽이는 것

---

13 J. van Genderen & W. H. Velema, *Beknopte Gereformmede Dogmatiek*, 550.

(mortificatio)과 성령에 의한 살림(vivificatio)으로 성립된다."[14] 회개는 "사고와 감정과 의지의 새로운 방식 안에서 그 자체로 드러나는 생활의 완전한 변화 속에서 죄로부터 떠나 하나님을 향한 중생된 인격의 의식적인 전환으로" 정의될 수 있다.[15]

---

14 John Calvin, 『기독교 강요』(1559), III iii 5.
15 A. A. Hoekema, *Saved by Grace*, 127.

제 6 장
칭의

I. '칭의'의 성서사전적 의미

기독교 신학 전체에서 볼 때, 루터파 정통주의자들이 칭의 교리는 "교회가 일어서고 넘어지는 조항"(articilus stantis et cadentis ecclesiae)이라고 표현한 주장은 신학과 구원론의 협소화와 편향성을 어느 정도 가져올 수 있을지라도, 그 당시 루터가 처한 실존적 상황이나 오늘날 개신교 구원론에 비추어 볼 때, 충분히 납득할 만하다. 칼빈도 칭의 교리를 "종교의 유지를 위한 결정적인 구심점"이라고 말했다.[1] "결코 칭의 교리는 케케묵은 가르침일 수가 없다. 올바로 이해되기만 한다면 이 교리는 오늘날에도 강력한 적절성을 계속해서 지닐 수 있다."[2] 특히 21세기 현대 물질문명 속에서 인간이 성취하여 소유

---

1 John Calvin, 『기독교 강요』(1559), III xi 1: "praecipus sustinendae religionis cardo."

2 D. L. Migliore, *Faith Seeking Understanding: An Introduction to Chriatian*

하고 있는 그 무엇(부, 학식, 명예, 지위 등)에 따라 인간의 가치가 판단되는 경향이 있는 상황에서 칭의 교리는 매우 중요하다.

히브리어 '의'(צדק; צדיק)는 하나님에 대한 인간의 올바른 관계 개념을 갖는데, 헬라어 '의롭게 하다'(δικαιόω), 형용사 '의로운'(δίκαιος), 명사 '의롭다 함'(δικαίωσις; 롬 4:25; 롬 5:18)도 역시 인간의 하나님에 대한 올바른 관계 개념을 갖고 있다.[3] "다양한 측면을 가지고 있는 바울의 칭의 교리는 - 구속사적·기독론적(het heilshistorisch-christologische), 법정적(het forensiche), 전가적(het imputatieve)- 장엄하고, 주의 깊게 통합된 통일체이다. 종말론적인 구속의 은사인 하나님의 의는 하나님과의 화평과 영생의 조건이자 통로로서 이제 나타났다. 하나님께서 심판자로서 정죄하시고 사하시면서 자기 의를 나타내셨던 그리스도의 죽음과 부활이라는 커다란 사건에서 하나님의 의는 나타났다."[4]

II. 법정적, 전가적, 선언적 칭의

루터의 칭의 교리는 사도 바울과 연결되어 있는 바, 바울과 함께(롬 4:1절 이하) 루터는 대체로 칭의를 하나님이 의롭다고 믿어주거나 전가하거나 인정하는(imputare, reputare) 행위로서, 다시 말하면, 하나님이 인간과의 관계에서 그에게 가르쳐주는 행위로 인정된다. 복음에

Theology, 신옥수·백충현 역, 『기독교조직신학개론: 이해를 추구하는 신앙』, 396, 참고, 397-398.

3   참고, "의", "칭의", 박수암, 『신약신학주제사전』, 335-339, 435-438.

4   H. Ridderbos, *Paulus: Ontwerp van zijn theologie*, 192.

대해 말한다면, 그것은 하나님께서 자신 앞에서 불의한 죄인을 의롭다고 인정하고, 용납하는 행위이다.[5] 칭의는 하나님께서 인간을 의롭다고 선포하시는 법정적 행위(actus forensis)이다.[6]

예수 그리스도께서 성취하신 의는 "그리스도의 낯선 의"(iustitia Christi aliena)로 불린다. 자연인으로서 죄인인 우리 안에는 그리스도의 낯선 의가 전혀 없다. 그리스도께서 그를 믿는 죄인들에게 그 의를 전가(轉嫁, imputation)하신다. "그리스도 밖에 있는, 그리스도와의 관계를 떠난 의와 칭의는 없다."[7] 칭의는 그리스도를 믿는 "불경건한 자에 대한 칭의"(the justification of the ungodly)이다. 우리에게 있는 참된 의는 "그리스도로부터 우리에게 전가된 의"(imputed righteousness from Christ to us)이다. 우리가 그리스도를 오직 믿을 때, 우리와 그리스도 사이에 "놀랄만한(즐거운) 교환"(commercium admirabile; fröliche Wechsel)이 일어난다. 루터에게서 칭의는 법정적(forensic), 전가적(imputative), 선언적(declarative) 성격을 갖는다고 볼 수 있다.

칼빈은 칭의를 다음과 같이 정의한다. "우리가 칭의를 간단하게 설명하자면, 칭의는 하나님께서 자신의 호의로 우리를 의로운 사람들로서 받아주시는 것에 대한 승인(인정, acceptionem)이다. 그리고 우리는 칭의가 죄의 용서(remissio)와 그리스도의 의의 전가(imputatio)

---

5 Paul Althaus, *The Theology of Martin Luther*, 이형기 역, 『루터의 신학』 (서울: 크리스챤다이제스트, 1996), 256.

6 Heirich Heppe, *Reformierte Dogmatik*(Kreis Moers: Buchhandlung des Erziehungsvereins Neukirchen, 1961/1935), 431.

7 유해무, 『개혁교의학: 송영으로서의 신학』, 460-461.

로 구성된다고 말한다."⁸ 『요리문답』은 칭의를 다음과 같이 정의한다. "의롭다 하심은 하나님이 값없이 주시는 은혜의 행동으로서 하나님께서 우리의 모든 죄를 용서하시고 그가 보시기에 의로운 자로 우리를 받아주시는 것을 말한다. 그것은 오직 그리스도의 의를 우리에게 덧입혀 주시기 때문이다. 그리고 오직 그것을 믿음으로 받아들임으로써 이루어지는 것이다."⁹

최근에 일부 신학자들은 의(義)를 "법정적인 의"(forensic, imputed righteousness) 뿐만 아니라, "실제적인 의"(practical, imparted righteousness) 또는 "효과적인 의"를 주장하여, 한 가지 의의 두 측면으로 이해하기도 한다.¹⁰ 이런 구별에 동의하는 학자들은 주로 여기에 대한 성경주석의 근거를 제시한다. 또한 루터와 같은 칭의 이해는 자칫 성화를 약화시키며, 칭의의 실재성을 간과할 수 있다고 주장한다.

우리는 이런 주장에 귀를 기울이면서도 이런 구별을 수용하지는 않는다. 그 대신 우리는 '칭의'를 법정적인 의미에서 이해하면서도, 성경에서 발견되는 '효과적인 의'를 성화의 맥락에서 이해하고자 한다. 그리고 칼빈이 잘 파악하였듯이 하나님의 "이중적 은혜"(duplex gratia)로서의 칭의와 성화를 철저하게 구별하되, 분리시키지 말고, 양자를 밀접하게 연결시킴으로써 성화가 약할 수 있다는 오해를 받은 루터의

8　John Calvin, 『기독교 강요』(1559), III xi 2.

9　대한예수교장로회총회 헌법개정위원회, 『대한예수교장로회총회 헌법』 (서울: 한국장로교출판사, 2007/2011), 47.

10　박수암, 『신약신학주제사전』, 436-437; 유해무, 『개혁교의학: 송영으로서의 신학』, 464; H. G. Pöhlmann, Abrider Dogamtik, 이신건 역, 『교의학』, 409: "칭의는 의롭다고 선언하는 사건임과 동시에 거룩하게 만드는 사건(성화)이기도 하다."

칭의 개념을 그대로 유지하고자 한다.[11] "한 쪽이 있으면 반드시 다른 쪽도 있다. 그러므로 우리가 의롭다 함을 받는 것은 행위와 떨어진 것이 아니면서도 행위에 의한 것이 아님은 분명하다. 우리는 그리스도 안에 참여함으로써 의롭다 함을 받으며, 그리스도 안에 참여한다는 것은 의에 못지않게 거룩함을 포함한다."[12]

II. "이신칭의(以信稱義)" 또는 "이신득의(以信得義)"

"우리는 은혜에 의해 (그리스도에 대한, 필자 주) 믿음으로 의롭게 된다."(We are justified by grace through faith/in Christ)[13] 우리가 앞에서 논의한 바와 같이 칭의는 하나님의 은혜롭고도 사법적인(judicial) 행위로서 정의될 수 있다. 이 행위를 통해 하나님은 믿는 죄인들에게 돌려지는 그리스도의 의에 근거해 그들을 의롭다고 선언하시고, 그들의 모든 죄를 용서하시고, 그들을 그의 자녀로 입양하시고, 그들에게 영생을 누리는 특권을 주신다.[14]

① 칭의 교리는 하나님의 진노의 실재성에 대한 인식을 전제한다. 우리가 관계하고 있는 하나님은 거룩한 하나님이시며, 우리의 죄에 대해 진노하실 수밖에 없는 분이시다. 우리는 칭의 교리를 하나님의 진노의 어두운 배경 속에서 빛을 비추는 은혜로운 메시지로 파악해야

---

11 최윤배, 『칼뱅신학 입문』, 268-269.

12 John Calvin, 『기독교 강요』(1559), III xvi 1.

13 D. L. Migliore, *Faith Seeking Understanding: An Introduction to Chriatian Theology*, 신옥수 · 백충현 역, 『기독교조직신학개론: 이해를 추구하는 신앙』, 393.

14 A. A. Hoekema, *Saved by Grace*, 172.

한다. ② 칭의는 하나님의 선언적(declarative) 또는 사법적 행위이지, 어떤 과정이 아니다(롬 8:1). 칭의는 어떤 과정이 아니라, 어떤 사람이 믿음으로 그리스도를 영접할 때, 단번에 일어난다. ③ 칭의는 "오직 믿음에 의해서만" 받는 것이지, 어떤 경우라도 우리 자신의 선행에 해당되지는 않는다(롬 3:28). ④ 칭의는 그리스도와의 연합에 그 뿌리를 두고 있다. 그리스도의 의가 우리에게 전가(轉嫁)되어 우리의 것이 될 수 있는 것은 우리가 그리스도와 연합하여 오직 하나가 되었기 때문이다. ⑤ 칭의는 우리를 위한 그리스도의 대속적(substitutionary) 사역에 기초해 있다(사 53장; 행 8:35; 히 9:28; 마 20:28; 막 10:45). ⑥ 칭의는 그리스도의 의가 우리에게 전가되는 것을 포함한다(롬 4:3, 6, 11). ⑦ 칭의 속에서 하나님의 자비와 공의가 함께 나타난다(요일 1:9-10). ⑧ 칭의는 부정적(negative) 측면과 긍정적(positive) 측면을 가지고 있다. 부정적 측면에서 칭의는 우리의 죄에 대한 용서를 의미한다. 긍정적 측면에서 칭의는 하나님의 자녀로서의 우리의 입양과 영생에 대한 권리를 획득하는 것이다. ⑨ 비록 칭의와 성화의 복들이 구별되지만, 이 둘은 결코 분리되어서는 안 된다(고전 1:30).[15]

칭의의 구성적 요소는 종교개혁신학이 로마 가톨릭신학의 공로적 의에 반대하여 주장한 "오직 은혜로 말미암아"(sola gratia), "오직 그리스도만이"(solus Christus), "오직 믿음으로"(sola fide), "성경에 따라서"(sola scriptura)라는 네 가지 배타적 명제들을 말한다. 다시 말하면, 칭의의 유일한 근거는 하나님의 은혜이며, 칭의의 유일한 주체는 예수 그리스도이시며, 하나님의 은혜로운 칭의에 대한 인간의 유일하고도

---

15 A. A. Hoekema, *Saved by Grace*, 172-178.

소극적인 응답은 신앙이며, 칭의의 유일한 증언과 규범은 성경이다. 이 네 가지 명제에 하나를 더 첨가한다면, "오직 성령을 통하여"(solo Spirito Sancto)라는 명제일 것이다. 왜냐하면 신앙은 성령의 은사이기 때문이다.[16]

비록 종교개혁자들에게 칭의의 세계적, 물질적, 우주적 차원이 전혀 없는 것은 아니지만, 칭의는 구원론의 영역에서 주로 개인적, 영적, 내면적 차원에서 취급되었다. 이 같은 전통적인 칭의론을 극복하기 위해 오늘날 상당한 신학적 작업을 통해 사도 바울과 종교개혁자들의 칭의론 속에 있는 종말론적, 우주적 지평이 발견되고 회복되고 있다. "칭의는 새 창조로 인도한다. … 칭의는 성령과 그의 창조에 대한 다음과 같은 다른 항목들을 열어준다: 죽은 자들의 부활, 영원한 생명, 하나님의 나라, 창조의 완성을 통한 하나님의 의."[17]

---

16 김균진, 『기독교조직신학 III』 (서울: 연세대학교출판부, 1987), 230-231.
17 J. Moltmann, *Kirche in der Kraft des Geistes*, 51f.

제 7 장

성화

I. '거룩'과 '성화'의 의미

'거룩'에 해당되는 헬라어 '하기오스'(άγιος)는 히브리어 '카도쉬'(קדוש)에 해당되는 말로서, 히브리어 카도쉬는 신성과 관련하여 모든 세속적인 접촉과 그 사용에서 분리된 무엇을 의미한다. 하나님만이 창조주시고 그 외는 모두 피조물이기에 하나님만이 유일하게 구별되신다.[1]

일반 국어사전은 '거룩하다'라는 말을 '성스럽고 갸륵하다'라고 아주 간단하게 기록하고 있지만, 성경에서 '거룩함'이란 너무나도 심오하고 풍성한 내용을 지니고 있다.

성경 밖에서는 일반적으로, '거룩함'이란 말을 신적(神的) 존재(存在)에 적용시켜서 종교적으로 이해하기도 하지만, 임금이나 부모나 스

---

[1] 박수암,『신약신학주제사전』, 32.

승의 은혜를 갸륵하다고 하여 '거룩'이란 말을 윤리적·도덕적으로 이해하기도 한다. 성경에서 '거룩함'이란 말은 일차적으로 하나님과 관련해서 종교적으로, 그리고 윤리적으로 이해되기도 하지만, 피조물, 특히 인간과 관련해서 종교적으로, 그리고 윤리적으로 이해되기도 한다. 그러나 성경에서는 어떤 것이나 어떤 사람도 그 자체로서는 거룩하지 못하며, 하나님과 관계가 있을 때만 거룩해질 수 있다.

우리는 먼저 하나님과 관련해서 '거룩함'을 이해하도록 하자(엡 4:24). '거룩함'은 하나님의 본질과 속성에 속하기 때문에 하나님만이 거룩하신 분이시다. '거룩함'이라는 단어는 성경에서 원칙적으로 하나님에게만(신적 존재), 즉 신성(神性)에게만 적용될 수 있다. 본질과 본성이 거룩하신 하나님은 윤리적·도덕적으로도 거룩하다. 따라서 '거룩하다'라는 말은 성경에서 종교적으로는 '신적(神的)'이라는 말이며, 도덕적·윤리적으로는 죄와 결점이 없다는 말이다.

1. 하나님은 거룩한 분이시다.

신적 존재에게 거룩함이라는 용어가 붙여진다(단 4:8-9, 18; 단 5:11). 삼위일체 하나님은 거룩하신 분이시다. "거룩하다 거룩하다 거룩하다 주 하나님 곧 전능하신 이여 전에도 계셨고 이제도 계시고 장차 오실 자라 하고."(계 4:8하) "여호와여 신 중에 주와 같은 자 누구니이까 주와 같이 거룩함에 영광스러우며 찬송할만한 위엄이 있으며 기이한 일을 행하는 자 누구니이까."(출 15:11) "여호와와 같이 거룩한 분이 없으시니 이는 주 밖에 다른 이가 없고 우리 하나님 같은 반석도 없으심이니이다."(삼상 2:2) "거룩하고 참되신 대주재여."(계 6:10) 하나님은 이스라엘의 거룩한 자이시다(왕하 19:22; 욥 6:10; 시 71:22; 시

78:41; 시 89:18; 잠 9:10; 잠 30:3; 렘 50:29; 렘 51:5; 겔 39:7; 합 1:12; 합 3:3).

삼위일체 하나님의 거룩하심은 인간의 죄를 깨우치시는 윤리적인 성격도 갖고 있다(사 6:3-5). "내가 거룩하니 너희도 거룩하라."(레 19:2; 참고, 레 11:44) "오직 너희를 부르신 거룩한 자처럼 너희도 모든 행실에 거룩한 자가 되라. 기록하였으되 내가 거룩하니 너희도 거룩할지어다 하셨느니라."(벧전 1:15-16)

2. 하나님 아버지는 거룩하신 분이시다.

"거룩하신 아버지여 내게 주신 아버지의 이름으로 저희를 보전하사 우리와 같이 저희도 하나되게 하소서."(요 17:11) "능하신 이가 큰 일을 내게 행하셨으니 그 이름이 거룩하시며."(눅 1:49) "그러므로 너희는 이렇게 기도하라 하늘에 계신 우리 아버지여 이름이 거룩히 여김을 받으시오며."(마 6:9; 눅 11:2)

3. 예수 그리스도는 거룩하신 분이시다.

"나사렛 예수여 우리가 당신과 무슨 상관이 있나이까? 우리를 멸하려 왔나이까? 나는 당신이 누구인 줄 아노니 하나님의 거룩한 자이니다."(막 1:24; 눅 4:34) "너희가 거룩하고 의로운 자를 부인하고 도리어 살인한 사람을 놓아주기를 구하여 생명의 주를 죽였도다."(행 3:14-15 상) "손을 내밀어 병을 낫게 하옵시고 표적과 기사가 거룩한 종 예수의 이름으로 이루어지게 하옵소서 하더라."(행 4:27, 30) "거룩한 자는 하나님의 아들이라 일컬으리라."(눅 1:35하) "우리가 주는 하나님의 거룩하신 자신 줄 믿고 알았삽나이다."(요 6:69) "이러한 대제사장은 우리에게 합당하니 거룩하고 악이 없고 더러움이 없고 죄인에게서 떠나 계시고 하늘보다 높이 되신 자라."(히 7:26) "너희는 거룩한 자에게서 기름 부음을 받고 아느니라."(요일 2:20) "거룩하고 진실하사 다윗의 열쇠를 가지신 이."(계 3:7)

4. 성령은 거룩하신 영이시다.

"보혜사 곧 아버지께서 내 이름으로 보내실 성령(= 거룩한 영, 필자 주) 그가 너희에게 모든 것을 가르치고 내가 너희에게 말한 모든 것을 생각나게 하리라."(요 4:26) "나를 주 앞에서 쫓아내지 마시며 주의 성령을 내게서 거두지 마소서."(시 51:11) "그들이 반역하여 주의 성령을 근심케 하였으므로 그가 돌이켜 그들의 대적이 되사 친히 그들을 치셨더니."(사 63:10-11) 성령은 거룩한 영이시다(마 12:32; 롬 15:16; 고전 6:19; 엡 2:18; 딤후 1:14).

결론적으로, 성부, 성자, 성령, 삼위일체 하나님은 본질적으로 거룩하신 분이시며, 윤리적으로도 거룩하신 분이시다. 성경에서 '거룩함'이란 말은 하나님과의 관계에서만 비로소 올바르게 이해되어진다.

5. 피조물과의 관련 속에서 하나님의 거룩함

성경에서 하나님과의 관련 속에서 '거룩함'은 종교적으로 하나님의 신적 본질과 속성에 해당될 뿐만 아니라, 윤리적·도덕적으로 하나님의 거룩한 행동과도 관련되었다. 여기서 피조물과의 관련 속에서 거룩함에 대해서 살펴보도록 하자(엡 4:23-24). 모든 피조물은 하나님의 선한 창조물이었지만, 타락과 죄로 인하여 오염되었다. 그러므로 원칙적으로 어떤 피조물에게도 그 자체에다가 '거룩함'이라는 말을 적용시키는 것은 부적절하다. 그런데, 성경에서는 성도(聖徒), 성전(聖殿), 성물(聖物) 등으로 피조물 자체에 대해서도 '거룩함'(聖)이란 말을 적용시켜서 사용하고 있다. 성경에서 이같이 특정한 피조물에 대해서도 '거룩함'이란 말을 사용하는 것은 ① 소극적인 의미에서, 인격체든지 비인격체든지 그것을 하나님을 위해서 다른 것과 구별하고, 분리시키고, 잘라내고, 베어내어 성별(聖別)했을 뿐만 아니라, ② 적극적인 의미에서, 성별된 그것을 하나님의 것(소유, 所有)으로 봉헌(奉獻)했다는 뜻이다. 다시 말하면, 윤리적으로 거룩하지 못한 피조물이라도 하나님과의 관계 속에서는 종교적으로 거룩한 것으로 간주되며, 윤리적으로 실제로 거룩해져야 한다는 것이다.

1) 거룩한 교회, 거룩한 백성, 거룩한 그리스도인

성경은 성도를 두 가지 측면에서 거룩하다고 부른다. 성도는 하나님의 소유가 되었으므로, 우리의 신분으로 인한 객관적 거룩성과 우리의 신분에 걸맞는 윤리적 책임을 수행해야 하는 주관적 거룩성이 있다. "너희가 내게 대하여 제사장 나라가 되며 거룩한 백성이 되리라. 너는 이 말을 이스라엘 자손에게 고하라."(출 19:6, 참고, 벧전 2:9) "너는 이스라엘 자손의 온 회중에게 고하여 이르라. 너희는 거룩하라. 너희 하나님이 거룩함이니라."(레 19:2) 제사장들, 레위인들(출 29:1; 레 8:12), 나실인들(민 6:5), 예언자들(행 3:21), 사도들(엡 3:5), 성도(골 3:12), 선택된 백성(출 19:6; 레 20:24)은 거룩하고 거룩해져야 한다. 특히 레위기에 성결법이 자세히 기록되어 있다(레 17장-26장). "거룩하게 하시는 자와 거룩하게 하심을 입은 자들이 다 하나에서 난지라."(히

2:11) 우리는 "하나님의 말씀과 기도"를 통해서 거룩해지고(딤전 4:5), "성령의 거룩하게 하심으로"(벧전 1:2), "그리스도를 주로 삼아 거룩하게 하고"(벧전 3:15), 예수의 피로써 거룩하게 된다(히 13:12).

2) 거룩한 장소와 물건

하나님의 영광이 나타나는 성막이나 성전은 거룩한 건물이다. 거룩한 성(마 4:5), 거룩한 예루살렘 성(城)(마 4:5; 느 11:1)과 거룩한 새 예루살렘 성(城)(계 21:2; 22:19; 갈 4:26; 히 12:22; 계 11:2; 계 22:10)과 거룩한 곳(시 57:15)과 거룩한 산(벧후 1:18)이 있다. 하나님께서 자신을 나타내시는 장소는 거룩한 곳이다. "하나님이 가라사대 이리로 가까이 하지 말라. 네가 선 곳은 거룩한 땅이니 네 발에서 신을 벗으라. … 모세가 하나님 뵈옵기를 두려워하여 얼굴을 가리우매."(출 3:5-6) "아론이 성소에 들어 갈 때에는 이스라엘 아들들의 이름을 기록한 이 판결 흉패를 가슴에 붙여 여호와 앞에 영원한 기념을 삼을 것이니라."(출 28:29) 궤(대하 35:3), 속죄물(출 29:33), 의식에 사용되는 물건(출 30:25; 민 5:17), 집기(왕상 8:4) 등은 거룩한 물건들(출 28:32)이다.

3) 거룩한 날과 모임

거룩한 날과(출 20:8-11) 거룩한 모임(출 12:16)이 있다. "하나님이 일곱째 날을 복 주사 거룩하게 하셨으니 이는 하나님이 그 창조하시며 만드시던 모든 일을 마치시고 이 날에 안식하셨음이더라."(창 2:3)

'성화'(聖化, sanctification, 거룩케 함)를 뜻하는 헬라어 '하기아스모스'(ἁγιασμός)는 신약성서에서 10회 나오며(롬 6:19, 22; 고전 1:30; 살전 4:3, 4, 7; 살후 2:13; 딤전 2:15; 히 12:14; 벧전 1:2), 그것의 파생어 '하기오스'(ἅγιος)는 230회, '하기아조'(ἁγιαζω)는 28회 나온다. 그것은

그리스도인이 예수 그리스도를 본받아 거룩한 삶을 사는 것을 가리킨다.[2]

"우리는 우리를 거룩하게 만드시는 하나님의 사역을 성화(sanctification)라고 부른다. … 우리는 성화를, 우리의 책임적인 참여를 포함하여, 우리를 죄의 오염으로부터 구원하시고, 우리의 전(全) 본성을 하나님의 형상에 따라 새롭게 하시고, 우리로 하여금 하나님을 기쁘게 해드리는 삶을 살 수 있도록 하시는 성령의 그 은혜로운 활동으로 정의할 수 있다."[3]

일반적으로 성화는 점진적인 것으로 이해되고 있지만, 신약성경을 자세하게 살펴보면, 성화에서 "결정적인"(definitive) 측면과 "점진적인"(progressive) 측면이 발견된다. 가령 골로새서 3장 9절에서 10절의 "너희가 서로 거짓말을 하지 말라 옛 사람과 그 행위를 벗어버리고 새 사람을 입었으니 이는 자기를 창조하신 이의 형상을 따라 지식에까지도 새롭게 하심을 입은 자니라"에서 성화의 양면성, 곧 두 가지 측면이 발견된다. 모든 성도들은 즉각적이고도 결정적으로(definitive) 옛 사람을 벗어버리고 새 사람을 입었다. 여기서는 부정과거 시제(aorist)가 사용되었다. 다른 한편 그들이 입은 새 사람은 계속 점진적으로(progressive) 새로워져야 한다. 여기서는 현재진행형 시제가 사용되었다. "그러므로 성화는 결정적인 동시에 점진적인 것으로 이해

---

2 박수암, 『신약신학주제사전』, 213.
3 A. A. Hoekema, *Saved by Grace*, 192.

되어야 한다. 결정적인 의미에서 성화는 성령께서 우리를 죄에 대해 죽게 하고, 그리스도와 함께 부활시키고, 새로운 피조물로 만드는 성령의 사역을 의미한다. 점진적인 의미에서 성화는 성령께서 우리가 은혜 속에서 계속 성장하고, 우리의 거룩성을 완전하게 유지하기 위해, 계속적으로 우리를 그리스도의 형상으로 새롭게 만들고, 변화시키는 성령의 사역을 의미한다. 우리는 결정적인 성화를 성화의 과정의 시작으로 생각하고, 점진적인 성화를 결정적인 성화에 의해서 창조된 새 사람을 계속적으로 성숙하는 것으로 생각해야 한다."[4]

II. 성화의 주체

우리는 앞에서 이미 레위기 19장 2절과 마태복음 5장 48절 속에 하나님의 은혜의 직설법과, 그리스도인의 책임과 과제로서의 명령법이 함께 밀접하게 연결되어 있다고 주장한 바 있다. 이 같은 원리가 성화의 경우에도 적용된다고 생각한다.

성화의 주체(Subject)는 성부, 성자, 성령, 곧 삼위일체 하나님이시다. 그러나 신앙인(subject)로서 우리는 신앙 안에서 성화에 대한 책임과 과제를 갖는다. "성경은 하나님께서 성화의 저자(著者, author)라는 사실을 분명하게 가르친다."[5] "성화는 삼위 하나님의 선물이다."[6] "성화는 무엇보다도 인간적 활동이 아니라, 신적 선물(은사)이다. 그러

---

4 A. A. Hoekema, *Saved by Grace*, 208.
5 A. A. Hoekema, *Saved by Grace*, 199.
6 유해무, 『개혁교의학: 송영으로서의 신학』, 466.

나 성화는 또한 우리의 인간적 참여를 내포한다."⁷ "성화의 은사와 임무는 연속적이다. 우리는 삼위의 사역으로 거룩하게 되었으니, 우리는 거룩한 삶을 살아야 한다(살전 4:3)."⁸ 이 두 관점이 빌립보서 2장 11-12절 안에서 밀접하게 결합되어 나타난다.

거룩성은 하나님으로부터 오고, 또한 하나님께로 지향되어 있다. 거룩성은 하나님으로부터 기원되며, 하나님에 의해서 요구되어진다. 데살로니가전서 4장 7절과 8절에서 하나님은 우리를 거룩하게 하시기 위해 우리를 부르시고, 우리에게 성령을 주셨다. 거룩함이 없이는 어떤 사람도 주를 볼 수 없다(히 12:14; 비교, 마 5:8). 그의 백성에게 거룩성을 요구하시는 권리는 이스라엘의 거룩한 분에게 있다.

또한 거룩하게 되는 것과 그리스도 사이에 분명한 관계가 있다. 이런 사실은 이미 우리가 그리스도의 형상을 따라 새롭게 된다는 사실로부터 분명해진다. 하나님의 은사로서의 거룩성은 그리스도의 사역에 근거를 두고 있다. 바로 여기에 성화와 칭의와의 분명한 일치가 있다. 그리스도는 우리에게 지혜와 칭의와 거룩성과 구속(구원)으로 주어졌다(고전 1:30).

성령 역시 거룩성과 분명하게 관계를 가지고 있다. 이 문제와 관련하여 고린도전서 6장 11절, 데살로니가후서 2장 13절, 베드로전서 1장 2절, 베드로전서 4장 14절은 우리에게 시사하는 바가 크다. 성령의 열매들로서 거룩성의 열매들을 우리는 갈라디아서 5장 22절에서 발견하며, 에스겔서 36장 27절은 25절과 26절을 끝맺고 있음을 본다.⁹

---

7   A. A. Hoekema, *Saved by Grace*, 200.

8   유해무, 『개혁교의학: 송영으로서의 신학』, 466.

9   J. van Genderen & W. H. Velema, *Beknopte Gereformeerde Dogmatiek*, 588-589.

III. 성화의 목적과 수단

성화의 목적을 두 가지 관점에서 이해할 수 있는데, 하나는 성화의 최종 목적이고, 다른 하나는 성화의 근사치적(近似値的) 목적이다. 성화의 최종 목적은 오직 하나님께 대한 영광뿐이다. 우리가 이런 영광스런 신적 활동에 대해 생각할 때, 일차적으로 우리 자신의 미래 행복을 생각할 것이 아니라, 놀라우신 우리의 하나님을 먼저 생각해야만 한다. 성경은 하나님의 영광이 우리의 성화의 최종 목적임을 가리킨다(엡 1:6, 14, 18; 빌 1:11; 계 5:13). 성화의 근사치적 목적은 하나님의 백성의 완성이다. 이 완성은 하나님의 형상의 역사(歷史)에서 최종 단계가 될 것이다. 왜냐하면 다가오는 생애에서 하나님의 백성은 하나님의 영광의 광채인 동시에 하나님의 본체의 형상이신 예수 그리스도를 완전하게 닮을 것이기 때문이다(히 1:3; 고전 15:49; 요일 3:2; 엡 5:27; 히 12:33; 계 22:14-15; 롬 8:29). 완전한 형상은 온전하게 무죄(無罪)한 존재이다. 우리를 향하신 하나님의 목적은 우리가 그리스도와 같은 완전한 형상을 회복하는 것이며, 하나님의 백성의 미래에 이루어질 온전함은 그리스도의 부활의 최종 분여(分與)로 이루어질 것이다.[10]

성화의 수단은 성령이시다. 성령은 우리에게 신앙을 선물로 주시고, 말씀과 성례전과 치리(권징)를 성화를 위한 성령의 주요 수단으로 사용하신다. 우리는 하나님의 섭리를 통한 인도와 우리의 기도도 성화의 수단에 첨가시킬 수 있을 것이다.[11] 우리는 개인적 성화뿐만 아니

---

10 A. A. Hoekema, *Saved by Grace*, 231-233.
11 L. Berkhof, *Systematic Theology*, 535-536; 유태화, 『삼위일체론적 성령론』, 453-467.

라, 사회적 성화 또는 공동체적 성화도 말해야 한다. 성화는 오직 그리스도인들 개개인에게만 관계되는 것으로 종종 생각되어진다. 그러나 성화는 개인적 차원뿐만 아니라, 사회적 차원도 갖는다. 무엇보다도 우리가 개인으로서 뿐만 아니라, 그리스도의 몸의 지체들로서도 성화된다는 사실을 기억해야 한다(롬 12:4-5; 엡 4:12). 한 걸음 더 나아가서, 우리는 그리스도의 몸의 지체들로서 뿐만 아니라, 하나님 나라의 시민들로서도 성화된다.[12] 이 모든 차원들 중에 어느 한 차원도 무시되거나 배제되어서는 결코 안 될 것이다.

Ⅳ. 성화와 선행

'오직 믿음'을 통해서 구원 받는다는 말을 선행이 필요 없다거나 선행이 배제되는 것으로 이해해서는 결코 안 된다. 왜냐하면 하나님의 은혜로, 그리고 믿음으로 구원받은 그리스도인은 성화와 선행에로 반드시 부름 받기 때문이다. 또한 하나님의 계명인 율법에 스스로 복종함으로써 이루어지는 선행은 참되고, 살아 있는 믿음의 결실이며, 증거이기 때문이다(약 2:18, 22). 그리고 신자들은 이 선행을 통하여 자신들의 감사를 나타내며(시 11:12-13; 벧전 2:9), 확신을 견고케 하며(요일 2:3, 5; 벧후 1:5-10), 동료 신자들에게 감사하고(고후 9:2; 마 5:19), 복음의 말씀을 존경하고(딛 2:5, 9-12; 딤전 6:1), 반대자들의 입을 막고(벧전 2:15), 하나님을 영화롭게 한다(벧전 2:12; 빌 1:11; 요 15:8). 그들은 하나님의 지으신 바요 예수 그리스도 안에서 창조된 것

---

12   A. A. Hoekema, *Saved by Grace*, 228-229.

이므로(엡 2:10), 성화에 이르는 열매를 가지므로 결국에는 영생을 가지게 될 것이다(롬 6:22).

선행은 하나님께서 자신의 거룩한 말씀 안에서 명령하신 것이다(미 6:8; 롬 12:2; 히 13:21). 아무 정당한 이유 없이 맹목적인 열성으로 고안해 낸 것이거나 또한 선한 의욕에서 나온 무슨 가장(假裝)에 있는 것이 아니다(마 15:9; 사 29:13; 벧전 1:18; 롬 10:2; 요 16:2; 삼상 15:21-23). 신자들이 선행을 행할 수 있는 힘은 조금도 그들 자신에게서 나온 것이 아니라, 전적으로 예수 그리스도의 영(靈)으로부터 나온 것이다(요 15:4-5); 겔 36:26-27). 또한 선을 행할 수 있으려면 이미 받은 은혜에 다같이 성령의 실제적 영향이 필요하다. 이 영향을 받아서 하나님이 기뻐하시는 것을 원하게 되고, 행하게 된다(빌 2:13; 4:13; 고후 3:5).

복종을 통해서 이생에서 할 수 있는 가장 높은 정도의 선행에 도달할 수 있는 사람이라도 공로를 세운다거나 하나님께서 요구하시는 것보다 더할 수 있는 것이 아니므로 그들이 마땅히 해야 할 의무를 도저히 다할 수는 없다(눅 17:10; 느 13:22; 욥 9:2-3; 갈 5:17). 우리는 우리의 최선의 행동을 통해서도 죄의 용서나 하나님의 손에 있는 영생을 얻을 수 없다. 가령 우리가 할 수 있는 모든 일을 다 했다고 해도 그것은 우리의 의무를 행하는 것뿐으로서, 우리는 무익한 종에 지나지 않는다(눅 17:10). 그것이 선한 행동이라면, 그것은 성령으로부터 나왔기 때문이다(갈 5:22-23). 만일 선한 행동이 우리 자신으로 말미암았다면 그것은 여러 가지 약점과 불완전성에 심히 더럽게 되고, 또한 그런 것이 많이 섞여 있기 때문에 그것은 도저히 하나님의 심판을 견딜 수 없게 될 것이다(사 64:6; 갈 5:17; 롬 7:15, 18; 시 143:2; 시 130:3).

그럼에도 불구하고, 신자들은 그리스도를 통해서 용납되었기 때문에, 그들의 선행은 그리스도 안에서 인정되었다(엡 1:6; 벧전 2:5; 출

28:38; 창 4:4; 히 11:4). 그러나 이것은 그들이 이 세상에서 하나님 앞에 전적으로 흠이 없거나 비난받을 것이 없다는 뜻에서가 아니라(욥 9:20; 시 143:2), 하나님께서 그리스도 안에서 그들의 행동에 여러 가지 약점과 불완전성이 있기는 하나 거기에 성실함이 있으므로 그것을 용납하시고 상주시기를 기뻐하셨음을 의미한다(히 13:20-21; 고후 8:12; 히 6:10; 마 25:21, 23). 그러므로 최후심판 때, 하나님께서 신자들의 선행에 대해 상급을 주신다는 약속은 분명하다. 그러나 신자들이 받는 상급은 신자들 자신의 공로의 차원에서 이해될 것이 아니라, 하나님의 은혜와 시혜의 차원에서 이해되어야 한다.

V. 성화와 상급

1. '상급'의 일반적 의미

국어사전에 의하면, '상'(賞)은 잘한 일을 칭찬하여 물품을 주는 것이며, '상급'(賞給)은 상으로 주는 물건이고, '상벌'(賞罰)은 잘한 것에 대하여 포상하고, 못한 것에 대하여 벌하는 '신상필벌'(信賞必罰)의 뜻을 지닌다. 영어에서 '상급'(reward)은 선 또는 악에 대한 보상이라는 중립적인 의미를 가지지만, 보통은 선에 대한 보상이라는 의미에서 더 많이 사용된다. 그러나 일반적으로 비기독교 세계에서 '보상'은 인과응보의 법칙에서 선은 보상되고, 악은 처벌된다는 인간의 책임과 의무를 포함하는 윤리(도덕)적 차원에서 이해된다.

2. '상급'의 성경적 의미

성경에서 '상급'은 다양한 측면에서 언급되고 있지만, 대체로 크게 두 가지 측면에서 이해될 수 있다. 한편으로 상급은 하나님의 공의(정의, 심판)와 율법의 측면에서 이해되고, 다른 편으로 상급은 하나님의 사랑과 자비와 은혜의 측면에서 이해된다. 그러나 상급이 하나님의 은혜의 관점에서 이해되는 것이 성경에서 중심을 이룬다.

1) 상벌을 주시는 공의의 하나님: '삯으로서 상급'

"보라 주 여호와께서 장차 강한 자로 임하실 것이요. 친히 그 팔로 다스리실 것이라. 보라 상급이 그에게 있고, 보응이 그 앞에 있으며."(사 40:10) "무슨 일을 하든지 마음을 다하여 주께 하듯 하고 사람에게 하듯 하지 말라. 이는 유업의 상을 주께 받을 줄 앎이니 너희는 주 그리스도를 섬기느니라. 불의를 행하는 자는 불의의 보응을 받으리니 주는 외모로 사람을 취하심이 없느니라."(골 3:23-25) "심는 이와 물 주는 이가 일반이나 각각 자기의 일하는 대로 자기의 상을 받으리라."(고전 3:8) "하나님께서 각 사람에게 그 행한 대로 보응하시되 참고 선을 행하여 영광과 존귀와 썩지 아니함을 구하는 자에게는 영생으로 하시고 오직 당을 지어 진리를 좇지 아니하고 불의를 좇는 자에게는 노와 분으로 하시리라."(롬 2:6-8) 특히 신명기 28장에는 하나님의 율법을 지키면, 복을 받고, 하나님의 율법을 어기면, 저주를 받는다는 내용이 전체적으로 나타나고 있다. 그러나 신명기 28장 자체도 우리가 어떻게 하나님의 심판과 저주를 피할 것이냐는 측면보다는 우리가 어떻게 하나님의 복을 받아 복된 삶을 누리느냐에 초점이 모아지고 있다. 위와 같은 상급의 성격은 우리로 하여금 더 큰 도덕적 책임감을 가지고 살아가게 함으로써, 부도덕하고 무책임한 자유 방종주의를 방지해 준다.

2) 죄를 용서하시고, 자비를 베푸시는 은혜의 하나님: '은혜로서 상급'

하나님께서는 우리에게 무서운 심판관과 엄격한 재판관으로서 하나님의 자녀인 우리에게 상급을 주시는 것이 아니라, 선하시고 자비로우신 아버지로서 우리에게 상급을 주신다(마 6:1-34; 마 25:34). 하나님께서 우리에게 믿음의 순종을 요구하시지만, 우리가 받을 상급은 우리가 받아야 할 분량보다도 훨씬 더 많다. 그러므로 우리의 상급은 우리의 공로나 공적이 아니라, 하나님의 관대하심에 달려 있다. 상급은 산술적으로 계산될 수 있는 것이 아니라, 하나님의 일방적인 은혜이다. 마태복음 20장에서 각각 다른 시간에 일한 품꾼들에 대한 동등한 대우는 보상이 우리의 성취와 공적에 따라 주어지는 것이 아니라, 풍성하신 하나님의 사랑과 은혜와 시혜의 차원에서 이루어짐을 보여준다. "일하는 자에게는 그 삯을 은혜로 여기지 아니하고, 빚으로 여기거니와 일을 하지 아니할지라도 경건치 아니한 자를 의롭다하시는 이를 믿는 자에게는 그의 믿음을 의로 여기시나니."(롬 4:4-5) "죄의 삯은 사망이요 하나님의 은사는 그리스도 예수 우리 주안에 있는 영생이니라."(롬 6:23) "허물의 사함을 얻고 그 죄의 가리움을 받는 자는 복이 있도다."(시 32:1; 시 103:10)

우리의 상급은 우리의 공로의 대가가 아니라, 성령의 은사인 믿음의 결과이며(벧전 1:3), 안식(히 4:3), 성령의 은혜(히 10:29), 영광(벧전 1:11), 천국(히 12:28)이며, 믿음의 결국은 곧 영혼 구원이다(벧전 1:9; 히 9:28). 금세에서 상급뿐만 아니라, 내세에서의 상급도 있다(막 10:30). '은혜로서 상급'이라는 성경의 교훈은 우리를 공로주의나 율법주의로부터 자유케 하여, 하나님의 은혜에 대한 감사와 감격으로 하나님과 이웃을 사랑하고, 헌신하고, 봉사케 한다.

V. 성화와 율법

기독교인과 교회의 생활 속에서, 그리고 신학에서 '율법'(계명, 십계명) 만큼 자주 오해되는 경우는 없을 것이다. 성경과 신학에서 '율법'은 여러 가지 의미로 사용되지만, 가장 중요하고 기본적인 의미는 '율법은 하나님의 생명의 말씀으로서 하나님의 백성이 즐거운 마음으로 그것을 지킴으로써 (행, 축)복을 보장받는 하나님의 뜻과 의지의 표현'이다. 그러므로 율법은 거룩하며 계명도 거룩하며 의로우며 선하고(롬 7:12), 신령하다(롬 7:14). 그런데, 우리가 성경에서 '율법'이란 단어를 발견할 때마다, 많은 기독교인들은 일반 사회에서 존재하는 법률, 법규, 규칙, 사법부, 검찰청, (대)법원, 판사, 법관, 경찰청(서) 등을 상기하여, 성경에 나타나는 '율법'이나 '계명'을 부정적으로 생각하고, 거부감을 갖게 된다. 하나님의 생명의 말씀으로서 '율법'에 대한 우리의 거부감은 위와 같은 사회적 현상으로부터도 오지만, 결정적으로 '율법'에 대한 우리의 거부감과 부정적인 선입관은 우리가 하나님의 '율법'(계명)을 모두 지킬 수 없다는 우리의 '도덕적 무능력'으로부터 오기도 한다. 왜냐하면 "율법의 행위로 그의 앞에 의롭다하심을 얻을 육체가" 없기 때문이다(롬 3:20상).

하나님의 의로우시고, 선하신 뜻과 의지가 담긴 생명의 말씀으로서 '율법'은 거룩하고 의롭고, 선하지만, 우리는 실천적으로 도덕적으로 무능력하여 그것을 완전히 지킬 수가 없다. 그럼에도 불구하고, 율법은 다음의 세 가지 기능(역할)을 갖고 있다.

첫째, '율법'(계명)은 우리로 하여금 우리의 죄를 깨닫게 하고(롬 3:20하 = "율법으로는 죄를 깨달음이니라"), 우리를 죄인으로 정죄한다(롬 5:20상 = "율법이 가입한 것은 범죄를 더하게 하려 함이라"). 율법의 죄에 대한 고발 기능, 정죄의 기능, 죄인식의 기능을 종교개혁자들은 '율법의 신학적, 영적 또는 고발적 사용'(usus legis theologicus et spiritualis)이라고 불렀다. 여기서 율법은 마치 거울과 같아서 우리의 죄를 낱낱이 적나라하게 들쳐 낸다.

둘째, 하나님께서는 비기독교인과 비기독교 국가에도 양심법과 자연법과 관습법 등을 주셔서 범법자들을 처벌하고, 죄를 억제함으로써, 가정과 사회와 국가가 유지될 수 있도록 한다. 물론 이 같은 양심법과 제도들은 성경에 나타난 십계명과 비교하면 불완전한 것이지만, 그럼에도 이것들은 하나님께서 이방인들에게 주신 불완전한 '율법'이다(롬 2:14-15). 이것을 종교개혁자들은 '율법의 정치적 사용'(usus legis politucus)이라고 하여, 비기독교인들도 구원과 관계없는 사회적, 시민적 도덕(= 의, 義)을 행할 수 있다고 보았다. 이상의 두 가지의 율법의 기능은 기독교인들은 물론 모든 비기독교인들에게도 적용된다.

그런데, 위의 율법의 두 기능을 통해서는 결국 예외 없이 모든 인류는 죄인으로 드러나게 되었다. "기록된 바 의인은 없나니 하나도 없으며"(롬 3:10), "모든 사람이 죄를 범하였으매 하나님의 영광에 이르지" 못했다(롬 3:23). 이때에 하나님께서 율법을 완전히 지키지 못하여 죄인 된 우리들을 위해서 율법을 완전히 지키실 뿐만 아니라, 율법을 완전히 지키심으로써 얻은 의(공로)를 우리에게 주시는 분을 보내주셨다. "이제는 율법 외에 하나님의 한 의가 나타났으니 율법과 선지자들에게 증거를 받은 것이라. 곧 예수 그리스도를 믿음으로 말미암아 모든 믿는 자에게 미치는 하나님의 의니 차별이 없느니라."(롬 3:21-22) 타락 이후 모든 인간은 율법을 완전히 지킬 수 없지만, 예수 그리스도는 하나님의 선하신 뜻인 율법을 완전히 지키셨다(롬 8:3-4). "내가 율법이나 선지자를 폐하러 온 줄로 생각지 말라 폐하러 온 것이 아니요

완전케 하려 함이로라."(마 5:17)

셋째, 성령의 선물인 믿음을 통해서 예수 그리스도를 믿는 그리스도인들에게만 적용되는 율법의 기능이 있는데, 이것을 '율법의 제3사용'(usus legis tertius)이라고 한다. 율법이 죄를 깨닫게 하는 기능이나, 사회적으로 도덕적인 선을 장려하는 기능은 기독교인이나 비기독교인 모두에게 해당되는 소극적인 의미에서 율법의 역할이지만, 물과 성령으로 거듭난 그리스도인들에게 적용되는 율법은 적극적인 의미에서 이해된다. "우리가 믿음으로 말미암아 율법을 폐하느뇨? 그럴 수 없느니라. 도리어 율법을 굳게 세우느니라."(롬 3:31) "하늘에 계신 너희 아버지의 온전하심 같이 너희도 온전하라."(마 5:48) 기독교인들로서 우리는 거듭나기 전에는 하나님의 율법을 즐거워하기는 커녕 미워하고, 지키기는 커녕 어겼지만, 하나님의 은혜로 복음이신 예수 그리스도를 받아들이고, 하나님의 선물로서 성령과 믿음을 받은 뒤에는 하나님의 선하고 거룩하신 뜻이 담긴 율법과 계명을 즐거운 마음으로 지키려 하고, 어겼을 때는 회개하고, 다시 즐거운 마음으로 지키려 한다. 이 같은 신앙생활의 과정을 일컬어 우리는 '성화(결)'라고 부른다. 이 성화의 삶에서 율법이 긍정적이며 적극적으로 기독교인들과 교회에 작용하는 것을 율법의 제3사용이라고 했던 바, 종교개혁자들 중에서 특히 칼빈이 이것을 강조했다. 자신의 힘으로 율법을 지켜서 구원받으려는 자는 결국 죄와 사망의 법에 의해서 죄와 사망으로 끝마치고, 복음이신 예수 그리스도를 통해서 구원받은 기독교인들은 성령의 감동으로 하나님의 율법을 즐거운 마음으로 묵상하고 지킴으로써 생명의 성령의 법칙의 지배를 받아 매일 매일 거룩하게 된다. "그러므로 이제 그리스도 예수 안에 있는 자에게는 결코 정죄함이 없나니 이는 그리스도 예수 안에 있는 생명의 성령의 법이 죄와 사망의 법에서 너

를 해방하였음이라."(롬 8:1-2)

　결론적으로 하나님의 말씀으로서 선하고, 거룩한 율법(계명)은 1) 사람들의 죄를 깨닫게 하고, 고발하고, 2) 사회적인 죄를 제어(억제, 통제)하고, 3) 기독교인들의 성화의 삶을 도와준다. 그러므로 율법 자체는 하나님의 뜻의 표현이므로, 선하고, 신령한 것이지만, 인간들이 율법을 완전히 지킬 수 없는 '도덕적 무능력' 때문에, 유감스럽게도 율법 자체가 마치 나쁜 것처럼 우리들에게 부정적으로 들릴 뿐이다.

1. 율법주의(律法主義, legalism) 또는 율법주의자(律法主義者)

　성경에서 전형적인 율법주의 내지 율법주의자에 해당되는 사람들은 서기관과 바리새인이다. 율법주의 또는 율법주의자들은 타락한 인간은 하나님의 도움(은혜)이 없어도, 율법을 모두 지킬 수 있는 능력이 자기 자신 속에 있다고 생각하여, 율법을 지킨 것에 대한 공로(선행, 의=義)를 자신에게 돌리고, 그 공로(선행, 대가, 의)로써 구원을 받는다고 주장한다. 만약 사람이 완전히 율법을 지킬 수 있다면, 그 사람은 그의 율법의 행위로 구원받을 것이다. 그러나 문제는 "모든 율법을 지킬 수 있는 사람이 있을 수가 있는가?"이다. 성육신하신 예수 그리스도 외에는 없다. "기록된 바 의인은 없나니 하나도 없으며"(롬 3:10), "율법의 행위로 그의 앞에 의롭다 하심을 얻을 육체" 없다(롬 3:20상).

　율법주의자는 자신이 율법(계명)을 지키지 못할 때는 다른 사람들이 자신을 흉보고, 정죄할까봐 그들을 두려워하고, 자신의 불법을 숨기려고 애쓰는 한편, 자신이 어떤 율법을 지켜서 착한 일을 할 때는 다른 사람들 앞에서 교만해져서 우쭐대고, 자랑하고, 으스댄다. 그래서 예수 그리스도는 율법주의자의 '외식(外飾)' 행위를 경고하셨다. "사람들에게 보이려고 그들 앞에서 너희 의를 행치 않도록 주의하라. 그렇지 아니하면 하늘에 계신 너희 아버지께 상을 얻지 못하느니라. 그러므로 구제할 때에 외식하는 자가 사람에게 영광을 얻으려고 회당과 거리에서 하는 것과 같이 너희 앞에 나팔을 불지 말라. 진실로 너희에게 이르노니 저희는 자기 상을 이미 받았느니라."(마 6:1-2) "너희 의가 서기관과 바리새인들보다 낫지 아니하면 결단코 천국에 들어가지 못하리라."(마 5:20) 바리새인과 서기관은 그토록 율법을 소중하게 생각했음에도 불구하고, 불행하게도 자신 속에 율법을 온전히 지킬 수 있는 능력이 없음을 알지 못하고 오판하여, 스스로 지킬 수 없는 율법을 억지로, 외식적으로, 부분적으로 지켜서 자신의 의를 쌓으려다가 구원을 얻기는 커녕, 정반대로 하나님의 진노와 심판을 쌓는 결과를 낳았다(롬 2:12; 롬 3:19). 율법주의자의 최대의 실수는 하나님의 은혜(= 복음이신 예수 그리스도, 성령, 믿음) 없이도 인간 스스로 율법을 모두 지킬 수 있으며, 이것을 근거로(자기 의와 공로) 인간 자력 구원을 성취하고자 함에 있다.

2. 무(無)율법주의(antinomian)

우리는 무율법주의자를 자유방종주의자 또는 도덕(율법)폐기론자라고 부를 수 있다. 무율법주의는 하나님의 은혜로 구원은, 인간이 기왕 모든 율법을 다 지키지 못할 바에, 죄를 짓는 김에 더욱 많이 지어도 된다는 주장이다. 즉 구원받은 성도에게는 율법(계명)이나 도덕적 삶이 더 이상 필요치 않다는 주장이다. 바울이 편지를 보낸 로마 교회에 이런 주장을 하는 자가 있었다고 추론될 수 있다. "그런즉 우리가 무슨 말 하리요 은혜를 더하게 하려고 죄에 거하겠느뇨 그럴 수 없느니라. 죄에

대하여 죽은 우리가 어찌 그 가운데 더 살리요."(롬 6:1-2)

3. 성경적 율법관

우리가 중생하기 전에는 율법을 지킬 수가 없지만, 중생한 이후에는 율법의 완성자이시며 복음이신 예수 그리스도와 율법의 영(靈)이신 보혜사 성령과 성령의 은사인 믿음을 통해서 율법을 지킬 수 있는 길이 우리 그리스도인에게 열렸다고 주장하는 것이 율법에 대한 성경적 이해이다. "때가 차매 하나님이 그 아들을 보내사 여자에게서 나게 하시고 율법 아래 나게 하신 것은 율법 아래 있는 자들을 속량하시고 우리로 아들의 명분을 얻게 하려 하심이라. 너희가 아들인고로 하나님이 그 아들의 영을 우리 마음 가운데 보내사 아바 아버지라 부르게 하셨느니라."(갈 4:4-6) 성경은 율법주의에 대해서 다음과 같이 경고한다. "그리스도께서 우리로 자유케 하려고 자유를 주셨으니 그러므로 굳게 서서 다시는 종의 멍에를 메지 말라."(갈 5:1) 또한 성경은 무율법주의에 대해서 다음과 같이 경고한다. "형제들아 너희가 자유를 위하여 부르심을 입었으나 그러나 그 자유로 육체의 기회를 삼지 말고 오직 사랑으로 서로 종노릇하라. 온 율법이 네 이웃 사랑하기를 네 몸같이 하라 하신 한 말씀에서 이루어졌나니."(갈 5:13-14) 즉, 율법주의자는 율법을 짊어질 힘이 없으면서도 자기의 의로 구원받기 위해서 그 율법을 지고 가다가 그 율법에 깔려 죽고, 무율법주의자는 값비싼 은혜로 구원받았지만 책임을 등한시함으로써, 은혜를 값싸게 하고, 선행과 성령의 열매가 없는 무화과나무가 되어 주님의 저주로 말라죽지만, 복음적인 그리스도인은 우리의 힘으로는 구원받을 수도 율법을 지킬 수도 없지만, 율법의 완성자이신 예수 그리스도와 성령의 은사를 통해서 구원받고, 율법을 즐거운 마음으로 준행하여(하나님과 이웃에 대한 사랑), 그 결과로 얻은 선행과 업적을 자신의 것으로 간주하지 않고, 하나님의 선물로 생각하여 그것으로 하나님께 영광을 돌린다. 마지막 날에 하나님께서는 이것을 마치 우리가 한 것으로서 간주하셔서, 그것에 대한 상급을 공로의 차원에서가 아니라, 시혜(은혜)의 차원에서 주신다. 그 때 우리는 황송해서 어찌할 줄 모르면서, 우리는 무익한 종이라고 고백할 것이다.

결론적으로 율법주의자는 율법을 모두 지킬 수 없는 자신을 마치 모든 율법을 지킬 수 있는 자신으로 오해하여, 자기 의와 자기 공로에 빠져 율법의 저주와 죽음과 사망에 이르고, 무율법주의자는 은혜로 구원받았으니, 율법이 필요없다고 하여, 죄를 마음껏 지음으로써, 무법자로서 사망에 이른다. 그러나 복음적 그리스도인은 하나님의 은혜(예수 그리스도, 성령, 믿음)로 구원받았을 뿐만 아니라, 하나님의 은혜로 생명의 말씀인 율법을 즐거운 마음으로 지킴으로써 그리스도께서 오시는 그 날까지 그의 신부로 매일 매일 거룩하고, 순결하게 살아간다.

제 8 장

영화

    일부 조직신학에서는 구원론과 구원 서정의 관점에서 '영화'(榮化, glorification)에 대한 논의가 없다. 그 이유 중에 하나는 이 주제를 종말론에서 다루기 때문에 중복을 피하고자 함이고,[1] 다른 이유는 예정과 마찬가지로 영화도 역사를 초월하는 문제이기 때문이다. 또 어떤 학자는 예수 재림과 신령한 몸의 부활과 구별되게 지상에서 그리스도인의 신앙생활 속에서 삼위일체 하나님의 영광과 결부하여 구원론 속에서 그리스도인의 '영화'에 대해 논의하기도 한다.[2] "여기서 말하는 영화는 일차적으로 성도들이 심판 뒤에 누릴 영화가 아니라, 그들이 이미 땅 위에서 성령의 새롭게 하심으로 참여하는 영화이다. 물론 이것은 그들의 부활로 완성될 것이다."[3]

    삼위일체 하나님은 내재와 경륜 속에서 서로 서로에게 영광을 돌려

---

1   A. A. Hoekema, *Saved by Grace*, 17.
2   유해무, 『개혁교의학: 송영으로서의 신학』, 477-480.
3   유해무, 『개혁교의학: 송영으로서의 신학』, 477.

서로 서로를 영화롭게 하신다. 마찬가지로 그리스도인들을 비롯하여 모든 피조물은 원래부터 항상 삼위일체 하나님께 영광을 돌려서, 하나님을 영화롭게 할 목적으로 창조되었다.[4] 그러나 인간의 타락과 피조물의 타락 이후 인간과 피조물은 하나님의 영광으로부터 멀어져 있었다(롬 3:23). 그렇지만 그리스도인은 다시 삼위일체 하나님께 영광을 돌려, 하나님을 영화롭게 할 가능성과 길이 열리고, 여기에 대한 절대적인 목적과 임무가 주어졌다.

우리는 위에서 언급한 지상에서의 성도의 삶 속에서 나타난 영화의 측면을 무시하거나 배제하지 않으면서도 여기서는 예수 그리스도의 재림과 심판과 관련된 성도의 '신령한 몸의 부활'이라는 개인의 차원에서 '영화'에 대하여 집중하면서, 개인의 영화가 장차 우주적 차원에서의 영화와 밀접하게 결부된다는 사실도 밝힐 것이다.

신자들의 구원은 영화와 몸의 부활을 통해서 완성된다. 역사 속에서 시작된 구원의 첫 시간이 소명이라면, 역사의 종말에 완성될 구원을 바로 영화라고 할 수 있다. 신자들이 죽을 때, 그리스도로부터 받는 은혜가 무엇인가? 신자들은 죽을 때, 그들의 영혼은 완전히 거룩하여지며, 그 즉시로 영광에 들어가고, 그들의 육체는 그리스도와 연합된 그대로 부활 때까지 무덤에서 쉬게 된다. 몸의 부활 때, 신자들은 영광 중에 일으킴을 받아서 최후 심판 날에 신자임을 공적으로 인정을 받고 무죄선고를 받으며, 영원토록 하나님을 흡족하게 즐기는 완전한 축복을 받아, 새 하늘과 새 땅에서 영원히 살게 될 것이다.

---

4   유해무, 『개혁교의학: 송영으로서의 신학』, 477-480.

I. 중간상태(status intermedius)

「웨스트민스터 신앙고백」은 그리스도인의 죽음과 그 이후에 대해서 다음과 같이 고백하고 있다. "1. 사람의 육체는 죽은 후에 티끌로 돌아가서 썩어 버린다(창 3:19, 행 13:36). 그러나 그들의 영혼은 죽거나 자는 것이 아니라 죽지 않는 생을 가지며 죽은 후에는 그것을 주신 하나님께로 돌아간다(눅 23:43, 전 2:7). 의로운 자의 영혼은 완전히 거룩하게 되어 가장 높은 하늘에 올라간다. 거기서 그들은 빛과 영광 가운데서 하나님의 얼굴을 보며 그들의 육신이 완전히 구속되기를 기다린다(히 12:23, 고후 5:1, 6, 8, 빌 1:23, 행 3:21, 엡 4:10). 사악한 자의 영혼은 지옥에 던져진다. 거기서 그들은 고통과 어두움 가운데서 대심판의 날을 기다리고 있다(눅 16:23-24, 행 1:25, 유 1:6-7, 벧전 3:19). 성경은 육신이 죽은 후에 영혼이 갈 장소로서 두 가지 외에는 아무것도 가르쳐 주지 않는다. 2. 마지막 날에 살아남아 있는 자는 죽지 않고 변화될 것이다(살전 4:17, 고전 15:51-52). 모든 죽은 자들은 전과 같은 몸으로 부활할 것이다. 이 부활체는 질적으로는 전과 다를 것이나, 영혼은 이 육체와 하나가 되어서 영원토록 계속될 것이다(욥 19:26-27, 고전 15:42-44). 3. 불의한 자들의 육체는 그리스도의 힘으로 굴욕을 당하기 위하여 부활한다. 의로운 자들의 몸은 그리스도의 영으로 말미암아 영광을 얻기 위하여 부활해서 그리스도 자신의 영광스런 몸과 동일하게 된다(행 21:15, 요 5:28-29, 고전 15:42, 빌 3:21)."[5]

결론적으로 육체적 죽음 직후의 그리스도인의 상태(안식, 복락, 기

---

[5] 「웨스트민스터 신앙고백」, 『대한예수교장로회 헌법』 (서울: 한국장로교출판사, 20063, 138-140.

다림)는 참으로 살아 있고, 완전한 의식을 가지고 있는 상태이며(눅 16:19-31; 살전 5:10), 무한한 복락과 안식의 상태 속에서(계 14:13), 예수 그리스도의 재림과 몸의 부활(구속)을 고대하는 기다림의 상태 속에 있다.

II. 그리스도인의 몸의 부활

교회와 신학의 역사(歷史) 속에서 '그리스도의 몸의 부활'과 '그리스도인의 몸의 부활' 자체를 부정하는 경우도 있었고, 비록 '부활' 자체는 인정할지라도 부활을 성경이 가르치고 있는 부활과 다른 내용으로 그릇되게 이해하는 경우도 있었다. 사두개인들(마 22:23; 행 23:8)과 고린도교회의 일부 사람들(고전 15:12)은 부활 자체를 부정했고, 바울 사도가 전한 부활에 대한 전도를 받은 그리스 아테네 사람들은 부활을 믿기는커녕 도리어 부활의 도를 전한 바울을 조롱했다(행 17:32). 후메내오와 빌레도는 부활은 순전히 영적인 것이며, 이미 지나간 과거의 것일 뿐이라고 그릇되게 이해했다(딤후 2:17-18). 그러나 신약성경은 물론(요 5:25-29; 요 6:39-40, 44, 54; 요 11:24-25; 요 14:3; 요 17:24; 살전 4:13-16; 고후 5:1-10; 계 20:4-6), 구약성경에도(출 3:6; 겔11:10, 13-16, 19; 시 49:15; 73:24-25; 잠 23:14; 욥 19:25-27; 사 26:19; 단 12:2) 부활에 대한 말씀으로 가득 차 있다. 특히 에스겔서 37:1-14절과 고린도전서 15장은 부활에 대한 내용으로 유명하다.

1. 부활은 삼위일체 하나님의 사역이다.

하나님만이 죽은 자를 다시 살리신다. "형제들아 우리가 아시아에서 당한 환난을 너희가 알지 못하기를 원치 아니하노니 힘에 지나도록 심한 고생을 받아 산 소망까지 끊어지고 우리 마음에 사형 선고를 받은 줄 알았으니 이는 우리로 자기를 의뢰하지 말고 오직 죽은 자를 다시 살리시는 하나님만 의뢰하게 하심이라."(고후 1:8-9) 부활은 성부 하나님과 성자 하나님의 사역이다(요 5:21, 25, 28-29; 요 6:38-40, 44, 54; 살전 4:16). "아버지께서 죽은 자들을 일으켜 살리심 같이 아들도 자기의 원하는 자들을 살리느니라."(요 5:21) 부활은 성령 하나님의 사역이다. "성결의 영으로는 죽은 자 가운데서 부활하여 능력으로 하나님의 아들로 인정되셨으니 곧 우리 주 예수 그리스도시라."(롬 1:4) "예수를 죽은 자 가운데서 살리신 이의 영이 너희 안에 거하시면 그리스도 예수를 죽은 자 가운데서 살리신 이가 너희 안에 거하시는 그의 영으로 말미암아 너희 죽을 몸도 살리시리라."(롬 8:11)

2. 부활은 영혼과 육체를 포함하는 '몸의 부활'이다.

"누가 묻기를 죽은 자들이 어떻게 다시 살며 어떠한 몸으로 오느냐 하리니."(고전 15:35) 그리스도께서 "부활의 첫 열매"(고전 15:20, 23)요, "죽은 자 가운데서 먼저 나신 자"(골 1:18; 계 1:5)라는 말은 하나님의 백성인 우리도 그리스도와 동일한 모양으로 부활한다는 사실을 말씀해 준다. 그리스도의 부활은 영혼과 육체를 포함하는 몸의 부활이었듯이 장차 그리스도께서 재림하실 때 그리스도인들의 부활도 그리스도처럼 몸의 부활이다. "이 뿐 아니라, 또한 우리 곧 성령의 처음 익은 열매를 받은 우리까지도 속으로 탄식하여 양자 될 것 곧 우리 몸의 구속을 기다리느니라."(롬 8:23; 고전 6:13-20; 롬 8:11; 고전 15:35-49) "너희 죽을 몸도 살리시리라."(롬 8:11하)

3. 부활 이전의 몸과 이후의 몸의 차이

"이 썩을 것이 불가불 썩지 아니할 것을 입겠고 이 죽을 것이 죽지 아니함을 입으리로다."(고전 15:53; 고전 15:50-54) 부활 이전의 우리의 타락한 몸은 죄를 짓지 않을 수 없는 몸이고, 썩을 몸이고, 죽을 몸이지만, 장차 부활을 통해서 변화된 몸은 다시는 죄를 짓지 않는 영광스런 몸이 될 것이다.

4. 이중부활

이중부활(二重復活)은 두 종류의 부활 즉, 선인의 부활과 악인의 부활을 가리킨다. "선한 일을 행한 자는 생명의 부활로, 악한 일을 행한 자는 심판의 부활로 나오리라."(요 5:29) "저희의 기다리는 바 하나님께 향한 소망을 나도 가졌으니 곧 의인과 악인의 부활이 있으리라 함이라."(행 24:15; 단 12:2) 그리스도인과 비그리스도인은 똑같이 몸으로 부활하지만, 부활의 결과와 내용은 정반대인데, 그리스도인의 부활은 영원한 생명과 영광의 부활이요, 비그리스도인의 부활은 영원한 죽음과 수치의 부활이다.

하나님은 예수 그리스도로 말미암아 의로 세상을 심판하시기 위하여 한 날을 정하셨다(행 17:31). 예수 그리스도에게 하나님의 모든 권능과 심판을 부여해 주셨다(요 5:22, 27). 그 날에는 배신한 천사가 심판을 받을 뿐만 아니라(고전 6:3; 유 1:6; 벧후 2:4), 이 땅에 살던 모든 사람이 그리스도의 심판대 앞에 나타나 자기들의 생각과 말과 행실의 청산을 받으며, 그들이 육신으로 선을 행했든지 악을 행했든지 그들이 행한 그 일에 따라서 심판을 받을 것이다(고후 5:10; 전 12:14; 롬 2:16;

롬 14:10, 12; 마 12:36-37).

하나님께서 이 날을 정하신 목적은 택하신 자의 영원한 구원을 통하여 자기의 자비에 관한 영광을 나타내기 위한 것과(롬 9:23; 마 25:21) 사악하고 불순종하는(롬 2:5-6; 살후 1:7-8; 롬 9:22) 버림받은 자들을 통해서 자기의 의를 나타내시기 위한 것이다. 그때부터 의로운 사람은 영생에 들어가서 주님 앞에서 얻을 수 있는 충만한 기쁨과 시원함을 얻을 것이다(마 25:31-34; 행 3:19; 살후 1:7). 그러나 하나님을 모르고 예수 그리스도의 복음에 복종하지 않은 사악한 사람들은 영원한 고통에 던지어져 주님 앞에서 처벌을 받아 그의 권능의 영광으로부터 오는 영원한 파멸에 빠지게 될 것이다(마 25:41, 46; 살후 1:9; 사 66:24).

죄를 버린 모든 사람에게와 역경 가운데서도 믿음을 지킨 사람들에 대하여 큰 위로를 주기 위한 심판 날이 있다는 것을 우리가 확신하기를 주님은 원하셨다(벧후 3:11, 14; 고후 5:10-11; 살후 1:5-7; 눅 21:27-28; 롬 8:23-25). 마찬가지로 그 날을 모든 사람에게 감추어 두어서 그들이 모든 육적 안전감을 버리고 주님이 언제 오실지 모르므로 항상 깨어 있어서 언제든지 주 예수여, 어서 오시옵소서라고 할 수 있도록 준비케 하셨다(마 24:36, 42-44; 막 13:35-37; 눅 12:35-36; 계 22:20).

하나님의 나라는 인류 역사가 시작되었을 때부터 그 안에 보이지 않는 형태로 임재하고 있다. 그러나 예수 그리스도가 육체를 입고 세상에 오심으로 하나님의 나라는 역사 안에 보이는 형태로 나타나게 되었다(마 3:2; 마 4:7). 하나님의 나라는 지상에 교회가 형성됨에 따라 교회와 함께 성장하게 된다(마 13:31-33; 막 4:30-32; 눅 13:18; 눅 17:21). 세상의 마지막 날에 그리스도께서 재림하여 모든 존재에 대한 심판이 있은 다음에 하나님의 나라가 완성되어 성도들과 함께 영속된다(고후 5:1; 계 21:1-7).

5. 천국과 지옥

"저희는 영벌에 의인들은 영생에 들어가리라 하시니라."(마 25:46) 예수 그리스도의 최후의 심판이 그 심판대 앞에 선 모든 자들의 최후의 상태를 결정하는데, 그들의 최후의 상태는 지옥에서 영원한 형벌과 불행이거나 천국에서 영생과 복락이다(요 5:29; 행 24:15; 단 12:2). "하나님이 이 날을 정하신 목적은 택하신 자의 영원한 구원을 통하여 자기의 자비에 관한 영광을 나타내기 위한 것과(롬 9:23; 마 25:21), 사악하고 불복종하는 버림받은 자들을 통해서 자기의 의를 나타내시기 위한 것이다(롬 2:5-6; 살후 1:7-8; 롬 9:22). 그 때부터 의로운 사람은 영생에 들어가서 주님 앞에서 얻을 수 있는 충만한 기쁨과 시원함을 얻을 것이다(마 25:31-34; 행 3:19; 살후 1:7). 그러나 하나님을 모르고 예수 그리스도의 복음에 복종치 않은 사악한 사람들은 영원한 고통에 던지어져 주님 앞에서 처벌을 받아 그의 권능의 영광으로부터 오는 영원한 파멸에 빠지게 될 것이다(마 25:41, 46; 살후 1:9)."(「웨스트민스터 신앙고백」) 장차 지옥은 없어질 것이며, 마귀도 구원받아 만유(萬有)가 구원될 것이라는 '만유구원론'(총괄갱신론, apokatastasis)을 주장한 고대 교회의 이레네우스의 전통을 잇고 있는 몰트만(J. Moltmann)을 김도훈이 비판하고, 한인관은 지옥의 영원성을 주장한다.[6]

---

6 김도훈, 『길 위의 하나님』, 473-496; 김도훈, "만유구원론에 대한 비판적 고찰(I)," 「장신논단」 제30집(2007): 173-202; 김도훈, "지옥은 없다?," 「장신논단」 제43집(2011): 81-106; 한인관, "'잊혀진 장소': 지옥의 영원성에 관한 연구,"(장로회신학대학교 대학원 Th. M. 학위논

"이 같은 방법으로 기독교적 소망은 우리를 둘러싸고 있는 물질적 우주, 곧 하나님의 창조의 우주와 무관한 것이 아니다. 우주는 원하지 않게 허무에 종속되었으며, 인간의 죄로 말미암아 저주받았으며, 인간의 변절에 의해 훼손되었다. 그러나 우주는 타락의 쇠사슬로부터 구원될 것이며, 우주의 구원(deliverance)은 하나님의 백성의 구속(redemption)의 완성과 동시에 일어날 것이다. 이 둘은 사건들로서도 동시적일 뿐만 아니라, 소망 속에서도 상호관계 속에 있다. 영화(榮化, glorification)는 우주적 몫들(proportions)을 가지고 있다."[7] "우리는 그의 약속대로 의가 있는 곳인 새 하늘과 새 땅을 바라보는도다."(벧후 3:13) "그 후에 마지막이니 그가 모든 통치와 모든 권세와 능력을 멸하시고 나라를 아버지 하나님께 바칠 때라."(고전 15:24) "만물을 그에게 복종하게 하실 때에는 아들 자신도 그 때에 만물을 자기에 복종하게 하신 이에게 복종하게 되리니 이는 하나님이 만유의 주로서 만유 안에 계시려 함이니라."(고전 15:28)

문, 2011).

[7] J. Murray, *Redemption: Accomplished and Applied*, 224.

제 9 장

견인

I. '성도의 견인'은 무엇을 의미하는가?

종교개혁자 마르틴 루터조차도 받아들이지 않았던 소위 '견인(堅忍)' 교리가 개혁교회 전통에서는 항상 강조되어 왔다. 견인교리는 "성도들의 견인"(the perseverance of the Saints; perseverantia sanctorum)으로 불리지, "선택된 자들의 견인"(the perseverance of the Elect)으로 불리지 않는다. 최근에 후끄마는 "참 신자들의 견인"(The perseverance of true believers)이라는 용어를 채택했다.[1]

예정론에 대한 반대와 마찬가지로 견인교리에 대한 반대가 교회와 신학 속에서 항상 존재해 왔다. 견인교리에 대한 반대들 중에 대표적인 두 가지 이유가 있다. 첫째, 견인교리는 성도들의 신앙생활을 자기도취와 도덕적 방종(complacency and moral laxity)으로 인도한다. 둘

---

1 A. A. Hoekema, *Saved by Grace*, 234.

째, 견인교리는 성경의 내용과 충돌된다. 성경에는 신앙을 지속하라는 권면의 말씀과, 배교(背敎, apostasy)에 대한 경고 말씀이 있고, 성경에서 실제적으로 배교들이 목격되기도 한다.[2]

성도의 견인교리는 모든 예배 참석자들이나 모든 교회 회중들이 자신들의 신앙 안에서 끝까지 견인한다는 것을 의미하지 않는다. 성도의 견인교리가 의미하는 바는 "참된 신앙을 가지고 있는 사람들이 그 신앙을 전적으로나 최종적으로 상실할 수 없다"는 것이다.[3] 우리가 주의해야 할 사항은 "성도들의 견인"에서 '성도'는 "참 신앙을 가진 신자(信者)"를 말한다는 사실이다. "성도의 견인은, 하나님께서 중생시키며 은혜의 신분으로 효과적으로 부르신 사람들이 신분에서 완전히 혹은 궁극적으로 타락하지 않고 은혜의 신분에서 끝까지 견디어 내어 영원히 구원받게 될 것이라는 교리이다."[4]

또한 성도의 견인교리에서 우리는 두 가지 사실을 반드시 함께 생각하고, 함께 견지해야 한다. 견인교리의 핵심은 삼위일체 하나님의 주권적 은혜를 통한 보전(保全)과 보존(保存)과 보호(保護)라는 측면과, 참된 신앙을 가진 신자로서의 성도의 견인, 곧 견딤과 인내라는 측면이 견인교리 속에 함께 맞물려 있다는 사실이다. "견인은 성도의 견인이나 이미 이전의 은덕들과 마찬가지로 먼저 삼위 하나님의 사역이요 은사이다. 그러므로 견인은 성도들의 사명이요 의무이다."[5] 바로

---

2   A. A. Hoekema, *Saved by Grace*, 245-253.

3   A. A. Hoekema, *Saved by Grace*, 234: "those who have true faith can lose that faith neither totally or finally."

4   L. Berkhof, *Systematic Theology*, 545.

5   유해무, 『개혁교의학: 송영으로서의 신학』, 472.

이 관점에서 유태화는 견인교리의 특징을 다음과 같이 잘 간파했다.

> "구원론과 관련하여 개혁신학에서 결코 간과할 수 없는 두 신앙고백서들(「도르트 신조」와 「웨스트민스터 신앙고백」, 필자 주)을 통하여 성도의 견인이라는 교리는 '성도의 견인'과 '삼위 하나님의 보존하심'이라는 측면을 동시에 견지하고 있다는 사실을 확인할 수 있었다. … 견인과 보존, 혹은 견인과 선택은 동전의 앞뒷면과 유사하여, 이것 없이는 저것이, 저것 없이는 이것이 무용지물이 되는 마치 자물쇠와 열쇠와 같은 관계를 유지한다."[6]

II. 삼위일체 하나님의 은혜를 통한 성도의 보전

우리는 성도에 대한 보전(conservatio) 사역은 삼위일체 하나님의 사역임을 알 수가 있다. 로마서 8장 29절에 의하면, 견인을 위한 기초와 근거는 하나님을 통한 선택에 있다. 하나님의 은사와 하나님의 부르심(롬 8:29-30)에는 후회하심이 없다(롬 11:29). 빌립보서 1장 6절에도 하나님께서 신자들 안에서 시작하셨던 사역에 대한 완성이 기록되어 있다. 종점은 예수 그리스도의 날이다. "너희 안에서 착한 일을 시작하신 이가 그리스도의 예수의 날까지 이루실 줄을 우리는 확신하노라."(빌 1:6)

예수 그리스도께서 요한복음 10장 28-29절에서도 아버지를 통해서 그에게 주어진 양들은 결코 빼앗기지 않을 것이라고 말씀하셨다.

---

6 유태화, 『삼위일체론적 구원론』, 509-510.

"내가 그들에게 영생을 주노니 영원히 멸망하지 않을 것이요 또 그들을 내 손에서 빼앗을 자가 없으리라 그들을 주신 내 아버지는 만물보다 크시매 아무도 아버지 손에서 빼앗을 자가 없느니라."(요 10:28-29) 아버지와 아들의 하나됨이 견인의 확실성의 배경이 된다. "나와 아버지는 하나이니라 하신대."(요 10:30) 연속성과 지속성과 일관성은 아버지의 사역과 아들의 사역의 하나됨 속에 있다. 왜냐하면 아버지와 아들은 그들의 선택과 성취와 완성 안에서 하나이기 때문이다. 다른 곳에서도 역시 예수께서 자신의 보전하시는 사역과 아버지의 보전하시는 사역에 대해 말씀하신다(요 17:11, 12, 15). 그는 그것을 기도 속에서 행하시기도 하지만, 그는 그의 중보기도를 통해서 베드로를 보전하시기도 한다(눅 22:32).

우리는 많은 성경구절에서 그리스도의 중보기도를 만난다(롬 8:34; 히 7:25; 히 8:1; 히 9:24; 요일 2:1). 특히 히브리서 7장 25절은 특징적이다. "그러므로 자기를 힘입어 하나님께 나아가는 자들을 온전히 구원하실 수 있으니 이는 그가 항상 살아 계셔서 그들을 위하여 간구하심이라."(히 7:25) 이 구절 속에서 신자들의 구원과 복은 지상에서의 그리스도의 사역에 의존할 뿐만 아니라, 하늘에 계시는 그의 중보기도에도 적지 않게 의존한다. 그러므로 우리의 구원은 그의 희생제물뿐만 아니라, 그의 삶과 하늘에서의 현재 사역에도 의존한다. 여기서 바로 신자들의 견인이 그리스도의 중보기도의 견인에 얼마나 의존하고 있는지를 우리는 알 수 있다. 견인은 지상에서의 그리스도의 사역과 분리되지 않는다. 견인은 하늘에서의 그것에 대한 효과를 일으킴이다. 로마서 8장의 유명한 결론 구절은 그리스도의 이 같은 중보기도와 분리시켜 이해될 수가 없다. 그리스도의 사랑은 그의 대제사장적 중보기도 속에서 효과를 발휘하는 것을 스스로 보여준다. 만약 요한복음 17

장 15-17절과 히브리서 7장 25절 사이를 연결시킬 경우, 우리가 로마서 8장 38-39절을 더 잘 이해할 수 있을 것이다.7

성령 역시 성도의 보전 사역에 동참하신다. 우리는 특히 요한복음 14장 16절에서 이런 사실을 보게 된다. "내가 아버지께 구하겠으니 그가 또 다른 보혜사를 너희에게 주사 영원토록 너희와 함께 있게 하리니."(요14:16) 우리는 성령의 중보기도가 아들의 중보기도와 구별된다는 사실을 로마서 8장 26절에서 발견한다. 성령의 중보기도는 우리 안에서 성령의 증언하는 것과 분리되지 않는다(롬 8:16-17). 견인에 이르는 이 사역 역시 성령의 인치시는 사역 속에 내포되어 있다(참고, 엡 1:13; 엡 4:30). "그가 또한 우리에게 인치시고 보증으로 우리 마음에 성령을 주셨느니라."(고후 1:22; 고후 5:5) 그러므로 견인은 은혜의 선물이다.

베르까우어는 견인교리에서 우리는 겸손해야지, "교만하지 않는다"라는 표현을 쓴다.8 칼빈은 어떤 경우에도 중립적인 인과(因果)관계로부터 견인을 규명하거나 환원시키지 않는다. 칼빈에게서도 특히 중요한 것은 하나님의 은혜이다. 칼빈은 주께서는 자신이 시작하신 선한 사역을 완성하신다고 말한다. 이와 연관하여 칼빈은 빌립보서 2장 13절의 주석에서 열심과 긴장이 하나님을 통해서 침묵되지 않는 바, 완성에까지 이를 것이라는 내용이 나타난다.9

---

7 J. van Genderen & W. H. Velema, *Beknopte Gereformeerde Dogmatiek*, 609-610.

8 G. C. Berkouwer, *Geloof en volharding*, 70. J. Moltmann은 그의 연구에서(*Pr destination und Perseveranz*, 1961) 베르까우어의 연구가 현재까지 신앙의 견인에 기여한 유일한 연구라고 말했다.

9 John Calvin, 『기독교 강요』(1559), III iii 9.

III. 경성(警省)과 기도를 통한 성도의 견인

견인교리를 받아들이는 자들은 견인교리를 반대하는 사람들의 비판의 이유들을 잘 경청해야 한다. 이들의 주된 비판은 곧, 도덕적 방종(放縱)과 성경에 나타난 배교에 대한 경고와 배교현상이다. 참된 신앙은 하나님과 그의 은혜를 굳게 신뢰하는 신앙인 동시에 하나님과 그의 은혜에 책임적으로 응답하는 신앙이다.

그러므로 비록 참된 신자는 고난 중에서도 즐거워하고, 위로를 받지만, 참된 신자는 이 땅에서의 성도의 삶이 마냥 즐겁고 평탄한 길이라고 오산(誤算)해서는 안 된다. 성도와 신자로서 우리 자신은 여전히 죄인이요, 우리의 선한 싸움을 위해 수많은 죄적 유혹들과 어두움의 세력들이 어디서든지 항존하여, 우리를 넘어뜨리려고 호시탐탐 노리고, 공격하고 있다. 그러므로 우리는 우리의 신앙의 경주를 마칠 때까지 하나님께서 우리에게 허락하신 하나님의 모든 은혜와 구원의 수단(방법, 방편)들을 최선을 다해 책임적으로 사용해야 할 것이다. "이것은 은혜의 방편을 통해서 그리스도인들에게 새롭게 선포되고 확인된다. 하나님께서 은혜의 방편을 사용하셔서 부단히 그리스도와의 신비로운 연합을 자기 백성들에게 새롭게 상기시켜 준다. 진짜 그리스도인은 그리스도와 연합하여 교제하는 이 일을 위하여 은혜의 방편을 소중하게 여긴다. 말씀을 묵상하고, 예배에 정기적으로 참여하며, 기도하는 일에 힘쓴다. 이 가운데서 하나님의 자녀임을 확인하고 자신을 지켜가는 것이다."[10]

---

10 유태화, 『삼위일체론적 구원론』, 536-537.

우리가 이생에서 신앙의 경주의 종점에 이르기까지 완전하게 구원되고, 실수하거나 도중에 하차하지 않고, 신자들을 일깨우기 위해 동반되는 권고들과 경고들과 유혹들에 각별한 주의를 기울여야 한다. 우리는 특히 경주로(競走路)와 관련된 성경 본문들과(빌 3:12-14; 히 12:1-3) 마태복음 24장 13절에 있는 견인에 대한 경고의 종말론적인 배경에 대해 생각해 보고자 한다.

견인의 연결고리가 다른 방법으로 기술되어 있는 로마서 5장 3-5절에도 우리는 적지 않게 주의를 기울여야 한다. 비슷한 방법으로 기술되어 있는 본문으로서 베드로후서 1장 5-11절, 특히 5-7절을 발견한다. 우리는 야보고서 1장 12-15절과 마찬가지로 베드로전서 1장 6-7절에 근심과 관련된 기쁨을 기억해야 한다. "무엇이든지 전에 기록된 바는 우리의 교훈을 위하여 기록된 것이니 우리로 하여금 인내로 또는 성경의 위로로 소망을 가지게 함이니라."(롬 15:4) 우리는 위에서 인용한 성경본문들로부터 견인은 경고와 경계와 권면에 의해 둘러싸여 있다는 결론을 내릴 수가 있다. 우리의 사역, 우리의 신앙, 우리의 싸움과 우리의 기도는 하나님의 은혜와 사랑에 대한 철저한 지향성 이외에 어떤 다른 것이 아니다. 그것은 하나님의 사랑 안에서 자신을 보전하기 위한 부르심으로부터 분명하게 온다(유 1:20).

견인은 신앙 안에 있는 견인이며, 신앙에 의한 견인이다. 신앙은 우리의 특질들과 우리의 공로적 행위들과 거리를 두게 한다. 신앙은 우리의 사역 속에 머물게 하지 않고, 신앙으로 하여금 우리의 사역을 결코 고려하지 않게 한다. 신앙은 하나님의 은혜를 보게 하고, 하나님의 은혜 안에 머물게 한다.

어떻게 우리는 견인의 위로를 향유하고, 그것을 실제적으로 경험하는가? 그것은 곧 우리가 신앙 속에서 은혜를 보고, 우리를 그 은혜에 확고하게 묶어둠으로써 가능해진다. 그러므로 신앙은 확실성의 길을 가며, 그 결과 신앙은 우리 밖에 있는 그 무엇 안에서 안식을 가진다. 은혜를 아는 자만이 그 자신이 하나님에 의해서, 그리고 하나님의 은혜에 의해서 견고하게 되어졌다는 사실을 확실하게 믿을 수가 있다. 우리가 우리 자신을 보고, 우리가 하나님의 은혜로부터 떨어지자마자, 견인 안에 있는 명성(名聲)과 위대성은 떨어지고, 견인의 위로가 우리로부터 떨어져나간다.

견인에 대한 신앙고백은 해로운 순환(循環) 속에서 움직이는 것이 아니며, 일종의 자기기만(自己欺瞞)의 형태와 같은 것이 결코 아니다. 은혜는 시간과 본질 속에서 철저하고, 전체적이다. 우리가 성도의 견인에 대해 믿는다고 말할 때, 우리가 여기에 대한 신앙고백을 할 수 있게 된다. 그것은 마지막 국면에 있는 구원이 우리에게 종속된다는 사실이 결코 아니다. 구원은 시작부터 끝까지 은혜이다. 끝과 종착역도 역시 은사에 속한다. 그러므로 우리는 신앙 안에서 성도의 견인에 대해 말하게 된다. 하나님은 우리를 위해 유산과 유업을 보전하시고, 기도에 이르는 경고를 통해 유산과 유업을 위해 우리를 보전하신다. 그러므로 하나님은 그의 사역을 예수 그리스도의 날까지 반드시 성취하실 것이다.[11]

신자들의 견인 속에 하나님의 경고가 있고, 신자들의 기도가 필요하고, 신자들은 유혹에 빠질 만큼 약할 때도 있다.[12] 그러나 신자들은 하나님께서 주시는 기쁨과 위로를 통해 인내하게 된다. 유해무는 특히

---

[11] J. van Genderen & W. H. Velema, *Beknopte Gereformeerde Dogmatiek*, 611-612.

[12] G. C. Berkouwer, *Geloof en volharding*, 73-175.

고난과 인내 속에서도 하나님께서 주시는 기쁨과 위로를 강조한다. 이 땅의 삶 가운데 인생의 분복(分福)의 즐김(fruitio)이 있다. 우리의 의식주가 하나님께서 주신 선물이지만, 이 선물은 동물적인 충족을 넘어서 우리 삶의 즐거움을 이룬다. 우리가 먹고, 마시고, 누리는 낙(樂)은 하나님에게서 온 선물이다. 우리는 구원 때문에 인내해야 하고, 인내는 동시에 즐거움이다. 우리는 고난 속에서도 소망 중에 즐거워한다. 성도의 견인 기간은 동시에 성도에게 주어진 자유의 시간이다. 따라서 죄악의 지속적인 투쟁 속에서도 우리는 자유로운 순종을 선택한다.[13]

---

13 유해무, 『개혁교의학: 송영으로서의 신학』, 474-476.

제 1 0 장

예정(선택)

I. 서론

16세기 종교개혁 시대에 개혁파 종교개혁자들(Bucer, Calvin)은 루터파 종교개혁자들보다도 예정론을 강조했고, 500년의 역사 속에서 개혁교회와 개혁신학은 항상 예정론을 특히 강조해왔다. 개혁파 종교개혁자 칼빈과, 개혁파 정통주의 신학이 담겨 있는 루이스 베르코프(Louis Berkhof)와,[1] 개혁파 신정통주의자로 불리는 칼 바르트의 예정론을 간단하게 비교해 보면 개혁신학 속에서도 예정론에 대한 이해의 차이가 있다. 예정론이 칼빈 자신의 깊은 관심의 대상이었는지의 여부는 아직도 칼빈 연구가들에 의해서 논쟁 중이다. 그럼에도 불구하고, 루터나 루터 정통주의와는 달리 칼빈과 개혁파 정통주의에서는 예정론에 대한 비중이 매우 높았다.

---

1   Louis Berkhof, *Systematic Theology* (Grands Rapids: WM.B.Eerdmans Publishing Co., 1981).

예정론이 각 신학자들의 교의학(조직신학)에서 어떤 각론(Loci)에 위치하고 있는지를 살펴볼 때 흥미로운 사실이 발견된다. 예정론이 베르코프에게는 신론에, 바르트에게는 그리스도론이 중심이 된 신론에,[2] 그리고 칼빈에게는 성령론(교회론, 구원론)에 위치해 있다. 베르코프에게 하나님은 영원, 영원 전에 어떤 사람들은 구원으로 선택하시고, 다른 사람들은 유기(遺棄)하신다. 선택과 유기는 만날 수 없는 평행선을 이루어서 결정론적이고 운명론적인 인상을 받게 된다. 여기서 하나님은 자칫 잔인하시고 무서운 분으로 이해되고, 인간의 죄에 대한 책임이 약화될 소지가 있을 수 있다.

바르트도 객관적 화해론과 타락전예정론의 입장에서 이중예정을 주장하지만, 바르트의 예정론은 베르코프와 칼빈의 이중예정의 내용과는 전적으로 다르다. 즉, 바르트에게 예수 그리스도는 선택하시는 하나님인 동시에, 선택되는 인간이다. 예수 그리스도는 모든 사람들을 선택하시기 위해 유일하게 유기되는 자가 되신다. 베르코프와는 달리, 바르트에게 있어서 인류를 두 종류로 구별하는, 선택과 유기는 무의미하다. 왜냐하면 모든 인류가 예수 그리스도 안에서 선택되고, 예수 그리스도만이 하나님으로부터 유기된 자가 되기 때문이다. 바르트에게는 그리스도인과 비그리스도인 모두 이미 예수 그리스도 안에서 선택된 자이기 때문에 그들은 존재론적으로 동일선 상에 놓여 있다. 그들 사이의 차이점은 그리스도인은 자신이 예수 그리스도 안에서 선택된 것을 이미 알고 있다는 사실인 반면에, 비그리스도인은 자신이 예수 그리스도 안에서 선택되었다는 사실을 아직도 모르고 있다는 사실이

---

2 K. Barth, *Kirchliche Dogmatik* II/2 (Zürich: Evangleischer Verlag A. G. Zollikon, 1946).

다. 다시 말하면, 그들 사이의 차이는 예수 그리스도 안에서 선택에 대한 인식론적 관점에서의 차이이다. 바르트에게는 하나님의 은총이 언젠가는 승리하실 것으로 인식된다.

칼빈의 예정론은 피기우스(A. Pighius)와 볼섹(J. Bolsec) 등과의 논쟁을 통해서 더욱 발전되었는데, 특히 그의 예정론은 『기독교 강요』(1559)에 잘 나타나 있다. 그의 예정론은 『기독교 강요』(1559) 제 Ⅲ권 성령론 부분, 더 세부적으로 말하면 구원론(xxi 장) 부분에서 취급되고 있다. 바로 이 점에서 칼빈의 예정론은 앞에서 언급한 두 신학자의 예정론과 성격을 달리한다. 칼빈의 경우, 모든 기독교 지식(교리, 진리)은 추상적이거나, 사변적인 것이 아니라, 교회적이고, 목회적이며, 실천적이어야 했다. 이 점에 있어서 중요한 기독교 교리 가운데 하나인 예정론도 예외일 수 없었다. 칼빈은 연구실이나, 실험실에서 예정 교리를 착안하거나 고안한 것이 아니라, 교회에서 하나님의 말씀을 설교하면서 예정 교리에 대한 관심을 갖게 된다. 동일한 설교 말씀을 접하면서도 어떤 사람은 복음을 쉽사리 받아들이고, 다른 사람은 복음을 받아들이지 않았다. 이같이 상반된 두 가지 반응을 보고, 칼빈은 그의 설교의 배후에 역사하시는 선택의 영, 성령의 활동을 절실히 깨닫게 되었다. 성령께서 그의 설교를 사용하셔서 듣는 이의 닫힌 귀를 영적으로 열어 주시고, 감긴 눈을 영적으로 뜨게 하시고, 강퍅한 마음을 녹여 주실 때, 복음을 듣고, 보고, 깨닫고, 느끼고, 확신할 수가 있다는 것이다.

또 칼빈은 자신이 얻은 구원, 특히 구원의 확실성에 대해서 생각해 보았다. 그의 구원이 자신의 열심이나, 선행 등에 근거를 두었다면 항상 불확실하고, 불안할 수밖에 없을 터인데, 하나님의 완전한 은혜에서 비롯되었기 때문에 확실하다는 것을 깨닫게 되었다. 그러면, 이 은혜는 구체적으로 언제 어디서 비롯된 것일까? 하나님께서 하나님의 자녀들에게 현재도 성화(성결)의 은혜를 계속 주시지만, 하나님께서 우리가 아직 죄인이었을 때 이미 우리에게 예수 그리스도 안에서 선택의 은혜를 주셨다는 것이다. 교회 안에서의 복음 선포의 상황, 선택의 영, 즉 성령의 현재적 활동, 구원의 확실성을 위한 하나님의 은혜의 체험에 대해 말한 후에야 비로소 칼빈은 예수 그리스도 안에서의 하나님의 영원 전 선택을 말할 수 있었다. 또 칼빈의 관심은 전적으로 그리스도 안에서의 선택에 있지, 유기에 있지 않다.

베르코프는 선택과 유기에 모두 관심을 갖지만, 선택과 유기를 평행선으로 보고 있다는 점에서 칼빈과 큰 차이가 있는 것 같다. 그러나 칼빈은 성경주석의 결과를 따라 유기를 언급하지 않는 것은 아니다. 칼빈도 역시 유기를 하나님의 '무서운 결정'이라고까지 말한다. 이 점에서는 하나님의 은총을 강조한 나머지 어떤 사람에 대한 하나님의 유기에 대해 침묵하고 있는 바르트와는 근본적인 차이가 있다고 하겠다.

일반적으로 말해서, 베르코프에게는 하나님의 사랑보다 하나님의 공의가 강조되어 하나님은 자칫 무서운 분으로 여겨질 소지가 있고, 바르트에게는 하나님의 사랑에 대한 강조로 하나님의 공의가 약화될 소지가 있는 것 같다. 칼빈은 하나님의 선택하시는 사랑에 관심하면서도, 하나님의 자유와 공의의 심판으로서의 무서운 유기에로의 결정을 말하고 있다. 칼빈은 선택에 대해서는 바르트처럼 하나님의 전적인 은혜의 측면에서 보았지만, 유기에 대해서는 하나님의 자유와 공의로운 심판 및 인간 자신의 죄에 대한 책임을 동시에 말하고 있다. 그러므로 베르코프에게 자칫 이중예정론은 공포와 전율이 담긴 극단적 칼빈주의(hyper-Calvinism)의 오해의 소지가 있을 수 있다. 인간의 책임과 교회의 장도 없이, 시간과 공간의 역사도 없이, 하나님은 영원 전에 선택과 유기를 행하셨다는 인상을 받게 된다. 반대로 바르트에게 하나님은 너무도 사랑이 많으신 분이셔서 예수 그리스도 이외에 유기되는 것을 허락하지 아니하시는 자비의 하나님이라는 인상을 지울 수가 없다.

개혁과 종교개혁신학을 대표하는 칼빈의 예정론과, 개혁파 정통주의 신학의 내용을 담고 있는 베르코프의 예정론과, 개혁파 신정통주의를 대표하는 바르트의 예정론에 위와 같은 차이점이 나타나는 현실 속에서 우리는 개혁신학 전통에서 예정론이 왜 그토록 항상 강조되었는가 하는 것을 궁금히 여겨야 한다. 그 이유는 개혁신학 전통이 인간의 구원은 인간의 손에 달린 것이 아니라, 하나님의 절대적인 주권과 은혜와 자비로부터 비롯된다고 생각했기 때문이다. 그러므로 예정론은 사변적인 이론이 아니라, 칼빈의 말대로 성도들에게 위로를 주고, 구원의 확신을 주는 은혜의 교리요, 바르트의 주장대로 선택론은 "복음의 총화"(die summe des Evangeliums)인 것이다.[3]

II. 『웨스트민스터 신앙고백』(1647/1648)에 나타난 예정론

하나님의 예정이란 무엇인가? 하나님의 예정이란 그가 뜻하시는 바를 따라 정하신 그의 영원한 목적이며, 이 목적에 의하여 하나님은 자기의 영광을 위해서 장차 일어날 모든 것을 미리 정해놓으신 것이

---

3   Karl Barth, *Kirchliche Dogmatik* II/2, 1f. 바르트의 예정론에 대한 탁월한 논의를 위해 다음을 참고하시오. 김명용, 『현대의 도전과 오늘의 조직신학』(서울: 장로회신학대학교출판부, 2002), 62-83; 김명용, 『칼 바르트의 신학』(서울: 이레서원, 2007), 147-174.

다. 하나님께서는 그 예정을 창조와 섭리의 일로 실행하신다.[4]

하나님은 영원 전부터 자신의 뜻으로 말미암아 가장 현명하고 거룩한 계획에 따라 장차 일어날 모든 것을 자유롭게 또한 변함이 없이 제정하셨다(엡 1:1; 롬 11:33; 히 6:17; 롬 9:15, 18). 그러나 하나님이 죄를 조성하시거나(약 1:13, 17; 요일 1:5), 인간에게 허락하신 의지를 부정하시거나, 또는 제2의 원인의 자유와 우연성이 없어지는 것이 아니라, 오히려 그것을 확립하신다(행 2:23; 마 17:12; 행 4:27-28; 요 19:11; 잠 16:33). 하나님은 생각할 수 있는 모든 상태에서 일어날 수 있는 모든 것을 아신다(행 15:18; 삼상 23:11-12; 마 11:21, 23). 그러나 하나님이 그것을 미래로 예견하셨거나 또는 일정한 상태로 일어날 것이라고 해서 그것을 정하신 것은 아니다(롬 9:11; 롬 13:16, 18).

하나님의 경륜으로 말미암아 미리 작정된 천사들이나 인간은 특별하고 변함이 없게 결정되어 있어서 그들의 수는 매우 확실하고 확정적이므로 더 증가되거나 감소될 수가 없다(딤후 2:19; 요 13:18). 생명으로 예정된 사람들은 하나님이 벌써 이 세상의 기초를 놓으시기 전에 영원하고, 변함없는 목적과 자기의 뜻에 의한 비밀의 계획과 선한 기쁨에 따라서 그리스도 안에서 선택되었다. 하나님은 자기의 온전히 자유로운 은혜와 사랑 속에서 그들을 영원한 영광으로 예정하셨다(엡 1:4, 9, 11; 롬 8:30; 딤후 1:9; 살전 5:9). 이렇게 예정하실 때 하나님은 자신의 결정의 원인이 될 만한(롬 9:11, 13, 16; 엡 1:4, 9) 그들의 신앙이나 선한 행실이나 또는 그들 안에나 다른 피조물 안에 최종적인 구원을 미리 보시고 한 것은 아니다. 모든 것은 하나님의 영화로운 은혜를

---

[4] 칼빈의 예정론에 논의를 위하여 다음을 참고하시오. 최윤배, 『깔뱅신학 입문』, 341-355.

찬양하기 위해서 택한 것이다(엡 1:6, 12).

하나님의 선택을 입은 자들을 영광의 자리에 앉게 하신 것과 같이 자기의 뜻의 영원하고 가장 자유로우신 목적을 통하여 그것에 필요한 모든 방법을 미리 정하셨다(벧전 1:2; 엡 1:4-5; 엡 2:10; 살후 2:13). 그러므로 택함을 받은 사람은 아담 안에서 타락했으나 그리스도 안에서 구속을 받으며(살전 5:9-10; 딛 2:14), 때를 따라 역사하시는 성령을 통하여 믿음에 이르도록 실제로 부르심을 받는다. 그들은 또 의롭게 되고, 하나님의 자녀가 되고, 성화되고(롬 8:30; 엡 1:5; 살후 2:13), 믿음을 통해서 구원을(벧전 1:5) 얻을 때까지 그리스도의 힘의 보호를 받는다. 택함을 받은 자 외에는(요 17:9, 롬 8:28; 요 6:64-65; 요 8:47; 요 10:26; 요일 2:19) 아무도 구속을 받거나 실제로 부르심을 받거나 의롭게 되거나 하나님의 자녀가 되거나 성화가 되어서 구원을 받지 못한다.

하나님은 자기의 뜻의 측량할 수 없는 계획에 따라서 택함을 입지 못한 사람들에 대하여 자기가 기뻐하시는 대로 자비를 베풀기도 하고 베풀지 않기도 하셨다. 모든 피조물에 대한 하나님의 절대적 권능의 영광을 위하여 용서를 하시고, 부끄럽게도 하시고, 그들의 죄에 대하여 노하기도 하시고, 자기의 영광스런 의를 칭찬하기를 기뻐하시기도 하셨다(마 11:25-26; 롬 9:17-18, 21-22; 딤후 2:19-20; 유 1:4; 벧전 2:8). 깊은 신비에 싸인 이 예정교리는 특별한 명철과 조심성을 가지고(롬 9:20; 롬 11:33; 신 29:29) 취급해야 한다. 그렇게 함으로써 그의 말씀에 나타난 하나님의 뜻을 알고 각기 영원한 선택을 믿을 수 있게 된다(벧후 1:10). 그러면 하나님께 대한 찬송과 공경과 동경이 일어나게 된다(엡 1:6; 롬 11:33). 그뿐만 아니라, 하나님은 겸손과 부지런함과 복음에 진심으로 복종하는(롬 11:5-6, 20; 벧후 1:10; 롬 8:33; 눅 10:20) 모든 사람들에게 무한한 위로를 베풀어 줄 것이다.

"구원은 개인에게 성령을 통해 오직 은총으로만, 오직 믿음으로만, 오직 그리스도만을 통해 주어진다. 개인은 교회의 지체로서 구원받지만, 세상으로부터 구원을 받는 것이 아니라, 세상과 함께 구원을 받는다. 구원의 확실성은 예정에 근거해 있고, 오직 하나님만이 구원한다는 사실에 근거해 있다. 하지만 역설적으로 구원이 오직 은총만으로 일어남에도 불구하고, 구원은 인간 없이 일어나지는 않는다. 오직 하나님의 은총만이 활동한다는 사실은 하나님의 철저한 비하 안에서 인간의 인격성을 배제하지 않고, 포함한다."[5] 김도훈은 예정론에 대한 바른 이해와 유익한 점들을 여러 가지 측면에서 설득력 있게 우리에게 제시하고 있다.[6]

---

5 H. G. P hlmann, *Abrider Dogmatik*, 이신건 역, 『교의학』, 415-416.
6 김도훈, 『길 위의 하나님』(파주: 조이웍스, 2014), 214-217.

제 3 부

칼빈의 구원론

제 1 장

칭의와 성화의 관계[1]

I. 구원론의 신학적 용어와 구조[2]

1. 시간적 · 단계적 순서가 아니라, 신학적 · 논리적 순서

우리는 우리의 주제와 관련된 몇 가지 용어와 개념을 먼저 정리하여 신학적 혼동을 피하고자 한다. '구원론'은 구원의 은혜를 죄인에게 전달하는 것과 하나님과의 교제의 삶으로 회복되는 것을 다룬다. '구원의 순서'[선택, 소명, 칭의, 성결(화), 영화(부활)]'(Way of Salvation, ordo salutis, Heilsaneignung, Heilsweg)는 그리스도 안에서 행해진 구원의 객관적 사역(works)이 죄인들의 심령과 삶에 성령의 사역을 통해서 주관적으로 실현(적용)되는 과정을 서술하는 용어이다. 그런데,

---

1 최윤배 공저, 『루터 · 칼빈 · 웨슬리의 구원론 비교』(대전: 도서출판 복음//목원대학교, 2002), pp. 33-60; 최윤배, "죽산 박형룡의 구원론: 칭의와 성화를 중심으로," 『한국개혁신학』 제21권(2007), pp. 187-209.

17세기 개신교 정통주의(루터파 또는 개혁파)에서는 구원의 순서가 시간적 · 단계적으로 파악되었다. 이와는 대조적으로 칼빈의 경우, 구원의 순서는 시간적 · 단계적으로 이해되는 것이 아니라, 성령을 통한 순서로서 신학적 · 논리적으로 이해되었다.

2. 성화 ≒ 중생 = 회개

개혁파 정통주의에서는 예수를 영접하는 단 일회적 사건을 '중생'(회개)으로, 중생한 뒤에 성도 안에서 일생동안 계속적으로 거룩해지는 과정을 '성화'로 이해하지만, 칼빈은 일생동안 거룩해지는 과정인 '성화(결)'를 '중생' 또는 넓은 의미의 '회개'로 이해한다. 그의 『기독교강요』(1559) 제 Ⅲ권 제3장의 제목은 "믿음에 의한 우리의 중생 :

---

2   François Wendel, *Calvin: sources etvolution de sa pensée religieuse*, Paris 1950 (= tr. by P. Mairet, *Calvin: The Origins and Development of His Religious Thought*, New York 1963 = 김재성 역, 『칼빈 : 그의 신학사상의 근원과 발전』(서울: 크리스챤다이제스트, 1999); Wilhelm Niesel, *Die Theologie Calvins*, München 19572 (1938) (= *The Theology of Calvin*, Grand Rapids 1980 = 이종성 역, 『칼빈의 신학』(서울 : 대한기독교서회, 1973); H.T. Keer (이종성 역), 『기독교 강요선』(서울 : 대한기독교서회, 1960); J. Calvin (이종성 외 3인 공역: 영역 편집- J.T. McNeill), 『기독교강요』상 · 중 · 하 (1559) (서울: 생명의 말씀사, 1988) (= OS = Johannis Calvini Opera Selecta III-V, cf. Ioannis Calvini Opera quae supersunt omni = CO; Corpus Reformatorum = CR); J. Calvin (양낙홍 역: 영역- F.L. Battles), 『기독교강요』(1536) (서울: 크리스챤다이제스트, 1996) (= OS I, 11-280); S.Y. Lee, *La notion d'experience chez Calvin d'après son Institution de la Religion Chrestienne* (= Calvin의 기독교강요에 나타난 경험개념) (Thèse), Strasbourg 1984; Yoon-Bae Choi, *De verhouding tussen pneumatologie en christologie bij Martin Bucer en Johannes Calvijn* (= 마르틴 부처와 깔뱅의 성령론과 기독론의 관계) (Proefschrift), Leiden 1996; 이종성, 『칼빈』(서울: 대한기독교서회, 1978).

회개"로 표기되어 있는데³, 이것을 개혁파 정통주의 용어로 바꾼다면, "믿음에 의한 우리의 성화(결)"가 될 것이다.

3. 성화 → 칭의

구원의 순서와 관련해서 칼빈은 선택이나 칭의를 먼저 언급하지 않고, 개혁파 정통주의와는 달리 성화(결)를 제일 먼저 언급 한 뒤에, 칭의, 선택, 영화의 순으로 언급한다.⁴ 로마 가톨릭이 칭의를 약화시키거나 희생시키면서 선행과 성화를 일방적으로 강조하는 것에 반대하여, 종교개혁 초기에, 특히 루터는 칭의를 강조함으로써, 루터 이후 종교개혁 제2세대에서는 성화와 윤리의 약화를 가져오게 되었다. 여기에 대한 로마 가톨릭 교회의 비판을 의식한 종교개혁 제2세대인 칼빈은 종교개혁신학에서는 칭의는 물론 성화와 윤리도 약하지 않다는 것을 보여주기 위해서 선택이나 칭의보다도 성화를 먼저 언급하고 있다.

4. 구원의 객관적 내용과 구원의 주관적 적용

구원의 내용은 예수 그리스도 자신과 그의 은혜(총)이며, 구원의 적용은 성령과 성령의 은사인 신앙을 통해서 이루어진다. '우리 밖에 계시는 그리스도'(Christus extra nos)가 어떻게 '우리 안에 계시는 그리스도'(Christus in nobis)가 되는가? 그것은 성령과 신앙을 통해서이

---

3   Inst.(1559), III iii.

4   Inst.(1559), III i-xxv.

다. "우리가 신앙으로 이것을 얻는 것은 사실이다. 그러나 복음을 통해서 제시된 것, 즉 그리스도와의 교제를 모든 사람이 무차별적으로 받아들이는 것이 아님을 볼 때에 우리는 더 높은 견지에서 성령의 신비로운 역사를 검토하는 것이 이치에 맞을 것이다. 왜냐하면 우리는 성령의 작용을 통해서 그리스도와 그의 모든 유익을 누리게 되기 때문이다. … 요약하면, 그리스도께서 우리를 자신에게 효과적으로 연결시키는 띠는 성령이다."[5] "성령이 하시는 가장 중요한 일은 신앙을 일으키는 것이다."[6] "성령은 신앙의 근원이며, 원인"이다.[7] "하나님의 아들이 자신의 백성과 하나가 되기 위해서 그들에게 불어 넣으시는 이 독특한 생명을 바울은 악인들이 공통적으로 갖고 있는 자연적인 생명과 대조시킨다."[8] "신앙은 무지에 있는 것이 아니라, 오히려 지식에 있는 것이다."[9] "신앙의 지식은 이해에 있다기보다는 확실성에 있다."[10] 칼빈에 의하면, 마음의 확신으로서 신앙을 무시한 스콜라 신학자들은 과오를 범했다.[11]

---

5   Inst.(1559), III i 1.

6   Inst.(1559), III i 4..

7   Inst.(1559), III ii 33.

8   Inst.(1559), III i 2.

9   Inst.(1559), III ii 2.

10   Inst.(1559), III ii 14.

11   Inst(1559), III ii 33.

II. 하나님의 '이중적인 은혜'(duplex gratia)로서 칭의와 성화

1. 칭의와 성화는 상호 동일하지 않고, 상호 구별되나, 상호 뗄 수 없는 관계 속에 밀접하게 연결되어 있다

'칭의'(justification)는 '전가된 의(imputed righteousness)'이고, '성화(결)'(sanctification)는 '분여된 의'(imparted righteousness) 또는 '효과적인 의'라고 불리워진다. 칭의 속에서는 죄책이 제거되고, 성화 속에서는 죄의 얼룩이 지워진다. 칭의는 사람이 하나님께 용납될 수 있게 만들고, 성화는 사람이 하나님을 갈망하게 만든다. 칭의는 새 신분을 수여하는 반면, 성화는 사람 안에 새 성격을 창조한다. 칼빈의 경우, 칭의와 성화는 상호 구별되면서도, 상호 뗄 수 없는 밀접한 관계 속에서 상호 연결되어 있다. "우리가 무엇 때문에 신앙으로 의롭다함을 얻는 것인가? 신앙으로 그리스도의 의를 붙잡기 때문이며, 그리스도의 의에 의해서만 우리는 하나님과 화목할 수 있기 때문이다. 그러나 그리스도의 의를 붙잡으면 동시에 거룩함도 붙잡지 않을 수 없다. 그리스도는 우리에게 '의로움과 거룩함과 구속함이 되셨기' 때문이다(고전 1:30). 그러므로 그리스도께서 사람을 의롭게 하시면 반드시 동시에 거룩하게도 만드신다. 이 은혜들은 영원히 해체되지 않는 유대관계로 결합되어 있다. 그리스도께서는 그의 지혜로 조명하신 사람들을 구속하시며, 구속하신 사람들을 의롭다 하시며, 의롭다 하신 사람들을 거룩하게 하신다. … 우리는 둘을 구별하지만, 그리스도께서는 자신 안에 두 가지를 다 포함하시기에 그 둘은 서로 뗄 수 없게 결합되어 있다. 그리스도 안에서 의를 얻기를 원하는가? 그렇다면 우선 그리스도를 소유해야 한다. 그러나 그리스도를 소유하면서 그의 거룩함에 참여하지 않을 수 없다. 그는 둘로 나누어질 수 없기 때문이다(고전 1:13). 주께서 우리에게 이 은혜를 주시며 우리가 이 은혜들을 누리도록 하시는 방법은 그가 자기를 우리에게 주시는 것뿐이므로, 그는 동시에 두 가지를 함께 우리에게 주신다. 한 쪽이 있으면 반드시 다른 쪽도 있다. 그러므로 우리가 의롭다함을 받는 것은 행위와 떨어진 것이 아니면서도 행위에 의한 것이 아님이 분명하다. 우리는 그리스도 안에 참여함으로써 의롭다함을 받는 바, 그리스도 안에 참여한다는 것은 의에 못지 않게 거룩함을 포함한다."[12] "그리스도를 나눌 수 없는 것과 같이 그의 안에 있는 두 속성, 즉 의와 거룩하심도 서로 분리시킬 수 없다. … 오시안더(Osiander)가 두 가지 은혜를 혼동하는 데는 그와 비슷한 불합리성이 있다. 하나님께서 의를 보존하시기 위해서 값없이 의롭다고 간주하신 사람들을 새롭게 하시기 때문에 오시안더는 이 중생의 선물과 값없이 용납하심을 혼합해서 이 둘을 하나요, 같은 것이라고 주장한다. 그러나 성경은 이 두 가지를 연결시키면서도 따로 따로 기록하여 하나님의 여러 가지 은혜가 우리에게 더 잘 보이게 한다. 바울이 우리의 의와 성화를 위하여 그리스도를 우리에게 주셨다고 말할 때(고전 1:30), 그는 불필요한 말을 붙이지 않는다."[13] "신앙을 통해서 우리가 그리스도를 붙잡고 그를 소유하기 위해서 하나님의 자비를 통해서 그리스도께서 우리에게 주어졌다. 그리스도께 참여함으로써 우리는 원칙적으로 이중의 은혜(duplex gratia)를 받는다. 다시 말하면,

---

12 Inst.(1559), III xvi 1.

13 Inst.(1559), III xi 6.

우리가 그리스도의 무죄를 통하여 하나님과 화해됨으로써 우리는 하늘에 계시는 심판자 대신에 자비로우신 아버지를 소유하게 된다. 둘째로, 우리가 그리스도의 영에 의해서 성화됨으로써, 우리는 흠 없고 순결한 삶을 이루어 나가게 된다."[14]

2. 중생(= 회개 ≒ 성화)

칼빈은 우리가 일반적으로 사용하는 '성화'를 '회개'와 '중생'으로 표현한다. "그러므로 한 마디로 나는(= 칼빈) 회개(repentance)를 중생(regeneration)으로 해석한다. 중생의 유일한 목적은 아담의 타락을 통해서 손상되고, 말살된 하나님의 형상을 우리 안에서 회복하는 것이다."[15] 칼빈의 경우, 하나님의 형상의 내용은 "의와 진리의 거룩함(엡 4:24)"이다.[16] "회개는 두 가지 부분, 즉 육의 죽임(mortificatio)과 성령을 통한 살림(vivificatio)으로 구성된다."[17] "회개의 열매는 하나님께 대한 경건과 사람에 대한 사랑과 생활 전체의 거룩과 순(정)결이다."[18] "따라서 우리는 그리스도의 은혜로 얻은 중생에 의해서 아담 때문에 잃었던 하나님의 의를 회복하게 된다. … 이 회복은 한 순간이나 하루나 한 해에 이루어지는 것이 아니다. … 이 싸움은 죽음을 통해서만 끝이 날 것이다. 신자들이 이 목표에 도달할 수 있도록 하나님께서는 그

---

14 Inst.(1559), III xi 1.
15 Inst.(1559), III iii 9.
16 Inst.(1559), III iii 9.
17 Inst.(1559), III iii 8.
18 Inst.(1559), III iii 16.

들이 평생토록 달릴 수 있는 회개의 경주(競走)를 하게 하신다."¹⁹

3. 칭의(稱義)

칼빈이 이해한 '칭의'를 바로 이해하기 위해서는 '행위(행동, 선행)를 통한 의'와 '믿음을 통한 의'의 차이를 잘 알아야 한다. "어떤 사람의 생활이 순결하고 거룩하여 하나님의 보좌 앞에서 의롭다는 증언을 얻을 만한 때는 그는 행위에 의해서 의롭다함을 얻는다고 한다. 또는 그 행위의 완전성 때문에 하나님의 심판을 받고 그것을 만족시킬 수 있는 사람은 행위에 의해서 의롭다함을 얻는다고 한다. 그와 반대로 행위에 의해서는 의롭다는 증거를 받을 수 없는 사람이 신앙을 통해서 그리스도의 의를 붙잡아, 그 의를 입고 하나님 앞에 나타날 때에는 - 죄인으로서가 아니라, 의인으로 나타날 때에는 - 신앙에 의해서 의로움을 받는다."²⁰ 칼빈은 '칭의'를 다음과 같이 정의한다: "그러므로 우리가 칭의를 간단하게 설명하자면, 칭의는 하나님께서 자신의 호의로 우리를 의로운 사람들로서 받아주시는 것에 대한 승인(인정)이다. 그리고 우리는 칭의가 죄의 용서와 그리스도의 의의 전가(imputation)로 구성되어 있다고 말한다."²¹

---

19   Inst.(1559), III iii 9.
20   Inst.(1559), III xi 2.
21   Inst.(1559), III xi 2.

III. 결론

칼빈의 구원론에서 기독론과 성령론은 신앙론과 함께 중요한 위치를 차지한다. 칼빈은 구원의 순서를 시간적·단계적으로 파악하지 않고, 논리적·신학적으로 이해했다. 칼빈의 경우 칭의와 성화는 하나님의 '이중적인 은혜'(duplex gratia)로서 상호 동일하지 않고, 상호 구별되며, 상호 밀접하게 연결되어 있다. 칼빈에 의하면, 칭의는 죄의 용서와 그리스도의 전가된 의를 내용으로 가지며, 믿음을 통해 칭의가 이루어진다. 칼빈의 경우 회개와 중생은 상당히 포괄적 개념으로서 성화와 연관된다.

제 2 장

칼빈의 성령론적 구원론

I. 신앙

신앙은 인간 자신이 스스로 얻을 수 있는 것이 아니라, 성령의 역사 (役事)를 통해서 주어지는 하나님의 초자연적인 은혜이다. 성령이 하시는 가장 중요한 일은 신앙을 일으키는 것이다. 따라서 일반적으로 성령의 능력과 역사를 표현하는 말들은 신앙과 관련이 있는데, 그 이유는 성령께서 오직 신앙에 의해서 우리를 복음의 광명으로 인도하시기 때문이다. 그리스도를 신앙하는 사람에게는 하나님의 자녀가 되는 특권이 부여되는데, 이 사람들은 혈육으로 난 것이 아니라, 하나님께로부터 난다(요 1:12-13). 요한 역시 하나님과 혈육을 대조시키면서 성령의 감동이 없으면 여전히 불신앙으로 살았을 사람들이 신앙으로 그리스도를 받아들인다는 것은 초자연적인 은혜라는 것을 선포하였다.¹ 이 신앙은 원래부터 없었던 것인데, 성령이 우리에게 주셨으므로 이 신앙을 바울은 '신앙의 마음'이라고 부른다(고후 4:13).² 그 결과로 우리는 그리스도의 영의 힘으로 신앙을 가지게 되었으며 동시에 우리는 그리스도의 몸에 접붙이게 되어 모든 좋은 것에 참여하게 된 것이다.³ 이처럼 신앙과 성령은 분리시킬 수가 없다. 왜냐하면 신앙은 특히 성령의 특별한 사역이기 때문이다.⁴

신앙은 또한 하나님의 말씀과 불가분리의 관계 안에 있다. 바울도 이 둘의 불가분리성을 다음과 같이 말한다: "… 신앙과 교훈을 불가분리의 동반자로 서로 결합시키면서 '너희는 그리스도를 이같이 배우지 아니하였느니라 … 너희가 과연 그에게서 듣고 또한 그 안에서 가르침을 받았을진대'(엡 4:20-21). 이와 같이 신앙과 말씀 사이에 항구적인 관련이 있어서 이 둘을 서로 분리할 수 없는 것은 태양에서 나오는 광선을 태양에서 분리할 수 없는 것과 같다.⁵ 또한 신앙을 지탱하며 유지하는 근거는 말씀이므로 말씀에서 떠난 믿음은 넘어지게 되며, 말씀을 제거하면 신앙은 조금도 남지 않는다.⁶ 이런 의미에서 신앙을 통하여 인간에 대한 하나님의 뜻을 아는 지식에 이르며, 이 지식은 하나님의 말씀으로부터 얻는 것이다.⁷ 만약 신앙이 하나님의 말씀의 지지

---

1 John Calvin, 『기독교 강요』(1559), III i 4.
2 John Calvin, 『기독교 강요』(1559), III ii 35.
3 John Calvin, 『기독교 강요』(1559), III ii 35.
4 John Calvin, 『기독교 강요』(1559), III ii 39.
5 John Calvin, 『기독교 강요』(1559), III ii 5.
6 John Calvin, 『기독교 강요』(1559), III ii 5.
7 John Calvin, 『기독교 강요』(1559), III ii 6.

를 얻지 않으면 소멸될 것이다.[8]

신앙의 대상은 당연히 한 분 하나님이시지만, 칼빈은 특히 신앙의 대상이 그리스도임을 강조한다. 왜냐하면 하나님은 그리스도와 성령을 통해서 자신을 하나님으로 완전하게 계시하셨기 때문이다. "신앙이 한 분 하나님을 바라보는 것은 사실이지만, 여기에 첨가해야 할 것이 있다. 즉, '그의 보내신 자 예수 그리스도를 아는 것'(요 17:3)이다. 그리스도의 광채가 우리 위에 비치지 않는다면, 하나님께서는 언제까지나 멀리 숨어 계실 것이다. 그러므로 아버지께서는 계시하려는 모든 것을 독생자 그리스도에게 맡기시고, 그리스도께서 아버지의 은혜를 전달하심으로써 하나님의 영광의 참된 형상을 표현하게 하셨다(히 1:3). 우리가 그리스도를 찾으려고 분발하기 위해서는 성령께서 우리를 이끌어 주셔야 한다는 것은 이미 말한 바 있다."[9]

신앙의 최종 목적지는 당연히 하나님이지만, 최종 목적지에 이를 수 있는 신앙의 길은 예수 그리스도이다. 그러므로 하나님이신 동시에 인간이신 중보자 예수 그리스도는 우리의 신앙의 대상이 되시는 동시에 우리의 신앙의 길이 되신다. "어떤 잘못도 예방할 수 있는 견고한 길은 하나님이신 동시에 인간이신 예수 그리스도이시다. 즉, 예수 그리스도는 하나님으로서 우리가 가려는 목적지가 되며, 사람으로서 우리가 걸어가는 길이 되신다. 신앙의 목적지와 길은 오직 그리스도에게서만 발견된다. … 베드로는 우리가 그리스도를 통해서 하나님을 믿는다(벧전 1:21)고 하면서 신앙의 목적지와 신앙의 길을 가장 효과적으

---

8   John Calvin, 『기독교 강요』(1559), III ii 31.

9   John Calvin, 『기독교 강요』(1559), III ii 1.

로 결합시킨다."¹⁰

"신앙은 우리에 대한 하나님의 선하심을 굳게 또는 확실하게 아는 지식이며, 이 지식은 그리스도 안에서 값없이 주신 약속의 신실성을 근거로 삼은 것이며, 성령을 통해서 우리의 지성에 계시되며, 우리의 마음에 인친 바가 된다."¹¹ 칼빈은 그 당시 신앙에 대한 두 가지 잘못된 이해들을 비판했다. 첫째는 신앙에서 지식을 배제시키는 경우인데, 이것이 로마 가톨릭 교회의 스콜라 신학자들에게서 발견된다. 칼빈에 의하면, 신앙은 지식을 내포한다. "우리의 감정을 공손하게 교회에 복종시키기만 한다면, 아무것도 이해하지 못하더라도 이것이 소위 믿는다는 것인가? 신앙의 근거는 무지가 아니고, 지식이다. 그리고 이 지식은 하나님뿐만 아니라, 하나님의 뜻까지 아는 지식이다. … 하나님은 우리의 자비로운 아버지시며, 의와 성결과 생명으로서 그리스도를 우리에게 주셨다는 것을 알 때, 우리는 구원을 얻는다. 이 지식에 의해서 우리가 천국에 들어가는 것이지, 우리의 감정을 위임함으로써 천국에 들어가는 것이 아니다."¹² 칼빈은 신앙에서 올바른 지식을 배제시켰던 그의 당시 로마 가톨릭 교회의 신앙을 맹신(盲信)이라고 비판했다. "소위 겸손한 태도를 가진 무지를 '신앙'이라고 부르는 것은 가장 어리석은 일이다. 신앙이란 하나님과 그리스도를 아는 지식이지(요 17:3), 교회에 대한 존경이 아니다."¹³ 둘째는 신앙은 인간의 단순한 의견이나 지적 동의나 인간의 정신적 신념이 아니다. "하나님께서 자녀로 삼기로

---

10 John Calvin, 『기독교 강요』(1559), III ii 1.
11 John Calvin, 『기독교 강요』(1559), III ii 7.
12 John Calvin, 『기독교 강요』(1559), III ii 2.
13 John Calvin, 『기독교 강요』(1559), III ii 3.

정하신 사람들은 이 신앙에 의해서 하늘나라를 차지하게 되는데, 이러한 위대한 일을 성취할 수 있는 것은 단순한 의견이나 신념일 수가 없는 것이 분명하다."[14] 칼빈은 신앙의 지식을 단순한 지적인 이해가 아니라, 성령을 통한 마음의 내적인 확신으로 이해한다. "신앙의 지식은 이해가 아니고, 확신이라는 것이 우리의 결론이다."[15] "우리는 확신이 내포하고 있는 더욱 견실한 항구성을 표현하기 위해서 '확실하고 견고한'이라는 말을 첨가한다. 신앙은 의심스럽고 변하기 쉬운 의견으로서 만족하지 않고, 모호하고 혼돈된 관념으로도 만족하지 않는다. 신앙은 완전하고 확정된 확실성을 요구한다."[16] "사도는 신앙에서 확신이 나온다고 하며, 확신에서 담력이 생긴다고 한다. … 이 담력은 하나님의 선하심과 구원을 확신하는데서만 생길 수 있다. 이 점을 의심할 여지가 없는 바, '신앙'이란 말은 확신이란 뜻으로 사용하는 경우가 아주 많다."[17]

결국, 칼빈이 정의한 신앙은 크게 두 가지 요소를 가지고 있다. 하나는 지식(notitia)의 요소이며, 다른 하나는 성령을 통한 마음의 확신(fiducia)의 요소이다. "성령의 조명이 없으면, 하나님의 말씀은 아무것도 할 수가 없다. 이를 근거로 우리가 분명히 알 수 있는 것은 신앙이 인간의 이해력을 훨씬 초월한다는 것이다. 그리고 우리의 마음이 성령의 능력으로 강화되고 지원을 받지 않는다면, 우리의 지성이 하나님의 영에 의하여 조명을 받는 것으로는 부족하다. 이 문제에 대한 로

---

14 John Calvin, 『기독교 강요』(1559), III ii 1.
15 John Calvin, 『기독교 강요』(1559), III ii 14.
16 John Calvin, 『기독교 강요』(1559), III ii 15.
17 John Calvin, 『기독교 강요』(1559), III ii 15.

마 가톨릭 교회의 스콜라 철학자들의 생각은 완전히 잘못되었다. 그들은 지식에서 오는 단순한 동의를 신앙과 동일시하고, 심령의 확신과 확실성을 무시해 버린다. 그러므로 신앙은 두 가지 측면에서 하나님의 특별한 선물이다. 사람의 지성은 정화되어 하나님의 진리를 맛볼 수 있게 되며, 마음은 그 진리를 확신할 수 있게 된다는 것이다. 성령은 신앙을 불러일으킬 뿐만 아니라, 점진적으로 성장하게 하여 드디어 우리를 신앙으로 인하여 천국에 가도록 인도하신다. … 왜냐하면 성령은 신앙의 근원이며, 원인이기 때문이다."[18] "신앙은 아버지께서 보내주신 그리스도를 받아들이는 것이므로(요 6:29), 다시 말하면, 그리스도께서 의와 죄의 용서와 화평을 위해 우리에게 보내지셨을 뿐만 아니라, 성결을 위해서(고전 1:30), 그리고 생명수의 원천(요 7:38; 요 4:14)으로서 보내지셨으므로, 성령으로 말미암아 성화까지 이해하지 않으면 아무도 그리스도를 충분히 알 수 없다는 것은 의심의 여지가 없다. 좀 더 평이한 표현을 한다면, 신앙은 그리스도를 아는 지식을 기초로 삼는다고 말할 수 있다. 그리고 그리스도의 영으로 말미암아 성화되지 않고는 그리스도를 알 수 없다. 그러므로 신앙을 경건한 성향에서 분리한다는 것은 결코 불가능한 일이다."[19] "하나님께서는 그의 복음을 아는 지식으로 어떤 사람들에게는 지식이 마음에 깊게 스며들게 하시는 것을 무엇으로도 막을 수 없다. 동시에 우리는 이 점을 잘 알아야 한다. 곧 선택된 사람들의 신앙이 아무리 부족하고 약하더라도 하나님의 영은 그들이 양자가 되었다고 하는 확고한 보증과 날인을 해주심으로써

---

18   John Calvin, 『기독교 강요』(1559), III ii 33.
19   John Calvin, 『기독교 강요』(1559), III ii 8.

(엡 1:14; 고후 1:22) 그가 새겨두신 표징은 그들의 마음속에서 결코 말소되지 않는다."[20] "하나님의 영이 우리를 이끌어 주시지 않으면, 우리는 그리스도께로 갈 수 없는 것과 같이 일단 끌려가면 우리의 지성과 마음은 높이 들려 우리의 이해력은 초월한 경지에 이른다. 그 때에 우리의 영혼은 성령의 조명을 받아 이를테면 새로 날카로운 시력을 얻어 이전에 눈을 멀게 했던 그 찬란한 하늘의 비밀을 보게 된다."[21] "이제 남은 일은 지성이 흡수한 것을 마음속에 부어 넣는 것이다. 하나님의 말씀을 신앙으로 받아들이면, 그 말씀이 두뇌의 상층부에서 돌아다녀서는 안 되고, 마음의 깊은 곳에 뿌리를 내려야 한다. … 하나님의 영의 조명이 지성에 진정한 이해력을 준다면, 마음에 확신을 주는 것 또한 성령의 능력임은 더욱 분명하다. … 지성이 사상을 얻는 것보다 마음이 확신을 얻는 것이 더욱 어렵다. 따라서 성령이 날인하는 일을 맡으셔서, 이미 마음에 확실성을 심어 준 그 약속들을 마음에 인치시며, 마음을 견고하게 확립하기 위하여 보증의 직책을 맡으신다. … 바울은 소망의 확신과 담대함에 대해서 말하고, 성령의 보증이 그 확신의 기초라고 한다(고후 5:5)."[22]

우리는 신앙을 통해서 그리스도와 연합하여 하나가 되며, 그리스도의 모든 은혜를 받을 수 있게 된다. "그리스도는 아버지로부터 받으신 것을 우리에게 나눠주시기 위해서 그리스도가 우리의 것이 되며, 우리 안에 계셔야만 했다. … 우리가 그와 한 몸이 되기까지는 그리스도가 가지신 것이 우리와 아무 상관이 없기 때문이다. 우리가 신앙으로 이

---

20 John Calvin, 『기독교 강요』(1559), III ii 12.
21 John Calvin, 『기독교 강요』(1559), III ii 34.
22 John Calvin, 『기독교 강요』(1559), III ii 36.

것을 얻는 것이 사실이다."²³ 하나님을 믿는다는 것은 하나님을 경외한다는 것이며, 하나님을 경외한다는 것은 하나님을 공경하고, 하나님을 두려워한다는 뜻이다. "'여호와를 경외함'은 하나이지만, 그 근본 의미는 이중적이다. … 주께 대한 우리의 경외는 공경과 두려움이 섞인 것이 되어야 한다."²⁴

칼빈의 경우, 신앙은 끝까지 견인(堅忍)된다. "신앙의 확실성을 어느 한 시점에만 국한시키는 것이 얼마나 어리석은 것인가! 신앙의 본성은 이생이 지나간 후에 있을 미래의 영생을 바라보는 것이다. 신자들은 성령의 조명을 받아 신앙을 통하여 하늘의 생명을 바라볼 수 있다는 사실을 하나님의 은혜로 돌린다."²⁵ 그러므로 신앙은 소망과 사랑에 밀접하게 관련된다. 칼빈 당시 로마 가톨릭 교회의 스콜라 신학자들은 '신앙을 통한 칭의' 대신에 사랑을 통한 인간행위의 칭의 및 인간공로의 칭의를 주장하여, 사랑을 신앙과 소망보다도 앞에 두었다. 여기에 반대하여 칼빈은 신앙이 사랑을 일으킨다고 주장했다. "스콜라 철학자들이 사랑이 신앙과 소망보다 먼저 있다고 가르치는 것은 미친 말에 불과하다. 우리 안에 처음으로 사랑을 일으키는 것은 오직 신앙이다."²⁶ "바울이 사랑이 신앙보다 더 크다고 한 것은 사랑에 더 많은 공로가 있다는 뜻이 아니라, 사랑이 더 효과적이며, 영향력이 많으며, 더 많이 봉사하며, 영원히 창성하지만, 신앙은 얼마동안만 유용하기 때문이다(고전 13:2이하). … 신앙에 있는 의롭다함의 힘은 행위의 가치에

---

23 John Calvin, 『기독교 강요』(1559), III i 1.
24 John Calvin, 『기독교 강요』(1559), III ii 26.
25 John Calvin, 『기독교 강요』(1559), III ii 40.
26 John Calvin, 『기독교 강요』(1559), III ii 41.

있지 않다. 우리의 칭의는 오직 하나님의 자비와 그리스도의 공로에 의존한다. 이러한 칭의를 신앙이 붙잡을 때, 신앙이 의롭다 한다고 한다."27

칼빈에 의하면, 신앙과 소망은 모두 하나님의 자비에 기초해 있다. "소망의 목표는 신앙의 목표와 다를 수가 없다. 신앙의 유일한 목표가 하나님의 자비라는 것을 이미 분명하게 설명하였다."28 "신앙이 살아 있는 곳에서 반드시 신앙은 영원한 구원에 대한 소망을 불가분리의 동반자로서 곁에 가지고 있어야 한다. 더 적절하게 말하면, 신앙은 그 자체 내에서 소망을 일으키며, 생산한다. 이 소망을 제거한다면, 아무리 웅변적으로 또는 아름다운 말로 신앙을 논할지라도, 신앙이 없다는 판단을 받아야 한다."29 "소망은 하나님께서 진실하게 약속하셨다고 신앙하는 일들에 대한 기대이다. 이같이 신앙은 하나님을 진실하시다고 믿으며, 소망은 하나님의 진실성이 밝히 나타내는 때를 기다린다. 즉 신앙은 하나님을 우리의 아버지라고 믿으며, 소망은 그가 우리에게 대하여 항상 아버지가 되시리라고 예상한다. 신앙은 우리가 영생을 받았다고 믿으며, 소망은 영생이 언젠가는 나타나리라고 예상한다. 신앙은 소망의 토대요, 소망은 신앙에 영향을 주며, 힘을 준다. 하나님의 약속들을 이미 믿는 사람이 아니면, 하나님에게서 아무것도 기대할 수 없는 것과 같이 우리의 약한 신앙은 오래 참는 소망과 기대에 의해서 조성되어야 한다. … 소망은 묵묵히 주를 기다리게 하지만, 신앙은 너무 서두르다가 곤두박질하여 떨어지지 않도록 제어한다. 소망은 신앙에

---

27 John Calvin, 『기독교 강요』(1559), III xviii 8.
28 John Calvin, 『기독교 강요』(1559), III ii 43.
29 John Calvin, 『기독교 강요』(1559), III ii 42.

힘을 주어 하나님의 약속을 의심하거나 그 진실성을 의심하지 않도록 한다. 소망은 신앙에 생기를 회복시켜 지치지 않게 한다. 소망은 종점에 도착할 때까지 신앙을 지탱해 주어 도중에서 심지어 출발점에서도 힘이 빠지지 않도록 한다. 간단히 말하면, 소망은 끊임없이 신앙을 새롭게 하고, 회복함으로써 신앙에 견인(堅忍)하는 힘을 주는 것이다."[30]
"소망은 곧 신앙을 위한 자양분과 힘이다."[31]

II. 칭의

17세기 프로테스탄트 정통주의 신학에서는 구원론을 전개할 때, 구원 순서(ordo salutis) 또는 구원서정, 구원단계라는 말을 사용하였는데, 그 순서에 선택, 소명, 칭의, 성화, 영화 등이 포함된다. 여기서 구원 순서는 시간적 또는 단계적 순서로 이해된다. 그러나 칼빈은 성령론과 결부시켜서 구원 순서를 논리적 또는 신학적으로 이해한다. 그러므로 17세기 프로테스탄트 정통주의와는 달리 칼빈은 성화(중생 = 회개)를 제일 먼저 언급하고, 다음에 칭의, 선택, 영화 등의 순서로 그의 구원론을 전개한다.

칼빈이 중생을 칭의보다 먼저 취급한 이유는 종교개혁 1세대인 루터가 칭의를 강조한 나머지 루터파에서 상대적으로 성화 또는 중생이 약화되어 윤리적인 약점이 그 당시에 노출되었기 때문이다. 그래서 종교개혁의 3세대인 칼빈은 이를 보완하기 위하여 칭의보다 중생(성

---

30 John Calvin, 『기독교 강요』(1559), III ii 42.
31 John Calvin, 『기독교 강요』(1559), III ii 43.

화)을 먼저 다룬다.[32] 이런 관점에서 우리는 신앙으로 말미암는 칭의에 관하여 보다 광범위하게 고찰하여야 한다. 그럼에도 불구하고 칼빈에게서 칭의는 기독교 신앙의 가장 근본적인 주제로서, 그는[33] "구원에 관한 모든 교리와 모든 신앙의 기초에 근본이 되는 원리"라고 말할 정도로 칭의 교리를 강조했다.[34]

칼빈의 칭의론을 전개하기 전에 먼저 지금까지 논의한 그의 구원론을 요약하면, 그는 율법 하에 저주를 받은 인간이 구원을 받을 수 있는 수단이 유일하게 하나가 남아 있는데, 그것이 곧 신앙이라고 말한다. 이 신앙을 통해서 인간이 주로 이중적 은혜(duplex gratia), 즉 칭의의 은혜와 중생(= 회개 = 성화)의 은혜를 받게 되는데, 이에 관한 칼빈의 말을 직접 들어보면 다음과 같다:

> 관대하신 하나님께서 그리스도를 우리에게 주셨다. 이는 우리가 신앙으로 그리스도를 붙잡고, 소유하도록 하시려는 것이다. 그리스도와 함께함으로써 우리는 주로 이중의 은혜(duplex gratia)를 받는다. 첫째는 무죄하신 그리스도를 통하여 하나님과 화해함으로써 우리가 하늘의 심판자 대신 은혜로우신 아버지를 소유할 수 있다. 둘째는 그리스도의 영에 의하여 성화됨으로써 우리는 흠 없고 순결한 생활을 신장할 수 있다. 이 두 가지 선물 중에 둘째인 중생에 대해서 나는 충분하다고 생각될 만큼 말했다. 칭의의 문제에 대해서는 그보다 가볍게 논했다. 왜냐하면 먼저 신앙은 선행을 결정하고 있지 않다는 것을 이

---

32 W. Niesel, 『칼빈의 신학』, pp. 128-129.
33 John Calvin, 『기독교 강요』(1559), III xi 1.
34 John Calvin, Sermon on Luke 1:5-10, CO XLVI, 23.

해하는 편이 더 중요했기 때문이다. 그러나 우리는 신앙만을 통해서 하나님의 자비로 값없이 의롭다함을 얻는다.[35]

칼빈은 '칭의(稱義)' 또는 '의인(義認)', '신앙에 의한 칭의', 그리고 '행위에 의한 칭의'라는 용어를 또한 다음과 같이 설명한다:

> 인간이 하나님 앞에서 의롭다함을 얻는다는 것과 신앙에 의해서 또는 행위에 의해서 의롭다함을 얻는다는 표현들이 있다. 하나님의 판단으로 의롭다고 인정되며, 의롭기 때문에 용납을 받은 사람이 하나님 앞에서 의롭다함을 얻는다고 한다. 하나님께서 불법을 미워하시므로 죄인이 죄인인 동안에, 그리고 죄인으로 인정되는 동안에 인간은 하나님 앞에서 은혜를 받지 못한다. 따라서 죄가 있는 곳에는 반드시 하나님의 진노와 벌이 나타난다. 그런데 죄인이 아니고 의로운 사람으로 여겨지는 사람이 의롭다함을 받는다. 그렇기 때문에 의인은 하나님의 심판대 앞에 굳게 서며, 죄인은 넘어진다.[36]

칼빈은 일반 사회의 법정의 예를 통해서 칭의를 설명한다. "무죄한 사람이 고소를 당해서 공정한 재판관 앞에 불려갔을 때, 그의 무죄한 사실이 판결이 나면, 그는 재판관 앞에서 '정당한 것이 인정되었다'(= '의롭다함을 얻었다')고 한다. 이같이 어떤 사람이 죄인들과의 교제에서 풀려나고, 하나님께서 그의 의를 증거하시며, 확인해 주실 때, 그 사람

---

35 John Calvin, 『기독교 강요』(1559), III xi 1.
36 John Calvin, 『기독교 강요』(1559), III xi 2.

은 하나님 앞에서 '의롭다함을 받는다.'"[37] 칼빈은 계속해서 '행위에 의한 칭의'와 '신앙에 의한 칭의'를 다음과 같이 서로 대조시키면서 설명한다:

> 어떤 사람의 생활이 순결하고 거룩하여 하나님의 보좌 앞에서 의롭다는 증언을 얻을 만할 때, 그 사람은 행위에 의해서 의롭다함을 얻는다고 한다. 또는 그 행위의 완전성 때문에 하나님의 심판을 받고 그것을 만족시킬 수 있는 사람은 행위에 의해서 의롭다함을 얻는다고 한다. 그와 반대로 행위에 의해서는 바르다는 증거를 받을 수 없는 사람이 신앙을 통해서 그리스도의 의를 붙잡아, 그리스도의 의를 입고, 하나님 앞에 나타날 때, 신앙에 의해서 의롭다함을 받는다고 한다.[38]

이와 같이하여 칼빈은 칭의를 "… 하나님께서 우리를 의인(義人)으로 받아 주시며, 은혜를 베풀어 주시는 것이라고 한다. 또 칭의는 죄를 용서하는 것과 그리스도의 의를 우리에게 전가(轉嫁)하는 것이라고 말한다."[39]

칼빈이 정의한 칭의 개념을 기초로 하여 우리는 좀 더 구체적으로 칼빈이 이해한 '신앙에 의한 칭의', 즉 그의 이신칭의 교리에 대해서 살펴보자. 칼빈에 의하면, 히브리어로 '죄인'은 자신의 죄를 알고 있는 사람뿐만 아니라, 정죄를 받는 사람도 죄인이다. 하나님께서 신앙으로 이방인들을 의롭다고 하실 것을 미리 알았다고 바울이 말할 때(갈

---

37 John Calvin, 『기독교 강요』(1559), III xi 2.
38 John Calvin, 『기독교 강요』(1559), III xi 2.
39 John Calvin, 『기독교 강요』(1559), III xi 2.

3:8), "이것은 하나님께서 의를 전가(轉嫁)하신다는 뜻으로" 해석될 수밖에 없으며, 바울이 "그리스도를 믿는 불경건한 자를 하나님이 의롭다 하신다고 말할 때(롬 3:26), 그것은 불경건하여 당연히 정죄를 받을 사람들이 신앙의 덕택으로 그 정죄에서 풀려난다"는 뜻이다.[40] '의롭게 한다.'는 것은 고소를 당한 사람에 대해서, 마치 그의 무죄가 확정된 것 같이, 그 죄책이 없다고 무죄석방을 선고하는 것과 같다. 그런데, 하나님께서는 그리스도의 중재로 의롭다고 하시는 바, 이와 같은 하나님의 사면은 우리 자신의 무죄가 확증되었기 때문이 아니라, 하나님께서 예수 그리스도의 의를 우리에게 전가하셨기 때문이다. 그 결과로 우리 자신은 의로운 사람이 아니지만, 그리스도 안에서 의로운 사람으로 인정을 받을 수 있다.[41] 이런 관점에서 우리는 칼빈의 칭의개념을 대략 일곱 가지로 그 특성을 제시할 수 있다.

첫째로, 칭의란 죄인에 대한 하나님의 은혜로우신 용납이며, 죄의 용서이다. "하나님의 은혜로 값없이 의롭다하심을 얻은 자 되었느니라."(롬 3:24)라는 바울서신의 말씀을 근거로 칼빈은 칭의를 하나님의 은혜로우신 용납으로 이해한다. 또한 칼빈은 로마서 4:6-7절을 근거로 죄의 용서를 칭의 속에 포함시킨다. 하나님의 은혜로우신 용납으로서 칭의는 죄책(罪責)의 반대 개념이며, 하나님과 화해(和解)됨과 동일한 개념이다. 우리를 하나님과 화해시키는 것은 하나님께서 그리스도를 통해서 우리를 그의 은혜 가운데 기꺼이 받아들이시며, 우리의 죄를 우리에게 돌리시지 않기 때문이다(고후 5:18-20). 바울은 '하나

---

40 John Calvin, 『기독교 강요』(1559), III xi 3.
41 John Calvin, 『기독교 강요』(1559), III xi 3.

님이 죄를 알지도 못하신 자로 우리를 대신하여 죄를 삼으신 것(고후 5:21)은 화해의 수단이었다고 한다. 여기서 바울이 '화해됨'이라는 말과 '의로 인정됨'이라는 말을 같은 뜻으로 쓰는 것이 분명하다.[42]

칼빈에게 있어서 "신앙의 의는 하나님과의 화해이며, 이 화해는 곧 죄의 용서"이다.[43] 사람이 죄인인 동안 하나님의 진노가 그 사람 위에 있다. 죄가 사람과 하나님 사이를 분리시키고, 하나님의 얼굴을 죄인에게서 돌이키게 한다. 사람은 그리스도를 통하여 은혜를 다시 받기까지는 하나님과 원수가 된다. 그 이유는 다음과 같다:

"…하나님께서 죄인을 의인으로 만드시지 않고는 자신의 은혜 가운데 받아들이거나 자신과 결합시킬 수 없기 때문이다. 우리는 이 일이 죄의 용서를 통해서 이루어진다고 부언한다. 하나님께서 자신과 화해시킨 사람들이 만일 행위에 의해서 판단된다면, 그들은 죄인으로 판명될 것이기 때문이다. 그들은 죄에서 해방되고 죄를 깨끗이 씻어 버려야 한다. 그러므로 하나님이 포용하시는 사람들은 죄의 용서로써 오점이 씻길 때에 정결하게 된다는 사실에 의해서만 의롭게 되는 것이 분명하다. 따라서 이런 의를 한 마디로 '죄의 용서'라고 부를 수 있다."[44] 그러므로 인간은 오직 그리스도의 의의 중재에 의해서 하나님 앞에서 의롭다함을 얻는 것이 분명하다. "이 말은 사람이 자신만으로는 의롭지 않으나 그리스도의 의가 전가되며, 전달됨으로써 의롭다함을 받는다는 것과 같다. … 우리는 전가에 의해서 의를 받는다. 주 그리스도께서 자신의 의를 우리에게 나눠주시며, 놀라운 방법으로 자신의

42　John Calvin, 『기독교 강요』(1559), III xi 4.

43　John Calvin, 『기독교 강요』(1559), III xi 21.

44　John Calvin, 『기독교 강요』(1559), III xi 21.

힘을 우리 안에 넉넉히 부어주셔서 우리가 하나님의 심판을 견딜 수 있게 하시기 때문이다." 그리스도에 의해서 의롭다는 인정을 받는다고 선언하는 것은 우리의 의를 그리스도의 순종에 맡김으로써 그리스도의 순종이 우리의 순종으로 인정되도록 하는 것이다.[45] 그래서 죄인인 우리의 의는 오직 그리스도 안에서만 의롭게 되는 것이다.

둘째로, 칼빈은 '의의 전가'로서 칭의를 '사법적'(forensic) 차원에서 이해한다. 죄인인 우리가 실제적으로 죄가 없다거나, 본질적으로 의를 획득하여 의인이 되었다는 것이 아니라, 죄인인 우리에게 여전히 죄가 있음에도 불구하고, 하나님께서 예수 그리스도의 전가된 의를 근거로 삼아 죄인인 우리를 사법적으로 의롭다고 간주하시고, 사법적으로 의롭다고 선포하신다는 것이다. 여기에 반대하여 오시안더(Osiander)는 '본질적인 의'를 주장하여, "'의롭다함을 받는다.'는 말을 사법적인 용어라고 가르치는 사람들을" 비웃는 오시안더를 칼빈은 비판한다.[46] 오시안더는 칭의를 의의 전가로 이해하지 않고, 의의 본질적인 주입이나 본질적인 부여로 이해하여, '본질적인 의'를 주장했던 것이다.

셋째로, 칼빈은 칭의에서 신앙의 기능을 '그릇'으로 비유하여, 신앙을 수단으로 간주하면서도, 신앙의 공로적 성격을 배제하기 위해서 '전가된 의' 자체이신 그리스도가 칭의의 근거와 원천과 분배자이심을 주장한다. 이런 주장에 관한 칼빈의 말은 다음과 같다:

---

45 John Calvin, 『기독교 강요』(1559), III xi 23.
46 John Calvin, 『기독교 강요』(1559), III xi 11.

올바르게 말한다면, 우리는 하나님만이 의롭다 하실 수 있다고 주장한다. 다음에 하나님께서 그리스도를 우리의 의로서 우리에게 주셨기 때문에, 우리는 의롭다 하는 기능을 그리스도에게 옮긴다. 우리는 신앙을 일종의 그릇에 비유한다. 빈 영혼 즉, 입을 벌린 영혼으로 그리스도의 은혜를 구하지 아니하면, 그리스도를 받아들일 수 없다. 그러므로 그리스도의 의를 받기 전에 신앙으로 그를 받아들인다고 우리가 가르치는 것은 의롭다 하는 권한을 그리스도께로부터 빼앗는 것이 아니다. 동시에 이 궤변가인 오시안더가 '신앙은 그리스도다'라고 말하는 그 왜곡된 비유를 나는 인정하지 않는다. 그것은 금이 들어 있다고 해서 질그릇을 보물이라고 하는 것과 같기 때문이다. 여기서도 원리는 마찬가지다. 신앙 자체는 가치나 값이 없는 것이지만, 그리스도로 인하여 우리를 의롭다고 할 수 있다. 돈이 가득찬 질그릇이 부자를 만드는 것과 같다. 그러므로 나는 신앙은 의를 받기 위한 그릇에 불과하며, 무지한 자들이 신앙과 그리스도를 혼동하지만, 그리스도는 이 위대한 은혜의 중요한 근거인 동시에 그 원천이자 분배자이시라고 말한다.[47]

넷째로, 칼빈에 의하면, 칭의는 중보자 예수 그리스도께서 하시는 일이다. "첫째, 그리스도께서 의가 되신 것은 그가 '종의 형체를 가진' 때이며(빌 2:7), 둘째, 그리스도께서 우리를 의롭다 하시는 것은 스스로 아버지께 복종하셨기 때문이다(빌 2:8). 그러므로 그가 우리를 위하여 이 일을 하시는 것은 그의 신성에 의해서 하시는 것이 아니고, (하나님 아버지의) 명령을 받은 (중보자) 직무에 따라서 하신 것이다. 하나님만이 의의 원천이시며, 하나님과 함께함으로써만 우리는 의롭게 되지

---

47   John Calvin, 『기독교 강요』(1559), III xi 7.

만, 불행하게도 하나님께 반역하여 그의 의에서 이탈되었기 때문에 이 비교적 낮은 방법을 사용하여 그리스도께서 그의 죽음과 부활의 권능으로 우리를 의롭다고 하실 수밖에 없다."⁴⁸ "우리가 그리스도 안에서 의롭다함을 받는 것은 그리스도께서 우리를 위하여 속죄제물이 되셨기 때문이라고 믿는다."⁴⁹ 그리스도께서 가지고 계시는 전가된 의는 그리스도께서 중보자로서, 제사장으로서 우리를 대신하여 우리의 죄를 지시고, 하나님께 순종하여 우리를 위한 속죄의 제물이 되심으로써 성취하시고, 획득하신 의이다.

다섯째로, 칼빈이 말하는 '신앙에 의한 칭의'는 '행위에 의한 칭의'와 전적으로 다르다. 많은 사람들은 의는 신앙과 행위로 이루어진다고 상상한다. 우선 신앙에 의한 의와 행위에 의한 의는 서로 다르다. 한쪽을 세우면 다른 쪽은 넘어져야 할 정도로 다르다. 사도는 "모든 것을 잃어버리고 배설물로 여김은 그리스도를 얻고 그 안에서 발견되려 함이니 내가 가진 의는 율법에서 난 것이 아니요 오직 그리스도를 믿음으로 말미암은 것이니 곧 믿음으로 하나님께로서 난 의라"(빌 3:8-9)고 한다. 여기서 바울은 그리스도의 의를 얻고자 하는 사람은 자기의 의를 버려야 한다는 것을 밝힌다.⁵⁰ "은혜로써 주시는 의는 신앙에 따라서 주시는 것이므로 그것은 행위의 공로에서 생기는 것이 아니다. 따라서 신앙과 행위라는 두 근원에서 나와 합쳐지는 그와 같은 의를 생각해서는 안 된다고 칼빈은 말한다.⁵¹

---

48 John Calvin, 『기독교 강요』(1559), III xi 8.
49 John Calvin, 『기독교 강요』(1559), III xi 9.
50 John Calvin, 『기독교 강요』(1559), III xi 13.
51 John Calvin, 『기독교 강요』(1559), III xi 13.

칼빈은 신앙에 의한 칭의와 행위에 의한 칭의를 복음에 의한 칭의와 율법에 의한 칭의라는 말로 똑같이 설명한다. "복음에서 제시되는 의를 신앙이 받아들이기 때문에, 신앙이 의롭게 한다고 말할 수가 있다. 그 뿐만 아니라 복음을 통해서 의가 제시된다고 하므로 행위에 대한 고려는 일체 배제된다. … 우리는 바울이 율법과 복음을 구별해서, 율법은 행위에 의를 돌리고, 복음은 행위의 도움을 받지 않고, 거저 의를 준다고 말하는 것을 알 수 있지 않는가? … 복음의 약속은 값없이 주는 것, 하나님의 자비에만 의존하는 것이지만, 율법의 약속은 행위를 조건으로 삼는 것이다."[52] "우리는 빈손으로 의를 받는 것이다."[53]

여섯째로, 칼빈에 의하면, 중생한 사람의 행위도 칭의를 얻지 못한다. 칼빈은 중생한 사람의 행위는 칭의에 기여한다고 주장한 그의 당시의 일부 사람들을 비판한다. "그들은 '행위'의 뜻을 아직 중생하지 않은 사람들이 그리스도의 은혜가 없이 자기의 자유의지의 노력으로 율법적인 문자에 따라서만 하는 행위라고 설명한다. … 그들의 말에 의하면, 행위가 사람 자신의 것이 아니고, 그리스도의 선물이며, 중생의 결실이라면, 사람은 이런 행위와 신앙으로 의롭다함을 받는다."[54] 칼빈에 의하면, 비록 중생한 사람의 행위가 은혜에 비롯되었다고 하더라도, 중생한 사람의 행위는 결코 칭의의 근거가 될 수 없다. "그리스도의 은혜인 성화와 의는 서로 다르다. 따라서 의롭다 하는 힘을 신앙에 돌릴 때는 영적인 행위까지 중요시되지 않는다. … 아브라함의 생활이 영적이었고, 거의 천사와 같은 것이었다고 하더라도 하나님 앞에

---

52 John Calvin, 『기독교 강요』(1559), III xi 17.
53 John Calvin, 『기독교 강요』(1559), III xi 18.
54 John Calvin, 『기독교 강요』(1559), III xi 14.

서 의를 얻기에 충분한 행위의 공로가 그에게 있었던 것은 아니다."[55]

칼빈에 의하면, 칭의는 행위에 대한 공로나 보수가 아니라, 하나님이 거저 주시는 선물이다. 그렇다고, 칼빈이 중생한 자의 사랑의 행위와 선행을 무시하는 것인가? 결코 그렇지 않다. 사실 우리는 바울과 함께 "사랑으로써 역사하는 믿음"만이(갈 5:6) 의롭다함을 얻게 한다고 고백한다. 그러나 그렇다고 해서 의를 얻게 하는 믿음의 힘이 사랑을 행하는 데서 오는 것은 아니다. 참으로 믿음이 의를 얻게 하는 것은 우리를 그리스도의 의에 참여하도록 인도하기 때문이고, 그 외의 방법에 있는 것이 아니다. 그렇지 않다면 "일하는 자에게는 그 삯을 은혜로 여기지 아니하고 빚으로 여기거니와"(롬 4:4)라고 말하는 사도의 역설이 모두 와해될 것이다.[56] 칼빈의 경우, 선행의 가치는 전적으로 하나님의 은혜로부터 온다. "우리의 모든 행위는 불결한 것이 가득함으로 하나님의 주시하심을 감당할 수 없다는 성경말씀이 우리의 행위에 어떤 가치가 있는가를 밝혀 준다. 율법을 완전히 준수할 수 있다고 가정한다면, 어떤 보상을 받아야 할 것인가? 성경에는 우리가 명령받은 일을 모두 행한 후에도 자기를 무익한 종으로 생각하라는 명령이 있다(눅 17:10). 우리는 주를 위해서 다만 당연히 할 일을 했을 뿐이다. 이에 대하여 감사받을 필요가 없다. 그럼에도 불구하고, 하나님께서는 우리에게 선행할 힘을 주시고, 그것을 '우리의 것'이라고 부르시며, 그것을 받아 주실 뿐만 아니라, 그것에 대해서 상까지 주시겠다고 증거하신다. 우리로서는 이렇게 위대한 약속에 감격해서 선을 행하다가 낙

55　John Calvin, 『기독교 강요』(1559), III xi 14.

56　John Calvin, 『기독교 강요』(1559), III xi 20.

심치 않도록(갈 6:9; 살후 3:13) 용기를 내며, 하나님의 큰 친절을 충심으로 감사하게 받아들일 의무가 있다. 행위에 참으로 칭찬할 만한 것이 있다면, 그것은 물론 하나님의 은혜이다. 당연히 여기에 우리의 것이라고 할 만한 것은 조금도 없다. 이 점을 진심으로 성실하게 인정한다면, 공로를 믿는 생각이 일체 사라질 뿐만 아니라, 공로라는 개념까지도 사라질 것이다."[57]

칼빈은 칭의 교리가 선행을 배제한다는 로마 가톨릭 신학자들에게 다음과 같이 답변한다. "신앙을 찬양하면 행위의 가치가 낮아진다고 하면서 그들은 이 일을 슬퍼하는 체 한다. 만일 행위를 장려하며 강화한다면 그들은 무엇이라고 할 것인가? 왜냐하면 우리는 선행이 없는 신앙이나 선행이 없이 성립하는 칭의를 꿈꾸는 것이 아니기 때문이다. 중요한 것은 한 가지 뿐이다. 곧, 신앙과 선행은 굳게 결합되어야 한다는 것을 인정하면서도, 우리는 여전히 칭의는 행위에 있지 않고, 신앙에 있다고 주장한다."[58]

일곱째로, 칼빈은 칭의와 성화를 상호 분리시키지 않고, 상호 구별하나, 상호 밀접하게 결합시킨다. "우리는 무엇 때문에 신앙으로 의롭다함을 얻는 것인가? 신앙으로 그리스도의 의를 붙잡기 때문이다. 또한 그리스도의 의에 의해서만 우리는 하나님과 화목할 수 있기 때문이다. 그러나 그리스도의 의를 붙잡으면서 동시에 거룩함도 붙잡지 않을 수 없다. 그리스도는 우리에게 '의로움과 거룩함과 구속함이 되셨기' 때문이다(고전 1:30). 그러므로 그리스도께서 사람을 의롭게 하시

---

57 John Calvin, 『기독교 강요』(1559), III xv 3.
58 John Calvin, 『기독교 강요』(1559), III xvi 1.

면, 반드시 동시에 거룩하게도 만드신다. 이 은혜들은 영원히 풀 수 없는 유대관계로 결합되어 있다. 그리스도께서는 그의 지혜로 조명하신 사람들을 구속하시며, 구속하신 사람들을 의롭다 하시며, 의롭다 하신 사람들을 거룩하게 하신다. … 우리는 의와 거룩함을 구별하지만, 그리스도께서는 자신 안에 두 가지를 다 포함하시는 바, 그 둘은 서로 뗄 수 없게 결합되어 있다. 그리스도 안에서 의를 얻기를 원하는가? 그렇다면, 우선 그리스도를 소유해야 한다. 그러나 그리스도를 소유하면서 그의 거룩함에 참여하지 않을 수 없다. 그는 둘로 나누어질 수 없기 때문이다(고전 1:13). 주께서 우리에게 이 은혜를 주시며, 우리가 이 은혜들을 누리도록 하시는 방법은 그가 자기를 우리에게 주시는 것뿐이므로, 그는 동시에 두 가지를 함께 우리에게 주신다. 한 쪽이 있으면 반드시 다른 쪽도 있다. 그러므로 우리가 의롭다함을 받은 것은 행위와 떨어진 것이 아니면서도 이것이 행위에 의한 것이 아님이 분명하다. 우리는 그리스도 안에 참여함으로써 의롭다함을 받는 바, 그리스도 안에 참여한다는 것은 의에 못지않게 거룩함을 포함한다."[59] 칼빈은 중생한 자의 선행은 인정하되, 하나님의 은혜의 관점에서만 인정한다. "우리의 구원을 위한 동력인(動力因)은 아버지 하나님의 사랑이며, 질료인(質料因)은 아들이신 하나님의 순종이며, 형상인(形相因)은 성령의 조명인 신앙이며, 목적인(目的因)은 하나님의 크신 사랑을 영화롭게 하는 것이다. 이 네 가지 원인은 주께서 행위를 종속적인 원인으로 삼으시는 것을 막지 않는다."[60]

---

59 John Calvin, 『기독교 강요』(1559), III xvi 1.
60 John Calvin, 『기독교 강요』(1559), III xvi 21.

III. 성화 ≒ (회개 = 중생)

칼빈은 '성화'(聖化)라는 말을 선호했던 17세기 정통주의자들과는 달리 '회개'(conversio)나 '중생'(regeneratio)이라는 단어를 자주 사용한다. 이 같은 사실은 이 주제를 집중적으로 다루고 있는 장(章)의 제목을 칼빈이 "제3장 신앙에 의한 우리의 중생: 회개"라고 붙이고 있다는 점에서 분명해진다.[61] 17세기 정통주의자들은 성화는 예수 그리스도를 영접한 사건인 회심 이후에 신자의 삶에서 보다 발전된 거룩한 단계를 뜻하지만, 칼빈의 경우 성화나 회개 및 중생은 정통주의자들이 이해한 성화의 개념보다 더 포괄적인 의미를 갖고 있다. 그러나 우리는 정통주의자들의 교의학에 익숙한 독자들에게 편리함을 제공하기 위해 칼빈 자신이 선호하는 회개나 중생이라는 말 대신에 성화라는 말로 제목을 붙이고자 한다. 그러나 칼빈이 이해한 회개(= 중생 성화)는 정통주의자들이 이해한 성화의 개념보다 좀 더 포괄적이다.

칼빈은 회개에 대해서 언급하기 전에 먼저 신앙과 회개의 관계에 대해서 말한다. 칼빈은 회개가 신앙을 선행(先行)한다고 주장하는 사람들이 잘못되었다고 말한다. 칼빈의 경우, 신앙이 회개를 선행하며, 회개는 신앙의 결과요 열매이다. "어떤 사람들은 신앙보다 회개가 선행한다고 하며, 회개가 신앙을 따르거나 나무의 열매같이 회개가 신앙에서 생긴다는 것을 부정한다."[62] 신앙과 회개는 동일한 것이 아니며, 상호 구별되나, 상호 분리되지는 않으며, 상호 밀접한 관계 속에 있

---

61 John Calvin, 『기독교 강요』(1559), III iii.
62 John Calvin, 『기독교 강요』(1559), III iii 1.

다. "그들이 신앙을 회개에 포함시키는 것은 바울이 사도행전에서 하는 말과 일치하지 않는다. '유대인과 헬라인들에게 하나님께 대한 회개와 우리 주 예수 그리스도께 대한 신앙을 증거한 것이라.'(행 20:21) 여기서 바울은 회개와 신앙을 다른 것으로 간주한다. 그렇다면 어떻게 생각할 것인가? 참된 회개가 신앙을 떠나서 성립할 수 있는가? 그럴 수 없다. 그러나 상호 분리할 수는 없을지라도 상호 구별은 해야 한다. 신앙 안에 소망이 없는 것이 아니라, 신앙과 소망이 서로 다른 것 같이, 회개와 신앙도 항구적으로 줄로 묶여 있다. 우리는 이 둘을 서로 결합시킬 필요는 있어도, 서로 혼동해서는 안 된다."[63] "값없이 의롭다함을 받는 은혜와 죄의 용서의 은혜를 신앙을 통해서 받아들이지만, 신앙의 바른 대상은 하나님의 자비이며, 이 자비에 의해서 죄가 용서되는 것이므로, 신앙과 회개는 조심스럽게 구별하는 것이 유익하다."[64]

회개에 대한 칼빈의 정의는 무엇인가? "곧, 회개는 우리의 생활을 하나님의 편으로 전향(轉向)하는 일이며, 하나님을 순수하게, 그리고 진지하게 두려워하기 때문에 생기는 전향이다. 그리고 회개의 요소는 옛 사람과 육을 죽이는 것(mortificatio)과 성령에 의한 살림(vivificatio)으로 성립된다."[65] 회개에 대한 위의 정의에 기초하여, 칼빈은 세 가지 관점에서 회개를 더욱 구체적으로 설명한다.[66] "첫째로, 회개를 '하나님께로 생활을 전향하는 것'이라고 할 때, 그것은 외면적인 행위뿐만 아니라, 영혼 자체가 변화할 것을 요구한다. 영혼은 그 옛 성

---

63 John Calvin, 『기독교 강요』(1559), III iii 5.
64 John Calvin, 『기독교 강요』(1559), III iii 19.
65 John Calvin, 『기독교 강요』(1559), III iii 5.
66 John Calvin, 『기독교 강요』(1559), III iii 6.

질을 벗어버려야만 비로소 새로운 변화와 조화되는 행위를 가져올 수가 있다. 이 변화를 표현하고자 선지자는 회개하라고 권하는 사람들에게 새 신앙을 가지라고 한다(겔 18:31). … 모세는 회개를 '마음의 할례'라고 하면서 가장 깊은 감정까지 검토한다(신 10:16; 신 30:6)."[67] 칼빈이 이해한 회개의 첫 번째 중요한 요소는 인간의 마음, 즉 속 사람의 변화와 이 변화의 열매로 나타나는 외적, 도덕적 행위를 내포한다.

둘째로, 회개는 하나님을 진지하게 두려워하는 데서 생긴다. 먼저 하나님의 심판을 생각하면서 정신을 차릴 수 있기 때문이다. 하나님께서 심판대에 오르셔서 모든 말과 행동에 대한 설명을 요구하시는 날이 오리라는 생각이 마음속 깊이 철저하게 박힐 때, 우리는 어떻게 생활방식을 고쳐야 심판대 앞에 떳떳이 설 수 있을까 하는 생각을 하게 되는 것이다.[68] 칼빈의 경우, 하나님을 두려워하는 것을 회개와 관련시킬 때, 다음 두 가지 내용은 매우 중요하다. 하나는 우리가 하나님을 두려워함으로써 죄를 무서워하고, 죄를 미워해야 하는 것이며, 다른 하나는 우리가 하나님의 권리와 영광을 하나님께 돌려드림으로써 하나님을 경배해야 하는 것이다. 사실 "죄를 무서워하는 것과 죄를 미워하는 생각이 회심의 시초가 되기 때문에 사도는 '하나님의 뜻대로 하는 근심'을 회개의 원인이라고 한다(고후 7:10)."[69] "우리가 벌을 싫어할 뿐만 아니라, 죄 자체를 미워할 때 바울은 그것을 '하나님의 뜻대로 하는 근심'이라고 부른다."[70] 하나님께 대한 두려움이 회개의 시작이 되는

---

67 John Calvin, 『기독교 강요』(1559), III iii 6.

68 John Calvin, 『기독교 강요』(1559), III iii 7.

69 John Calvin, 『기독교 강요』(1559), III iii 7.

70 John Calvin, 『기독교 강요』(1559), III iii 7.

또 다른 이유가 있는데, 이는 하나님의 권리와 영광을 하나님께 돌려드리는 것이 의(義)의 가장 중요한 부분이므로 우리가 하나님의 통치에 복종하지 않는 것이 곧 하나님의 권리와 영광을 도적질하는 불경한 행위가 되기 때문이다.[71] 이런 의미에서 칼빈은 "사람의 생활이 모든 덕으로 가득 찼다고 하더라도, 이런 생활은 세상으로부터 칭찬은 듣겠지만, 하늘에서는 가증한 것에 불과할 것…"이라고 말한다.

셋째로, 회개는 육을 죽이고 영을 살린다는 두 부분으로 성립된다. "… 우리가 자신을 벗어버리고, 타고난 우리의 성질에서 떠난다는 것은 심히 어려운 일이다. 또 우리 자신에게서 나온 것을 무엇이든지 일소(一掃)하지 않으면, 우리의 육을 완전히 말살했다고 할 수 없다. 그러나 모든 육의 감정은 하나님을 대적하는 것이므로(롬 8:7), 하나님의 법에 순종하는 첫 걸음은 우리의 본성을 부정하는 것이다. 그 후에 선지자들은 변화된 상태를 회개의 열매, 곧 의와 공의와 자비라고 부른다. 마음이 의와 공의와 자비로 완전히 기울어지지 않으면, 이런 의무들을 그대로 이행하는 것으로는 충분치 않다. 거룩하신 성령이 우리의 영혼을 감화시키시며, 우리의 영혼이 새로운 생각과 새로운 감정으로 그의 거룩함에 깊이 잠길 때 우리의 영혼이 참으로 새로워졌다고 생각할 수 있게 된다."[72]

칼빈은 회개의 세 번째 중요 요소인 죄적인 옛 사람의 죽임과 거룩한 새 사람의 살림을 기독론과 결부시켜서 설명한다. 다시 말하면, 우리가 예수 그리스도와 하나가 될 때, 옛 사람의 죽음과 새 사람의 출생

---

71 John Calvin, 『기독교 강요』(1559), III iii 7.
72 John Calvin, 『기독교 강요』(1559), III iii 8.

이 우리 안에서 가능해진다. "이 두 가지 일은 우리가 그리스도께 동참할 때 이루어진다. 이는 우리가 참으로 그리스도의 죽음에 동참한다면, '우리 옛 사람이 예수와 함께 십자가에 못 박힌 것은 죄의 몸이 멸하여'(롬 6:6), 썩은 본성이 마음대로 힘을 쓸 수 없기 때문이다. 우리가 그리스도의 부활에 동참한다면, 우리는 그리스도의 부활의 힘으로 부활하여 새 생명을 얻으며, 하나님의 의에 합당하게 된다."[73]

한 걸음 더 나아가서 칼빈은 회개를 중생이라고 표현하면서, 회개의 목적은 하나님의 형상의 회복이라고 말한다. "나는 회개를 한 마디로 중생이라고 해석하는데, 회개의 유일한 목적은 아담의 범죄로 말미암아 일그러지고 말살된 하나님의 형상을 우리 안에서 회복시키는 것이다. 사도가 가르친 것도 바로 이것이다. 곧, '우리가 다 수건을 벗은 얼굴로 보는 것 같이 주의 영광을 보매 저와 같은 형상으로 화하여 영광으로 영광에 이르니 곧 주의 영으로 말미암음이라(고후 3:18) 했으며, 같은 뜻으로 다른 구절에서는 '오직 심령으로 새롭게 되어 하나님을 따라 의와 진리의 거룩함으로 지으심을 받은 새 사람을 입으라'(엡 4:23-24)고 했고, '새 사람을 입었으니 이는 자기를 창조하신 자의 형상을 좇아 지식에까지 새롭게 하심을 받는 자니라'(골 3:10) 라고 하였다. 따라서 우리는 그리스도의 은혜로 얻은 중생에 의해서 아담 때문에 잃었던 하나님의 의를 회복..."하며 동시에 하나님을 아는 지식/인간을 아는 지식에 이르게 된다.[74]

칼빈은 회개를 일정기간에만 적용시키는 사람들을 잘못되었다고

---

73 John Calvin, 『기독교 강요』(1559), III iii 9.
74 John Calvin, 『기독교 강요』(1559), III iii 9.

비판한다. "회개로부터 시작하려는 사람들의 미친 행위를 정당화 할 어떤 이유도 없다. 그들은 새로 회심한 사람들에게 며칠 동안 참회하라고 명령하고, 이 기간이 지난 후에야 비로소 그들이 복음의 은혜에 참가하는 것을 허락한다. 이 같은 사람들은 재세례파들 중에서 많고, 특히 자신들이 영적이라는 세상의 평판을 기뻐하는 사람들이 그렇다. 그들의 동료들인 예수회 수도원의 회원들과 그들과 비슷한 다른 사람들도 있다. 분명히 그들은 경박한 생각으로 회개를 겨우 며칠 동안으로 제한하나, 그리스도인은 일평생 회개를 계속해야 한다."75 "인간이 하나님의 형상에 가까워질수록 하나님의 형상은 인간 안에서 더욱 빛난다. 신자들이 이 목표에 도달할 수 있도록 하나님께서는 그들에게 회개의 경주(競走)를 하게 하시며, 평생을 두고 달리도록 하신다."76

평생을 두고 신자는 회개해야 하며 또한 성화의 삶을 살아야 된다. 칼빈에 의하면, 신자들은 성령을 통해서 성화를 체험하지만, 이 세상에서 죄 없는 완전성을 결코 체험할 수는 없다. "항간에 어떤 재세례파들은 영적 중생 대신에 어떤 광적인 무절제를 불러일으킨다. 그들은 주장하기를 하나님의 자녀들은 순결한 상태로 회복되었으니, 육의 정욕을 제어하는데 부심할 필요가 없고 지도자인 성령을 따라야 하며, 그의 인도를 받으면 결코 빗나갈 수가 없다고 한다."77 "하나님의 자녀들은 이 같은 중생을 통해서 죄의 결박에서 풀려난다. 그러나 그들이 육의 괴롭힘을 전혀 느끼지 않으리만큼 완전한 자유를 소유하게 된 것은 아니다. 그들 안에는 싸워야 할 요소가 여전히 남아 있어서 훈련

---

75 John Calvin, 『기독교 강요』(1559), III iii 2.
76 John Calvin, 『기독교 강요』(1559), III iii 9.
77 John Calvin, 『기독교 강요』(1559), III iii 14.

이 계속된다."[78] "하나님께서는 자신의 백성을 중생시키심으로써 중생의 일을 참으로 실현하신다. 따라서 죄의 지배는 소멸된다. 이는 신자들이 성령이 주시는 힘을 받아 죄에 대하여 우세하게 되며, 드디어 싸움에서 이기기 때문이다. 그러나 죄는 지배력을 잃을 뿐이지, 죄가 신자들 안에 거하지 않는 것은 아니다. 따라서 우리는 옛 사람이 십자가에 못 박히고(롬 6:6), 죄의 법이(롬 8:2) 하나님의 자녀들 안에서 폐지되었지만, 다소의 흔적은 남아 있다고 한다. 그 흔적은 신자들을 지배하는 것이 아니라, 그들로 하여금 무기력을 의식하게 하여 겸손하게 만든다."[79]

이런 의미에서 볼 때, 신자는 성령을 통한 회개, 중생, 성화를 통해서 계속해서 죄와 싸워야 한다. "성경에서 우리는 성령에 대한 두 가지 사실을 알 수 있다. 첫째로, 성령은 우리를 성화시키기 위해서 우리에게 파견되셨다. 그러므로 성령은 우리의 부정과 불결을 씻어 버리고, 우리를 하나님의 의에 복종시키신다. 이 같은 순종이 성립되려면 저 재세례파와 같은 사람들이 고삐를 늦추려고 하는 그 육욕을 먼저 누르고 굴복시켜야 한다. 둘째로, 우리는 성령에 의해서 성화되지만, 육신을 입고 있는 동안은 많은 죄와 무기력에 둘러싸여 있다. 그러므로 완전성과 거리가 먼 우리는 꾸준히 계속해서 전진해야 하며, 죄 속에 얽혀 있으나 매일 그 죄와 싸워야 한다."[80] "우리의 본성은 부패했기 때문에 우리는 평생을 두고 일상적인 회개에 유의하지 않을 수가 없

---

78 John Calvin, 『기독교 강요』(1559), III iii 10.
79 John Calvin, 『기독교 강요』(1559), III iii 11.
80 John Calvin, 『기독교 강요』(1559), III iii 14.

다."[81] "우리가 그리스도 안에 있으려면 회개를 목표로 노력하며, 일생을 통해서 회개에 몸을 바치며, 끝까지 회개를 추구해야 한다."[82]

칼빈은 회개의 열매와 관련하여 거룩한 생활, 죄의 고백과 죄의 용서를 강조한다. "이제 우리는 회개로부터 생기는 열매의 성격을 알 수 있다. 그것은 하나님에 대한 경건과 사람에 대한 사랑과 생활 전체의 성화와 거룩이다. 간단히 말해서, 사람이 하나님의 법을 표준으로 삼아서 자기의 생활을 진지하게 판단하면 할수록, 그가 보여주는 회개의 징조는 더욱 확실하다. 그러므로 성령께서 우리의 회개를 재촉하실 때, 자주 율법 각각의 교훈이나 둘째 돌판에 있는 의무들을 우리에게 상기시킨다. 그러나 다른 구절에서 성령은 먼저 우리의 속 마음의 원천이 불결한 것을 정죄하시고, 그 다음에 진지한 회개의 표지인 외면적인 증거에 대해서 언급하신다."[83] "우리가 매일 짓는 죄를 고백하는 것이 마땅할 뿐만 아니라, 중대한 죄에 대해서는 오래 전에 잊은 것이라도 회상해서 고백해야 한다."[84] "복음이 회개와 죄의 용서하는 두 제목으로 완전히 표현될 수 있는 것이 사실이라면, … 주께서 자기 백성을 값없이 의롭다 하시는 것은 동시에 자신의 영에 의한 성화를 통해서 그들을 진정한 의에 회복시키시려는 것이 아닌가? … 하나님의 나라라는 것은 죄의 용서와 구원과 생명과 그 밖에 우리가 그리스도 안에서 얻는 모든 것을 의미한다."[85]

---

81 John Calvin, 『기독교 강요』(1559), III iii 18.
82 John Calvin, 『기독교 강요』(1559), III iii 20.
83 John Calvin, 『기독교 강요』(1559), III iii 16.
84 John Calvin, 『기독교 강요』(1559), III iii 18.
85 John Calvin, 『기독교 강요』(1559), III iii 19.

칼빈의 경우, 회개는 하나님께서 죄인에게 거저주시는 하나님의 선물이기 때문에, 회개는 죄의 용서의 선행 조건일 수가 없다. "성경에는 이런 증언이 가득하다. 하나님께서 죄를 용서해주시겠다고 하실 때, 우리 편에서는 회개가 요구되는 것이 보통이다. 여기서 하나님의 자비가 사람들의 회개하는 원인이 되어야 한다는 뜻이 포함되어 있다. … '회개하고 돌이켜 너희 죄 없이함을 받으라'고 한다(행 3:19). 그러나 이런 조건은 우리의 회개가 근거가 되어 우리에게 죄의 용서를 받을 자격이 주어진다는 뜻이 아니다. 이와는 반대로, 주께서는 회개시키고자 하시는 사람들에게 자비를 베풀기로 결정하시고, 만일 그들이 은혜를 얻고 싶으면 어느 방향으로 가야 되는 지를 알리신다."[86] "회개는 하나님께서 주시는 특별한 선물이다. … 참으로 하나님께서는 모든 사람의 회심을 원하신다고 언명하시며, 모든 사람에게 공통적인 권고를 보내신다. 그러나 권고의 효과는 거듭나게 하시는 성령에게 달려 있다. 이는 우리가 사람을 창조할 수 없는 것과 같이 자기 힘으로 더 훌륭한 본성을 입을 수 없기 때문이다. 따라서 중생의 전 과정을 통해서 '우리는 그의 만드신 바라 … 선한 일을 위하여 지으심을 받은 자니 이 일은 하나님이 전에 예비하사 우리로 그 가운데서 행하게 하려 하심이라'고 하는 데는(엡 2:10) 충분한 이유가 있다. 하나님께서는 죽음에서 구하시고자 하는 사람을 거듭나게 하시는 성령으로 살리신다. 엄밀히 말한다면, 회개가 구원의 원인이 아님에도 불구하고, 우리는 그것을 신앙으로부터, 그리고 하나님의 자비로부터 분리시킬 수 없기 때문이다. … 하나님께 대한 두려움이 왕성한 곳에서는 어디서나 사람

---

[86] John Calvin, 『기독교 강요』(1559), III iii 20.

의 구원을 위해서 성령이 역사하셨다는 것은 확고한 사실이다."87 "하나님께서 먼저 은혜를 베풀지 아니하면, 사람의 마음이 개선되지 않는 것은 확실하다."88 칼빈에 의하면, 회개는 하나님의 자비와 은혜에 기초한 하나님의 선물로서 성령에 의해서 하나님의 자녀들에게만 주어진다.

IV. 선택 및 소명

칼빈신학에서 예정론의 비중은 아직도 논의 중에 있다. 어떤 칼빈 연구가는 예정론이 칼빈신학의 전(全) 체계(system)를 형성할 정도로 중요하다고 말한다. 그 당시 다른 종교개혁자들과 비교해 볼 때, 칼빈은 다른 어떤 종교개혁자들보다도 예정론을 중요시했던 것은 사실이다. 이런 점에서 칼빈이 예정론을 중요시하지 않거나 예정론에 대해서 침묵하는 일부 종교개혁자들의 잘못을 지적하기도 했다. 칼빈을 후대 17세기 개혁파 정통주의자들과 비교해 볼 때, 후대 개혁파 정통주의자들은 칼빈보다 예정론을 더욱 강조하는 신학 체계를 형성할 정도였다. 이들과는 달리 칼빈은 예정론을 그의 신학에서 다른 교리들처럼 매우 중요한 위치를 차지했을 뿐, 그의 신학의 체계를 형성할 정도는 아니었다.

칼빈의 예정론에서 특이한 사항은 이 교리를 신론이나 기독론에서 다루지 않고, 구원론에서 다룬다는 사실이다. 개혁파 정통주의 신학에

---

87 John Calvin, 『기독교 강요』(1559), III iii 21.
88 John Calvin, 『기독교 강요』(1559), III iii 24.

서 예정론은 대부분의 경우 신론에서 다루는 것이 상례인데, 칼빈은 예정론을 취급할 때, 추상적으로 접근하지 않고, 그리스도인의 삶 안에서 구원의 감격 및 경험, 교회에서 선포되어지는 설교 말씀의 효력, 그리고 성령의 현재적 활동과 관련시켜 매우 실존적으로 접근한다. 그래서 그의 예정론이 좁게는 구원론에 위치하고, 넓게는 교회론과 성령론에 위치하고 있다.

칼빈은 예정교리에 대해서 언급하기 전에 이 교리가 우리에게 주는 세 가지 유익과 함께 우리가 취해야 할 올바른 태도에 대해서 말한다. 예정교리는 첫째로, 우리의 구원을 향한 하나님의 은혜와 자비와 함께 하나님의 영광이 얼마나 큰 것인가를 알게 하는 유익이 있다. 둘째로, 우리 자신이 얼마나 겸손해야 되는 지를 배우는 유익을 준다. 마지막 셋째로, 마음의 불안과 두려움을 떨쳐 버리고 구원의 확신과 감격, 그리고 감사한 마음을 갖게 하는 유익이 있다. 우리가 구원을 받고 난 후, 이 구원이 하나님의 값없는 긍휼의 우물에서 흘러나온다는 사실을 알게 될 때, 우리는 하나님의 영원한 선택을 이해할 수 있게 된다.[89] 그래서 칼빈은 " … 우리의 구원이 순전히 하나님의 자비하심에서 비롯된다는 것을 분명히 하기 위해서는 선택의 과정을 거슬러 올라가서 생각해 보아야 한다. …"고 말한다. 이러한 의미의 예정교리는 우리를 겸손하게 만들어 줄 뿐만 아니라 또한 우리가 얼마나 하나님께 은혜를 입고 있는가를 진지하게 느끼게 한다. 예수 그리스도께서 가르치시듯이 확고한 구원의 확신을 가질 유일한 근거가 바로 이런 의미의 선택

---

89 John Calvin, 『기독교 강요』(1559), III xxi 1.

사상에 있다.⁹⁰

이런 의미에서 칼빈은 예정교리를 취급할 때 취해야 할 세 가지의 태도를 제시한다. 첫째, 우리는 인간의 호기심을 버려야 한다. 둘째, 하나님에 대해 경외심을 가져야 한다. 셋째, 하나님의 말씀인 성경 안에 머물러야 하는데, 우리가 성경 안에 머물러야 한다는 말은 성경이 말씀하는 것에 대해서 침묵해서도 안 될 뿐만 아니라, 성경의 내용 이상을 말해서도 안 된다는 것을 의미한다. "하나님께서는 우리가 예정에 대한 지혜를 이해하기를 원하시는 것이 아니라, 그 지혜를 기리고 받들기를 바라신다. 그리하여 우리 안에 경이와 놀라움으로 가득 채우시기를 바라신다."⁹¹ 더 나아가 칼빈은 이 교리와 연관하여 호기심을 버리고 하나님의 말씀에 확고히 있어야 됨을 다음과 같이 말한다:

> 주의 말씀이 하나님에 관하여 합당하게 소유할 수 있는 모든 사실들을 탐구해 가도록 이끌어 주는 유일한 길이다. 또한 하나님에 대해서 보아야 할 모든 것들을 보도록 빛을 비추어 주는 유일한 빛이라는 사고가 우리에게 확실하게 자리를 잡는다면, 그것이 우리를 온갖 경솔한 처신에서 지켜 주고 억제시켜 줄 것이다. 그 말씀의 경계를 넘어서는 순간 우리가 바른 길을 벗어나게 되고, 결국 어둠 속에 잠기게 되고, 그 가운데서 계속해서 방황하고 미끄러지고 넘어지리라는 것을 알기 때문이다. … 쓸데없는 호기심이 우리를 괴롭힌다면, 다음과 같은 생각을 통해서 언제나 그것을 제어해야 할 것이다. 곧 꿀을 지나치

---

90 John Calvin, 『기독교 강요』(1559), III xxi 1.
91 John Calvin, 『기독교 강요』(1559), III xxi 1.

게 먹는 것이 좋지 않듯이 호기심을 갖고서 영광에 대하여 탐구한다 해서 영광을 얻는 것이 아니라는 것이다(잠 25:27)."[92] "어떤 사람들은 호기심으로 인한 피해를 없애려고 예정에 대한 언급 자체를 아예 하지 않는다. … 우리는 그리스도인으로서 자기에게 주시는 하나님의 모든 말씀 하나하나에 대해서 마음과 귀를 열도록 허용하도록 하자. 다만 여기서 주께서 그의 거룩한 입술을 다무시면, 그 즉시 신자도 탐구의 길을 닫아야 한다는 단서를 분명히 해야 할 것이다. 우리가 침착하고 신중한 자세를 유지하는 가장 좋은 법칙은 바로 언제나 하나님의 인도하심을 따라 하나님께서 가르침에 종지부를 찍으시면 거기서 그치고 그 이상 지혜를 얻기를 중단하는 것이다."[93]

계속하여 그는 "하나님께서 은밀한 중에 감추어 놓으신 것은 우리가 탐구하지 말아야 하며, 그가 공개해 놓으신 것은 무시하지 말아야 한다. 그리하여 한편으로는 지나친 호기심을 갖는 죄를 범하지 말아야 하고, 또한 다른 한편으로는 배은망덕의 죄를 범하지 말아야 한다는 것 정도는 전반적으로 인정해 주어야 한다."고 말한다.[94] 그러므로 칼빈에게는 "누구든지 예정교리에 대해서 비난하는 자는 마치 하나님께서 교회에 해(害)가 될 것을 무분별하게 슬쩍 흘려 놓기라도 하신 것처럼 하나님을 노골적으로 비난하는 것과 마찬가지인 것이다."[95] 칼빈에 의하면, 사도들과 교부들의 뒤를 잇는 자로서 우리는 "하나님의 영

---

92   John Calvin, 『기독교 강요』(1559), III xxi 2.
93   John Calvin, 『기독교 강요』(1559), III xxi 3.
94   John Calvin, 『기독교 강요』(1559), III xxi 4.
95   John Calvin, 『기독교 강요』(1559), III xxi 4.

원한 선택을 경외하는 마음으로 다루며, 동시에 신자들을 경건생활의 훈련 밑에 붙들어 놓기" 위해서 예정교리를 다루어야 한다. "하나님을 바르게 경배하도록 경건을 선포해야 되는 것과 같이 하나님의 은혜에 대해서 들을 귀를 가진 사람이 자신을 자랑하지 않고 하나님을 자랑할 수 있도록 이런 예정을 선포해야 한다."[96]

그렇다면, 칼빈이 이해한 예정은 무엇인가? "예정"(豫定)은 "하나님의 영원한 결의(작정)"(God's eternal decree)다. 하나님의 영원한 결의에는 두 가지 종류 내지 두 가지 결과, 즉 하나님의 선택(選擇)과 하나님의 유기(遺棄)가 있다는 사실을 칼빈은 성경과 그의 목회경험과 신앙경험을 통해서 더욱 분명하게 깨닫게 되었다. 똑같은 설교 말씀을 들었지만, 어떤 사람은 신앙으로 응답하고, 어떤 사람은 불신앙과 완악함으로 응답하는 경우가 있다. 이 같은 두 종류의 배후에는 인간이 이해할 수 없는 하나님의 신비스런 비밀이 숨겨져 있음을 칼빈은 깨닫게 되었다. 이러한 배경에서 칼빈은 예정에 대하여 다음과 같이 말한다:

"우리는 예정을 하나님의 영원한 결의라고 부르며, 이 결의에 의해서 하나님께서는 각 사람이 어떻게 되기를 원하신다는 것을 스스로 예정하셨다. 이는 모든 사람이 같은 상태로 창조된 것이 아니라, 도리어 어떤 사람들을 위해서는 선택이 예정되었으며, 어떤 사람을 위해서는 영원한 저주가 예정되었기 때문이다. 각 사람은 이 중의 어느 한 쪽 결말에 이르도록 창조되므로, 우리는 그를 생명 또는 사망에 예정되었

---

96 John Calvin, 『기독교 강요』(1559), III xxiii 3.

다고 한다."⁹⁷ "우리는 체험을 통해서 확증되지 않는 것은 아무것도 가르치지 않는다. 곧, 하나님께서 원하시는 자들에게 언제나 그의 은혜를 값없이 부어 주셨다는 사실 말이다."⁹⁸

계속해서 칼빈은 하나님 말씀의 전달과 이에 대한 반응이 모든 사람에게 동등하지 않은 것은 하나님의 영원한 선택의 결정이라고 다음과 같이 말하고 있다:

"생명의 언약은 실제로 모든 사람들에게 동등하게 전해지지 않을 뿐더러 그것을 전달받은 사람들 가운데서도 항상 똑같은 반응이 나타나는 것도 아니다. 이러한 다양한 결과 속에 하나님의 판단의 놀라운 깊이가 드러나 있다. 이러한 다양한 결과가 하나님의 영원한 선택의 결정에 의한 것이라는 사실이 의심의 여지없이 분명하기 때문이다."⁹⁹

이제 우리는 칼빈의 예정론에 대한 몇 가지 중요한 관점들과 특징들을 여덟 가지로 살펴보려고 한다. 첫째로, 칼빈에 의하면 하나님의 선택은 하나님의 전적인 은혜와 자비와 사랑에 근거한다. "우리의 구원이 순전히 하나님의 자비하심에서 비롯된다는 것을 분명히 하기 위해서는 선택의 과정을 거슬러 올라가서 생각해 보아야 한다."¹⁰⁰ "모세는 아브라함의 후손들이 구원받은 원인에 대해서 다음과 같이 선언하

---

97 John Calvin, 『기독교 강요』(1559), III xxi 5.
98 John Calvin, 『기독교 강요』(1559), III xxii 1.
99 John Calvin, 『기독교 강요』(1559), III xxi 1.
100 John Calvin, 『기독교 강요』(1559), III xxi 1.

고 있다. '여호와께서 네 조상들을 사랑하신 고로 그 후손인 너를 택하시고'(신 4:37)."[101] 하나님의 선택의 근거를 하나님의 사랑과 자비로 이해한 칼빈은 하나님의 선택 안에서 인간의 공로 사상을 철저히 배제시킨다. "하나님의 선택을 사람의 가치나 행위의 공로와 결부시키려는 자들은 이제 앞으로 나와 보라. 하나님께서 한 민족을 다른 모든 민족보다 아끼셨고 또한 하나님께서 몇몇 보잘것없는, 아니 심지어 악하고 완고하기까지 한 사람들을 아무 이유 없이 더 사랑하신다는 사실이 분명히 드러나고 있다. 그렇다면 하나님께서 그렇게 긍휼을 베푸시기로 정하셨다는 데 대해서 하나님과 논쟁을 벌이기라도 하겠다는 말인가? … 이스라엘 백성들은 하나님께 감사드려야 할 때나 장차 올 시대에 대한 소망을 일으켜야 할 때마다 이처럼 값없이 주신 언약의 원리를 상기하게 되었다. 여호와가 '우리를 지으신 이요 우리는 그의 것이니 그의 백성이요 그의 기르시는 양이로다(시 100:3).'"[102] "시편 105:6절은 하나님의 계속되는 은혜가 선택의 결과임을 말한 후에 결론적으로 하나님께서 그렇게 너그럽게 행하신 것은 '그의 언약을 기억하셨기' 때문이라고 한다."[103]

하나님의 은혜에 기초한 하나님의 선택을 주장하는 칼빈이 인간의 공로에 근거된 예지예정론(豫知豫定論)을 거부한다는 것은 당연하다. 예지예정론에 의하면, 하나님은 미래에 일어날 모든 일을 미리 아시기 때문에, 하나님은 어떤 사람이 착한 사람이 되어 선한 일을 하고, 어떤 사람이 악한 사람이 되어 악한 일을 할지 미리 다 아신다. 따라서 하

---

101 John Calvin, 『기독교 강요』(1559), III xxi 5.
102 John Calvin, 『기독교 강요』(1559), III xxi 5.
103 John Calvin, 『기독교 강요』(1559), III xxi 5.

나님께서 착한 일을 할 사람은 미래에 행할 착한 행위에 근거하여 그를 구원받을 자로 미리 예정하여 선택하시고, 악한 일을 할 사람은 미래에 행할 악한 행위에 근거하여 그를 미리 유기된 자로 예정하신다는 것이다. 이 경우에, 결국 착한 사람은 자신의 선한 행위로 구원받게 되고, 악한 사람은 자신의 악한 행위의 결과로 버림을 받게 되어, 구원은 하나님의 주권적인 뜻과 의지와는 무관하게 인간의 행위에 종속하게 된다. 예지예정론자들은 "하나님께서는 각 사람의 공로를 미리 아시고 그것에 따라서 사람들을 구별하신다고 생각한다."104 이런 입장에 대한 칼빈의 입장을 직접 그의 글을 통하여 들어보자:

"우리가 제시한 이 모든 입장들에 대해서, 특히 신자들의 값없는 선택에 대해서 많은 사람들이 논란을 벌이지만, 그러나 이것은 절대로 흔들림이 없다. 대개 이 사람들은 하나님께서 각 사람에게 나타나게 될 공로들을 미리 보시고 거기에 따라 사람들을 구별하신다는 식으로 생각한다. 그리하여 하나님께서는 그의 은혜에 대하여 제 가치를 다 할 것이라고 미리 아시는 자들을 자녀로 입양시키시고, 그가 보기에 악한 의도와 불경에 빠지게 될 성향을 지닌 자들은 죽음의 저주에 내어주신다는 것이다. 이렇듯 이들은 선택을 예지라는 휘장으로 덮어 놓음으로써 그것을 흐리게 할 뿐만 아니라, 그 기원이 마치 다른 데에 있는 것처럼 위장한다."105

---

104 John Calvin, 『기독교 강요』(1559), III xxii 1.
105 John Calvin, 『기독교 강요』(1559), III xxii 1.

둘째, 선택된 자들은 예수 그리스도 안에서 선택되었다. 어거스틴의 말을 인용하여 칼빈은 그리스도를 '자유로운 선택의 가장 분명한 거울'(the clearest of mirror of free election)이라고 부른다:

> 어거스틴은 아주 지혜롭게 이렇게 말하고 있다. 곧, 자유로운 선택을 비추는 가장 분명한 거울이 교회의 머리이신 그리스도에게 있으므로 교회의 지체에 속한 우리로서는 선택의 문제에 대해서 어려워 할 필요가 없다. 그리스도가 그의 의로운 삶을 통해서 하나님의 아들이 되신 것이 아니고, 그러한 존귀를 값없이 받으신 것이므로 그가 그의 선물들을 다른 사람들과 나눌 수 있게 되셨다는 것이다.[106]

이와 같이 그는 "우리 하나님 아버지의 긍휼하심과 자비하신 마음을 찾으려면 시선을 그리스도께로 돌려야 한다."고 말한다.[107] 말씀으로서 우리와 가까이 계시는 그리스도는 우리가 우리의 선택을 인식하려고 할 때, 우리가 여기에다가 우리의 눈과 시선을 돌려야 할 필요가 있는 거울이다.[108] 그리스도는 "하나님의 뜻을 우리에게 똑똑하게 보여주는 거울일 뿐만 아니라, 그가 그것에 의해서 약속을 확증해주는 담보이다."[109]

셋째, 하나님의 은혜로운 선택에는 인간의 책임이 따른다. 하나님은 많은 민족들 가운데서 이스라엘 백성을 선택하셨다. 그러나 하나님

---

106 John Calvin, 『기독교 강요』(1559), III xxii 1.
107 John Calvin, 『기독교 강요』(1559), III xxiv 5.
108 CR 51, 282.
109 CR 5, 233.

의 은혜에 대한 각자의 책임과 의무의 응답에 따라 그 결과는 두 가지로 나타난다. 이 두 가지 결과의 근본적인 원인 또한 하나님의 뜻에 있다. 그 결과의 하나는 신앙이고 다른 하나는 불신앙과 불순종이다. 그러나 불신앙으로 유기된(버림받은) 자들도 하나님의 영광을 드러내기 위해서 세움을 받을 수 있다. 뿐만 아니라 '하나님께서는 구원하시고자 하는 자를 긍휼히 여기시고 유기하고자 하시는 자를 강퍅케 하실 수도 있다. 이를 위해 칼빈은 로마서 9장 18절을 인용하면서 이 두 가지 모두 다 하나님의 결정에 있다고 강조한다. 그럼에도 불구하고 칼빈은 "사람은 하나님의 섭리가 정한대로 넘어지지만, 자신의 허물 때문에도 넘어지는 것이다."[110]라고 말한다. "사람은 현재 당하고 있는 재난을 당하도록 하나님의 영원한 섭리에 의해서 창조되었지만, 재난이 생긴 근인(根因)은 하나님께 있는 것이 아니라 사람에게 있다. 왜냐하면 사람이 하나님께서 순결하게 창조하신 상태에서 부패하고 불순하고 패악한 상태로 타락했다는 것이 그가 멸망하는 유일한 이유이기 때문이다."[111]

이스라엘 백성은 많은 민족들 중에서 하나님에 의해서 선민으로서 선택함을 받아 언약(계약) 공동체 안에 들어와 할례를 받았지만, 하나님의 선택의 은혜에 대한 반응은 순종과 불순종으로 나뉜다. 하나님의 선택의 반열에 들어간 아벨, 이삭, 야곱이 있고, 하나님으로부터 버림받은 반열에 들어간 가인, 이스마엘, 에서가 있다. 오늘날도 마찬가지로 모든 백성이 교회에 나와서 교회의 회원이 되어 성인세례를 받

---

110 John Calvin, 『기독교 강요』(1559), III xxiii 9.
111 John Calvin, 『기독교 강요』(1559), III xxiii 9.

거나 신앙의 가정에서 태어나 유아세례를 받아 계약 공동체에 들어갈 수 있으나 하나님의 선택의 은혜에 대한 반응은 순종과 불순종으로 나타난다. 즉 교회 안에도 알곡에 속하지 못하고, 가라지에 속하는 자들이 있기 마련이다. 칼빈은 구약과 신약에서 나타나는 이 같은 현상을 선택의 효과와 '남은 자'와 '그리스도의 지체들'이라는 말과 결부시켜서 설명한다:

> 선택의 효과가 나타나고, 참으로 영속하기 위해서 우리는 머리에까지 올라가야 한다. 하늘 아버지께서는 그 머리 안에서 그의 선민을 모두 모으시고 풀 수 없는 끈으로 그들을 자기와 결합시키셨다. 다른 민족들은 배제하시고 아브라함의 후손을 선택하신 데에서 하나님의 너그러우신 은혜가 나타난다. 그러나 그리스도의 지체들은 머리에 접붙임을 받아 결코 구원에서 제외되는 일이 없으므로, 그들에게서 은혜의 더욱 위대한 힘이 나타난다. … 바울은 그들을 '남은 자'라고 부른다 (롬 9:27).[112]

넷째, 하나님의 선택은 우리의 구원의 확실성을 보장한다. "신자들의 구원은 하나님의 선택의 결정만을 기초로 한 것이며, 이 은혜는 행위에 의해서 얻는 것이 아니라, 값없이 부르심에 의한 것이라는 것이 사도의 말이다."[113]

다섯째, 예수 그리스도 안에서 선택은 '창세 전에' 이루어진 것이다.

---

112 John Calvin, 『기독교 강요』(1559), III xxi 7.
113 John Calvin, 『기독교 강요』(1559), III xxii 5.

칼빈은 하나님의 선택이 하나님의 전적인 은혜에서 비롯된 것이라는 사실을 확증하고, 인간의 공로를 배제하기 위해서 '창세 전에' 우리의 선택을 주장한다. "바울이 우리는 '창세 전에'(엡 1:4) 그리스도 안에서 택하심을 받았다고 가르칠 때, 그는 우리 편에 있는 가치를 전혀 고려하지 않는다. …바울은 '곧 창세 전에', '우리로 그 앞에 거룩하게 하고 흠이 없게 하시려고 그 기쁘신 뜻대로' 우리를 선택하셨다(엡 1:4-5)고 말했다. 여기서 바울은 '하나님의 기쁘심'과 우리의 공로를 대조시킨다."[114] "바울은 '창세 전에' 선택되었다고(엡 1:4) 말함으로써 가치에 대한 고려를 전적으로 배제한다."

여섯째, 하나님의 선택은 하나님의 기뻐하신 뜻에서 비롯된다. "선택의 더욱 고차원적인 원인을 묻는다면, 바울은 하나님이 그렇게 예정하셨으며, 이 일은 '그 기쁘신 뜻대로' 된 것이라고 대답한다(엡 1:5 상). 이 말로 바울은 사람들이 그들 자신 안에 있다고 상상하는 선택의 수단을 일체 배제한다."[115] 칼빈에 의하면, 하나님의 뜻은 의(義)의 표준이다. "하나님의 뜻은 의의 최고 표준이기 때문에, 그가 원하시는 일은 그가 원하신다는 사실 때문에 무엇이든지 의라고 생각한다. 그러므로 왜 하나님께서 그렇게 하셨느냐고 묻는다면 우리는 하나님께서 그것을 원하셨기 때문이라고 대답해야 한다."[116]

일곱째, 선택의 목적은 우리의 거룩함을 통해서 하나님께 영광을 돌리기 위함이다. 하나님은 우리가 거룩하기 때문에 우리를 선택하신 것이 아니라, 우리를 거룩하게 만드시기 위해서 우리를 선택하셨

---

114 John Calvin, 『기독교 강요』(1559), III xxii 1.
115 John Calvin, 『기독교 강요』(1559), III xxii 2.
116 John Calvin, 『기독교 강요』(1559), III xxiii 2.

다. "더욱이 '거룩하고 흠이 없게 하시려고'(엡 1:4하) 그들을 선택하셨다는 사실은 분명히 선택의 원인을 예지라고 생각하는 과오를 반박한다."[117] 왜냐하면 사람들에게서 나타나는 모든 덕은 선택의 결과이기 때문이다. 칼빈은 이런 관점에서 바울의 "우리를 선택하신 목적은 오직 우리를 통해서 하나님의 은혜의 영광이 찬양을 받게 하시려는 것이다.(엡 1:6)"[118]라는 말씀을 인용한다.

여덟째, 소명은 선택에 의존하기 때문에, 소명은 하나님의 전적인 은혜의 사역(使役)이다. 선택의 증거와 표징에는 소명(召命), 칭의, 성화와 영화를 포함하여 구원의 완성에 이르는 모든 내용이 포함된다. "하나님께서는 선택을 자신 안에 감추어 두시지만, 소명으로 그 선택을 나타내실 때는 차별적으로 하시므로 소명은 선택의 '증거'라고 볼 수 있다. 주께서는 그들을 선택하실 때에 이미 자녀로 정하셨으나, 만약 그들이 소명을 받지 않으면, 그 위대한 복을 소유하지 못한다. 반대로, 소명을 받았다고 하면, 이것은 이미 하나님의 선택에 어느 정도 참여하였다는 것을 의미한다. 왜냐하면 바울에 의하면, 그들의 소명은 성령으로 말미암아 가능한 것이기 때문이다. 바울은 이를 '양자의 영'(롬 8:15)이라고도 하고, '인치심'과 '미래의 기업의 보증'이라고도 한다(엡 1:13-14; 고후 1:22; 고후 5:5). 그 이유는 하나님께서 증거하심으로써 그들의 마음 속에 장차 양자가 되리라는 확신을 확고하게 인치시기 때문이다."[119] "하나님께서는 그 택하신 자들을 자녀라고 부르시며, 스스로 그들의 아버지가 되신다. 그리고 그들을 부르심으로써

---

117 John Calvin, 『기독교 강요』(1559), III xxii 2.
118 John Calvin, 『기독교 강요』(1559), III xxii 3.
119 John Calvin, 『기독교 강요』(1559), III xxiv 1.

가족 안에 받아들이시고 자신과 연합하여 모두 하나가 되게 하신다. 부르심과 선택을 상호 관련시킬 때, 칼빈에 의하면, 이 두 개의 근거가 하나님의 긍휼이기 때문에 하나님은 선택한 사람을 그의 긍휼로 부르신다는 것이다.[120]

아홉째, 부르심에는 외적인 부르심과 내적인 부르심이 있다. 하나님의 외적인 부르심은 말씀의 선포를 통해서 모든 사람들을 평등하게 자신에게로 부르시는 것이다. 하나님의 내적인 부르심은 개별적인 부르심으로서 성령의 내적 조명을 통해서 신자들에게만 주어진다. 이 때 하나님께서 성령으로 신자들의 마음속을 비추시어, 선포하신 말씀이 신자들의 마음속에 머물게 하신다."[121] "일반적인 소명은 악인들에게도 공통된 것이지만, 내적인 소명은 중생의 영이 동반된다. 중생의 영은 장차 있을 기업의 보증이며, 확인하는 인(印)인데, 성령께서 주의 날이 이를 때까지 우리의 마음속에 인쳐 두신다."[122] "하나님의 자비는 복음을 통해서 경건한 사람들과 불경건한 사람들 모두에게 제시되지만, 이 두 종류의 사람들이 구별되는 것은 경건한 사람들에게는 신앙, 곧 성령의 내적 조명이 주어진다는 것이다. 그 결과 경건한 사람들은 복음의 역사를 느끼고, 불경건한 사람들은 아무 유익도 얻지 못한다. 성령의 내적 조명 자체는 하나님의 영원한 선택의 척도가 된다."[123]

열째, 하나님께서는 선택된 자들에게 견인(堅忍)의 은혜도 주신다. "마지막에 견인을 첨가하지 않으면, 부르심과 믿음도 무용하다는 것

---

120 John Calvin, 『기독교 강요』(1559), III xxiv 1.

121 John Calvin, 『기독교 강요』(1559), III xxiv 8.

122 John Calvin, 『기독교 강요』(1559), III xxiv 8.

123 John Calvin, 『기독교 강요』(1559), III xxiv 17.

을 우리는 경험을 통해서 안다. 그리스도께서 견인을 통해서 우리를 미래의 불안으로부터 해방시키셨다. 왜냐하면 견인은 미래에 적용될 약속이기 때문이다. … 바울이 로마서 8장 38절을 통해서 자랑하는 것은 그가 견인의 은사를 가졌기 때문이다."[124]

칼빈에 의하면, 하나님의 선택은 우리 인간에게 신비스럽고도 불가해한 것이다. 우리는 하나님의 말씀의 범위 안에서 선택에 대해서 생각하고, 하나님의 부르심으로부터 예정론을 시작하고, 끝마칠 때, 하나님의 예정교리는 우리에게 큰 위로의 열매를 맺게 한다는 것이다. "예정에 대한 논의를 험한 바다에 비유하기도 하지만, 고의로 위험한 곳에 뛰어들지 않는다면, 그 바다를 건너는 뱃길은 안전하고 평온하며 심지어 상쾌하다고도 하겠다. 자신들의 선택을 더욱 확신하려고 하나님의 영원한 계획을 하나님의 말씀과 관계없이 탐구하는 사람들은 치명적인 심연에 빠져버리는 반면, 하나님의 말씀에 포함되어 있는 대로 선택을 바르고 합당하게 검토하는 사람들은 말할 수 없는 위로의 열매를 거둔다. 그러므로 우리의 탐구방법은 하나님의 부르심을 출발점과 종착점으로 삼아야 한다. 그러나 신자들이 하나님의 손으로부터 매일 받는 은혜가 저 신비스런 선택으로부터 유래한다는 것을 느끼지 말라는 것은 아니다."[125]

---

124 John Calvin, 『기독교 강요』(1559), III xxiv 6.
125 John Calvin, 『기독교 강요』(1559), III xxiv 4.

V. 부활과 영화

토랜스(Thomas F. Torrance, 1906-)는 『하나님의 나라와 교회: 종교개혁신학에 대한 연구』라는 책에서 세 사람 종교개혁자들의 종말론을 기술했다. 여기서 언급된 세 종교개혁자들은 루터(Martin Luther, 1483-1546)와 부처(Martin Bucer, 1491-1551)와 칼빈(John Calvin, 1509-1564)인데, 그는 루터의 종말론을 "신앙의 종말론"(the eschatology of faith)으로, 부처의 종말론을 "사랑의 종말론"(the eschatology of love)으로, 그리고 칼빈의 종말론을 "소망의 종말론"(the eschatology of hope)으로 특징지었다.[126]

칼빈의 종말론은[127] 후대 칼빈주의에 나타난 염세적이고도 비관적인 역사관을 갖는 전천년설적(前千年說的)인 종말론과는 전적으로 다

---

[126] T.F. Torrance, *Kingdom and Church: A Study in the Theology of the Reformation* (Edinburgh: Oliver and Body, 1956), 89: "If Luther's eschatology can be described as the eschatology of faith, and Calvin's as the eschatology of hope, Butzer's is certainly to be described as the eschatology of love." 참고, 백철현 역, 『종교개혁자들의 종말론』(서울: 그리스도교신학 연구소, 1991), 152.

[127] In-Sub Ahn, *Augustine and Calvin about Church and State: A Comparison* (Kampen: Drukkerij Van Den Berg, 2003); R.H. Bremmer, "Enkele karakteristieke trekken van Calvijns eschatologie," in: *Gereformeerd Theologisch Tijdschrift* 44(1943), 65-96; P. Jacobs, *Theologie reformierter Bekenntnisschriften in Grundz gen* (Neukirchener Verlag 1959, 132-137; W. Koehler, *Dogmengeschichte: Als Geschichte des Christlichen Selbstbewusstseins: Das Zeitalter der Reformation* (Z rich: Max Niehans Verlag A.G., 1951), 474-501; H. Quistorp, *Die letzten Dinge im Zeugnis Calvins*, G tersloh 1940 (= *Calvin's Doctrine of the Last Things*, London 1955 = 이희숙 역, 『칼빈의 종말론』(서울 : 성광문화사, 1990); M. Schulze, *Meditatio futurae vitae. Ihr Begriff und ihre herrschende Stellung im System Calvins*, Leipzig 1901; T.F. Torrance, op. cit., 73-163.

르다. 칼빈은 항상 종말의식을 갖고 있었다. 칼빈은 임종이 가까워왔을 때 "주여, 언제까지"(Quousque Domine)라고 기도했다. 칼빈은 그의 다양한 작품들 안에서 그의 종말론을 피력했다. 그러나 그의 종말론이 집중적으로 다루어진 작품은 『영혼의 잠』(De psychopannychia, 1534, 1536, 1542)[128]과 『기독교 강요』(1559)의 제III권 그리스도인의 삶의 세 번째 항목으로서 "미래의 삶에 대한 묵상"이라는 장(章)과[129] "최후의 부활"이라는 장에 잘 나타나고,[130] 『히브리서 주석』(1549), 『요한복음서 주석』(1553)과 『공관복음서 주석』(1555), 특히 소 묵시록 장에 해당되는 마태복음 24장에 대한 그의 주석에서도 잘 나타난다.

칼빈은 그의 초기 작품인 『영혼의 잠』에서 영혼수면설을 주장한 재세례파들을 반대했다. 재세례파들이 이해한 영혼수면설에 의하면, 인간의 죽음 직후 인간의 영혼은 개구리가 겨울잠을 자듯이 수면상태로 들어갔다가 예수 그리스도의 재림 시에 잠에서 깨어나 몸의 부활에 참여한다는 것이다. 여기에 반대하여 칼빈은 그리스도인은 죽어가는 과정뿐만 아니라 죽음 직후에도 그리스도와 계속적인 교제를 하며, 죽음 직후부터 그리스도의 재림 시까지는 복된 안식과 즐거운 기다림에 있다고 말한다.

칼빈은 현재의 일상적인 삶 안에서 윤리를 강조하는 동시에, 장차 도래할 "미래의 삶에 대한 묵상"을 더욱 강조했다. "사후(事後)의 영생에 대한 소망이 우리에게 남아있지 않다면, 우리의 처지는 짐승보다 더 나을 것이 없으며, 그것은 인간으로서 하나의 수치이기 때문이다.

---

128 참고, W. Zimmerli (Hrg.), *Psychopannychia*, Leipzig 1931.
129 John Calvin, 『기독교 강요』(1559), III ix.
130 John Calvin, 『기독교 강요』(1559), III xxv.

… 현세 생활은 그 자체만을 본다면, 불안과 동요와 불행이 무수히 많고 순수한 행복은 아무데도 없다. … 우리가 얻을 면류관을 생각할 때 눈을 들어 하늘을 우러러 보아야 한다."[131] "특히 현세 생활이 신자들의 구원을 촉진시키는 데 전적으로 이바지하도록 되어 있으므로 현세 생활이 하나님의 선하심을 증거 하는 것으로 생각해야 한다. … 그러므로 우리는 현세 생활도 하나님께서 아낌없이 주시는 은혜 중에 하나로 생각하며, 결코 배척해서는 안 된다는 생각을 가져야 한다. … 이를테면 우리가 현세에서 하늘 나라의 영광을 위하여 준비하고 있다는 것이다. … 우리의 지상 생활이 인자하신 하나님의 선물임을 확신할 때 우리는 그 은혜를 깨닫는 동시에 그것을 기억하며 감사해야 한다."[132] "신자가 죽을 운명의 인생을 생각할 때, 그 자체가 비참한 것임을 아는 동시에, 더욱 큰 열심을 가지고 미래의 영생에 대한 묵상에 전심전력을 해야 한다."[133]

일부 칼빈 연구가에 의하면, 칼빈은 플라톤 철학의 전통에서 인간을 이분법적으로 이해하고, 하나님의 형상이 자리 잡은 곳을 영혼으로 이해하여 영혼불멸을 주장했다고 칼빈을 비판한다. 그러나 비록 칼빈은 "영혼이 불멸한다."든지 "영혼은 하나님의 형상의 좌소(座所)이다."라고 말할지라도, 내용적으로 살펴보면, 칼빈은 하나님에 의해서 창조된 전인(全人)으로서 인간의 몸의 영적 부활을 주장하기 때문에 플라톤적 인간 이해와는 본질적으로 다르다. 칼빈은 타락한 영혼뿐만 아니라, 타락한 육체 속에 있는 죄 자체를 부정적으로 본 것일 뿐, 하나님의

---

131 John Calvin, 『기독교 강요』(1559), III ix 1.
132 John Calvin, 『기독교 강요』(1559), III ix 3.
133 John Calvin, 『기독교 강요』(1559), III ix 4.

창조물로서 영혼과 육체를 포함하는 전인을 부정적으로 본 것은 아니다. 한걸음 더 나아가서, 칼빈은 물과 성령으로 거듭난 그리스도인은 이미 구원받아 영생을 지녔고, 장차 몸의 부활을 통한 종말론적 실존을 소망하고 있다.

칼빈은 다시 한 번 "미래의 삶에 대한 묵상"을 우리에게 상기시키면서 "최후의 부활"의 중요성을 깨우친다. "끝으로, 우리의 상하, 전후에는 무서운 유혹이 우리를 둘러싸고 있어서, 우리의 마음을 땅 위의 일들에서 해방시켜 멀리 있는 하늘 생활에 붙들어 매놓지 않는다면, 우리의 마음은 올바로 유지될 수 없을 것이다. 따라서 복된 부활을 끊임없이 명상하는 습성이 생긴 사람만이 복음의 유익을 완전히 받는 것이다."[134] 칼빈에 의하면, '하나님과의 연합'을 사모하는 것이 부활 소망에 힘을 준다. "이 행복은 하나님과의 행복을 갈망하도록 매일 더욱더 우리의 마음에 불을 붙인다. 연합이 완전히 실현되어 우리가 만족할 때까지 이것은 계속될 것이다."[135]

칼빈에 의하면, 성도의 부활은 몸의 부활인데, 그리스도의 부활이 성도의 부활의 첫 열매요, 원형이다. "우리는 부활을 생각할 때마다 그리스도의 형상을 눈앞에 그려야 한다. 그는 우리에게서 취하신 본성으로 죽을 인간의 생애를 마치시고, 지금은 영생을 얻으셔서 우리의 장차 올 부활을 보증하신다. … 그를 우리에게서 분리하는 것은 허락될 수 없는 일이며, 또 그렇게 한다면 반드시 예수를 찢어 떼어내는 것이 될 것이다. … 그리스도께서 죽으신 것이나 다시 사심으로 죽음을

---

134 John Calvin, 『기독교 강요』(1559), III xxv 1.
135 John Calvin, 『기독교 강요』(1559), III xxv 2.

이기신 것은 자기 자신만을 위한 것이 아니라는 것을 바울은 하나의 기존 원리로 인정했다. … 하나님께서 아들을 죽은 자들 가운데서 일으키신 것은 자신의 권능을 단 한 번만 보이시려는 것이 아니라, 우리 신자들에게도 성령의 동일한 역사를 보여 주시려는 것이라고 가르친다."[136]

결국, 칼빈은 성도의 부활을 기독론적 차원과 성령론적 차원과 교회론적 차원과 구원론적 차원을 포함하는 종말론적 관점에서 파악하고 있다. "그리스도께서 우리를 내세의 동참자로 삼으시기 위해서 부활하셨다. 아버지께서 그를 다시 일으키신 것은 그가 교회의 머리시요, 교회와 그가 분리되는 것을 결코 허락하시지 않기 때문이다. 그리스도와 우리를 함께 살리시는 성령의 힘으로 그리스도께서 부활하셨다."[137] 몸의 부활의 근거는 하나님의 전능성이다. "경이감에 사로잡혀 하나님의 권능에 그 마땅한 영광을 돌리는 사람이 아니면, 장차 올 부활을 참으로 믿을 수 없다는 것을 우리는 기억해야 한다."[138]

칼빈은 영혼과 육체를 포함하는 전인으로서 몸의 부활을 강력하게 주장한다. "그러므로 바울은 다른 곳에서 하나님께서 영혼과 아울러 그들의 몸을 '그리스도 강림 시'까지 완전하게 지켜주시기를 기원한다(살전 5:23). 이는 지극히 당연한 일이다. 하나님께서 자신의 성전으로 성별하신 몸이(고전 3:16) 부활의 소망이 없이 썩어져 버린다는 것은 완전히 불합리한 일이다."[139] 칼빈에 의하면, 그리스도처럼 우리의

---

136 John Calvin, 『기독교 강요』(1559), III xxv 3.
137 John Calvin, 『기독교 강요』(1559), III xxv 3.
138 John Calvin, 『기독교 강요』(1559), III xxv 4.
139 John Calvin, 『기독교 강요』(1559), III xxv 7.

몸도 처음과 다른 변화된 몸으로 영광스럽게 부활한다. "그리스도께서는 제물로 바치신 그 몸으로 부활하셨는데, 다만 전혀 다른 몸으로 부활하신 것처럼 다른 특성에 있어서 탁월하였다. … 우리는 우리의 몸의 본체는 보유하겠지만, 변화가 생겨서(고전 15:51-52), 나중 상태는 훨씬 더 훌륭하리라고 한다. 그러므로 우리가 부활하기 위해서 우리의 썩을 몸이 없어지는 것이 아니라, 썩는 성질을 버리고 썩지 않는 성질을 가지게 된다고 한다(고전 15:5-54)."[140]

칼빈은 영생을 위한 신자의 부활과 영벌을 위한 불신자의 부활이라는 이중(二重) 부활을 주장한다. "선택받은 자들과 유기(遺棄)된 자들이 심판 후에 기다려야 할 운명에 관하여 칼빈은 성경의 교훈을 넘어서지 않고자 매우 조심하였다."[141] "우리가 하나님의 나라에는 광채와 기쁨과 행복과 영광이 가득하리라는 말을 듣는다. 또 그것은 옳은 말이지만, 그런 말을 하는 동안에 그것은 아직도 우리의 지각에서 아주 멀고, 또 희미한 것으로 둘러 싸여 있다."[142] "악인들에 대해서 하나님께서 내리시는 형벌의 중대성을 적당하게 형언할 수 없기 때문에 그들의 고통에 대해서는 물리적인 비유들, 즉 어둠, 울음, 이를 갊(마 8:12; 마 22:13), 꺼지지 않는 불(마 3:12; 막 9:43; 사 66:24), 심장을 갉아 먹는 죽지 않는 벌레(사 66:24) 등으로 표현된다. … 하나님께서는 한 번 보시고 모든 죽을 인생들을 흩으시며 멸망시키시지만, 자신을 경배하는 자들에 대해서는 격려하시고, 그들이 이 세상에서 겁이 많기

---

140 John Calvin, 『기독교 강요』(1559), III xxv 8.

141 François Wendel, *Calvin: sources etvolution de sa pensée religieuse*, Paris 1950, p. 219.

142 John Calvin, 『기독교 강요』(1559), III xxv 10.

때문에 십자가를 진 그들에게 더욱 용기를 주셔서 계속 전진하게 하신다."143

지금까지 우리는 칼빈의 종말론을 주로 '개인 종말'의 차원에서 기술했다. 이제 칼빈의 종말론을 '일반 종말' 또는 '우주적 종말' 차원에서 간략하게 기술해보자. 칼빈의 경우, 왕으로서 그리스도는 말씀과 성령, 그리고 성령께서 사용하시는 수단들을 통해서 다스리신다. 칼빈은 두 가지 통치에 대해서 말한다. 하나는 마음 안에 그 자리를 가지고 있고, 다른 하나는 외적 도덕을 규제한다. 칼빈은 왕이신 그리스도 밑에 있는 두 종류의 사역자들에 대해서 말한다. 칼빈의 경우 정부는 그리스도의 나라를 건설하기 위한 공간을 창조한다. 땅 아래에 있는 모든 권위는 신적인 섭리와 거룩한 질서에 근거하여 왕들과 군주들에게 있다. 시민 정부의 직책은 성령의 일반 은사에 속한다.144 칼빈은 구원론을 중심한 '몸의 부활'이라는 개인종말과 함께 교회론을 중심한 하나님의 나라의 회복과 세계적 차원에서 하나님의 나라의 완성이라는 우주적 종말론에 대한 시각을 강하게 보여준다. 이 같은 칼빈의 종말론을 베르까우어는 다음과 같이 평가했다. "칼빈은 예수 그리스도의 날 속에서 개인 종말과 우주 종말 사이에 존재하는 연속성을 강력하게 보여 주었다."145

우리가 앞에서 살펴보았다시피, 칼빈의 개인 종말론에는 '하나님과의 연합' 또는 '그리스도와의 연합'(union with Christ)이라는 기독

---

143 John Calvin, 『기독교 강요』(1559), III xxv 11.
144 Yoon.-Bae Choi, op. cit., 213.
145 G.C. Berkouwer, *De wederkomst van Christus* I (Kampen : J. H. Kok, 1961), 57.

론적, 성령론적 중심적 사상이 지배적으로 나타났다.146 여기서 한 걸음 더 나아가서 칼빈은 교회를 하나님의 나라와 다음과 같이 결부시킨다:

> 인간으로 존재하시는 그리스도 자신이 중재(medium)하신다. 그리고 그리스도께서 그 나라를 아버지의 손에 넘기시기까지는 계속해서 중재자로 존재하시고자 하신다. 여기에서 칼빈은 모두를 포괄하는 하나님의 나라에로 인도하는 그리스도의 나라를 말하고 있다. 그리고 그 나라를 그리스도의 나라가 선취(先取)하고 있다고 본다. 본질적으로 고찰된 그리스도의 나라는 죽으시고 다시 사신 그리스도 자신의 인격 속에 있는 그리스도이시지만, 그것의 대응으로 이해된 그리스도의 나라는 그리스도의 몸인 교회이다. 칼빈이 그리스도의 죽음과 부활을 중재자이신 그리스도 자신과 함께 '구원의 시작과 완성'으로 생각하고 있듯이 교회가 중재자이신 성령을 통해서 참여하게 되는 그리스도의 나라와 함께 시작으로서 그리스도와 완성으로서 성취를 통하여 교회의 기초를 형성하게 되는 것으로 생각하고 있다.147

칼빈에 의하면, "우리가 그리스도의 나라에 대해서 말할 때, 우리는 두 가지 사실을 고려해야만 한다. 첫째, 복음의 교리를 통해서 그리스도는 교회를 자기 자신에게로 모으시며, 함께 모인 그 교회를 통치하신다. 둘째, 복음에 대한 신실한 신앙에 의해서 함께 연합된 경건한

---

146 T.F. Torrance, op. cit., pp. 100-104.
147 T.F. Torrance, op. cit., pp. 113-114.

자들의 공동체(societas piorum)는 참으로 그리스도의 백성(populus Christi)으로 간주된다."[148] "칼빈은 그리스도의 초림과 재림 사이에 있는 교회의 이 종말론적인 관계의 맥락 안에서 말씀과 성례전의 사역을 이해하고 있다. 말씀과 성례전이 한편으로는 그리스도의 성육신과 죽음과 부활을 통해서, 다른 한편으로는 파루시아(parousia)와 몸의 부활에 의해서 조건지어지는 것처럼 말씀과 성례전도 본질적으로 시간과 역사에 속한다."[149]

칼빈에 의하면, 최상의 의미에서 교회의 질서는 승천하신 주님이 "그의 말씀과 성령"을 통해서 다스리신다. 그래서 교회는 하늘의 왕좌에서 말씀하시는 그리스도와 연합하게 된다.[150] "요약하면, 교회는 그리스도의 나라이며 그리스도께서는 그의 말씀만으로 지배하시므로, 그리스도의 홀, 즉 그의 지극히 거룩한 말씀과 관계없이 그리스도의 나라가 존재한다고 생각하는 것은 있을 수 없다."[151] 이런 관점에서 칼빈은 교회의 질서로서 '교리'(doctrina)와 '치리'(disciplina)를 강조하는데, 이것들 역시 하나님의 말씀에 근거한다.[152]

칼빈은 인간의 구원과 교회의 완성에서 한 걸음 더 나아가서 세계 또는 전체로서 우주의 완성, 즉 창조된 전체 질서의 완성을 가르치고 있다. 창조주 하나님에 의한 모든 피조세계의 완성에 대하여 칼빈은 다음과 같이 말한다:

---

148 T.F. Torrance, op. cit., p. 115.
149 T.F. Torrance, op. cit., pp. 125-126.
150 T.F. Torrance, op. cit., p. 133.
151 John Calvin, 『기독교 강요』(1559), IV ii 4.
152 T.F. Torrance, op. cit., p. 154.

신자들이 죽음을 향해 열심히 가고 있는 것은 옷을 벗고 싶어서가 아니라 더 완전한 옷을 입기를 갈망하기 때문이라고(고후 5:2-3) 바울은 적절하게 가르친다. 짐승들과 나무나 돌 같은 무생물까지도 자기의 현존 상태의 허무함을 느끼고 부활이 있을 마지막 날을 동경하며, 그 때에 하나님의 자녀들과 함께 허무성에서 해방되기를 갈망한다(롬 8:19이하). … 그리스도의 학교에 들어가 있으면서도 자기의 죽는 날과 종말의 부활을 기쁘게 기다리지 않는다면, 그는 진보가 없는 사람으로 확정될 것이라는 사실을 생각하도록 하자."[153] "그리고 신자들이 이 경주에서 용기를 잃지 않도록, 바울은 모든 피조물이 그들의 동반자라고 한다. 그는 도처에서 형태도 없는 폐허를 봄으로써, 하늘과 땅에 있는 모든 것이 새롭게 되기를 고대한다고 말한다(롬 8:19). 아담의 타락이 자연의 완전한 질서를 혼란에 빠뜨린 후에 사람의 죄로 인해서 피조물들이 받게 된 속박은 그들에게 중대한 슬픔이 되었다. 그들에게 지각이 있는 것이 아니지만, 그들은 자연히 타락 전의 완전한 상태를 동경한다."[154]

칼빈은 전 세계가 그리스도의 나라에 속하며, 그리스도의 복음 선교를 통해서 교회가 전 세계에 확산될 것을 강조하면서도,[155] 믿는 사람의 부활과 믿지 않은 사람의 부활을 구별한다. 전자는 영생을 위한 부활이고, 후자는 영벌을 위한 부활을 의미한다. 그러므로 경건한 사람은 두려움이 없이 기쁨으로 그리스도의 재림을 맞이하게 되지만, 반

---

153 John Calvin, 『기독교 강요』(1559), III ix 5.
154 John Calvin, 『기독교 강요』(1559), III xxv 2.
155 T.F. Torrance, op. cit., p. 159.

면 악인들은 슬픔과 비통함으로 그리스도의 재림을 맞이하게 된다. 그리고 경건한 사람은 천사의 나팔 소리에 깨어 귀를 기울여 두 번째 삶으로 부름을 입게 되지만, 이 나팔 소리가 유기된 자들에게는 파멸의 공포를 울리는 신호가 될 것이다.[156]

---

[156] John Calvin(trans. by T.H.L. Parker), *Calvin's Commentaries: A Harmony of the Gospels, Matthew, Mark and Luke* III, pp. 95-96.

제 4 부

한국 장로교회의 대표 신학자들의 구원론

제 1 장
박윤선 박사의 구원론

I. 서론

정암(正岩) 박윤선(朴允善: Rev. Yune Sun Park, D.D., 1905.12.11-1988.6.30)은 1905년 12월 11일 평북 철산군 백령면의 해변 마을 장평동에서 농업에 종사하는 아버지 박근수(朴根秀)와 어머니 김진신(金眞信) 사이에 출생한 2남 3녀 중 둘째 아들이었는데,[2] 그에게 형 박윤석, 위로 누나 두 사람, 아래로 여 동생 한 사람이 있었다.[3] 1979년 10월에 "그는 『에스라, 느헤미야, 에스더 주석』의 집필을 끝냄으로써 신구약 66권의 주석을 20권의 책에 수록하여 완간하는 대업을 이루었

---

1 참고, 최윤배, "정암 박윤선의 성령신학," 「한국개혁신학」 제25권(2009.4), 34-83, "구원론"을 위해 논문의 III장 B의 1을 참고하시오.
2 김영재, 『박윤선-경건과 교회 쇄신을 추구한 개혁신학자-』 (경기 파주: 살림출판사, 2007), 11.
3 박윤선, "나의 생애와 신학," 합동신학교출판부(편), 『박윤선의 생애와 사상』 (서울: 합동신학교출판부, 1995), 11.

다. 1949년 『요한계시록 주석』을 처음으로 출판한 이후 30년간의 각고 끝에 결실을 보게 된 것이다."⁴ 그리고 1988년 봄 학기 강의가 끝난 얼마 후 6월 12일에 그는 복부에 심한 통증으로 영동 세브란스 병원에 입원하였다. 오랜 지병인 위궤양과 담석증이 악화되어 암으로 발전하였다.⁵ 마침내 "1988년 6월 30일 그는 영면했다."⁶

박윤선의 생애와 사상을 일반적으로 다룬 훌륭한 작품들이 이미 많이 나왔고,⁷ 그의 생애와 사상에 대한 일반적 기술이 없어도, 본고의 주제에 대한 논의를 가능케 하기 때문에, 우리는 직접적으로 주어진 주제에 초점을 맞추어 기술하기로 한다. 이미 황창기가 "박윤선의 성령론"에 대하여 훌륭하게 논의한 바가 있지만, 그는 여기서 주로 오순절 성령의 강림 이해를 중심으로 논하면서 그의 성령론에 대한 보완점을 많이 지적하였을 뿐,⁸ 실제적으로 박윤선의 성령론에 대한 전반적인 논의가 지금까지 많이 진행되지 않았다. 따라서 우리는 박윤선의 성령론을 오늘날의 토론의 장으로 끌어오기 위하여, 특정한 관점에서 살펴보지 않고, 그의 성령론 전반을 골고루 살펴보고자 한다.

---

4   김영재, 『박윤선-경건과 교회 쇄신을 추구한 개혁신학자-』, 167-168.

5   김영재, 『박윤선-경건과 교회 쇄신을 추구한 개혁신학자-』, 245쪽에서는 사망일을 6월 29일로, 254쪽에서는 6월 30일로 기록하고 있다.

6   한승홍, "박윤선의 신학사상(Ⅱ)," 『목회와 신학』 통권 제44(1993.2.1), 217.

7   김영재, 『박윤선-경건과 교회 쇄신을 추구한 개혁신학자-』; 서영일, 『박윤선의 개혁신학 연구』(서울: 한국기독교역사연구소, 2000); 한승홍, "박윤선의 신학사상(Ⅰ)," 『목회와 신학』 통권 제43(1993.1.1), 194-203, "박윤선의 신학사상(Ⅱ)," 『목회와 신학』 통권 제44(1993.2.1), 205-217, "박윤선의 신학사상(Ⅲ)," 『목회와 신학』 통권 제45(1993.3.1), 251-261; 합동신학교출판부(편), 『박윤선의 생애와 사상』(서울: 합동신학교출판부, 1995); Sung-Kuh Chung, *Korean Church and Reformed Faith* (Seattle: Time Printing, 1996), 189-191.

8   황창기, "박윤선의 성령론," 『신학정론』 제14권(2호, 1996.11.1), 332-370.

박윤선의 성령신학에 대하여 논의할 때, 우리는 그의 작품의 연대를 고려하지 않고 사용할 것이며, 주로 그의 『개혁주의 교리학』을 중심으로 살펴보되,9 논문의 구성은 조직신학에서 일반적으로 기술하는 방법과 순서대로 두 가지, 즉 성령은 누구이시며, 성령은 무엇을 하시는지에 대하여 논의하기로 한다.

Ⅱ. 성령의 위격

1. 성령과 삼위일체 하나님

박윤선은 "성경에 '삼위일체'라는 낱말이 언급되어 있지는 않으나 이 교리의 성립은 성경 전체에 포함되어 있다."고 말한 뒤, 구약에는 하나님께서 친히 1인칭 복수인 '우리'의 입장에서 말씀하시고(창 1:26; 11:7), 하나님의 행동이 복수 동사로 묘사된 곳도 있고(창 35:7), 신약성경에도(마 28:19; 고후 13:13; 마 3:16-17; 고전 12:4-6; 벧전 1:2) 삼위가 함께 언급된 곳이 발견된다고 한다.[10]

박윤선은 삼위일체 교리는 오묘하고, 신비하여, 피조물로서의 우리는 그것을 알기 어렵지만, 성경의 말씀 그대로 믿는다고 말한다.

"성부도 하나님이시고, 성자도 하나님이시고, 성령도 하나님이시다. 이 삼위께서는 한 하나님이시다. 다시 말하면 하나님의 본체는 하나

---

9 박윤선, 『개혁주의 교리학』 (서울: 영음사, 2003).
10 박윤선, 『개혁주의 교리학』, 119.

이신데 그 인격은 세 분이고, 그 세 분께서는 권능과 영광에 있어서 동일하시다는 것이다. 명심할 것은 이 교리는 하나의 신비로서 우리 피조물들이 완전히 이해할 수 없다는 것이다."[11] "그런데 어떻게 신성(神性)은 동일체이시면서 격위(格位)는 서로 다를 수 있을까? 우리는 제한된 피조물로서 이 오묘에 대하여 알기 어렵다. 그렇지만 우리는 성경의 말씀 그대로 믿는다."[12]

기독교의 삼위일체 교리는 유대교의 일신론(monotheism)과 이방인 출신 기독교 개종자들의 다신론(polytheism)의 종합에서 비롯되었다는 종교사학파적인 주장에 강하게 반대하면서, 박윤선은 성경이 삼위일체 교리에 대해 명백하게 증거 하고 있다고 주장한다. 아버지 하나님과 아들 하나님과 성령 하나님께서 각각 인격성을 가지셨을 뿐만 아니라, 실체도 셋이라는 "삼위삼체설(三位三體說)"이나, 한 분 하나님의 활동 또는 계시 방법이 세 가지로 나타난다는 "사벨리안설(Sabellianism)" 또는 "일위삼양설(一位三樣說)"이나, 오리게네스(Origenes)와 아리우스(Arius) 등에 의해서 주장되었던 종속설(從屬說), 즉 성자께서 성부에 의해서 창조되어, 성자의 실체가 성부의 실체와 다르다는 주장의 반(反) 삼위일론적 이단설들에 반대하여 니케아회의와 콘스탄티노플회의가 성경과 일치하게 말하였다. 이 회의들은 "① 사벨리안의 학설을 반대하고 삼위의 엄격한 인격적 구분을 내세웠고, ② 아리우스파에서 주장한 바 성부와 성자는 실체에 있어서 서

---

11 박윤선, 『개혁주의 교리학』, 119.
12 박윤선, 『개혁주의 교리학』, 124.

로 다르다(즉 '비슷하다'는 것, ὁμοιούσια)고 한 학설을 반대하고 성부와 성자의 동질성(ὁμοούσια)을 내세웠다."[13]

박윤선은 성경주석을 통하여 삼위일체 하나님의 일체성과 삼위성을 위격 간의 동등성과 구별성을 통해 증명하고자 한다. 그는 하나님 아버지의 유일성(시 6:4; 요 17:3; 고전 8:3; 고전 8:4하; 약 2:19; 딤전 2:5; 슥 14:9)과, 성자 예수 그리스도께서 아버지와 동등한 참 하나님이신 동시에(요 1:1; 20:28; 롬 9:5; 골 2:9; 요일 5:20; 사 9:6; 요 14:9-11), 아버지와 구분되는 다른 인격이심(요 17:3; 요 11:41-42; 17:1-26; 마 26:39, 42, 44; 눅 23:46)을 강조한다.[14] 또한 그는 성령도 성부와 성자와 동일한 하나님이신(행 5:3-4; 딤후 3:16; 벧후 1:21) 동시에 성부와 성자와 다른 인격으로 구분된다고(요 14:16; 15:26) 주장한다.[15]

그는 삼위일체 교리의 핵심을 세 가지 항목으로 나누어 기술하는데, 처음 두 항목들이 '내재적(본성적) 삼위일체'에 관한 기술이라면, 마지막 셋째 항목은 '내재적, 경륜적 삼위일체'에 관한 기술로 볼 수 있다.

"다음과 같은 상황들이 삼위일체 교리의 골자이다. 첫째, 삼위 하나님의 본체가 하나라는 것은 질적(신의 본질)으로 동일하실 뿐만 아니라 수적(數的)으로도 하나라는 의미이다(빌 2:6). 둘째, 하나님의 위가 셋이라는 것은 인격에 있어서도 셋이라는 의미다. 이것은 인간의 지식으로써 해결할 수 없는 오묘이다. 셋째, 삼위 안에서 성자는 성

---

13 박윤선,『개혁주의 교리학』, 120-121.
14 박윤선,『개혁주의 교리학』, 123-124.
15 박윤선,『개혁주의 교리학』, 124.

부에게, 성령은 성자에게 구원 사역상 종속적 관계(subordination in God's redemption economy)를 가진다. 즉 성자께서는 성부의 보내심을 받으셨으므로 성부에게(요 6:38; 13:20; 14:28; 17:7; 고전 3:23), 성령께서는 성부에게서 나오시지만(요 15:26), 성자의 보내심을 받으셨으므로(요 15:26) 성자에게도 종속 관계를 가지신다."[16]

우리가 우리 자신과 삼위일체 하나님과의 관계에 대한 신앙고백과 의식 없이 삼위일체론을 취급하다 보면, 우리는 자칫 사변적으로 흐를 수가 있다. 그러나 박윤선은 성경주석과 함께 구원론의 관점에서 경륜적 삼위일체론을 취급함으로써 일종의 사변을 피할 수가 있었다. "우리가 하나님 아버지의 사랑이 아니면 구원받을 수가 없고(요 3:16), 그의 아들 예수 그리스도의 은혜가 아니면 하나님 아버지께 갈 수 없고(요 14:6), 성령의 도움이 없이는 우리가 거룩해질 수 없다."[17]

삼위 하나님께서 함께 사역을 하시면서도 위격의 고유성으로 인하여 각 위격에게 고유하게 주어지는 사역을 박윤선은 잘 파악하고 있다.

"우선 천지 창조 시 삼위 하나님께서 함께 하셨음을 우리는 볼 수 있다. 성부 하나님은 그 계획자이시고, 하나님의 말씀(그리스도)은 그 방편이시며, 성령께서 그 내부적 성취 사역에 임하셨다. 다시 설명하면 창 1:1-5에서 하나님은 창조의 주재(主宰)이시며, 말씀은 '하나님이 가라사대'로 나타나셔서, 없던 것이 있도록 하시는 존재의 원리

---

16   박윤선, 『개혁주의 교리학』, 120.

17   박윤선, 『개혁주의 교리학』, 120.

가 되시고, 성령께서는 그 원리 속에서 역사하셨다. 이것은 구속 사업에 있어서도 마찬가지다. 즉 아버지 하나님께서 구원의 방침을 세우셨고, 성자 예수 그리스도께서는 구원의 중보자로서 인류 구원의 중보적 경륜을 이루셨으며, 성령께서는 그 구원을 인류에게 실시하시되 내면적인 역사로 각 개인의 마음속에서 일하신다. … 그렇다면 이 구절(요일 4:4. 필자)은 천지 만물을 창조하신 성부, 성자, 성령 삼위의 하나님께서 기독신자와 친밀히 계시며 그의 구원을 이루시는 사실을 말해 주는 것이다. 우리는 이러한 성경적 교리를 바로 깨달을 때 신앙생활에 큰 담력을 얻게 된다."[18]

이상의 박윤선의 삼위일체 하나님 이해로부터 우리는 성령론과 관련하여 다음과 같이 요약할 수 있을 것이다. ① 성령은 성부와 성자와 동일한 하나님이시다. ② 성령은 제3위의 하나님이시다. ③ 성령은 내재적, 경륜적으로 성부로부터 나오시고, 성자에 의해서 보냄을 받으시며, 구원에서 성화의 사역을 하신다. 결국, 박윤선은 삼위일체 하나님의 일체성의 관점에서 성령을 하나님 자신으로 간주하여, 성령의 '신성(神性)'을 주장하고, 성령을 삼위일체 하나님의 삼위성의 관점에서 제3의 "격위(格位, Person)"로 인정하고, 성령의 독립적 '인격성(人格性)'을 주장하며, 성령의 고유성(固有性, proprietas)과 관련하여, 삼위일체 하나님의 사역 속에서 성령의 주된 경륜적 사역을, "내부적 성취" 또는 구원의 "실시" 또는 "내면적 역사" 또는 '성화(聖化)'로 표현하고 있다. 결국, 박윤선은 내재적, 경륜적 삼위일체론적 성령론을 주장하

---

18 박윤선, 『개혁주의 교리학』, 124-125.

고 있는 셈이다.

2. 성령과 예수 그리스도[19]

비록 박윤선이 A.D. 1054년 서방교회와 동방교회의 분열의 주요 원인이 되었던 '필리오케'(filioque) 문제와 이 용어에 대한 교리적 언급을 시도하지 않을지라도, 그는 성령과 예수 그리스도 사이에 상호 불가분리의 관계성을 매우 강조한다.

"참된 신비주의는 말씀(그리스도)과 영(wood en geest를 Woord en Geest로 고칠 것, 필자)의 관계를 바로 가지되, 거짓 신비주의는 말씀과 영의 관계를 잘못 취급한다. 다시 말하면 거짓된 신비주의는 성령을 말씀에서 독립시켜 취급한다. 스킬더가 여기서 의미한대로 말씀은 그리스도를 의미한다. 거짓된 신비주의는 그리스도 중심주의를 내세우는 것보다 성령을 중심한다. 실상 성령은 그리스도를 전파하기 위하여 사역하시는 분인 만큼, 그의 모든 사역이 언제나 그리스도를 중심한다(요 15:26)."[20]

첫째, 우리가 이미 논의한 삼위일체론 속에서 성령은 성부로부터

---

[19] 성령과 예수 그리스도의 관계에 대한 논의는 한편으로 성령의 위격 속에서 취급되어야 할 내용이 있고, 다른 편으로 성령의 사역 속에서 취급되어야 할 내용이 있다. 그러나 편리상 우리는 성령의 위격을 취급하는 현재 위치에서 성령의 사역도 예수 그리스도와 관련 속에서 취급할 것이다.

[20] 박윤선,『개혁주의 교리학』, 369-370.

나오고, 성자에 의해서 보냄을 받음으로써 성령과 성자는 밀접한 상호 관계 속에 있다.

둘째, '그리스도'라는 명칭의 의미와 기능 속에서 성령과 예수 그리스도는 상호 밀접한 관계 속에 있다. 박윤선은 예수 그리스도의 이름의 의미를 언어학적으로, 그리고 신학적으로 고찰한다. '예수'라는 이름은 구약의 '예호수아'(구원)와 같고, '그리스도'라는 이름은 구약의 '기름 부음 받은 자', 곧 메시야라는 헬라어 역이고, '그리스도'는 예수의 공적(official) 명칭이며, 히브리어의 메시야, 즉 '기름 부음 받은 자'에 해당되며, 구약의 배경으로 볼 때, 하나님의 성령은 특수한 의미에서 기름 부음 받음을 나타낸다(사 61:1; 슥 4:1-6). 구약에서는 왕과 제사장은 필수적으로 기름 부음을 받아야 했다. 그러나 선지자의 경우에는 단 한 번 기름 부음을 받은 기록밖에 없다(왕하 19:16). 확실히 이 이름은 어떤 인물을 성별하여 특별한 임무를 맡기는 것을(하나님 앞에서 대표하여 백성을 다스림) 표지(標識)하는 것이다. 예수 그리스도는 성령으로 잉태되실 때, 이미 성령의 기름 부음을 받았다고 할 수 있으나, 공적(公的)으로는 그가 세례를 받으실 때이다(마 3:16-17).[21]

셋째, 성령께서는 예수 그리스도의 지상 생애의 삶에 항상 함께 하셨다. 이때는 성령이 예수 그리스도보다 우월권을 가진 것처럼 보인다. "우선 예수님의 동정녀 잉태하심[成肉身]에서 그렇게 되어 있고(마 1:18-20; 눅 1:26-35), 세례 받으심(마 3:16-17), 십자가에 못 박혀 죽으심(마 27:50-51; 막 15:37-38)과 부활하심[구원성취](마 28장; 막 16장; 눅 24장; 요 20장), 오순절 성령 강림(행 2:1-12) 등 지상 성역 전

---

21 박윤선, 『개혁주의 교리학』, 242-243.

반에 걸쳐 삼위께서 함께 하셨다. 그 가운데 예수님께서 세례를 받으신 사건을 들어 말하자면 예수님은 세례를 받으시고, 성령은 비둘기같이 내려 예수님 위에 임하시고, 성부 하나님의 음성('이는 내 사랑하는 아들이요 내 기뻐하는 자라')이 하늘로부터 들려 왔다."[22] 여기서 지상에서의 역사적(歷史的) 예수 그리스도는 '성령의 담지자(擔持者)'이심을 알 수 있다.

넷째, 부활, 승천하신 후에 예수 그리스도께서 보혜사 성령을 그의 백성에게 보내신다. "예수님이 땅에 계실 때에 약속하신 것과 같이 저가 승천하셔서 保惠師 성령을 보내셨다."[23] "그리스도의 영"이라는 말은 그리스도께서 보내셔서 사역하시는 성령을 가리킨다.[24] 예수 그리스도의 부활은 그가 메시야라는 증표요, 우리에게 주실 영적 축복과 은사의 근원이다.[25] 박윤선은 예수 그리스도의 승천에 대한 여섯 가지 의미 중 하나가 "땅 위에 성령님을 보내시려는 전제다(요14:26; 16:7-15)."라고 주장한다.[26] 즉 구속사적으로 지상에서 사역하시던 예수 그리스도께서 부활, 승천하신 후에야 비로소 오순절 성령 강림이 이루어진다는 것이다. "그리스도의 속죄 사업과 성령의 강림하심은, 구원 경륜의 성질상 밀접히 관계되어 있다. 그러므로 그리스도의 역사에 뒤이어 성령이 오실 것은, 구약에도 가르친 하나님의 경륜이다. … 그러므로 그의 부활 승천에 뒤이어 성령님이 오시도록 하신 것이 하나님의

---

22   박윤선,『개혁주의 교리학』, 134-135.
23   박윤선, "오순절 운동과 선교,"『신학지남』 Vol. 39. no. 3(1972.9.1), 8.
24   박윤선,『개혁주의 교리학』, 286.
25   박윤선,『개혁주의 교리학』, 280.
26   박윤선,『개혁주의 교리학』, 282.

경륜이다."²⁷ 부활, 승천하신 예수 그리스도는 지금 보혜사 성령을 보내주시는 성령의 파송자의 역할을 하신다. 구약성경에 나타난 예언자직, 제사장직, 왕직의 모형이 예수 그리스도의 삼중직(munus triplex) 속에서 성취된 것이다. 메시야로서 삼중직을 가지신 예수 그리스도는 예언자, 제사장, 왕으로서 성령론적 관점에서, 즉 성령을 통하여 그 직분을 수행하신다. "이 삼중직의 참 회복은 실패로 점철되어 온 지상의 혈통이 아니고 하나님의 신('나의 신', 스가랴 4장)과 장차 오실 메시야(스가랴 6장)로 말미암아 세워지는 하나님의 나라(신약시대)로 그 정점적인 성취를 본다는 것이다.²⁸

위에서 논의한 셋째와 넷째 관점은 성령의 예수 그리스도에 대한 관계는 구속사에서 이중적(二重的)이라는 사실을 밝혀준다. 즉, 부활, 승천하시기 이전의 역사적(歷史的) 예수 그리스도는 성령의 능력으로 잉태되시고, 성령의 능력으로 사역을 하시고, 성령의 능력으로 부활하신다. 여기서는 성령이 역사적 예수 그리스도보다 우월하신 것처럼 보인다. 반대로 부활, 승천하셔서 하나님의 보좌우편에 계시는 예수 그리스도는 보혜사 성령을 보내시는 분이시다. 여기서는 예수 그리스도가 보혜사 성령보다 우월하신 것처럼 보인다. 전자의 관점은 주로 공관복음에서 두드러지고, 후자의 관점은 주로 요한복음과 바울서신에서 두드러진다.²⁹ 그러나 "이러한 두 관점들이 서로 상반되는 것은 결코 아니다. 오히려 그것들은 상호 보완적이다. … 예수는 그가 처음 성

---

27 박윤선, 『성경주석 요한복음』 (서울: 영음사, 1991), 481.

28 박윤선, 『개혁주의 교리학』, 283.

29 최윤배, "한경직의 성령신학," 한국개혁신학회(편), 『한국개혁신학』 제23권 (서울: 도서출판 불과구름, 2008), 131.

령을 받은 자이며, 성령을 지닌 분이라는 사실만으로도 성령을 보내신 자가 될 수 있다."[30] "성령이 내려 누구 위에든지 머무는 것을 보거든 그가 곧 성령으로 세례를 주는 이인 줄 알라."[31]

박윤선의 경우, 성령과 예수 그리스도는 내재적 삼위일체 속에서와 구속사 속에서 상호 불가분리의 관계 속에 있다. 성령은 하나님의 영이신 동시에 예수 그리스도의 영이시다. 성령과 예수 그리스도의 관계에 나타난 박윤선의 성령론은 부처(M. Bucer)와 칼뱅,[32] 바르트와 베르꼬프(H. Berkhof)[33] 등 대부분의 개혁전통에서 발견되는 성령론의 전형적인 특징들 중에 하나에 해당되는 "그리스도 중심적, 인식론적 또는 그리스도 중심적, 적용(응용)적 성령론"이다. 그러나 그가 성경주석에 특히 관심한 성서신학자(주경신학자)이기 때문에, 그에게서 교리사에서 지금도 뜨거운 논쟁이 되고 있는 '필리오케'(filioque)에 대한 분명한 논의는 발견되지 않는다.

Ⅲ. 성령의 사역(事役)

박윤선은 구약과 신약에서 똑같이 나타나는 성령의 활동을 "성령의 삼중 사역(三重使役)"으로 분류하는데, 즉 우주의 "창조자" 및 "우주

---

30 H. Berkhof, *De leer van de Heilige Geest* (Nijkerk: G.F. Callenbach N.V., 1964), 8-19.

31 요1:33하.

32 Yoon-Bae Choi, *De verhouding tussen pneumatologie en christologie bij Martin Bucer en Johannes Calvijn* (Leiden: Uitgeverij J.J. Groen en Zoon, 1996), 222.

33 최윤배, "헨드리꾸스 베르꼬프의 성령론 발전 개요," 서울장신대학교 출판부 편, 「서울長神論壇」제8집 (광주: 서울장신대학교 출판부, 2000), 110.

만물의 지지자(支持者)"와 "통치자"로서의 사역, "천국운동의 집행자"와 "하나님 나라의 사역자"로서의 사역, 그리고 "우주나 신국(神國)" 뿐만 아니라, 개개인에 대한 "심령을 개조(改造)"하는 사역이다.[34] 또한 박윤선은 "창조질서에 있어서도 하나님께서 아담을 생령이 되게 하시고, … 구원질서에 있어서도 역시 그가 사람에게 생명의 성령을" 주셨다고 주장한다.[35] 성령의 사역에 대한 박윤선의 분류 방법을 참고하고, 논의상의 편리함을 위하여 성령의 "일반 사역(事役)"과 "특별 사역"으로 나누어서 기술하기로 한다.

박윤선은 성부, 성자, 성령 삼위일체 하나님을 창조주 및 섭리주이신 동시에 구속주로 이해하고 있다. "구원의 작업은 창조와 마찬가지로 삼위일체 하나님의 공동 작업으로 이루어진다."[36] 다시 말하면 성령 하나님은 창조주 및 섭리주이신 동시에 구속주가 되신다. 창조주로서의 성령 하나님께서 모든 만물을 창조하시고, 섭리하시는 사역을 '일반 사역'으로, 구속주로서의 성령 하나님께서 구원하시는 사역을 '특별 사역'으로 부를 수 있을 것이다. 삼위일체 하나님은 창조주이신 동시에 구속주로서 창조와 구속 사역을 함께 하신다는 것에 관해 박윤선의 말을 앞에서 이미 인용하였다.[37]

성경 주석에 근거한 박윤선의 다음의 말 속에 삼위일체 하나님의 창조 사역과 구속 사역이 뚜렷하게 나타난다.

---

34 박윤선, 『성경주석 소선지서』(서울: 영음사, 1979), 148, 욜1:28절 주석.
35 박윤선, "오순절 운동과 선교," 12.
36 박윤선, 『개혁주의 교리학』, 311,
37 박윤선, 『개혁주의 교리학』, 124-125.

"창조 사역에 있어서 삼위 하나님의 동시 개입을 주목해야 한다. 하나님의 영(רוּחַ)이 수면에 운행하셨고, 성자 곧 말씀('하나님이 가라사대', 요 1:1-2)에 의하여 창조하셨고, 또한 '하나님이 보시기에 좋았더라'고 한 말씀을 보면 성부 하나님의 기쁘신 뜻이 창조 사역에 들어 있는 것이다. 이 사실은 창조 사건과 원리적으로 병행하는 구원사에서도 마찬가지이다. 인류 구원사(救援史)도 그 전반에 걸쳐 삼위 하나님이 개입하신다."[38]

1. 창조주 및 섭리주 성령 하나님의 일반 사역

박윤선은 창조론과 섭리론을 언급할 때, 창조와 섭리의 주체를 삼위일체 하나님으로 간주해야 한다고 강하게 주장한다. "'창조'는 삼위일체 하나님께서 태초에 그 기쁘신 뜻대로 그의 영광을 위하여, 보통 섭리와 달리 기적적인 간섭(miraculous intervention)으로 기존의 자료를 사용하심이 없이(ex nihilo) 현상 세계와 영적 세계를 구별이 있게 하시고, 그에게 의존하도록 지으신 것을 가리킨다. … 창조 사역에 있어서 삼위 하나님의 동시 개입을 주목해야 한다."[39]

천사들의 세계인 영적 세계도 삼위일체 하나님께서 창조하셨다.[40] "현상 세계"에 대한 창조 중에서 하나님은 인간 창조에 특별한 관심을 기울이셨다. 왜냐하면 인류로 하여금 모든 피조물들을 관리케 하는 것

---

38 박윤선, 『개혁주의 교리학』, 134-135, 참고, 박윤선, "창조론," 『신학정론』 제2권(제4집, 1984), 346-363.
39 박윤선, 『개혁주의 교리학』, 134; 박윤선, "창조론," 346.
40 박윤선, 『개혁주의 교리학』, 137.

이 하나님의 목적이었기 때문이다. 인류 창조에 대한 기록인 창세기 1:26-28절과 창세기 2:7절의 말씀에 매우 중요한 사실이 기록되어 있다. '우리'라는 말은 일인칭 복수로서 삼위일체 하나님을 가리키며, 창세기 3:22절의 '우리중 하나'에 의하여 정당화된다. "그러므로 '우리'가 만들자고 하심은 삼위일체 안에서 의정, 혹은 약정을 의미한다. 이만큼 사람은 중요하게 창조되었다고 보아야 한다. 다른 것들을 창조하실 때에는 이런 말씀이 없었다."[41]

박윤선은 섭리를 보통 섭리와 개별(초자연적) 섭리로 나누는데, 개별 섭리라는 것은 하나님께서 자연 법칙을 무시하시는 것이 아니고, 자연 법칙을 내시고 또 그것을 관리하시면서도 그것을 통해서 특수 간섭도 하신다는 의미이다. "하나님의 보통 섭리는 (1) 그가 지으신 만물을 보존하심(preservatio)과 (2) 그가 만물 안에서 이미 세우신 자연 법칙을 따라 만물을 작동시키는 협력(concursus)과 (3) 그가 자신의 영광을 위하여 왕으로서 통치(gubernatio)하심이다."[42]

박윤선은 계시를 "일반계시"와 "특별계시"(하나님의 말씀인 성경)로 나눈다.

> "우리는 하나님의 말씀을 '특별계시'라 하고, 자연 만물(우주 삼라만상, 역사의 흐름, 인간의 이성)을 '일반계시'라고 한다. 그러나 인간이 하나님을 반역한 이후로 일반계시만으로는 하나님을 아는 데 절대적으로 부족하게 되었다. 하나님의 형상대로 지음 받은 인간이 타

---

41 박윤선, 『개혁주의 교리학』, 148, 참고 179.
42 박윤선, 『개혁주의 교리학』, 161.

락함으로 인하여 그 하나님의 형상의 지식 면에서 받은 영향(noetic effect in the image of God)은 치명적으로 손상을 입었다. 그와 같이 자연 계시에 덧붙여서 그에게 주어진 것이 특별계시인 성경(하나님의 말씀)이다. 그것이 성령께서 사용하시는 절대 필수의 매개체가 된 것이다. 인간이 범죄한 후에는 특별계시를 통해서만 자연계시를 바로 해석할 수 있게 되었다. 그리고 거듭난 인간은 하나님과 바른 관계를 맺음으로(성경을 온전히 받음으로) 하나님에 대한 바른 지식을 소유하게 된다."[43]

박윤선에 의하면, 일반적으로 성령께서 사역하실 때, 자신이 원하시는 '매개체' 내지 '도구'를 사용하셔서 일하신다.

"인간은 죄로 인하여 어두워졌으므로(렘 17:9), 제 힘으로는 하나님을 알 수 없다. 하나님께서 성령으로 말미암아 직접 알게 해주셔야 된다. 죄로 인해 어두워진 인간에게 자연계시도 소리쳐 하나님의 영광을 선포해 주건만(시 19:1-7; 롬 1:19), 그들은 이것을 의식하지 못할 뿐더러 도리어 만물들의 증거를 밟아 누른다. 오직 하나님께서 모든 것을 하셔야 된다(하나님 단독 사역주의). 이 말은 전도행위와 진리의 글을 강론함이 필요치 않다는 것이 아니라, 한 사람을 하나님께 인도하는데 있어서 궁극적인 설득은 하나님께서만 하신다는 의미이다. 즉 성령께서 하신다는 것이다. 다른 모든 것들은 매개체(medium) 내지는 도구(instrument)에 불과하다. 일반적인 의미에서 이런 매개체나

---

43 박윤선, 『개혁주의 교리학』, 81, 참고 153.

도구는 다른 것이 아니고, 하나님의 말씀과 그의 피조물인 자연 만물이다."[44]

박윤선이 '특별계시'에 대한 언급에서는 특별계시의 주체를 성령으로 분명하게 밝히지만, '일반계시' 또는 '자연계시'에 대한 언급에서는 성령에 대하여 언급하지 않고, '하나님'에 대해서만 언급한다.

"계시는 하나님이 나타내신 그의 능력과 그의 성품과 그의 의지이다. 자연 만물에 나타난 하나님의 계시로서는 '창세로부터 그의 보이지 아니하는 것들 곧 그의 영원하신 능력과 신성이 그 만드신 만물에 분명히 보여 알게'(롬 1:20) 된다. 그리고 하나님의 특별한 계획과 간섭으로 나타난 계시는 '하나님이 성령으로'(고전 2:10) 우리에게 주신 것이다."[45]

여기서 사용된 '하나님'이 삼위일체 하나님을 가리키는 것이라는 사실을 박윤선의 창조론에서 사용된 일반적 논법에 근거하여 추론해 볼 수 있을 것이다. 결국 창조주 및 섭리주 성령 하나님께서는 일반계시의 사역에 관여하시고, 구속주 성령 하나님은 성경이라는 특별계시의 기록과 이해와 해석의 사역에 관여하신다는 사실을 알 수가 있다. 박윤선의 경우, 성령은 일반계시와 특별계시의 사역에 직접적으로 또는 도구와 매개체를 사용하여서 개입하시기 때문에, 박윤선의 계시론 내지 인식(지식)론은 성령론적이라는 결론을 내릴 수가 있다.

---

44   박윤선, 『개혁주의 교리학』, 81, 참고 153.
45   박윤선, 『개혁주의 교리학』, 19.

"우리는 성경이 하나님의 말씀이며 또 계시(啓示)라는 주장을 성경에 근거하여 가진다. 첫째, 바울은 자기의 전도나 설교의 말씀을 바로 '하나님의 말씀'(살전 2:13)이라고 하였다. 하나님의 말씀과 하나님의 계시는 동일한 것이다. 요한계시록 1장에서 '계시'(1절)와 '하나님의 말씀'(2절)은 동일시되고 있다. 둘째, 히브리서 기자는 구약의 말씀을 인용하면서 '성령이 이르신 바'(히 3:7)라고 전제하였다. 이와 같이 사역의 말씀을 '성령'의 말씀이라고 하였으니, 이것은 곧 '하나님의 말씀'이라는 뜻이고(히 10:5), 히 5:12의 '하나님의 말씀'은 성경을 염두에 둔 것이 분명하다. 셋째, 베드로는 구약의 말씀이 성령의 감동으로 되었다고 증거하며, 또 바울의 서신들을 구약의 말씀과 다름없는 권위 있는 글이라고 증거 하였다(벧후 1:20-21; 3:15-16)."[46]

박윤선은 구원론에서 '하나님의 부르심(Vocation)'을 세 가지, 즉 일반적 부르심 또는 이법적(理法的) 부르심, 그의 특수계시의 말씀을 통한 부르심, 성령을 통한 내부적 부르심으로 나누어 취급한다. 그는 첫 번째 부르심을 "일반적 은혜(보통은혜)" 또는 "일반 은총"(common grace)이라고 부른다. 첫 번째 부르심은 복음전파와는 같을 수 없으나, "율법전파의 정도"는 된다. 이것은 자연계(롬 1:20), 역사(행 17:26), 이성(理性, 참빛, 요 1:9), 양심(롬 2:14-15)에 의하여 성립되며, 그 효과는 사람을 변화시켜 구원하지는 못한다. 하지만, 몇 가지 일을 하는데, 가령, 자연계를 통하여 사람들로 하여금 하나님을 알도록 촉구하고(롬 1:20), 인류 사회의 죄악을 견제하고(살후 2:6-7), 모든 피조물들을 보

---

46 박윤선, 『개혁주의 교리학』, 35, 참고, 38ff.

존시키고(창 6:3; 시 36:7; 145:9), 도덕적 질서 유지(롬 2:14-15) 등의 일이다.[47]

여기서도 박윤선이 세 번째 부르심에만 "성령"이라는 단어를 사용하고 있지만, 사실상 내용적으로 이해할 경우, 첫 번째 부르심에 해당되는 "일반 은혜"는 창조주 및 섭리주 성령 하나님의 '일반 은총'이나 '일반 은사'로 이해해야 할 것이다.

2. 구속주 성령 하나님의 특별 사역

우리는 구속주 성령 하나님의 특별 사역을 두 가지, 즉 그리스도인과 교회로 나누어서 기술하고자 한다. 구원의 시행은 주로 구속주 성령 하나님에 의해서 이루어지지만, 원칙적으로 구속주 성부, 성자, 성령 삼위일체 하나님에 의해서 이루어진다고 박윤선은 이해한다.

"구원은 성령의 역사로만 가능하다. 예수 그리스도께서 성취하신 모든 의(義)와 구속(救贖)도 성령의 중보사역으로 말미암아 그 은혜가 우리에게 미친다. 즉 구원의 작업은 창조와 마찬가지로 삼위일체 하나님의 공동 작업으로 이루어 가신다. 곧, 하나님이 계획하시고 그리스도께서 성취하시고 성령께서 택하신 자에게 실시하신다."[48]

---

47 박윤선, 『개혁주의 교리학』, 314-315.
48 박윤선, 『개혁주의 교리학』, 311.

1) 성령과 그리스도인

비록 박윤선의 성령 이해가 모든 각론들(loci) 속에 골고루 분산되어 나타나고 있지만, 지금 취급하고자 하는 그의 구원론 속에 집중적으로 나타나고 있다. 그의 『개혁주의 교리학』 제5편의 제목은 "구원론"인데, 그 목차가 "제1장 성령의 은혜", "제2장 성령의 은사"로 구성된 것을 보면, 그의 구원론 속에서 성령론이 매우 밀접하게 결부되어 있음을 알 수 있다. 또한 그가 "제5편 구원론"을 시작하는 말, "구원은 성령의 역사로만 가능하다."라는 말을 통해서 그것을 짐작할 수 있을 것이다.[49]

우리가 앞에서 이미 정의한 성령에 대한 명칭에 의할 경우, 구원론에서 성령의 사역은 특별 사역으로서 보혜사이신 구속주 성령 하나님의 사역으로 볼 수 있다. 박윤선은 구원론에서 두 가지, 즉 "구원실행의 서정"(Ordo Salutis)과 성령의 은사 문제를 집중적으로 취급하고 있다. 그런데, 성령의 은사는 구원론뿐만 아니라, 교회론과도 밀접한 관계에 있기 때문에, 성령의 은사문제를 교회론에서 다루고자 한다.

박윤선은 "구원실행의 서정", 즉 '구원 순서(서정, 질서)'에 다양한 견해들이 있지만, 자신은 "단계적 차례"를 인정할 수밖에 없으며, 그 차례는 "개혁주의 신학"에 따르면, "부르심, 중생, 회심, 신앙, 칭의, 양자삼으심, 성화, 궁극적인 구원, 영화의 순서"로 이루어진다고 말한다.[50]

---

49 박윤선, 『개혁주의 교리학』, 311.
50 박윤선, 『개혁주의 교리학』, 314, 참고, 최윤배, "죽산 박형룡의 구원론: 칭의와 성화를 중심으로," 한국개혁신학회(편), 『한국개혁신학』 제21권(2007), 197: "박형룡은 개혁신학과 성경주석의 논의를 통해서 구원 서정으로서 소명(召命), 중생, 회심(= 회개+신앙), 칭의, 수양(收養), 성화, 성도의 견인(堅忍), 영화(榮化)의 순서로 언급하는 것이 유익하다고 주장한다." 박윤선, "성령에 의한 구원실시와 은사문제," 『신학지남』 Vol. 46. no. 4(1979.12.1), 8쪽에서는

박윤선이 주장하는 구원 순서에서 항상 동반되는 것은 성령의 역사이며, 믿음이 여기에 밀접하게 결부되어 있다. "신앙이 단순히 우리 인간의 힘만으로는 성립될 수 없고, 그것은 하나님의 선물이며(엡 2:8) 오직 성령의 능력으로 성립된다는 것이다."[51] 박윤선에 의하면, 사람이 믿음으로 구원받고(엡 2:8-9), 믿음으로 의롭다함 받고(롬 3:28; 5:1), 믿음으로 성화되고(행 26:18), 믿음으로 영화되고(벧전 1:9), 믿음으로 행하게 되고(고후 5:7), 믿음으로 은혜에 이르게 되고(롬 5:2), 믿음으로 소망의 실상을 가지며(히 11:1), 믿음으로 궁극적 실재의 확실성을 알게 된다(히 11:3).[52]

첫째, "하나님의 부르심(Vocation)"에는 세 가지가 있다.[53] 교회의 복음전파와 관계없이 자연인이 일반은총을 통하여 "율법전파의 정도"의 효과를 가지는 "일반적 은혜(보통은혜)"에 의한 부르심이 있다. 또 교회의 복음전파를 통한 "외적인 부르심"은 차별 없이 누구든지 상대하고 복음을 전파하는 것(마 22:14)인데, 교회의 복음전파를 받았음에도 불구하고, 복음을 믿지 않는 자에게도 복음의 일반 은총적 효과는 임한다(사 55:10-11). 마지막으로 "내부적인 부르심"은 개인적으로 또는 공중적으로 전파된 교회의 복음말씀을 들은 자들의 마음이 성령으로 말미암아 열려지고 참으로 믿게 됨을 가리킨다. 마지막의 내적인 부르심의 결과는 그 대상자에게 중생으로 나타난다. 우리는 박윤선이

'Ordo Salutis'를 "구원실시의 질서"로 번역하며, 중생, 회개, 신앙, 칭의, 성화만이 취급되어 있다.(pp. 8-16)

51 박윤선, 『개혁주의 교리학』, 328.
52 박윤선, 『개혁주의 교리학』, 326.
53 박윤선, 『개혁주의 교리학』, 314-316.

주장한 "내부적인 부르심" 속에서 구속주 성령 하나님의 사역을 발견할 수 있다.

둘째, 박윤선은 중생(重生)의 주체, 즉 "중생의 사역자는 하나님의 성령과 그의 말씀이다."라고 성경주석을 근거로 여러 번 강조한다.[54] 그는 바빙크의 중생에 대한 정의를 인용하여 자신의 중생에 대한 정의로 대신한다. 중생은 사람의 영혼의 본체(substance)를 별도로 만드는 새로운 창조도 아니고, 외부적인 도덕적 개선도 아니고, "오직 사람의 성질의 영적 갱신"이다. 이 갱신은 사람의 행위, 생활 방식, 사상, 활동뿐만 아니라, 사람 전체가 본질상 핵심에 있어서 변동을 받는 것이다. 심지어 그 사람의 몸도 이 변화에서 제외되는 것이 아니다.[55] 중생의 결과의 네 가지 내용은 시간적 선후 없이 동시에 나타난다고 볼 수 있다. 중생의 결과로 자아의 분열이 일어나며, 죄책감을 가지며, 예수 그리스도에 대한 믿음이 생긴다. 중생의 네 번째 결과는 "유효한 은혜(efficacious grace)"인데, "구속의 은혜는 그것을 상대한 자들에게 효과적으로 관계를 맺는 것"이다. 성령으로 말미암아 이루어지는 중생은 죄인에게 내부적으로 선한 변동을 일으키시는 "신창조의 역사"(겔 11:19; 요 5:24; 고후 5:17; 엡 4:24; 골 2:13)이다.[56]

셋째, 박윤선은 회개(悔改)를 다음과 같이 정의한다. "회개는 사람이 전 인격으로 그리스도(하나님)께 돌아오는 영적 태도이다. 그는 지

---

54 박윤선, 『개혁주의 교리학』, 316, "중생은 하나님의 말씀으로 말미암는(엡 5:26; 약 1:18; 벧전 1:23-25) 성령의 역사로(요 3:5; 딛 3:5) 이루어지는데,"(316), "중생하게 하는 역사는 하나님의 성령과 그의 말씀이 하신다."(317)

55 박윤선, 『개혁주의 교리학』, 316.

56 박윤선, 『개혁주의 교리학』, 317-319.

식적으로 죄를 분별하고, 감정적으로 죄를 미워하고, 의지적으로 하나님을 향하여 결단하는 것이다."[57] "회개하는 자는 신앙의 결단으로 그리스도께 돌아와서 성령의 도우심으로 그의 죄도 고치고 이긴다. 믿음이 없는 회개는 죽은 회개이고, 회개할 줄 모르는 믿음도 죽은 믿음이다."[58] "인간의 회개는 하나님께서 성립시키시며", 회개하는 자에게 죄 용서와 고치심의 은혜가 주어진다.[59] 박윤선의 경우, 회개에서도 성령의 역사가 필요하다.

넷째, 박윤선은 신앙을 네 종류로 구분하여 설명하는데, 귀신도 가질 수 있는 "역사적 신앙"(약 2:19), 인간의 초자연적 행동을 믿는 "이적 신앙"(요 1:49-51; 마 7:22-23), "일시적인 신앙"(마 13:20-21; 딤후 4:10), 그리고 "구원받는 신앙"이 있다. 구원받는 신앙은 "중생한 생명의 뿌리를 가진 믿음이니, 이것은 사람이 중생할 때에 그 심령에 하나님이 심으신 씨와 같은 믿음이다. 이 믿음은 그리스도에 대한 사도적 전도 내용을 받고 우리의 사죄와 구원 완성을 위하여 지금 하늘에 살아 계신 전능하신 그리스도를 인격적으로 신뢰함이다."[60]

신앙의 대상이 하나님의 말씀과, 그리스도의 사건과, 살아계신 그리스도의 인격과, 살아계신 하나님의 인격이라는 것이다.[61] 박윤선은 믿음이 하나님의 선물이며, 성령으로부터 나온다고 말함으로써 믿음의 성령론적 차원을 강하게 의식하고 있다. "신앙이 단순히 우리 인

---

57 박윤선, 『개혁주의 교리학』, 321.
58 박윤선, 『개혁주의 교리학』, 321.
59 박윤선, 『개혁주의 교리학』, 321.
60 박윤선, 『개혁주의 교리학』, 324.
61 박윤선, 『개혁주의 교리학』, 325.

간의 힘만으로는 성립될 수 없다. 그것은 하나님의 선물이며(엡 2:8) 오직 성령의 능력으로 성립된다는 것이다."⁶² "성경과 정통신학에 따르면, 신앙은 복음을 듣는 자에게 성령으로 말미암아 발생하되(롬 10:17) 그 듣는 자의 심리로 작용한다(행 16:14). 강한 신앙도 성령으로 말미암아" 생긴다.⁶³

다섯째, 박윤선의 다음 주장 속에 칭의(稱義)에 대한 정의가 분명하게 나타나고 있다.

"칭의는 법정 용어로서 범죄자가 법적 선언에 의하여 옳게 여김을 받는 것을 의미한다. 이 경우 그 죄인이 옳게 여김을 받는 것은 그 자신에게 의(義)가 전혀 없이도 성립되는 것이다. 죄인이 예수 그리스도를 믿을 때에 하나님은 그를 가리켜 '그리스도의 의에 참여자'라고 법적으로 선언하신다. '그리스도의 의'는 그리스도께서 죽었다가 다시 살아나심으로 이루어진 열매이니 곧 하나님의 의(義)이다(롬 16:10; 롬 4:25). 신자에게 주시는 칭의 선언은 믿음으로만 받는 것으로서, 그 사람의 도덕적 자격과 무관하다는 진리가 롬 4:4-5의 말씀… 이 명확히 드러낸다."⁶⁴

박윤선은 칭의의 특징을 성화와 비교하여 여섯 가지로 언급하는데, 첫 번째 특징은 칭의는 성화보다 논리적으로 우선하며, 세 번째 특징

---

62   박윤선, 『개혁주의 교리학』, 328.
63   박윤선, "칼 바르트의 교의학에 나타난 신론, 그리스도론, 성령론," 『신학정론』 제3권(제5집, 1985.5.1), 190.
64   박윤선, 『개혁주의 교리학』, 328.

을 "칭의는 하나님께서 선언하시고 성화는 성령께서 시행해 주신다." 라고 비교 설명한다.65 비록 박윤선이 성령을 칭의에 결부시키지 않고, 성화에만 결부시키지만, 박윤선은 믿음에 의한 칭의를 주장하고, 믿음이 인간의 공로가 아니고, 하나님의 선물이며, 성령의 은사라고 주장한 점을 고려해 볼 때, 결국 그가 이해한 칭의는 성령의 역사와 무관하지 않다는 결론을 내릴 수가 있을 것이다. 그는 칭의의 근거가 오직 예수 그리스도께서 성취하시고, 우리에게 전가(轉嫁)하시는 의라는 사실을 다시 한 번 강조한다.

"칭의의 근거는 신자의 신앙도 아니다. 신앙은 그리스도를 영접하는 방법일 뿐(요 1:12) 공로가 아니다. 더욱이 신자의 어떤 선행도 칭의의 근거가 될 수 없다(롬 3:28; 갈 2:16; 3:11). 칭의의 근거는 오직 그리스도의 죽으심과 다시 살으심으로 확정된 그의 의(그리스도의 능동적 순종과 피동적 순종으로 성립된 의로움)로만 성립된다. 이 근거는 하나님이 성립시키신 제도적 보장이며, 그리스도의 속죄에 대한 법적 보장이다(롬 5:14-21)."66

여섯째, 박윤선은 성화(聖化)의 사역을 삼위일체론적으로, 특히 성령론적으로 규정한다.

"신자를 성화시키시는 이는 삼위일체 하나님이시다. … 살전 5:23에

---

65 박윤선, 『개혁주의 교리학』, 331-332, L. Berkhof의 견해와 대동소이하다. L. Berkhof, *Systematic Theology* (Grand Rapids: WM. B. Eerdman Publishing Co., 1938/1981), 513-514.

66 박윤선, 『개혁주의 교리학』, 332.

'(아버지) 하나님이 친히…'라는 말씀이 신자들의 성화 문제와 관련되어 나온다. 뿐만 아니라 성화의 작업은 하나님의 아들 그리스도께서 하시는 일이라고 성경은 말한다. 그것은 성화의 방법으로 그 자신을 희생하셨기 때문이다. … 그리고 성경은 신자의 성화 작업을 이루어 가시는 성령의 역사를 두드러지게 역설한다. 그 이유는 구속의 경륜으로 보아 성령께서 특히 인간 존재의 내부에까지 들어오셔서 믿음과 덕을 발생하게 해 주시기 때문이다. 신자의 모든 덕행은 성령의 열매이다(갈 5:22-23). … 성화는 신자의 잠재의식에서도 실현되어 간다. 성령의 동정(動靜)에 대하여는 인간의 전적 이해가 불가능하다(요 3:8). 그러나 신자가 의식적으로 노력하는 가운데 성령의 은혜를 받아서 성화되기도 한다."[67]

성화는 "성령께서 신자로 하여금 점차 거룩해지도록 하시는 역사이다. '저(주님)와 같은 형상으로 화하여 영광으로 영광에 이르니 곧 주의 영으로 말미암음이니라'(고후 3:18하). 성화는 단번 사건이 아니고 계속 성취해 나아가는 과정(process)이다."[68] "신자를 성화(聖化)시키시는 이는 성령이시다(갈 5:22-13). 하지만 성화에 있어서 신자 자신은 순종해야 할 책임자이다(고전 15:58; 빌 2:12; 골 3:5; 히 12:4)."[69]

일곱째, 박윤선이 말하는 "성도의 궁극적인 구원"은 일반적으로 불리는 "성도의 견인(堅忍)" 교리에 해당된다고 볼 수 있다. 그는 뵈트너(Loraine Boettner)의 견해를 따라서 주장하는 바, 성도의 "구원의 견

---

67   박윤선,『개혁주의 교리학』, 337-338.
68   박윤선,『개혁주의 교리학』, 334.
69   박윤선, "칼 바르트의 교의학에 나타난 신론, 그리스도론, 성령론," 191.

고성(확고성)"은 인간의 어떤 행실에 의존하는 것이 아니라, "하나님의 은혜에만" 달렸기 때문에 성도의 구원이 확실하다고 한다.[70] 비록 성도가 일시적으로 타락할 수 있지만, 그의 범죄로 말미암아 하나님의 선민된 자격을 상실하는 것은 아니다. 왜냐하면 "그가 참으로 택함 받은 성도라면 성령의 도우심으로 다른 사람이 알게 또는 모르게 회개하고 하나님께 돌아오는 날이" 있기 때문이다.[71] 바로 이런 맥락에서 박윤선은 범죄한 성도에 대한 교회의 사랑에 근거한 권징을 주장한다.[72]

여덟째, 신자의 '영화(榮化)'를 박윤선은 두 가지의 경우에 적용시켜서 이해한다. 하나는 예수 그리스도의 재림 시에 이루어지는 "육신의 부활" 또는 "몸의 구속(몸의 부활)"을 가리키고(롬 8:18-26, 30), 다른 하나는 신자가 목숨을 거둘 때, "신자의 영혼이 하나님께로 가는 것", 즉 "신자의 별세"를 가리킨다(살전 4:14; 계 14:13; 딤후 2:11; 고후 5:8; 히 12:23; 시 73:24).[73] 신자의 구원서정으로서의 영화와 관련하여 박윤선은 성령의 역사와 직접적으로 연결시키지는 않는다. 그러나 우리가 앞에서 언급한 성도의 영화가 믿음으로 말미암는다는 주장이나, "신령한 몸"(고전 15:44)에 대한 주석에서 "몸"(σῶμα)이라는 말은 '영'(πνεῦμα)이라는 말과 다르며(눅 24:37-39), 신자들이 다시 살아 날 때 그 몸이 성령의 전적인 지배를 받지만, 역시 몸이라는 그의 주장과 [74] 구원 순서를 논의하는 2장의 제목이 "성령의 은혜"라고 붙인 점에

---

70 박윤선, 『개혁주의 교리학』, 340.
71 박윤선, 『개혁주의 교리학』, 340.
72 박윤선, 『개혁주의 교리학』, 341.
73 박윤선, 『개혁주의 교리학』, 341-342.
74 박윤선, 『개혁주의 교리학』, 485.

근거해 볼 때,75 박윤선이 이해한 성도의 영화는 성령의 역사와 무관하지 않음이 분명하다.

우리가 위에서 살펴보았다시피, 박윤선이 이해한 구원 순서에서 신자의 구원의 주체는 일차적으로 구속주 삼위일체 하나님이시지만, 특히, 구속주 성령 하나님의 역사가 고유한 역사로 나타난다. 또한 박윤선은 대부분의 구원 순서에서 믿음을 밀접하게 결부시킨다. 구원 순서의 성격과 관련해서, 박윤선은 "단계적"이라는 표현을 사용하는가 하면, 성화와 비교하여 칭의를 정의할 때는 칭의가 성화보다 "논리적으로 우선"한다고 말함으로써, 구원 순서를 단계적 순서로 이해하는지 논리적 순서로 이해하는지, 또는 단계적인 동시에 논리적인 것으로 이해하는지 분명치 않다. 칼뱅과 박형룡은 구원 순서를 시간적, 단계적으로 이해하지 않고, 신학적, 논리적 순서로 이해한다.76

2) 성령과 교회

(1) 성령의 은사공동체로서의 교회

박윤선은 교회를 삼위일체론적이며 구속사적 관점에서 이해한다. 교회는 하나님에 의해서 예수 그리스도 안에서 선택된 자들의 모임이며, 예수 그리스도의 몸이며, 성령의 은사공동체이다. 신약의 교회는 구약의 하나님의 백성들과 함께 메시야에 대한 신앙을 공유함으로써 구속사적인 맥락 속에서 구약의 광야(廣野) 교회(행 7:38)와 연속성을

75　박윤선,『개혁주의 교리학』, 349.
76　최윤배, "죽산 박형룡의 구원론: 칭의와 성화를 중심으로," 203: "깔뱅과 박형룡은 모두 구원 순서(서정)를 시간적 순서로 이해하지 않고, 논리적 순서로 이해한다."

갖는다.

"'교회'(ἐκκλησία)라는 말은 '불러냄'을 의미한다. 다시 말하면 교회는 하나님께서 택하시어 불러내신 사람들의 단체이다(롬 11:1-5; 벧전 2:9). 하나님이 택하신 사람들이 누구인지 이에 대하여 궁극적으로 아시는 이는 하나님뿐이시다. 그들은 마침내 예수 그리스도를 진정으로 믿는 자들이다. 칼빈(John Calvin)은 '선택의 거울은 그리스도(그리스도를 믿는 신앙)'라고 하였으니, 누구든지 진실하게 그리스도를 믿는 자는 택함을 받은 자라고 말한다."[77]

또한 교회는 "메시야의 수반(隨伴) 현상"이다.[78] 비록 예수 그리스도께서 신약의 교회를 직접 세우셨지만, 교회는 구약과의 관계 속에서 구속사적으로, 그리고 메시야의 관점에서 이해되어야 한다. "우리가 신약의 교회의 설립이 구약 계시의 성취라고 생각할 때에 문제는 명백하게 해결된다. 구약 계시는 메시야가 오실 것을 예언하여 왔는데, 신약시대에 메시야가 오심으로 그것이 성취되었다. 메시야가 오셨다는 말은 곧바로 교회에 대한 구약 예언이 성취되었다는 것이다. 그 이유는 교회는 메시야의 수반(隨伴) 현상이기 때문이다."[79] 여기서 박윤선은 구속사의 틀 속에서 교회를 그리스도론적으로 이해하고 있음을 알 수 있다.

박윤선에 의하면, 하나님께서 교회의 설립과 양육을 위해서 성령을 보내시고, 신자들에게 성령의 은사를 주신다. "하나님께서 교회를 세우시는 일로 인하여 또 교회를 양육하시기 위하여 성령을 보내셨다. …

---

77 박윤선, 『개혁주의 교리학』, 377.
78 박윤선, 『개혁주의 교리학』, 378.
79 박윤선, 『개혁주의 교리학』, 378.

신자들에게 각각 다른 은사를 주시는 목적은 첫째, 교회의 통일을 위한 것이고, 둘째, '유익하게'(πρὸς τὸ συμφέρον) 하기 위한 것이다."[80]

박윤선은 신약시대 교회관의 변천을 다루면서 순교자 저스틴(Martyr Justin)의 글을 인용한다. "기독교회는 성령 받은 자들의 단체라고 하였다."[81] 박윤선은 "유기체(Organism)로서의 교회와 기관(Institution)으로서의 교회"를 취급하면서, 교회를 유기체로 비유하는 이유는 "몸은 단합체일 뿐만 아니라 생명체이기" 때문이라고 말한다. 기관으로서의 교회에 대한 논의에서 그는 속죄와 관련 없이 자연과 은혜를 병립시키는 로마 가톨릭 교회의 이원론적인 교회관을 비판하고, 교회의 기관과 제도가 자연에 속할 수 없다는 칼뱅의 주장에 동의하면서, "기관 교회는 은사의 기관적 표현인 만큼 거기에서 일하는 일꾼들이 은사 중심으로 선출되어야 한다. … 누구든지 그가 받은 은사에 따라서만 몸 된 교회를 봉사할 수 있다. 교회에서 은사 없이 일한다는 자는 도적이요 강도이다."라고 말한다.[82]

비록 '유기적 생명체'라는 용어가 생물학적 용어이고, '기관'이라는 용어가 사회학적 용어와 깊은 관련이 있을지라도, 박윤선이 이해한 유기적 생명체로서의 교회와 은사공동체로서의 교회라는 사상 속에서 교회에 대한 그리스도론적인 동시에 성령론적인 관점이 강하게 발견된다.

---

80 박윤선, 『개혁주의 교리학』, 349; 박윤선, "성령에 의한 구원실시와 은사문제," 『신학지남』 Vol. 46. no. 4(1979.12.1), 16.

81 박윤선, 『개혁주의 교리학』, 379, Martyr Justin, *Adv. Haer.* IV, 36, 2. 재인용.

82 박윤선, 『개혁주의 교리학』, 382.

교회의 "성결성", 즉 "거룩성",[83] 교회의 직분(직원)의 자격 조건으로서의 은사의 수여와 은사를 통한 봉사,[84] 교회의 영적 권세,[85] 영적인 것과 사랑에 기초한 권징[86] 등에 관한 그의 논의에서도 박윤선이 교회를 성령론적 관점에서 이해하고 있음이 밝혀진다.

박윤선은 은사론에 근거하여 만인제사장직과 직결되는 "일반교역"뿐만 아니라, 교회의 직분(직원)에 해당되는 "특수교역"도 인정하고 있다.

"교회의 교역자들은 평신도와 다른 제사장 계급은 아니다. 그리스도 외에는 특수 제사장은 없다. 교역자들이 제사장이라고 한다면 일반 평신도들도 그런 의미의 제사장이다. … 교회의 교역자들은 하나님의 은사에 의하여 어디까지나 봉사자이다(벧전 4:9-11)."[87]

"우리들이 은사를 받은 후에도 그 은사는 주님의 것이다. … 각기 받은 은사대로 봉사하도록 되어 있다(벧전 4:10-11). 직원도 그 받은 은

---

83 박윤선, 『개혁주의 교리학』, 383: "교회관에 있어서 신자들 자신이 영적으로 성별되는 것은, 곧 하나님께 소속된 것과 또는 그들의 생활이 순결함을 가리켜 교회의 성결이라고 한다."

84 박윤선, 『개혁주의 교리학』, 389.

85 박윤선, 『개혁주의 교리학』, 395: "영적 권세라는 것은 세속적 권세와 정반대의 성질을 가진다. 세속적인 것은 인류가 자력으로 인간적 배경에 의하여 지배하는 것이다. 그러나 영적 권세는 교회(혹은 교회의 대표자들)가 하나님의 아들 예수 그리스도의 말씀을 배경으로 하고 하나님의 은혜와 은사(恩賜)의 힘으로 봉사할 자격을 의미한다. 심지어 교회가 행사하는 치리도 교회의 왕(그리스도)의 말씀을 봉행(奉行)하는 봉사의 자세로 실행되어야 한다. 그러므로 영적 권세라는 것은 (1) 그리스도의 이름과 성령의 능력에 의한다는 뜻이고(요 20:22-23; 고전 5:4) (2) 어디까지나 남을 섬기기 위한 것이고 섬김을 받기 위한 것이 아니다(마 23:10-12)."

86 박윤선, 『개혁주의 교리학』, 415.

87 박윤선, 『개혁주의 교리학』, 300, 참고, 354.

사의 종별에 따라 그 은사의 위치에서 봉사하는 것뿐이다. 예를 들면 목사라는 직원은 그 신분 자체가 남보다 높은 것이 아니고 그 받은 은사도 다른 은사들보다 계급적으로 높은 것이 아니다. 그리고 그는 그가 받은 은사(곧, 가르치는 은사와 다스리는 은사) 때문에 교회를 봉사한다."[88]

(2) 은혜의 방편: 하나님의 말씀과 성례전(세례와 성찬)

박윤선은 은혜의 방편을 정의하기를 "은혜의 방편이란 하나님의 말씀과 성례를 말한다."[89] 교회의 직분에 대한 객관주의와 주관주의 모두를 반대한 박윤선은 "은혜의 방편", 즉 은혜의 수단의 문제에서도 로마 가톨릭 교회의 객관주의와 "신비가들"의 주관주의를 비판하면서, "개혁주의 교회"의 길을 걸어가야 한다고 말한다.

"로마 가톨릭 교회는 은혜의 방편으로써 성례가 그 자체에 은혜를 보관하고 있다고 그릇되게 말한다. 그리고 신비가들은 성령의 직접적인 사역을 강조하면서 말씀(성경)과 성례는 심령 속에 은혜의 역사를 비유할 뿐이라고 한다. 그러나 개혁주의 교회는 위의 두 가지 견해를 반대하고, 하나님은 은혜의 방편에 절대적으로 매이지 않으셨으나, 그가 그것들을 그의 기쁘신 뜻대로 사용하신다고 믿는다."[90]

어떤 학자들은 교회, 신앙, 회개, 기도를 은혜의 방편으로 간주하지

---

88 박윤선,『개혁주의 교리학』, 389, 참고, 389-393.
89 박윤선,『개혁주의 교리학』, 418.
90 박윤선,『개혁주의 교리학』, 418.

만, 박윤선은 교회는 은혜의 방편을 실행하는 자이고, 회개, 신앙, 기도는 은혜를 받은 결과로 생기는 신자의 주관적 행위이기 때문에, 이것들이 중요할지라도, 은혜의 방편 자체는 아니라는 것이다.[91]

① 성령과 하나님의 말씀

박윤선은 하나님의 말씀을 성경을 중심으로 이해하되, 성경과 설교와 성령의 역사를 포함하여 매우 포괄적으로 관련시킨다. 칼뱅이 사용한 용어로 말한다면, 하나님의 말씀인 성경을 중심으로, 박윤선에게서 "성령의 영감"과 "성령의 내적 조명"과 "성령의 수단으로서의 성경" 말씀이 매우 중요하다.

> "이것은(하나님의 말씀, 필자) 인격적인 말씀, 예수 그리스도를 가리키지도 않거니와 어느 때에나 하나님에게서 직접 나오는 계시를 가리키지도 않는다. 이것은 기록된(영감된) 말씀을 가리키는데 주로 증거자의 입으로 전파되는 때의 그 말씀(성경)을 가리키나, 그 밖에 여러 가지 방법으로 신자들을 접촉하는 그 말씀도 가리킨다."[92]

박윤선은 성령의 사역 없이 말씀의 사역만을 강조하는 것을 율법주의로 정의하고, 말씀의 역사를 등한시하면서 성령의 역사만을 강조하는 것을 반율법주의라고 정의하면서, 양자를 동시에 비판한 뒤, 자신은 "개혁주의" 관점에서 말씀과 성령의 동반을 주장하면서도, 특별

---

91 박윤선, 『개혁주의 교리학』, 418.
92 박윤선, 『개혁주의 교리학』, 418.

한 경우에는 말씀이 없이도 사역하실 수 있는 성령 사역의 우월성을 주장한다. 여기서 루터와 루터주의는 성령과 말씀의 관계에서 "말씀에 의하여"(per verbum) 라는 말을 사용하여 말씀이 성령보다도 우월성을 지녔다면, 칼뱅은 "말씀과 함께"(cum verbo) 라는 말을 사용하여 박윤선처럼 성령과 말씀의 밀접한 관계를 확보하면서도, 말씀에 대한 성령의 우월성을 주장한다고 볼 수 있다.[93]

"율법주의는 말씀 사역만 강조하고 성령의 역사를 필요하게 느끼지 않는 반면에, 반율법주의는 성령의 역사만을 필요하다고 보고 말씀의 역사를 등한히 한다. 그러나 개혁주의는 말씀만으로는 충분하지 않고 성령의 역사의 동반을 주장한다. 성령께서 말씀 없이 역사하실 수도 있으나 보통으로는 말씀과 함께 역사하신다."[94]

박윤선은 헤르만 바빙크(Herman Bavinck)의 글을 하나님의 말씀과 관계하여 인용하는데, 성령과 관계된 부분을 재인용해 보면 다음과 같다.

"하나님의 말씀은 하나님 자신에게서 분리되어 있지 않으며, 그리스도나 성령에게서도 분리되지 않는다. 성경 전체가 성령으로 영감되었고 계속하여 성령으로 말미암아 보관되며 능력 있게 되는 만큼, 거기

---

93 최윤배 공저,『16세기 종교개혁과 개혁교회의 유산』(서울: 한국장로교출판사, 2003), 277; 임창복 · 최윤배 공저,『개혁신학과 기독교교육』(서울: 한국장로교출판사, 2007), 157-158.
94 박윤선,『개혁주의 교리학』, 420.

서(성경에서) 취하여 전파되는 부분적 말씀도 역시 그러하다."⁹⁵ "개혁자들은 성경 말씀의 능력 있는 역사를 무인격한 마술적인 것으로 생각하지 않고, 그것이 늘 성령으로 역사하신다고 생각하였다. 성령은 늘 말씀과 함께 하시며 말씀으로 활동하시되, 언제나 같은 모양으로 역사하시지는 않는다."⁹⁶

박윤선에 의하면, 율법과 복음은 하나님의 말씀의 전(全) 내용이며, 율법과 복음은 서로 동반되어 구약시대에도 있었고, 신약시대에도 있었다. 사실상 구약시대에도 복음은 약속의 형태로 있었고, 이 약속의 형태의 복음이 신약시대에는 성취의 형태로 완성된 것이다.⁹⁷

박윤선의 경우, 은혜의 방편으로써 기록된 성경 말씀은 성령으로 영감된 말씀이며, 오늘날도 성령의 역사를 통하여 역사하게 된다. 성경말씀은 반드시 성령 사역의 동반을 통하여 역사하지만, 특별한 경우 성령은 말씀 없이도 역사하실 수가 있다. 그에게서 말씀에 대한 성령의 우월권이 발견된다.

② 성령과 성례(세례와 성찬)

성례는 세례(유아세례)와 성찬으로 구성된다. 박윤선은 말씀과 성례를 다음과 같이 비교한다. "(1) 말씀은 성례 없이도 스스로 존재를 유지하며 또 스스로 완전하나, 성례는 말씀 없이 스스로 완전할 수 없다. (2) 말씀이 사람을 거듭나게 하며 믿음을 견고케 하나, 성례는 다

---

95 박윤선, 『개혁주의 교리학』, 419.
96 박윤선, 『개혁주의 교리학』, 419.
97 박윤선, 『개혁주의 교리학』, 420.

만 믿음을 견고케 할 뿐이다. (3) 말씀은 세계 그 어디든지 가지만, 성례는 진실한 신자들만 상대한다."[98]

박윤선은 세례의 의미를 크게 세 가지, 즉 계약에 가입하는 의미, 예수 그리스도의 보혈로 죄 씻음의 표에 대한 의미, 그리고 예수 그리스도에게 접붙임이라는 의미를 갖고 있다고 말한다.[99] 그는 칼뱅의 주장에 동의하면서, 구약의 할례의 연장선, 곧 계약론의 입장에서 유아세례를 주장한다. 계약의 의미를 가지고 있는 세례와 할례는 표지의 모양은 서로 다르나, 예수 그리스도의 보혈로 죄를 씻는다는 것과 영적으로 우리의 육을 죽인다는 점에서는 동일하다. 세례 받는 바로 그 시각에 반드시 일어나는 것은 아니지만, 유아도 중생케 하는 성령을 받는다.[100]

하나님의 은혜의 방편으로서의 성경 말씀의 사역에서도 성령의 사역이 중요하듯이, 은혜의 방편인 성례에서도 성령의 역사가 중요하다. 박윤선은 유아세례를 언급하면서 다음과 같이 성령의 사역을 강조한다. 여기서도 은혜의 방편으로서의 유아세례보다도 그 방편을 사용하시는 성령의 역사의 우월성이 나타나고 있다.

"성례는 인간들의 의식(儀式)에 매이지 않고 역사하시는 성령의 은혜 주시는 방편이 될 수도 있다. 성령께서 무식한 유아에게는 사역하시지 않는다고 단언할 근거는 없다. 사람이 은혜계약에 참여하여 효과를 누림은 그의 지식 때문만이 아님을 우리는 안다. … 칼빈은 하나님

---

98   박윤선, 『개혁주의 교리학』, 420-421.
99   박윤선, 『개혁주의 교리학』, 422-423.
100 박윤선, 『개혁주의 교리학』, 426.

의 성령께서 유아들에게도 역사하시는 사실과, 유아들도 신앙과 중생에 참여하게 됨을 절대로 부인하지 않는다."[101]

박윤선은 성찬의 의미를 세 가지 측면에서 설명한다. 성찬집례는 예수 그리스도의 직접적인 명령이다. 성찬은 기념의 행위를 가지고 있다. 성찬은 주 예수 그리스도의 죽으심을 전파하는 행사이다.[102] 성찬과 관련하여 로마 가톨릭 교회의 화체설을 강하게 비판하고, 루터의 공재설도 "예수님의 말씀을 왜곡한 것"이라고 비판한 박윤선은 츠빙글리의 기념설은 약하게 비판한다. 그리고 자기 자신은 칼뱅의 입장에 동의하면서, "신비설", 즉 "영적 임재설"을 제시한다.[103] 칼뱅과 핫지와 바빙크의 주장을 자신의 주장으로 언급한 다음의 글 속에서 그의 성찬론이 성령론과 밀접한 관계 속에 있다는 사실이 충분하게 밝혀진다.

"칼빈은 다음과 같이 말한다. 곧 '성찬을 시행할 때 그리스도의 몸과 피가 능력적(dynamic)으로 임재한다. 이는 마치 태양이 하늘에 있으면서도 그의 빛과 열이 땅에 임함과 같다. 그리스도의 몸이 성령의 중개에 의하여 그 영향력이 성찬에 참여하는 자들에게 임한다. 그것은 성령의 영향력과는 다르다.' 라고 하였다. 칼빈이 말한 바 '그리스도의 몸의 능력적 임재'에 대하여 핫지(Archibald Alexander Hodge)

---

101 박윤선, 『개혁주의 교리학』, 427.
102 박윤선, 『개혁주의 교리학』, 432-433.
103 필자는 "영적 임재설"로 알려진 칼뱅의 성찬 이해를 "성령론적 임재설"로 표현하고자 이미 시도하였다. 최윤배 공저, 『16세기 종교개혁과 개혁교회의 유산』, 293: "이것을 가리켜 보통 '영적 임재설'이라고 하지만, 우리는 보다 구체적으로 이것을 '성령론적 임재설'이라고 부르는 것이 더 나을 것이다."

는 해석하여 말하기를 '그리스도의 몸과 피가 임한다 함은 성령에 의하여 그 속죄의 효과가 그 성찬을 받는 자에게 미침을 의미한다.' 라고 하였다. 바빙크는 칼빈의 학설을 신비설(mystical theory)이라고 하였다."[104]

성찬의 의미에서 칼뱅의 견해와 함께 츠빙글리의 기념설적인 측면도 받아들인 박윤선은 성찬에서 성령의 역사의 중요성을 매우 강조하였다고 볼 수 있다. 박윤선에게서 말씀에 종속되는 성례의 내용은 예수 그리스도 자신이시며, 성례의 효과는 성령의 사역에 의해서 나타난다. 박형룡은 "은혜계약"을 삼위일체론적으로, 특히, 예정론(선택론)적으로, 그리스도론적으로, 그리고 성령론적으로 이해하였다.[105]

"(1) 이 계약(은혜계약, 필자)은 은혜로운 것이니 그 이유는 하나님께서 우리를 담보하시는 구주를 주시어 이 약속이 실현되게 하신 까닭이다. 또한 성령님을 우리에게 주사 우리의 언약 관계의 책임을 실행케 하시는 까닭이다. (2) 이 계약은 삼위일체적이라 함이 옳다. 그 이유는 이 계약 체계에 있어서 하나님 아버지께서는 우리의 구원을 계획하셨고, 성자께서는 우리의 죄 값을 대신 지불하시어 구원을 이루시고, 성령님께서는 그 이루신 구원을 각인에게 시행하시는 까닭이다(요 1:16; 엡 2:8; 벧전 1:2). (3) 이 계약은 영원불변한 것이며(창 17:9; 삼하 23:5; 행 4:12; 히 13:8, 20), 또한 제한적이다. 다시 말하면

---

104 박윤선, 『개혁주의 교리학』, 430-431.
105 박윤선, 『개혁주의 교리학』, 224-233.

이것은 모든 인생 전부를 위한 것이 아니요 택한 자들만을 위한 것이다."[106]

결국, 박윤선은 은혜의 방편(말씀과 성례) 없이 성령만을 일방적으로 강조한 주관주의적 열광주의를 비판함과 동시에, 성령의 역사 없이 은혜의 방편만을 강조하는 율법주의, 가령 성례 자체가 자동적으로 효과를 발생시킨다는 사효론(事效論, ex opere operato)을 주장한 로마 가톨릭 교회를 비판하면서, 성령과 "은혜의 방편" 사이의 밀접한 관계성을 강조하면서도, 성령의 자유와 우월성을 인정하였다. 왜냐하면 특별한 경우, 성령께서는 은혜의 방편 없이도 역사하실 수 있기 때문이다.

(3) 성령의 은사

앞에서 이미 말했다시피, 비록 박윤선이 이해한 성령의 은사가 구원론과 밀접한 관계 속에 있지만, 그의 성령의 은사에 대한 이해는 그의 교회 이해로부터 출발해야 할 것이다. 왜냐하면 그의 교회론은 삼위일체론적 교회론인 동시에, 성령론적 교회론이 강하게 부각되고 있기 때문이다. 그는 특히 고린도전서 12:4-31절에 대한 주석을 근거로 성령의 은사에 대한 논의를 전개한다.

하나님께서 교회의 설립과 양육을 위하여 성령을 보내주셨다. 또한 "신자들에게 각각 다른 은사를 주시는 이가 동일하신 성령"이신데, 성령의 은사가 주어진 목적은 두 가지, 즉 교회의 통일성을 유지하고, "유익하게" 하기 위해서, 다시 말하면, "공동적 유익을 위하여"(for the

---

106 박윤선, 『개혁주의 교리학』, 233.

common good)"이다.[107] 박윤선은 고린도전서 12장 31절을 주석하면서 "은사를 구하는 동기도 사랑이고 은사를 사용하는 방법도 사랑"이라는 점을 역설한다.[108]

"지혜의 말씀"은 "이 세상 일에 대하여 하나님이 주시는 지혜가 아니고, 하나님을 알게 하는 영적 지혜"며, 그리스도에 대한 기본적 진리, 곧 복음으로서, 구체적으로 말하면, 사도적 기록인데 후대에 "전승된 신약성경"(딤후 3:15)이다. 이 은사를 받은 사람은 사도들에게만 국한된다.[109] 그러나 오늘날 교회에서 "지혜의 말씀"을 다루는 자가 목사로서, 목사는 사도의 권위를 가지지는 못하였으나, 사도의 복음을 가지고 전파하며 가르친다.[110]

"지식의 말씀"에서 "지식"은 "세속적" 지식이 아니라, 복음을 지식적으로 잘 가르치는 은사(재능)를 의미한다. 이 은사를 가진 자는 "세속적 지식까지도 성화하여" 복음전달에 활용한다. 이 직분을 가진 자가 구약의 에스라, 신약의 아볼로, 오늘날에는 교사로서, "목사가 곧 교사"이다. 교사는 기존의 복음지식을 밝혀서 전달하는 영적 직능을 가지지만, 구약의 선지자와 신약의 사도처럼 원천적으로 계시를 받는 직분은 아니다.[111]

"같은 성령으로 믿음을"이라는 구절에 대하여 박윤선은 어떤 곳에서는 능력 행함과는 별도로 "영력 있는 믿음"으로 이해한다. 세례 요한

---

107 박윤선, "성령에 의한 구원실시와 은사문제," 16; 박윤선, 『개혁주의 교리학』, 349.
108 박윤선, 『개혁주의 교리학』, 356; 박윤선, "성령에 의한 구원실시와 은사문제," 20-21.
109 박윤선, 『개혁주의 교리학』, 349.
110 박윤선, "성령에 의한 구원실시와 은사문제," 17.
111 박윤선, 『개혁주의 교리학』, 350; 박윤선, "성령에 의한 구원실시와 은사문제," 17.

이 여기에 해당되며, 이로 인해 "성역에 많은 열매를" 맺게 한다고 해석하고,[112] 다른 곳에서는 여기서 의미하는 "믿음"은 신자가 개종할 때의 결신한 믿음을 가리키는 것이 아니라, "선을 행할 수 있는 생산력 있는 믿음"을(살전 1:3; 살후 1:1; 요 6:29; 갈 5:6; 히 6:10; 약 2:22) 가리킨다고 해석한다.[113]

"병고치는 은사"는 하나님에 의해 주권적으로 주어지는데, 누구에게나 주어지는 것은 아니다. 오늘날 교회에서 이 은사는 "특별 섭리의 형태(사도적 이적과는 다름)로 계속 존재한다." 이것은 한 사람의 영광이나 사욕을 위한 것이 아니고(약 4:3), "남(교회)을 돕기 위한 것이다." 병고치는 은사가 있는 성도는 자신의 자유로 그것을 사용하지 말고, 하나님의 뜻과 인도하심을 따라 순종해야 하며, 하나님의 말씀에 부합의 여부를 알아보고 기다려야 한다(요일 4:1)고 말함으로써, 박윤선은 신유(神癒)의 은사를 적극적으로 인정하면서도, 그 사용의 목적과 방법에 있어서 신중할 것을 주장한다.[114] 그러나 예수 그리스도와 사도들이 취급한 병자들은 모두 치료되어 재발하지 않았으나, 오늘날 교회시대의 신유는 병자를 위하여 기도할 때 하나님의 은혜로 치료될 때도 있지만 재발되는 경우도 있다.[115]

"능력 행함"은 "이적(異蹟)"을 가리키는데, 모든 사람에게 주어지는 것이 아니고, 일부 사람에게만 국한되어 주어진다. 이적은 하나님께서 흔하게 행하시지 않는 "희적(稀蹟)"이다. 하나님께서 "지금도 혹시

---

112 박윤선, "성령에 의한 구원실시와 은사문제," 17.

113 박윤선, 『개혁주의 교리학』, 351.

114 박윤선, 『개혁주의 교리학』, 351-352; 박윤선, "성령에 의한 구원실시와 은사문제," 18.

115 박윤선, 『개혁주의 교리학』, 359; 박윤선, "성령에 의한 구원실시와 은사문제," 23.

어떤 신자에게" 이적을 행하는 능력을 주시지만, 이 이적은 성경에 기록된 계시적 이적과 같은 것이 아니고, "특수 섭리(보통 섭리가 아님)"에 속하며, "교회 이적"(Church miracle)으로 불리기도 한다.[116]

"어떤 이에게는 예언함을"의 구절을 해석하는 가운데, 박윤선은 어떤 곳에서는 "예언함"의 헬라어의 의미는 '미리 말함'이 아니고, '선포함'(proclamation)인데, 곧 신의 대리자가 신의 뜻을 해명하는 것으로써, "예언" 곧, 대언의 은사는 미래의 될 일을 예고하는 것에 국한된 것이 아니라, 오히려 하나님의 말씀과 뜻을 일반적으로 알려주는 사역으로서, 오늘날의 설교자가 이 사역을 하는 것으로 이해하고 있다.[117] 그는 다른 곳에서는 "예언함"의 헬라어의 의미는 '미리 말함'에 국한되지 않고, '대언함'을 의미하는 바, 이것은 하나님의 대리자의 입장에서 하나님의 뜻을 해명하는 것이다. 그러나 여기서는 어떤 사건에 대한 선견(先見)의 영감을 가리키는 바, 바울과 빌립의 딸의 예언(행 11:28; 21:9-11)이 여기에 해당된다. 오늘날에는 신구약으로 계시사가 완성되었기 때문에, 이 같은 예언은 전혀 없기 때문에, "구원사와 계시사의 궤도"를 떠나 조작한 것이나 윤리적이지 아닌 것은 거부되어야 한다고 해석한다.[118] "선지자"(고전 12:28)는 신약시대(사도시대)에 예언한 자를 가리킨다. "예언하는 자"는 "대언(代言)자"로서 사람에게 덕을 세우며, 권위하며, 안위하였는데(고전 14:3), 그들이 하나님의 백성의 구원을 위하여 계시를 받아 대언하였고,(롬 12:6), 성령의 감동에 의하여 어떤 특별한 사건을 예고하기도 하였다(행 11:28; 21:11). 그러므로 그

---

116 박윤선, 『개혁주의 교리학』, 352; 박윤선, "성령에 의한 구원실시와 은사문제," 18-19.
117 박윤선, "성령에 의한 구원실시와 은사문제," 19.
118 박윤선, 『개혁주의 교리학』, 352-353.

들의 사역도 사도들의 사역과 함께 신약교회의 기초를 이루었다(고전 12:28; 엡 2:20). 그러나 오늘날 교회시대에는 계시로서의 예언은 존속하지 않고, 다만 사도와 선지자의 말씀의 전달자인 성경이 그 자리를 차지하고 있다. 이 성경은 설교자에 의하여 설교로 전파된다. 대언이 덕, 권면, 안위를 그 기능으로 한 것인 만큼(고전 14:3) 설교도 그러하다. 다만 대언자의 경우, 하나님의 말씀이 초자연적으로 그에게 찾아왔으나, 설교자의 경우, 그 자신이 하나님의 말씀(성경)으로 나아가야 한다. 곧 설교자는 말씀의 수종자이다.[119]

오늘날의 교회에도 사도시대와 같이 미래의 일을 계시 받아 말하는 예언자가 나타났다고 할 경우, 그 예언이 맞지 않을 경우에는 배척하고, 맞을 경우는 거부하기는 곤란하지만, 그럼에도 불구하고 그 예언을 "받아들여야만 되는 것은 아니다."라고 박윤선은 주장한다. 왜냐하면 "우리는 현대의 예언보다 권위 있는 성경을 가졌으며, 또한 그것이 우리를 위한 하나님의 말씀"(롬 14:5)이기 때문이라는 것이다.[120]

"영들 분별함을"의 구절에 대한 주석에서 박윤선은 바울의 사역과 초대교회와 예수 그리스도의 예를 들면서, 성령이 역사하시는 곳에 마귀도 한편으로 유익한 일을 하는 체하면서 역사한다고 말한다. 그들의 열매에 따라 참된 것과 거짓된 것이 분별되기 때문에(마 7:16), 성경에서 영들 분별에 관한 말씀을 명심할 것을(고전 14:29; 요일 4:1) 박윤선은 우리에게 촉구한다.[121]

---

119 박윤선, 『개혁주의 교리학』, 354.
120 박윤선, 『개혁주의 교리학』, 354-355, 참고, 박윤선, "성령에 의한 구원실시와 은사문제," 23-25.
121 박윤선, 『개혁주의 교리학』, 353; 박윤선, "성령에 의한 구원실시와 은사문제," 19.

방언의 정의와 관련하여, 박윤선은 칼뱅의 견해[122]와 흐로세이드 (F.W. Grosheide)의 견해를[123] 소개한 뒤에 그들의 해석의 옳고 그름을 떠나서, 방언은 "이적적으로 되는 말"이라는 점에서 그들의 공통점이 있다. 또한 고린도전서 14장 22절에도 "표적"(σημεῖον)은 "이적"의 뜻 이라고 주장한다.[124]

비록 오늘날 교회의 시대에 사도의 증표를 보여주는 이적은 없다 고 할지라도, "특별섭리 정도의 이적"이 있는데, '병고치는 은사'처럼 방언은 계시 사건에 속하지는 않지만, "특별 섭리"에 기초한 하나님의 "특별 간섭"이라고 박윤선은 말한다.[125]

박윤선은 사도시대의 방언과 오늘날 교회시대의 방언을 상호 구별 시키면서 방언을 제한적으로, 즉 공적으로는 금지시키되 사적으로는 허용한다.

"우리는 오늘날의 방언을 사도시대 곧 계시시대에 나타났던 방언과 같은 수준의 것으로 생각할 수 없다. 현대의 방언운동에 많은 그릇된 것들이 드러난다. 그런 것들은 조직적이고 번쇄(번쇄,[126] 필자)하고 심

---

122 박윤선, 『개혁주의 교리학』, 357: "영적 은혜로(기적적으로) 남들이 알아듣지 못하는 외국말을 하다는 뜻."
123 박윤선, 『개혁주의 교리학』, 357: "듣는 자들이 깨달을 수 없는 영적 언사로서 일정한 내용이 있는 말."
124 박윤선, 『개혁주의 교리학』, 357; 박윤선, "성령에 의한 구원실시와 은사문제," 21.
125 박윤선, 『개혁주의 교리학』, 358-359; 박윤선, "성령에 의한 구원실시와 은사문제," 22-23; 박윤선, "오순절 운동과 선교," 11.
126 이숭녕(편), 『표준국어 대사전』 (서울: 민중서관, 1981), 492, 1032: "번쇄"는 "번거롭고 자차분함."으로, "자차분하다."는 "자디잔 것이 서로 뒤섞여서 어지럽다."로 풀이됨.

지어 기만적인 것이다. 이런 방언들은 물론 금지되어야 한다. 다만 방언을 함이 자기 자신에게 유익한 줄 알고 방언하는 이가 있다면, 그는 고전 14장의 교훈을 지켜야 할 것이다. 그것은 ① 공적 자리에서는 방언을 사용하지 말 것이며(고전 14:19), ② 이와 같이 합당하게 방언하는 이가 있을 경우에 그것은 사적인 행위(privacy)이므로 금할 것까지는 없다(고전 14:39)."[127]

교회시대에 방언이 있을 수 없다는 학설에 대하여, 박윤선은 신약에 기록된 방언도 성령의 은사이며(행 2:4; 10:45-46; 19:6; 고전 12:10), 교회시대에 나타난 방언들 중에 거짓된 것들도 있지만, 성령의 역사로 된 참된 방언이 전혀 없다고 단언할 수 있을까?라고 반문하면서, 이것은 아직도 논쟁의 문제라고 결론짓는다.[128] 그리고 목회상담적 측면에서 목회자들은 참 방언에 대한 찬, 반 양론이 있다는 것을 알고, 방언하는 사람들에 대해서는 고린도전서 14장에 위반되지 않도록 권면할 것을 박윤선은 요청한다.[129] 특히 그는 고린도전서 14:6-40절을 주석하면서 방언사용의 원리에 대하여 일곱 가지를 제시한다.[130]

---

127 박윤선, 『개혁주의 교리학』, 359-360, 참고, 박윤선, "성령에 의한 구원실시와 은사문제," 23.

128 박윤선, 『개혁주의 교리학』, 363; 박윤선, "오순절 운동과 선교," 12; 11쪽에서 사도행전에서의 방언은 제자들이 기적적으로 말하게 된 것이며, "이 세상의 여러 나라들의 언어"였다면, 고린도전서 14장의 방언은 "아무 사람도 알아들을 수 없는 영적 방언"이라고 박윤선은 말한다.

129 박윤선, "교회 안에 방언하는 자가 생겼을 때 어떻게 다룰 것인가?," 『신학지남』 Vol. 36. no. 1(1969.3.1), 73.

130 박윤선, "성령에 의한 구원실시와 은사문제," 25-31: ① 교회에서 사람들이 깨닫지 못하는 방언을 사용하면 무익함 ② 방언을 통역하지 않은 채로 교회에서 말하면, 교회의 연합에 지

"서로 돕는 것", 이 은사는 "다른 사람들을 단단히 붙들고 돕는 것"을 의미한다. 로마서 12장 6-8절에 이 은사가 강조되어 '섬기는 일'(7절), '구제하는 일', '긍휼을 베푸는 일'(8절) 등으로 표현되어 있다.[131]

"다스리는 것", 이 은사는 다른 사람들을 올바로 인도하여 바른 길로 행하도록 도와주는 안내자와 같은 봉사하는 은사이다. 이 은사를 받은 지도자는 지배자의 자세가 아니라, 함께 참여자의 자세를 취하면서 도와야 한다(눅 22:26). 이 은사는 신약교회의 '감독' 혹은 '장로'의 직분을 감당할 수 있는 것이다.[132]

(4) 성령의 열매

박윤선은 "성도는 성령으로 말미암아 과실을 맺어야 된다."고 말하면서, 성령의 열매를 매우 강조한다.[133] "신자의 모든 덕행은 성령의 열매이다(갈 5:22-23)."[134] "사랑"은 인간 자신의 소유에서 시작하지 않고, "하나님을 밑천으로 해서" 나오기 때문에, 하나님을 믿는 신앙으로부터 시작해야 한다. 사랑에 있어서 "죄인 사랑"과 "원수 사랑"이 중요하다.[135] "희락"은 사랑의 열매이며, 사랑이 있는 곳에 희락이 있고, 희락이

장을 줌 ③ 회중 상대로 방언을 사용하지 말 것 ④ 깨닫지 못할 방언을 교회 상대로 하는 것은 교회에 벌을 주는 것과 같음 ⑤ 통역되지 않은 방언을 교회에서 하면 미쳤다는 말을 듣게 됨 ⑥ 고린도교회에서 방언하는 이는 교회 앞에서 하려면 통역을 세우라고 함 ⑦ 방언 말하기를 금하지 말 것.

131 박윤선, 『개혁주의 교리학』, 355; 박윤선, "성령에 의한 구원실시와 은사문제," 20.
132 박윤선, 『개혁주의 교리학』, 356; 박윤선, "성령에 의한 구원실시와 은사문제," 20.
133 박윤선, 『성경주석 바울서신』 (서울: 영음사, 1981), 72.
134 박윤선, 『개혁주의 교리학』, 337-338.
135 박윤선, 『성경주석 바울서신』, 72-74.

있는 곳에 사랑이 있으며, 희락이 있어야 신앙이 자라고 감사가 일어난다. "화평"은 비진리에 대한 타협을 통하여 이루어지는 것이 아니며, 사랑의 열매로서의 화평은 남의 죄를 용서함으로써 오는 것이다.[136]

성령께서 주시는 "인내"를 중심으로, 소극적인 인내는 어려움을 당할 때, 기다리는 것이며, 적극적인 인내는 수많은 실패 가운데서도 포기하지 않고 약속을 믿고 나아가는 것이다. "자비와 양선"은 서로 대동소이한데, 자비가 내적인 마음의 친절이라면, 양선은 "질적 선미(質的善美)를 가진 외부적 사업"이다.[137] "충성"은 하나님 앞에서 진실함이며, 변절이 아니기 때문에, 진실하게 주님의 부탁을 지키는 것이다. "온유"는 특히 대적(對敵)에게 복수하지 않고, 부드러운 인격으로 이기는 것이다. 박윤선은 신자에게 "절제"가 절대적으로 필요하다고 역설한다. 절제는 "자기 파악(把握), 곧 자기 조절(調節)"이다.[138]

(5) 성령세례, 성령 충만, 성령 훼방죄, 그리고 입신

① 성령세례와 성령 충만

박윤선은 "오순절 운동(運動)과 선교(宣敎)"라는 논문 제4장의 제목을 "IV. 오순절 성령 강림은 성령세례임(행 1:5)"이라고 단정함으로써, 성령세례는 오순절 성령 강림 사건임을 주장한다. "이런 긴장을 가지고 기다렸던 '아버지의 약속' 내용은 위에 벌써 관설된 바와 같이 성

---

136 박윤선, 『성경주석 바울서신』, 74.
137 박윤선, 『성경주석 바울서신』, 76-77.
138 박윤선, 『성경주석 바울서신』, 77-80.

령의 세례이다."[139] 그는 "성령세례는 무엇을 의미하는가?"라고 질문한 후에 다음과 같이 답변한다.

> "성령세례란 것은 언약에 참가함을 말함이다. 고전 12:13에 말하기를, '우리가 유대인이나 헬라인이나 종이나 자유자나 다 한 성령으로 세례를 받아 한 몸이 되었고'라고 하였다. 이것을 보아도 성령의 세례는 불신자로서 회개하고 믿어 계약 백성의 단체(그리스도의 몸)에 속하게 하시는 성령의 은혜를 말함이다. 스토트(Stott)는 말하기를, 성령의 세례를 받았다는 것은 보편적으로 누구든지 구원계약의 은혜에 참여하는 것을 가리킨다고 하였다. … 그러므로 성령의 세례는 반드시 성령 충만에 국한된 표현이라고 할 수 없다. 바울은, 성령의 세례를 받은(고전 12:13) 고린도 교인들을 肉에 속한 자라고까지 말했다."[140]

결국 박윤선은 오순절의 성령 강림 사건을 성령세례로 이해하고, 오늘날 교회시대에 그리스도인이 이 성령을 통해서 그리스도의 몸인 교회에 접붙임 받는 것을 성령세례로 이해하고 있다고 볼 수 있다. "정암은 오순절 성령 강림을 성령세례로 규정하면서, 우리들에게는 성령 충만으로 적용하고 설교하였다. 그의 사도행전 2장 주석에 '성령 충만'에 대한 설교를 4편이나 수록하였다는 사실은 주목할 만한 일이다. 이 때 성령 충만이란 개인이 받는 성령의 충만을 의미하지 않고 성령의 신약적 성격을 의미한다고 정암은 주장한다. 다시 말해서 이것은

---

139 박윤선, "오순절 운동과 선교," 9.
140 박윤선, "오순절 운동과 선교," 10.

요한의 물 세례에 대조하여 언약의 영적 축복에 참가하는 것을 말한다."[141]

박윤선이 이해하는 "성령 충만"이 "성령의 신약적 의미"도 있지만, 이것이 그리스도인 각자의 영적인 삶과 연계되어 다양하게 이해되기도 한다. "성령 충만은 곧 말씀 충만"이며,[142] "성령과 지혜가 충만"하다는 것은 "영적 지혜가 충만"하다는 것이며,[143] "'성령이 충만하다' 함은 '성령으로 말미암아 은사의 분량이 풍부함'을 의미한다."[144] "바울이 이 때에 '성령이 충만'하였으니 그것은 그 때(원수가 진리를 대적할 때)에 필요한 은혜였다. 하나님께서 때를 따라 적절한 은혜를 주신다(히 4:16)."[145] "성령을 충만히 받는다 함은, (1) 술에 취한 자의 전신에 술이 감염된 것처럼, 성령님의 감화력이 신자의 심신(心身)에 가득한 것이겠으며, (2) 술에 취한 자의 생각과 행위를 주관하듯이, 성령님께서 그 신자의 생각과 행위를 주관하신다는 의미이다."[146]

비록 어떤 사람은 방언의 은사를 성령세례나 성령 충만과 직접적으로 불가분리의 관계로 이해하지만, 박윤선은 성령세례가 반드시 성

---

141 황창기, "박윤선의 성령론," 338.
142 박윤선, 『신약주석 사도행전』 (서울: 영음사, 1961/2005), 102: "성령을 받지 못하고 전도하는 자는 결국 실패한다. 성령 충만은 어떤 특별한 사람들에게만 주시는 은혜가 아니고 누구나 받을 수 있다(엡 5:18). 성령 충만의 은혜는 하나님께서 무조건적으로 주시기도 하지만, (1) 신자 자신이 그 마음속의 우상을 타파해야 하며, (2) 하나님의 말씀을 순종해야 된다. 우리가 하나님을 순종하는 그 순간에 우리의 심령은 거룩해지며, 하나님의 임재를 느낄 수 있다. (3) 하나님의 말씀으로 충만해야 한다. 성령 충만은 곧 말씀 충만이다(Moody)."
143 박윤선, 『신약주석 사도행전』, 136.
144 박윤선, 『신약주석 사도행전』, 264.
145 박윤선, 『신약주석 사도행전』, 287.
146 박윤선, 『성경주석 바울서신』, 179, 엡 5:18절 주석,

령 충만에 국한된 표현도 아니라고 한다. 또한 방언의 은사를 받지 않아도, 성령 충만할 수 있다고 주장한다. "방언하는 자만이 성령 충만을 받았다고 하는 말은 성립될 수 없다. 하지만 이적에 관한 이와 같은 언급은 역시 복음 선교의 세계적 전개를 상징하기도 한다. … 교회 역사상 성령 충만을 받은 신자들 가운데 방언의 은사를 받지 못한 사례들이 많다."[147]

② 성령 훼방죄

박윤선에 의하면, 알고 짓는 죄 중에서 가장 악한 종류의 죄인 성령 훼방죄는 영원히 용서받지 못한다고 한다. 성령 훼방죄가 언급된 성경 구절들(마 12:31-32; 눅 12:10; 히 6:4-6; 히 10:26-27; 요일 5:16) 중에서, 누가복음 12장 10절에서 말하는 성령 훼방죄는 "하나님의 뜻(성령의 역사나 복음)을 미움(하나님께 대한 증오)으로 대적"하는 것이다. 박윤선은 성령 훼방죄에 대한 흐레이다누스(S. Greijdanus)와 바빙크의 주장을 소개한다. 인자이신 예수 그리스도 자신의 신성은 숨겨진 측면도 있지만, 예수 그리스도로 말미암아 실현되는 성령의 역사는 매우 명확히 나타나는데, 명확히 나타난 성령의 역사 사실을 마귀의 역사로 방해하는 바리새인들은 성령 훼방죄를 지은 것이다. 또한 성령 훼방죄는 단순한 불신앙이나, 성령에 대한 일반적인 저항이나, 성령의 신성의 부인이나, 율법의 범함이 아니라, "최대한도로 밝혀진 복음을 거스림"인데, 곧 성령 훼방죄는 하나님을 사탄이라 하고, 사탄을 하나님이라 하는 것이며, 이 죄의 성격은 인간적인 것이 아니고, 마귀적인 것이

---

147 박윤선, 『개혁주의 교리학』, 311.

다.[148]

③ 입신

박윤선은 입신(入神)의 문제는 성경에 근거하여 판단해야 되는데, 입신은 비성경적이라는 주장을 하기 위해서 성경에 나타난 몇 가지 사례들과 오늘날의 입신의 사례들을 비교분석하여 결론을 내린다.[149]

바울이 "셋째 하늘"에 갔던 체험은(고후 12:2) 오늘날 소위 우리가 말하는 입신이 아니다. 바울이 셋째 하늘(삼층천)에 간 것은 뜻밖에 한 번 체험한 것으로서(고후 12:5), 소위 오늘날의 입신을 위주로 하지 않았고, 그의 의지와 상관없이 하나님께서 전적으로 그렇게 되게 하신 것이었다(고후 12:2-3). 그러나 오늘날의 입신체험자들은 자신의 어떤 체험을 남에게 장려한다. 성경에는 입신이라는 것을 주장한 바가 없기 때문에, 소위 오늘날의 입신을 위주한다면, 그것은 진리를 따름이 아니다. 또한 그들은 자기가 뜻을 정하고 인위적으로 조작한다. 박윤선은 고린도후서 외에도 성경 다른 곳(행 10:10; 계 1:12-17; 단 8:16-18)에서 요한과 다니엘은 정상적으로 깨어 있는 상태에서 계시를 받았기 때문에, "입신을 계시를 보기 위한 수단으로 보는 것"은 비성경적이라고 간주하여 소위 오늘날의 입신을 매우 부정적으로 판단한다.

---

148 박윤선, 『개혁주의 교리학』, 213-214.
149 박윤선, 『개혁주의 교리학』, 371-372.

Ⅳ. 성령과 종말

박윤선의 "말세(末世)", 즉 "종말(終末)"에 대한 용어풀이가 요엘서 2:28절과 사도행전 2장 17절에 대한 주석을 중심으로 언급되어 있다. 요엘서 2장 28절의 "그 후에"라는 말은 히브리 원어로 "아하레이 켄"(אחריכן)인데, 한글번역처럼 자구적 의미를 취하는 것보다는 베드로가 사도행전 2장 17절에서 의역하여 인용했던 "말세"(ἐν ταῖς ἐσχάταις ἡμέραις)라고 번역하는 것이 더 낫다고 그는 해석한다. 왜냐하면 이 말이 바로 구약의 "말세론 술어", 즉 종말론의 용어 "아하리트 하야밈"("후일에" 창 49:1; "말일에" 사 2:2; "끝날에" 렘 30:24; "끝날에" 겔 38:16; "그 후에" 호 3:5; "끝날에" 미 4:1; "마지막 날에" 단 10:14)이라는 뜻을 가지기 때문이다. 즉 베드로가 요엘이 말한 바 "아하레이 켄"을 다른 선지자들의 "말세론 술어", 즉 종말론의 용어였던 "아하리트 하야밈"과 동일시한 것이 사실이라는 것이다. 구약의 "말세론적 술어 아하리트 하야밈"의 의미, 즉 "말일"은 글자 그대로 "날들의 최후부"(the farthermost parts of the days)이다.[150]

박윤선은 히브리서 1장 2절과 사도행전 2장 17절과 보스(G. Vos)의 말을 근거로, 종말은 "선지자들이 멀리 바라볼 수 있었던 것으로서, 그리스도의 초림으로부터 시작된 신약시대의 전폭(全幅)"이라고 주장한다. "이 말세의 말단(末端)을 지나서 있을 세계는 곧, 무궁세계이다. 우리는 아직 이 복된 세계에 들어가지 않았으나 거기에 매우 접근(接

---

150 박윤선, 『성경주석 소선지서』, 146-147.

近)해 있다. 주여! 속히 오시옵소서! 아멘."[151]

요엘서 2장 28절의 "그 후에"라는 말은 "선지자가 위에서 말한 사건들의 직후(直後)를 가리킴이 아니고 요원(遼遠)한 장래 곧, 그리스도 예수의 초림으로 시작된 신약시대를 가리킨다. 이 말이 먼 장래 곧, 메시야의 시대(우리 기독신자들에게는 신약시대)를 가리킨다는 견해는 유대인 주석가들도 일치한다."[152]

박윤선은 종말을 메시야이신 예수 그리스도의 재림을 통하여 시작된 신약시대의 "전폭(全幅)"을 가리킨다고 보면서, 이 메시야의 시대를 지나서 최종적으로 완성될 "무궁의 세계", "복된 세계"를 학수고대하면서 "마라나타"라고 기도하고 있다. 박윤선의 경우, 이 메시야는 성령과 불가분리의 관계 속에 있듯이, 메시야의 시대 곧 신약시대에도 성령과 불가분리의 관계 속에 있다. "'내 신', '신'은 물론 하나님의 성령을 말한다."[153] 남종들과 여종들에게 부음 바 될 성령은 신약시대에는 노동자와 사용자 사이에 "차별 없이 내리실 비범한 영은(靈恩)"이다.[154]

무엇보다도 오순절 성령 강림을 중심으로 성령론적 관점에서 박윤선의 종말 사상이 두드러지게 나타난다. 박윤선은 오순절 성령 강림의 사건을 "단회적" 사건으로 규정하는 동시에 종말론적 관점에서도 이해한다. "오순절 성령 강림은 종말론적 관점에서 새 시대의 진입이요, 교회 시대의 시작의 성격을 나타낸다."[155] "이것이(오순절 성령 강림, 필

---

151 박윤선, 『성경주석 소선지서』, 147.
152 박윤선, 『성경주석 소선지서』, 147.
153 박윤선, 『성경주석 소선지서』, 147.
154 박윤선, 『성경주석 소선지서』, 152.
155 황창기, "박윤선의 성령론," 347.

자) 그리스도의 종말론적 구원운동의 원천적 출발"로서, 개핀(Richard Gaffin)은 "이 사건이 종말론적 구원의 의미가 있는 그리스도의 지상 사역에 포함된다는 점에서 역시 종말론적 성격을 지녔다고 보고, 단회적 사건이라고 한다."156

"다락방에 모인 그들(제자들, 필자)은 멀지 않아 新天新地를 볼 듯한 긴박감을 가지고 모였던 것이다. 그것은 실상 모든 주관주의를 떠나 순연히 객관적인 약속 신앙에 붙들린 擧事였다. 그들이 대망하던 아버지의 약속 성취라는 것은 종말관적 성격을 띤 것이다. 그 이유는 그 약속이 바로 베드로가 해석한 것과 같이, 욜 2:28 이하의 말씀은 명백한 종말관적 성격을 띤 예언이기 때문이다. 거기 '말세에'란 말의 헬라 원어(ἐν ταῖς ἐσχάταις ἡμέραις)는, 바로 종말 시대를 의미하는 전문 술어이다. 그러므로 베드로는 약속 성취로 임한 성령 강림을 종말 시대에 속한 것으로 보았던 것이 확실하다. 따라서 아버지의 약속하신 것을 기다리던(행 1:4) 그들의 심정은, 종말관적 긴장을 지니고 있었던 것이다."157

박윤선은 장차 신약시대에 나타날 메시야의 초림과 성령 강림에 대한 구약의 예언들, 메시야이신 예수 그리스도의 초림 사건, 오순절 성령 강림 사건을 종말론적 관점에서 성령과 관련하여 이해하고 있다. 최종적으로 완성될 "무궁의 세계"에 대한 이해에서 성령과의 직접적

---

156 박윤선, 『개혁주의 교리학』, 313.
157 박윤선, "오순절 운동과 선교," 9.

인 관계에 대한 언급은 발견되지 않는다. 그러나 오순절 성령 강림의 목적이 예수 그리스도의 부활의 증거이며,[158] "오순절 성령 강림은 선교운동"이라는 그의 주장을 근거로,[159] 교회의 근본적이며, 중심적인 활동이 선교운동인 하나님 나라의 복음전파를 통해서 하나님의 나라가 구현된다고 볼 때,[160] 박윤선은 성령을 하나님의 나라와 밀접하게 연결시키고 있음을 짐작할 수가 있다.

그리스도인의 개인종말과 성령과 관련하여 앞에서 우리는 "구원론"에서 그리스도인의 "영화"를 다루었다. 박윤선에 의하면, 그리스도인은 성령을 통해서 이미 이 땅에서 천국의 예기적(豫期的) 성취를 맛본다. 우리가 현세에서 받은 성령이 "처음 익은 열매"이다. 그 이유는 우리가 성령을 받은 생활이 "천국"을 완전히 누리기 전에 벌써 "천국"의 첫맛을 보는 것이기 때문이다. 내세의 영광을 위하여 하나님의 자녀들과 피조물이 탄식할 뿐만 아니라, 성령도 하나님의 자녀들과 피조물이 하나님의 영광에 참여하도록 기도하신다.[161]

V. 결론

우리는 본고를 박윤선의 간단한 생애, 그의 성령신학에 대한 필자의 논술 방법, 범위 등을 밝히면서 시작하였다. 박윤선의 성령론을 크게, 두 가지, 곧 성령의 위격과 사역으로 나누어 기술하고, 종말과 관계

---

158 박윤선, "오순절 운동과 선교," 9.
159 박윤선, "오순절 운동과 선교," 12.
160 박윤선, "오순절 운동과 선교," 13.
161 박윤선, 『성경주석 로마서』 (서울: 영음사, 1974), 242.

하여 마지막에 다루었고, 성령의 사역을 일반 사역과 특별 사역으로 나누어 논의했다. 박윤선의 성령신학을 다음과 같이 요약 평가할 수 있을 것이다.

첫째, 그의 성령신학은 신구약 성경과 종교개혁전통, 특히 개혁신학 전통에 아주 근접해 있다. 그러나 교회 안에서의 방언의 문제에서는 매우 소극적인 태도를 취한다.

둘째, 그의 성령신학은 "삼위일체(론)적" 성령신학이다. 성령은 하나님 자신이시며, 삼위들 중에 제3의 위격이시며, 자신의 고유성과 관련하여 경륜적 사역으로서 구원의 "실시", "성화" 등의 사역을 하신다.

셋째, 그의 성령신학은 "그리스도 중심적, 인식론적" 성령신학이다. 성령과 예수 그리스도는 내재적, 경륜적으로 밀접한 관계 속에 있다. 성령은 예수 그리스도의 영이다. 성령과 예수 그리스도의 관계는 이중적(二重的)이다. 역사적 예수 그리스도는 성령으로 잉태하시고, 성령으로 사역하시고, 성령에 의해서 부활하셨다. 반면에 부활·승천하셔서 하나님의 보좌 우편에 앉아계시는 고양(승귀)된 예수 그리스도는 보혜사 성령을 보내시며, 성령으로 세례를 주신다. 부활, 승천하신 예수 그리스도는 보혜사 성령을 통해서 현재 그리스도인과 교회에 인식되시고, 현존하신다.

넷째, 그의 성령신학에서 성령의 사역은 크게 두 가지로 나뉜다. 창조질서 안에 있는 모든 피조물에 역사하시는 창조와 섭리의 사역으로서 일반 사역과, 구속질서 안에 있는 그리스도인과 교회를 중심으로 선택론과 하나님 나라의 관점의 영역에서 역사하시는 특별 사역이 있다.

다섯째, 그의 성령신학에서 성령은 전적으로 타락한 인간을 불러서 중생시키는 것을 시작으로 일생동안 그와 함께 계시면서, 성령의 은사를 주시고, 성령의 열매를 맺게 하신다.

여섯째, 그의 성령신학에서 교회는 성령의 은사공동체이다. 성령은 교회의 설립과 양육을 위하여 오셨으며, 성령의 은사는 교회의 통일성과 유익을 위하여 주어졌다. 성령이 사용하시는 중요한 도구는 성경말씀과 두 가지 성례(세례와 성찬)이다. 성령에 의하여 성경말씀과 성례는 효력을 발생한다. 교회의 직분은 성령의 은사를 동반해야 한다.

일곱째, 그의 성령신학에서 성령은 메시야의 영이며, "말세", 즉 종말의 영이다. 그리스도인은 장차 완성될 "천국"의 맛을 지금 이미 보고 있다. 성령은 그리스도인과 교회를 중심으로 전(全) 피조 세계도 하나님의 영광에 참여하도록 우주론적 대망을 하시며, 이를 위해서 탄식하시며, 기도하시는 영이시다.

여덟째, 그의 성령신학에서 특이한 점은 역사적(歷史的)으로 일부 개혁파 정통주의에서 가끔 간과되거나 소홀히 여겨졌던 성령의 은사가 박윤선에게는 매우 강조되면서도, 일부 열광주의적 성령운동에서 자주 나타나는 특정한 입신이나 특정한 은사의 절대화에 대해 그가 매우 경계하고 있는 점이다. 이같이 균형 잡힌 주장은 그의 성경주석에서도 그 근거를 찾을 수가 있을 것이다.

아홉째, 서론에서 밝혔다시피, 박윤선의 방대한 분량의 대부분의 작품들을 활용하지 못하고, 주로 그의 『개혁주의 교리학』을 중심으로 논문이 전개된 바, 앞으로 석사학위나 박사학위 논문 등에서 더욱 심도 있는 그의 성령론에 대한 연구를 기대한다. 그러나 본 연구가 박윤선의 성령론 연구에 물꼬를 터 주었다는 점에서 연구의 보람을 가지는 바이다.

참고문헌

박윤선.『성경주석』. 서울: 영음사, 1949-1979.
박윤선.『정암 박윤선 목사 저서 색인집』. 서울: 영음사, 1999.
박윤선.『개혁주의 교리학』. 서울: 영음사, 2003.
박윤선. "창조론."『신학정론』제2권(제4집, 1984.11.1).
박윤선. "칼 바르트의 교의학에 나타난 신론, 그리스도론, 성령론."『신학정론』제3권(제5집, 1985.5.1).
박윤선. "1967년 신앙고백은 어떤 것인가?."『신학지남』Vol. 34. no. 3(1967.9.1).
박윤선. "교회 안에 방언하는 자가 생겼을 때 어떻게 다룰 것인가?."『신학지남』Vol.36,no. 1(1969.3.1)
박윤선. "오순절 운동과 선교."『신학지남』Vol. 39. no. 3(1972.9.1).
박윤선. "성령에 의한 구원실시와 은사문제."『신학지남』Vol. 46. no. 4(1979.12.1).
서영일.『박윤선의 개혁신학 연구』. 서울: 한국기독교역사연구소, 2000.
최윤배. "한경직의 성령신학." 한국개혁신학회(편).『한국개혁신학』제23권(2008.4), 117-152.
한승홍. "박윤선의 신학사상 Ⅰ/Ⅱ/Ⅲ."『목회와 신학』통권 제43-45호 (1993.1.1./2.1/3.1).
합동신학교출판부(편).『박윤선의 생애와 사상』. 서울: 합동신학교출판부, 1995.
황창기. "박윤선의 성령론."『신학정론』제14권(2호, 1996.11.1).
Chung, Sung-Kuh. *Korean Church and Reformed Faith*. Seattle: Time Printing, 1996, 189-191.

제 2 장

박형룡 박사의 구원론[162]

I. 서론

    필자가 죽산 박형룡(朴亨龍)(1897.3.28-1978.10.25)의 신학, 특히 그의 구원론에 관심을 갖게 된 것은 제1차적으로 본 학회의 제21차 정기학술심포지엄(2006.11.4)의 주제가 "박형룡의 개혁신앙 재조명"이기 때문일 뿐만 아니라, 학교에서 대학원생 논문지도 때 겪었던 개인적인 경험 때문이기도 하다. 개인 경험이란 박형룡의 신학에 대한 상당한 오해들이 존재한다는 사실에 대한 경험이다. 어떤 사람들은 박형룡의 인격과 신앙과 신학을 근거로 그를 지나칠 정도로 영웅시하고, 다른 사람들은 그를 지나칠 정도로 폄하한다는 사실이다. 윤천석은 여러 가지 측면에서 박형룡의 신학, 특히 그의 성령론에 대한 오해들을

---

1   참고, 최윤배, "박형룡의 개혁신앙: 칭의와 성화를 중심으로," 「한국개혁신학」 제21집 (2007.4), 187-209.

설득력 있게 논증했다.² 신학의 발전을 위해 어떤 특정한 신학자나 신학에 대해 평가할 때, 가장 먼저 확보되어야 할 조건은 객관성을 가진 공정한 눈과 올바른 평가일 것이다. 비록 이 기준에 필자도 완전할 수는 없지만, 필자는 이 문제를 더욱 깊이 의식하면서 본고를 전개하고자 한다. 만약, 이 같은 과제가 본고를 통해서 성공한다면, 앞으로 보다 발전된 박형룡의 신학에 대한 바람직한 논의가 계속될 것으로 생각된다.

우리는 박형룡의 구원론 전체를 다루는 것이 좋겠지만, 지면상의 이유로 그의 구원론에서 칭의와 성화만을 다루기로 한다. 본고의 제목상으로는 그의 구원론만 다루면 되겠지만, 본 학술대회의 주제가 박형룡의 개혁신앙에 대한 재조명이기 때문에, 재조명을 위해 그가 평소에 중요하게 여겼던 쟝 깔뱅(Jean Calvin, 1509-1564)의 구원론을 칭의와 성화를 중심으로 간단하게 살펴보고, 박형룡의 신학의 위치를 평가하기 위해 소위 '개혁전통'에 대한 정의를 필자 나름대로 먼저 내리고자 한다. 이로 인해 논문 전체에서 양적으로 박형룡의 구원론에 대한 언급이 상당히 줄어든 것을 염두에 두면서, 질적인 확보를 위해 그의 주저 『교의신학 구원론』을 집중적으로 분석하기로 한다.³

---

2   윤천석, "죽산 박형룡의 성령론 이해를 통한 올바른 평가," (평택대학교 대학원 미간행 Th.M. 학위논문, 1998.6).

3   박형룡(박아론 편), 『朴亨龍博士 著作全集: 敎義神學 · 救援論 V』 (서울: 한국기독교교육연구원, 1988). 이하 이 책은 "박형룡, 『교의학 V』"로 표시하기로 한다.

II. '개혁전통'에 대한 정의

무엇이 '개혁전통(改革傳統)'(Reformed tradition)인가? '개혁전통'에 대해 한 마디로 분명하게 신학적으로 정의하는 것은 그렇게 쉬운 일이 아니다. 왜냐하면 학자들마다 여기에 대한 견해들이 매우 다양하여 아직도 논쟁이 뜨겁기 때문이다. 그러나 비록 우리가 전문적 신학지식을 가지고 있지 않을지라도, 우리는 현상적으로, 그리고 역사적(歷史的)으로 로마 가톨릭 교회와 구별 또는 차별내지 대조되는 프로테스탄트 교회가 있고, 프로테스탄트 교회 내에서도 여러 종류의 교파들(예, 감리교회, 성결교회, 침례교회, 루터교회, 장로교회, 개혁교회, 영국성공회, 순복음교회, 동방(그리스, 러시아)정교회 등)이 있음을 쉽게 알 수 있다. 여러 종류의 프로테스탄트교회 중에서 '개혁교회'(Reformed churches) 또는 '장로교회'(Presbyterian churches)라는 이름으로 많은 교회들이 세계 도처에 존재했고, 지금도 존재하고 있다. 따라서 '개혁교회' 또는 '장로교회'의 이름으로 존속하는 교회의 신학과 신앙의 삶을 '개혁전통'으로 명명하는 것은 큰 무리가 없을 것이다.[4]

우리가 개혁전통의 근원을 역사적으로 살펴보면, 개혁전통은 16세기의 종교개혁 운동에까지 거슬러 올라간다. 16세기 종교개혁 운동 당시 로마 가톨릭 교회의 반동종교개혁 운동과 좌파적 급진적 종교개혁 운동(재세례파 운동이나 토마스 뮌처의 농민운동 등) 외에 종교개혁 운

---

[4] 최윤배, "개혁전통에서 교회와 국가의 관계," 장로회신학대학교(편), 『장신논단』 제24호 (2005.12.), p. 223; 최윤배, "21세기 교단신학의 정체성," 대한예수교장로회 총회신학교육부 (편), 『제27회 전국신학교수세미나: 주제: 21세기 교단신학의 정체성』(팜플렛)(2006.6.22-24), pp. 10-13.

동 속에 독일 중·북부의 루터 중심의 종교개혁 운동과 독일 남부(스트라스부르 등)와 스위스(즈네브와 쮜리히 등) 중심의 종교개혁 운동이 있었다. 독일 중·북부의 루터 중심으로 전개된 종교개혁 운동은 오늘날 '루터교회' 전통 (루터, 멜랑흐톤, 『아욱스부르크 신앙고백, 1530』, 『협화신조, 1557』)으로 계승되었고, 독일 남부(스트라스부르의 마르틴 부처)와 스위스(쮜리히의 쯔빙글리와 불링거, 즈네브의 파렐과 깔뱅)를 중심으로 전개된 종교개혁 운동이 유럽 대륙에서는 깔뱅과 베자(Theodore de Beze)를 거쳐서 '개혁교회'(Reformed churches)로 명명되어 계승되고 있고, 영국에서는 깔뱅과 녹스(John Knox)를 거쳐서 '장로교회'(Presbyterian churches)로 명명되어 현재까지 이어지고 있다. '개혁전통'은 깔뱅에 의해서 집대성되어 유럽 대륙에서는 베자를 거쳐 스위스(『즈네브 요리문답, 1537/1542』), 프랑스(『프랑스 신앙고백, 1559』), 네덜란드(『네덜란드 신앙고백, 1561』) 등에서 꽃을 피웠고, 영국과 스코틀랜드에서는 녹스를 거쳐 장로교회로(『웨스트민스터 신앙고백, 1648』, 『스코틀랜드 제일신앙고백, 1560』) 꽃을 피웠는데, 때로는 정통주의 형태로,[5] 때로는 경건주의 내지 청교도주의 형태로 나타나기도 했다.[6]

개혁전통의 근원을 형성한 16세기의 개혁파 종교개혁자인 쯔빙글리, 부처, 깔뱅의 전통은 17세기의 개혁파 정통주의나 청교도주의 및 개혁파 경건주의에 의해 계승되었는데, 개혁파 정통주의 신학은 미국 프린스턴신학교의 찰스 하지나 워필드와 네덜란드 계열의 미국의 루이스 베르꼬프의 『조직신학』이나 네덜란드의 헤르만 바빙크의 『개혁

---

[5] 최윤배, "개혁신학이란 무엇인가?," 평택대학교(편), 『논문집』 제9집·제2호(1997 후기), pp. 59-69.

[6] 원종천, 『청교도: 삶·운동·사상』 (서울: 아가페문화사, 1999), pp. 16-70.

교의학』과 아브라함 까이뻐나 독일의 헤르만 헤페의 『개혁교의학』에 서 나타난다. 20세기와 21세기의 현대신학에서 대표적인 개혁파 신학자는 스위스의 칼 바르트, 에밀 브룬너, 로흐만(체코), 독일의 슐라이어마허, 오토 베버, 한스-요아킴 크라우스, 위르겐 몰트만, 미카엘 벨커, 네덜란드의 베르까우어와 헨드리꾸스 베르꼬프, 영국의 토렌스, 미국의 니버 형제와 밀리오리 등으로서, 세계적으로 걸출한 신학자들의 대부분은 개혁전통에 서 있는 신학자들이다.[7]

하나님의 말씀에 따라 "개혁된 교회는 항상 개혁되어야 한다!" (ecclesia reformata semper reformanda est!)라는 목표를 지향하는 개혁교회는 하나님의 나라가 완성될 때까지 계속적으로 개혁되어야 할 것이다. 지금도 우리나라에서 개혁전통에 대한 오해가 있는데, 어떤 특정한 시대의 개혁신학이나 어떤 특정한 사람의 개혁신학을 절대화하거나 개혁신학 전체와 동일시하는 경우이다. 때로는 루터신학 자체가, 때로는 츠빙글리신학 자체가, 때로는 깔뱅신학 자체가, 때로는 개혁파 정통주의 신학 자체가, 때로는 바르트신학 자체가, 때로는 몰트만신학 자체가 개혁신학의 전체 내지 개혁전통의 전체로 이해되는 경우이다. 개혁전통과 개혁신학은 어떤 면에서는 루터의 종교개혁신학을 본질적으로 공유하면서도, 루터와 차별을 보인 소위 개혁파 종교개혁자들인 츠빙글리, 부처, 깔뱅을 출발점으로, 17세기 개혁파 정통주의와 18-19세기 슐라이어마허를 거쳐서, 20세기와 21세기 초의 현대 개혁신학자 바르트나 몰트만 등을 비롯하여, 현재 세계 도처

---

[7] 참고, W.M. Alston, Jr. & M. Welker(Ed.), *Reformed Theology: Identity and Ecumenicity* (Grands Rapids : W.B. Eerdmans Pub. Co., 2003); J. Faber, *Essays in Reformed Doctrine*, 1990.

에 흩어져 있는 개혁교회 또는 장로교회의 신학과 삶을 총망라한 500여 년의 전통 속에서 빛나고 있다. 우리는 각 시대와 각 신학자에게서 나타난 개혁전통 각각을 500여 년의 전통이라는 큰 틀 속에서 성경에 계시된 하나님의 말씀과 성령의 빛에 비추어 공정하게 평가하여, 각 장점을 받아들이고, 각 단점을 보완하여 보다 바람직한 개혁전통을 21세기에도 계속적으로 계승 발전시켜 나가야 할 것이다.[8]

III. 깔뱅의 '이중 은혜'(duplex gratia)

1. 구원론에서 신학 용어와 구조

1) 시간적, 단계적 순서와 신학적, 논리적 순서

우리는 주제와 관련된 몇 가지 용어와 개념을 먼저 정리하여 신학적 혼동을 피하고자 한다. '구원론'은 구원의 은혜를 죄인에게 전달

---

8 김명용, 『열린신학 바른 교회론』, p. 170: "개혁교회 신학은 문자 그대로 개혁교회의 신학이다. 개혁교회는 450여 년 전의 종교개혁 시대에만 존재한 것이 아니다. 개혁교회는 츠빙글리와 칼빈의 종교개혁을 통해서 탄생했지만 450여 년 동안 스위스와 독일, 네덜란드, 프랑스, 영국, 스코틀랜드, 미국, 그리고 남아프리카 공화국을 비롯한 제3세계의 여러 나라에서 성장했다. 19C 말엽부터 개혁교회는 한국 안에서도 성장했고 한국 안에서 개혁교회는 한국적인 개혁교회의 전통을 형성하고 있다. 개혁교회는 츠빙글리와 칼빈과 같은 종교개혁 시대의 위대한 신학자들뿐만 아니라 칼 바르트(K. Barth)나 에밀 브룬너(E. Brunner)와 위르겐 몰트만(J. Moltmann) 같은 20C의 위대한 신학자들도 지니고 있다."; 윤철호, 『현대 신학과 현대 개혁신학』(서울: 장로회신학대학교출판부, 2003), pp. 3-4: "사람들이 개혁신학과 현대 신학을 이분법적으로 사고하는 더 근본적인 이유는 그들이 개혁신학을 16세기 종교개혁 시기의 어느 특정한 신학자의 신학으로 한정하는 협소한 이해를 갖고 있기 때문이다. … 개혁신학이란 과거의 어느 특정한 시기의 신학을 무시간적으로 반복하는 것이 아니라, 그 신학적 전통을 계승하되 항상 그 시대의 특수한 상황 속에서 하나님의 말씀에 신실하게 응답하는 가운데 그 전통을 재해석하고 새로운 개혁신학 전통을 창조해 나아가는 신학이어야 한다."

하는 것과 하나님과의 교제의 삶으로 회복되는 것을 다룬다. '구원의 순서 또는 서정'(선택, 소명, 칭의, 성결(화), 영화(부활) 등)'(Way of Salvation, ordo salutis, Heilsaneignung, Heilsweg)은 그리스도 안에서 행해진 구원의 객관적 사역(works)이 죄인들의 심령과 삶에 성령의 사역을 통해서 주관적으로 실현(적용)되는 과정을 서술하는 용어이다. 그런데, 일반적으로 17세기 개신교 정통주의(루터파 또는 개혁파)에서는 구원의 순서가 시간적, 단계적으로 파악되었다. 이와는 대조적으로 깔뱅의 경우, 구원의 순서는 시간적, 단계적으로 이해되는 것이 아니라, 성령을 통한 순서로서 신학적, 논리적으로 이해되었다.[9]

2) 성화 ≒ 중생 = 회개

일반적으로 예수를 영접하는 단 일회적 사건을 '중생'(회개)으로, 중생한 뒤에 성도 안에서 일생동안 계속적으로 거룩해지는 과정을 '성화(결)'로 이해되지만, 깔뱅은 일생동안 거룩해지는 과정인 '성화'를 '중생' 또는 넓은 의미의 '회개'로 이해한다. 그의 『기독교강요』(1559) 제III권 제3장의 제목은 "믿음에 의한 우리의 중생: 회개"로 표기되어 있는데[10], 이것을 개혁파 정통주의 용어로 바꾼다면, "믿음에 의한 우리의 성화(결)"가 될 것이다.

---

9 최윤배, "요한 칼빈의 구원론: 칭의와 성화의 관계를 중심으로," 목원대학교 신학과 학생회(엮음), 『루터 칼빈 웨슬리의 구원론 비교』(대전: 도서출판 복음, 2002), p. 53; 최윤배(공저), 『16세기 종교개혁과 개혁교회의 유산』(서울: 한국장로교출판사, 2003), p. 286.

10 Jean Calvin, 『기독교강요』(1559), 제3권 3장, 앞으로 Inst.(1559), III iii로 표기한다.

3) 성화→칭의

구원의 순서와 관련해서 깔뱅은 선택이나 칭의를 먼저 언급하지 않고, 개혁파 정통주의와는 달리 성화(결)를 제일 먼저 언급한 뒤에, 칭의, 선택, 영화의 순으로 언급한다.[11] 로마 가톨릭 교회가 칭의를 약화시키거나 희생시키면서 선행과 성화를 일방적으로 강조하는 것에 반대하여, 종교개혁 초기에, 특히 루터는 칭의를 강조함으로써, 루터 이후 종교개혁 제2세대에서는 성화와 윤리의 약화를 가져오게 되었다. 여기에 대한 로마 가톨릭 교회의 비판을 의식한 종교개혁 제2세대인 깔뱅은 종교개혁신학에서 칭의는 물론 성화와 윤리도 약하지 않다는 것을 로마 가톨릭 교회의 논쟁자들에게 보여주기 위해 선택이나 칭의보다도 성화를 먼저 언급하고 있다.

4) 구원의 객관적 내용과 구원의 주관적 적용

구원의 내용은 예수 그리스도 자신과 그의 은혜(총)이며, 구원의 적용은 성령과 성령의 은사인 신앙을 통해서 이루어진다. '우리 밖에 계시는 그리스도'(Christus extra nos)가 어떻게 '우리 안에 계시는 그리스도'(Christus in nobis)가 되는가? 그것은 성령과 신앙을 통해서이다. "우리가 신앙으로 이것을 얻는 것은 사실이다. 그러나 복음을 통해서 제시된 것, 즉 그리스도와의 교제를 모든 사람이 무차별적으로 받아들이는 것이 아님을 볼 때 우리는 더 높은 견지에서 성령의 신비로운 역사를 검토하는 것이 이치에 맞는 일이다. 왜냐하면 우리는 성령의 작용을 통해서 그리스도와 그의 모든 유익을 누리게 되기 때문이

---

11 Inst.(1559), III i-xxv.

다. … 요약하면, 그리스도께서 우리를 자신에게 효과적으로 연결시키는 띠는 성령이다."[12] "성령이 하시는 가장 중요한 일은 신앙을 일으키는 것이다".[13] "성령은 신앙의 근원이며 원인"이다.[14] "하나님의 아들이 자신의 백성과 하나가 되기 위해서 그들에게 불어넣으시는 이 독특한 생명을 바울은 악인들이 공통적으로 갖고 있는 자연적인 생명과 대조시킨다."[15] "신앙은 무지에 있는 것이 아니라, 오히려 지식에 있는 것이다."[16] "신앙의 지식은 이해에 있다기보다는 확실성에 있다."[17] 깔뱅에 의하면, 마음의 확신으로서 신앙을 무시한 로마 가톨릭 교회의 스콜라 신학자들은 과오를 범했다.[18]

2. 하나님의 '이중적 은혜'로서 칭의와 성화

1) 칭의와 성화는 상호 동일하지 않고, 상호 구별되나, 상호 뗄 수 없는 관계 속에 밀접하게 연결되어 있다.

'칭의'(justification)는 '전가된 의 (imputed righteousness)'이고, '성화'(sanctification)는 '분여된 의'(imparted righteousness) 또는 '효과적인 의'라고 불리워진다. 칭의 속에서는 죄책이 제거되고, 성화 속

---

12   Inst.(1559), III i 1.
13   Inst.(1559), III i 4..
14   Inst.(1559), III ii 33.
15   Inst.(1559), III i 2.
16   Inst.(1559), III ii 2.
17   Inst.(1559), III ii 14.
18   Inst(1559), III ii 33.

에서는 죄의 얼룩이 지워진다. 칭의는 사람이 하나님께 용납될 수 있게 만들고, 성화는 사람이 하나님을 갈망하게 만든다. 칭의는 새 신분을 수여하는 반면, 성화는 사람 안에 새 성격을 창조한다.[19] 칼뱅의 경우, 칭의와 성화는 상호 구별되면서도, 상호 뗄 수 없는 밀접한 관계 속에서 상호 연결되어 있다. "우리는 무엇 때문에 신앙으로 의롭다함을 얻는 것인가? 신앙으로 그리스도의 의를 붙잡기 때문이며, 그리스도의 의에 의해서만 우리는 하나님과 화목할 수 있기 때문이다. 그러나 그리스도의 의를 붙잡으면 동시에 거룩함도 붙잡지 않을 수 없다. 그리스도는 우리에게 '의로움과 거룩함과 구속함이 되셨기' 때문이다(고전 1:30). 그러므로 그리스도께서 사람을 의롭게 하시면 반드시 동시에 거룩하게도 만드신다. 이 은혜들은 영원히 해체되지 않는 유대 관계로 결합되어 있다. 그리스도께서는 그의 지혜로 조명하신 사람들을 구속하시며, 구속하신 사람들을 의롭다 하시며, 의롭다 하신 사람들을 거룩하게 하신다. … 우리는 둘을 구별하지만, 그리스도께서 자신 안에 두 가지를 다 포함하시며, 그 둘은 서로 뗄 수 없게 결합되어 있다. 그리스도 안에서 의를 얻기를 원하는가? 그렇다면 우선 그리스도를 소유해야 한다. 그러나 그리스도를 소유하면서 그의 거룩함에 참여하지 않을 수 없다. 그는 둘로 나누어질 수 없기 때문이다(고전 1:13). 주께서 우리에게 이 은혜를 주시며 우리가 이 은혜들을 누리도록 하시는 방법은 그가 자기를 우리에게 주시는 것뿐이므로, 그는 동시에 두 가지를 함께 우리에게 주신다. 한 쪽이 있으면 반드시 다른 쪽도 있다. 그러므로 우리가 의롭다함을 받는 것은 행위와 떨어진 것이

---

[19] Donald G. Bloesch, *Essentials of Evangelical Theology: Volume Two: Life, Ministry, and Hope* (New York : Harper & Row, Publishers, Inc.), pp. 41–42.

아니면서도 행위에 의한 것이 아님이 분명 사실이다. 우리는 그리스도 안에서 참여함으로써 의롭다함을 받으며, 그리스도 안에 참여한다는 것은 의에 못지않게 거룩함을 포함한다."[20]

깔뱅은 특히 본질적인 칭의 개념을 가지고 칭의를 이해한 오시안더(Osiander)의 칭의 개념을 비판하면서, 루터처럼 칭의의 법정적인 개념을 강하게 주장했다. "그리스도를 나눌 수 없는 것과 같이 그의 안에 있는 두 속성, 즉 의와 거룩하심도 서로 분리시킬 수 없다. … 오시안더가 두 가지 은혜를 혼동하는 데는 그와 비슷한 불합리성이 있다. 하나님께서 의를 보존하시기 위해서 값없이 의롭다고 간주하신 사람들을 새롭게 하시기 때문에 오시안더는 이 중생의 선물과 값없이 용납하심을 혼합해서 이 둘은 하나요, 같은 것이라고 주장한다. 그러나 성경은 이 두 가지를 연결시키면서도 따로 따로 기록하여 하나님의 여러 가지 은혜가 우리에게 더 잘 보이게 한다. 바울이 우리의 의와 성화를 위하여 그리스도를 우리에게 주셨다고 말할 때(고전 1:30), 그는 불필요한 말을 붙이지 않는다."[21] "신앙을 통해서 우리가 그리스도를 붙잡고 그를 소유하기 위해서 하나님의 자비를 통해서 그리스도께서 우리에게 주어졌다. 그리스도께 참여함으로써 우리는 원칙적으로 이중 은혜(duplex gratia)를 받는다. 다시 말하면, 우리가 그리스도의 무죄를 통하여 하나님과 화해됨으로써 우리는 하늘에 계시는 심판자 대신에 자비로우신 아버지를 소유하게 된다. 둘째로, 우리가 그리스도의 영에 의해서 성화됨으로써, 우리는 흠 없고 순결한 삶을 이루어 나가게 된

---

20 Inst.(1559), III xvi 1.

21 Inst.(1559), III xi 6.

다."22

2) 중생(=회개 ≒ 성화)

깔뱅은 우리가 일반적으로 사용하는 '성화'를 '회개'와 '중생'으로 표현한다. "그러므로, 한 마디로 나는(= 깔뱅) 회개(repentance)를 중생(regeneration)으로 해석한다. 중생의 유일한 목적은 아담의 타락을 통해서 손상되고, 말살된 하나님의 형상을 우리 안에서 회복하는 것이다."23 깔뱅의 경우, 하나님의 형상의 내용은 "의와 진리의 거룩함(엡 4:24)"이다.24 "회개는 두 가지 부분, 즉 육의 죽임(mortificatio)과 성령을 통한 살림(vivificatio)으로 구성된다."25 "회개의 열매는 하나님께 대한 경건과 사람에 대한 사랑과 생활 전체의 거룩과 순(정)결이다."26 "따라서 우리는 그리스도의 은혜로 얻은 중생에 의해서 아담 때문에 잃었던 하나님의 의를 회복하게 된다. … 이 회복은 한 순간이나 하루나 한 해에 이루어지는 것이 아니다. … 이 싸움은 죽음을 통해서만 끝이 날 것이다. 신자들이 이 목표에 도달할 수 있도록 하나님께서 그들이 평생토록 달릴 수 있는 회개의 경주(競走)를 하게 하신다."27

---

22 Inst.(1559), III xi 1.
23 Inst.(1559), III iii 9.
24 Inst.(1559), III iii 9.
25 Inst.(1559), III iii 8.
26 Inst.(1559), III iii 16.
27 Inst.(1559), III iii 9.

3) 칭의(稱義)

깔뱅이 이해한 '칭의'를 바로 이해하기 위해서는 '행위(행동, 선행)를 통한 의'와 '믿음을 통한 의'의 차이를 잘 알아야 한다. "어떤 사람의 생활이 순결하고 거룩하여 하나님의 보좌 앞에서 의롭다는 증언을 얻을 만한 때는 행위에 의해서 의롭다함을 얻는다고 한다. 또는 그 행위의 완전성 때문에 하나님의 심판을 받고 그것을 만족시킬 수 있는 사람은 행위에 의해서 의롭다함을 얻는다고 한다. 그와 반대로 행위에 의해서는 의롭다는 증거를 받을 수 없는 사람이 신앙을 통해서 그리스도의 의를 붙잡아, 그 의를 입고 하나님 앞에 나타날 때 -죄인으로서가 아니라, 의인으로 나타날 때 - 신앙에 의해서 의로움을 받는다."[28] 깔뱅은 '칭의'를 다음과 같이 정의한다: "그러므로 우리가 칭의를 간단하게 설명하자면, 칭의는 하나님께서 자신의 호의로 우리를 의로운 사람들로서 받아주시는 것에 대한 승인(인정)이다. 그리고 우리는 칭의가 죄의 용서와 그리스도의 의의 전가(imputation)로 구성되어 있다고 말한다."[29]

깔뱅의 구원론에서 기독론과 성령론은 신앙론과 함께 중요한 위치를 차지한다. 깔뱅은 구원의 순서를 시간, 단계적으로 파악하지 않고, 논리적, 신학적으로 이해했다. 깔뱅의 경우 칭의와 성화는 하나님의 '이중 은혜'(duplex gratia)로서 상호 동일하지 않고, 상호 구별되며, 상호 밀접하게 연결되어 있다. 깔뱅에 의하면, 칭의는 죄의 용서와 그리스도의 전가된 의를 내용으로 이루며, 칭의에서 법정적 개념이 중요한

---

28 Inst.(1559), III xi 2.

29 Inst.(1559), III xi 2.

바, 칭의는 '행위를 통한 칭의'가 아니라, '믿음을 통한 칭의'다. 깔뱅의 경우 회개와 중생은 상당히 포괄적 개념으로서 성화와 연관된다.

Ⅳ. 박형룡의 구원론

1. 구원론에서 신학 용어와 구조

박형룡은 "'구원론'(Soteriology)은 '구원함' 혹은 '구원'을 의미하는 헬라어 '소테이리오스'로부터 파생되었으며, "교의학의 이 부분을 혹 '성령론'(Pneumatology)"이라 부른다. "그 이유는, 이 부분에서 구속(救贖)의 적용에 관한 논의를 전개하는데 구속의 적용은 성령(聖靈)의 사역(事役)이기 때문"이라고 말하고, "성령의 사역에 의한 구속의 적용을 논하는 이 부분만을 구원론이라고 명칭함이 가장 적정(適正)하다."라는 말로 그의 구원론을 시작한다.[30] 여기서 우리는 박형룡이 구원론을 성령론의 틀 속에서 이해하고 있음을 알 수 있다. 또한 박형룡은 구원 순서 또는 서정을 순전히 시간적 순서가 아니라, 논리적 순서로 이해한다. 구원서정은 "그리스도가 이루신 구속의 객관적 사역이 죄인의 마음과 생활에 주관적으로 실현되는 과정을 묘사한다. 이것은 그리스도 안에 있는 구원의 다양한 행복들이 피택된 죄인에게 적용되는 순서 혹 배열의 제시다. 이것은 구속 사역에서의 성령의 다양한 동작을 그 논리적 순서로, 또는 그 상호 관계에 의하여 묘사하기로 목적한다. 이 순서는 구원의 행복들이 명확한 시간의 선후에 따라 죄인에게 주어지는 것처

---

30   박형룡, 『교의학 V』, p. 23.

럼 순전히 시간적 의미로 이해될 것이 아니다."³¹

박형룡에 의하면, "구원의 순서를 말하는 양식(樣式)에서 16세기 신학과 후대신학 사이에 많은 차이가" 있어서 구원 서정에 대한 기술 양식의 다양성을 보이면서도 "개혁파 신학"은 "하나님을 우리 구원의 유일조성자(唯一造成者)"로 높이고, "구속의 적용을 하나님의 주권적이며 은혜로운 의지"에 돌린다는 점에서는 동일하다.³² 박형룡은 개혁신학과 성경주석의 논의를 통해서 구원 서정으로서 소명(召命), 중생, 회심(= 회개+신앙), 칭의, 수양(收養), 성화, 성도의 견인(堅忍), 영화(榮化)의 순서로 언급하는 것이 유익하다고 주장한다.³³ 박형룡은 소명을 외적 소명(vocatio externa)과 내적 소명(vocatio interna)으로 나누고,³⁴ 비교적 중생에 대한 바람직한 정의를 '새 생명의 심음과 주관적 성향의 성화'로,³⁵ 회심을 회개와 신앙으로,³⁶ "수양"(收養)을 "하나님의 자녀로 입양되는 것"이라고 말한다.³⁷ 성도의 견인은 하나님이 중생시키고 은혜의 상태에 유효적으로 부르신 자들은 그 상태로부터 전적으로며 최후적으로 떨어지는 것이 불가능하고, 그 상태에서 끝까지 견인하여 영원히 구원 얻을 것이 확실하다는 교리이다.³⁸ 영화는 구속

---

31 박형룡, 『교의학 V』, p. 26.
32 박형룡, 『교의학 V』, p. 31.
33 박형룡, 『교의학 V』, pp. 32-33.
34 박형룡, 『교의학 V』, p. 114.
35 박형룡, 『교의학 V』, p. 160.
36 박형룡, 『교의학 V』, p. 207.
37 박형룡, 『교의학 V』, p. 320.
38 박형룡, 『교의학 V』, p. 385.

적용의 최후 국면이다.[39]

2. 칭의

박형룡은 "죄악 많은 인생에게 칭의보다 더 중요한 문제는 없을 것이다."라고 말할 정도로, 칭의의 중요성을 매우 강조한다.[40] 그에 의하면, 신약성경의 헬라어 동사 "디카이오오"는 히브리어 "'히츠띠크'와 같은 의미를 가지어 '사람을 의롭다고 선고함'을 가리킨다. 이 말은 사람의 윤리적 의(倫理的義)에 관설(關說)하지 않고, 재판적 혹 법적 결정의 결과인 의(義)의 신분(身分)에 언급한다."[41] 박형룡이 칭의를 정의할 때, 『웨스터민스터 소요리문답』, 『웨스트민스터 신앙고백』과 핫지(A.A. Hodge), 베르꼬프(L. Berkhof)의 정의를 직접 인용하여 나열만 한다. "또 조금 다른 말로 정의하면 '칭의는 예수 그리스도의 의를 기초로 하여 죄인에 관한 율법의 주장이 만족된 것을 선언하시는 하나님의 재판적 행위이다'(L. Berkhof, Systematic Theology, p. 513)."[42] 그는 칭의의 은혜적, 법정적, 선언적, 제정적(규정적), 즉각 완전 최종적 성격을 말하고,[43] 칭의의 특징으로서 죄책의 제거, 일회적으로 우리의 밖에서부터 이루어지는 하나님의 재판, 의롭다고 선고하시는 주

---

39 박형룡, 『교의학 V』, p. 416.
40 박형룡, 『교의학 V』, p. 274.
41 박형룡, 『교의학 V』, p. 270.
42 박형룡, 『교의학 V』, pp. 274-275.
43 박형룡, 『교의학 V』, pp. 275-279.

체가 성부 하나님이라는 것이다.[44]

박형룡은 칭의가 두 가지로 구성되었다고 주장할 뿐만 아니라, 칭의를 두 가지로 구별한다. "그리스도의 의는 첫째로 율법(律法)의 형벌을 만족시키고, 둘째로 행위 언약(行爲言約)에 적극적 조건들을 만족시켰으니 곧 율법의 교훈들에 순종하신 것이다. 그러므로 신자들에게 그 의의 전가(轉嫁)는 첫째로 형벌의 보상과 죄의 용서를 취득하게 하였고, 둘째로 신자들은 그들을 위하여 언약이 성취되고, 그것의 모든 약속들이 법적으로 시행된 자들로 인정되었다. 따라서 칭의는 하나님이 죄인들을 용서하시고 의인으로 인정하심과 더불어 그들에게 영생 얻을 권리를 부여하심으로 구성된다. 이것을 구성하는 두 성분을 구별하게 되나니 곧 소극적 성분인 사죄와 적극적 성분인 영생권의 부여이다."[45] 능동적 또는 객관적 칭의는 "가장 근본적인 의미의 칭의로써 하나님의 법정(法廷)을 경역으로 단행된다(롬 3:20; 갈 3:11). 이것은 죄인 안에서 되는 주관적 칭의의 기초이니, 하나님의 법정에서 죄인에 관하여 하나님이 행하시는 의의 신분의 제정과 선언으로 이루어지는 것이다. … 수동적 혹 주관적 칭의는 죄인의 심정(心情) 혹 양심(良心)을 경역으로 하여 행해지는 것이다."[46]

박형룡은 칭의의 시점(時點)과 관련하여, "영원부터의 칭의"나 "그리스도의 부활에서의 칭의"를 성경주석적, 신학적 논의를 통해서 전적으로 거부하고, "신앙으로 칭의"를 강력하게 주장한다.[47] 그러므

---

44 박형룡, 『교의학 V』, pp. 279-280.
45 박형룡, 『교의학 V』, p. 280.
46 박형룡, 『교의학 V』, pp. 284-285.
47 박형룡, 『교의학 V』, pp. 285-299.

로 "칭의는 죄인이 신앙으로 그리스도를 수납하는 때에 이루어진다. 죄인의 신앙이 있기 전에 그의 칭의가 있을 수 없다."⁴⁸ 칭의와 신앙의 관계에서, 신앙은 칭의의 원인("때문에")이거나 공로적인 무엇이 아니라, 도구적 차원에서 이해되어야 한다.⁴⁹ "신앙으로 칭의"에 대한 술어적 표현을 중심으로 박형룡은 깔뱅 등이 이해한 기구적 원인(instrumental cause)으로서 신앙, 이용기관(利用器官, appropriating organ)으로서 신앙, 없을 수 없는 조건(conditio sine qua non)으로서 신앙에 대해서 논의하면서 "신앙은 그리스도의 공로를 객관적 주관적으로 이용한다는 이중 의미에서 이용 기관이라 칭할 만하다."라고 말한다.⁵⁰ 박형룡에 의하면, 종교개혁자들에게서 칭의의 근거는 소극적으로 인간의 미덕이나 선행이 결코 아니라,⁵¹ 칭의의 근거는 적극적으로 죄인에게 전가되는 예수 그리스도의 완전한 의다.⁵²

그러면 그리스도의 의가 어떻게 전가되어 우리의 것이 되는가? "그리스도의 의의 전가는 그리스도의 의가 죄인에게 회계되어 이것이 당연히 받을 법적 결과를 그가 받게 하는 것을 의미한다. 즉 그리스도의 의가 죄인에게 돌려짐이다."⁵³ 전가에서 우리에게 회계되는 것은 그리스도의 의에 기초한 용서와 수납의 결과를 받을 권리이다. "전가의 기초는 우리가 그리스도에게 연합함이다. 이것은 다만 그가 완전한 사

---

48   박형룡, 『교의학 V』, p. 292.
49   박형룡, 『교의학 V』, pp. 292-293.
50   박형룡, 『교의학 V』, pp. 296-299.
51   박형룡, 『교의학 V』, p. 300.
52   박형룡, 『교의학 V』, p. 302.
53   박형룡, 『교의학 V』, p. 303.

람, 우리의 대표인 사람이 되시기 때문에만 아니라, 또한 그 안에 우리의 신비적 연합(神秘的聯合)이 있기 때문이다. 그는 우리의 법적 머리(元首)도 되시고, 영적 머리도 되시는 고로 우리의 죄가 그에게 전가되고, 그의 의가 우리에게 전가되는 것이 정당하다."[54]

3. 성화

박형룡이 구원 서정에서 칭의와 성화 사이에 두고 있는 "수양"(收養)은 "하나님의 자녀로 입양되는 것"을 말한다. "수양은 은혜의 사역이다. 이것은 예수 그리스도를 믿음으로 받는 하나님의 선물이다. … 사람은 하나님의 아들 우리 주 예수 그리스도를 믿음으로 양자(養子) 되는 것을 통해서만 하나님을 아버지로 알 수 있으며 자기의 자격(子格)을 인식할 수 있다."[55]

박형룡에 의하면, "거룩과 성화의 개념은 신약에서도 구약과 다를 바가" 없지만, 그럼에도 불구하고 "구약에서 신약에로 건너가면 현저한 차이를 의식하게 된다. 구약에서는 하나님의 속성이 거룩과 동등에 선 자가 없으나 신약에서는 거룩이 하나님에게 드물게 돌려졌다."[56] 하나님의 위엄적 거룩성은 윤리적 거룩성으로부터 파생되기 때문에, 인간의 윤리적 거룩성은 "단순한 도덕적 단정(道德的端正)만이 아니다. 성화는 단순한 도덕적 개선만이 아니라 하나님과 관계를 가지는 일이다. … 성경은 단순한 도덕적 개선(道德的改善)을 장려하는 것이

---

54   박형룡, 『교의학 V』, p. 304.
55   박형룡, 『교의학 V』, p. 320.
56   박형룡, 『교의학 V』, p. 334.

아니라 오직 하나님과 관계된, 하나님의 연고로, 하나님의 봉사를 위하는, 도덕적 개선을 교훈하는 것이다. 즉 성경은 하나님과 관계된 성화를 역설한다."[57]

성화의 필요성은 자기의 백성을 자기와의 사귐에 불러내시는 하나님 말씀의 엄숙한 명령에서 따라온다. 하나님의 백성은 그의 명령에 순종할 의무가 있을 뿐만 아니라, 신자 안에 있는 죄를 억제하며 극복함으로써 장래의 완전한 거룩을 준비하기 위하여 성화의 은혜와 노력이 요구된다. 신자 안에 죄가 여전히 남아 있어서 내면적 투쟁을 일으킬지라도 그 안에 성화의 생활은 실재성을 갖는다.[58]

박형룡은 성화를 개혁전통의 신앙고백과 핫지(A.A. Hodge)와 베르꼬프의 정의를 직접 인용하여 나열한다. "성화는 성령이 이로써 칭의된 죄인을 죄의 더러움에서 구출하시며, 그의 온 성질을 하나님의 형상으로 갱신(更新)하시며, 그로 하여금 선한 일을 행할 만하게 하시는 은혜롭고 계속적인 공작이다."[59]

성화의 특징과 관련하여 성화는 옛 사람을 십자가에 못 박는 것과 새 사람의 창조인데, 이 두 가지는 계기적(繼起的)인 것이 아니라, 동시적(同時的)이며, "신체와 영혼, 지·정·의(知情意)를 포함하는 사람 전체에 영향을 미친다. 성화는 죽을 때까지 계속되어야 하며, 신자의 영혼은 죽음의 순간이나 직후에, 신체는 부활 시에 성화가 완성된다."[60]

특히 박형룡은 성화의 주체로서 성령 자체를 강조할 뿐만 아니라,

---

57 박형룡, 『교의학 V』, p. 334.
58 박형룡, 『교의학 V』, pp. 336-340.
59 박형룡, 『교의학 V』, pp. 340-341.
60 박형룡, 『교의학 V』, pp. 344-347.

성령이 사용하시는 성화의 다양한 방편 내지 수단을 강조한다. "신자들이 자신들을 스스로 성화하는 것이 아니라는 것을 명심함이 필요하다. 성화를 조성하시는 이는 하나님이시다(살전 5:23). 특히 성령이 성화를 조성하신다. 그리고 그의 성화의 공작의 양식은 신비하여 헤아릴 수 없다."[61] "성화는 삼위 하나님의 사역이다."[62] "우리는 성화가 전적으로 성령에 의뢰한다는 것을 명심함이 가하다. 사람의 영적 발전은 인적 성취가 아니라, 신적 은혜의 사역이다. 우리는 물론 사람의 활동이 성화의 과정에 포함되어 있음을 잊지 말 것이다. 그러나 사람은 기구적(器具的)으로 이 일에 공헌하는 것뿐이니 아무 공적도 인정받을 것이 없으며 의뢰할 바 아니다."[63] "성화에서 성령의 공작은 신비로 둘러싸여 있다. 우리는 하나님의 백성이 죄의 오염으로부터 진보적으로 정화되고, 그리스도의 형상을 따라서 더욱 더욱 변화됨에 의뢰하는 성령의 내주와 사람의 심력(心力)들 위에 행하시는 감화의 양식을 알지 못한다."[64] 박형룡은 성령께서 우리를 성화시키기 위해서 사용하시는 중요한 몇 가지 방편을 소개하는데, 그 중에 대표적인 것은 하나님의 말씀과 성례와 기도와 묵상과 하나님의 섭리적 지도 등을 거론한다.[65]

박형룡은 성화의 칭의의 관계를 어떻게 이해하는가? "성화는 칭의와 나눌 수 없이 연결되어 있다. 이 둘은 반드시 구별되어야 할 것이나 결코 분리되지는 못할 것이다. 칭의는 성화의 근거이기 때문이다. 우

61　박형룡, 『교의학 V』, p. 347.
62　박형룡, 『교의학 V』, p. 347.
63　박형룡, 『교의학 V』, p. 349.
64　박형룡, 『교의학 V』, p. 349.
65　박형룡, 『교의학 V』, pp. 350-352.

리가 성화됨은 우리가 칭의된 때문이요, 우리가 성화된 때문에 칭의되는 것이 아니다. 은혜 언약에서 칭의는 성화보다 앞서서 성화의 근거가 된다. 행위 언약에서는 의와 거룩이 이와 정반대의 순서를 취하였던 것이다. … 칭의는 성화를 위한 재판적 근거이다. … 성화가 하나님의 무상 은혜에 탁월히 의뢰하는 칭의를 근거로 하여 서는 사실은 우리가 성화로써 어떤 공로를 세운다는 관념을 제외한다."[66]

박형룡은 특히 공로의 근거로서 선행에 대한 상(賞)이 아니라, 하나님의 은혜에 근거한 선행에 대한 상을 주장한다. "진리를 말하기 위하여 우리는 반드시 한편으로 행위와 상 사이에 적응(適應)이 있음을 주장하여야 하되, 다른 한편으로 선행에 생길 수 있는 공로마저 부정하여야 한다. 로마 교회에 의하면 이것은 역리적(逆理的)이며 자가모순적(自家矛盾的)인 해결이다. 그러나 개혁파 신도들에 의하면 이것은 성경적 전도(聖經的傳道)를 전체적으로 이해하는 유일한 방법(way)이다. 신자들의 영생은 그리스도의 공로에 근거한 것이니 은혜로 얻음이 분명하고, 영생에 추가하여 받는 상은 선행에 기초하나 그 구경적(究竟的)인 기초는 역시 은혜요, 선행을 장려하기 위한 위안(慰安)을 포함한다."[67]

4. 깔뱅과 박형룡의 비교

지금까지의 논의를 중심으로 깔뱅과 박형룡의 구원론을 상호 비교해보면, 아래와 같은 상호 유사성과 차이점을 발견할 수 있다.

66　박형룡, 『교의학 V』, p. 356.
67　박형룡, 『교의학 V』, p. 375.

① 깔뱅과 박형룡은 모두 구원론을 성령론 속에 정초시킨다.
② 깔뱅과 박형룡은 모두 구원 순서(서정)를 시간적 순서로 이해하지 않고, 논리적 순서로 이해한다.
③ 깔뱅과 박형룡에게서 공히 '이중 은혜'는 상호 구별되나, 상호 분리되지 않고, 상호 긴밀하게 연결되어 있다.
④ 깔뱅과 박형룡의 구원론에서 하나님의 은혜의 주도권이 나타난다.
⑤ 깔뱅과 박형룡의 성화 개념 속에 "옛 사람의 죽임"과 "새 사람의 살림"의 사상이 강하게 나타난다.
⑥ 깔뱅과 박형룡에게서 칭의는 '행위를 통한 칭의'가 아니라, '신앙을 통한 칭의'로서, 여기서 신앙은 칭의의 원인이 아니라 도구적으로 이해된다.
⑦ 깔뱅과 박형룡의 칭의에 나타난 중요 개념은 법정적(forensic) 개념이다.
⑧ 깔뱅과 박형룡이 이해한 성화는 지상에서 살아 있는 동안 완전히 완성되지 않는다.
⑨ 깔뱅이 이해한 칭의는 죄의 용서와 그리스도의 의의 전가로 구성되고, 박형룡이 이해한 칭의는 죄의 용서와 영생권의 획득으로 구성된다.
⑩ 깔뱅은 구원 서정을 중생(= 회개성화), 칭의, 선택, 영화 등으로 배열하고, 박형룡은 소명(召命), 중생, 회심(= 회개+신앙), 칭의, 수양(收養), 성화, 견인(堅忍), 영화(榮化) 등으로 배열한다. 깔뱅이 중생을 칭의보다 먼저 기술한 것은 그가 처했던 시대 상황에서 일어난 변증적 이유 때문이었다.
⑪ 깔뱅의 경우 중생은 성화보다도 더 포괄적인 개념인 반면, 박형

룽의 경우 중생은 매우 제한적이고도 좁은 개념이다.

V. 결론

우리는 본고의 주제를 선택하게 된 동기에 대한 기술과 '개혁전통'에 대한 정의로부터 이 글을 시작했다. '개혁전통'은 본질적인 측면에서 루터의 종교개혁신학을 공유하면서도, 루터 전통과 차별화되고, 개신교(= 기독교) 전통에서 '개혁교회'와 '장로교회'의 신학과 신앙의 삶으로서 500여 년의 전통 속에서 빛나고, 지금도 하나님의 말씀인 성경과 성령의 조명 하에 검토하여, 보완하고, 계승 발전시켜야 할 전통이다.

우리는 깔뱅의 주저『기독교강요』(1559)에 근거하여, 깔뱅의 이중 은혜를 중심으로 그의 구원론의 신학 용어와 구조를 살피고, 이중 은혜를 살펴보았다. 또한 우리는 박형룡의 구원론을 그의 주저『교의학 V』에 기초하여 그의 이중 은혜를 고찰하였다. 특히 구원 서정에 대한 분류에서 박형룡이 더욱 섬세하고, 깔뱅은 덜 섬세하였다. 그리고 깔뱅은 더 변증적이었고, 박형룡은 더 조직신학적이었다는 점을 제외하면, 두 사람의 이중 은혜에 대한 이해는 본질적으로 거의 같다.

필자가 읽어 본 바, 박형룡의 구원론의 내용은 베르꼬프(L. Berkhof)의 구원론에 가장 접근하고 있는데,[68] 다만 구원 서정 부분에서 박형룡은 '수양'(收養)을 도입하고, 베르꼬프는 '영화'를 생략한다. 그러나 박형론의 성화론과 베르꼬프의 성화론의 가장 큰 차이는 박형룡이 성

---

68 L. Berkhof, *Systematic Theology* (Grand Rapids : W. B. Eerdmans Publishing Co., 1938).

화의 주체자로서 성령을 매우 강조하고 있다는 점이다. 바로 이점에서 박형룡은 일반적으로 알려진 개신교 정통주의 신학자들과 큰 차이점을 보여준다. 박형룡은 일반적으로 개신교 정통주의 신학의 약점들 중에 하나인 성령의 약화를 잘 극복하고 있다. 우리는 깔뱅처럼 그를 '성령의 신학자'로 부를 수 있을 것이다. 그가 성령의 신학자가 될 수 있었던 두 가지 가능성, 즉 신앙 체험과 신학연구를 억측해본다면, 전자의 경우, 선교 초창기에 한국 그리스도인들이 일반적으로 겪었던 영적 신앙 체험이며, 후자의 경우, 성경연구 및 성령을 강조한 개혁교회 신앙전통(깔뱅, 아브라함 까이뻐, 베르까우어 등)에 대한 연구일 것이다. 박형룡이 실제로 네덜란드에 체류한 기간은 그렇게 길지는 않지만, 네덜란드의 개혁신학에 대한 그의 지식은 상당했다.

참고문헌

김명용. 『열린신학 바른 교회론』. 서울: 장로회신학대학교출판부, 1997.
박형룡(박아론 편). 『朴亨龍博士 著作全集: 敎義神學 · 救援論 V』. 서울: 한국기독교교육연구원, 1988.
원종천. 『청교도: 삶 · 운동 · 사상』. 서울: 아가페문화사, 1999.
유해무. 『개혁교의학』. 서울: 크리스챤다이제스트, 1997.
윤천석. "죽산 박형룡의 성령론 이해를 통한 올바른 평가," (평택대학교 대학원 미간행 Th.M. 학위논문, 1998.6).
윤철호. 『현대 신학과 현대 개혁신학』. 서울 : 장로회신학대학교출판부, 2003.
최윤배. "개혁전통에서 교회와 국가의 관계," 장로회신학대학교(편), 『장신논단』 제24호(2005.12.).

최윤배. "21세기 교단신학의 정체성," 대한예수교장로회 총회신학교육부(편), 『제27회 전국신학교수세미나: 주제: 21세기 교단신학의 정체성』(팜플렛)(2006.6.22-24), pp. 10-13.

최윤배. "개혁신학이란 무엇인가?," 평택대학교(편), 『논문집』 제9집 제2호 (1997 후기), pp. 59-69.

최윤배. "요한 칼빈의 구원론: 칭의와 성화의 관계를 중심으로," 목원대학교 신학과 학생회(엮음), 『루터 칼빈 웨슬리의 구원론 비교』. 대전: 도서출판 복음, 2002.

최윤배(공저). 『16세기 종교개혁과 개혁교회의 유산』. 서울: 한국장로교출판사, 2003.

Alston, Jr., W.M. & Welker, M. (Ed.), *Reformed Theology: Identity and Ecumenicity*. Grands Rapids: W.B. Eerdmans Pub. Co., 2003.

Bavinck, H. *Gereformeerde Dogmatiek* IV. Kampen: J.H. Kok, 1930.

Berkouwer, G.C. *Geloof en Rechtvaardiging*. Kampen: J.H. Kok, 1949.

Berkouwer, G.C. *Geloof en Heiliging*. Kampen: J.H. Kok, 1949.

Berkhof, L. *Systematic Theology*. Grand Rapids: W. B. Eerdmans Publishing Co., 1938.

Bloesch, D.G. *Essentials of Evangelical Theology: Volume Two: Life, Ministry, and Hope*. New York: Harper & Row, Publishers, Inc.

Calvin, J. 『기독교강요』(1559),

Faber, J. *Essays in Reformed Doctrine*, 1990.

Heppe, H.(이정석 역), 『개혁파정통교의학』. 서울: 크리스챤다이제스트, 2004.

Hoekema, A.A.(류호준 역), 『개혁주의 구원론』. 서울: 기독교문서선교회, 2003.

Küng H. *Rechtfertigung: Die Lehre Karl Barths und eine katholische Besinnung mit einem Geleitbrief von Karl Barth*. Einsiedeln: Johannes Verlag, 1957.

제 3 장

김재준 박사의 구원론[230]

I. 서론

조직신학의 다양한 주제들 중에서도 '구원(救援)'이라는 주제는[2] 오늘날과 같은 포스트모던 시대에 종교 간의 대화나 다양한 목회와 선교 현장 속에서 지나칠 수 없는 중요한 주제이다.[3] 왜냐하면 구원에 대한 정의(定義)에 따라 목회와 선교의 내용과 방향과 방법도 달라질 수 있기 때문이다. 더구나 한국기독교장로회총회와 한신대학교의 신앙적, 신학적 기초를 놓는데 절대적인 공헌을 했던 장공(長空) 김재준(金在俊; Kim Jae Joon, 1901.음9.26/양11.6-1987.1.27) 박사의 구원

---

1 참고, "장공 김재준 박사의 구원론에 관한 연구: 초기 신학사상(1926-1949)을 중심으로," 한국개혁신학회 편,「한국개혁신학회 논문집」제38권(2013.5.31.). (서울: 도서출판 이머징북스, 2013) 51-80.

2 이 논문은 2013년 장로회신학대학교의 지원을 받아 수행된 논문임.

3 김명용,『현대의 도전과 오늘의 조직신학』(서울: 장로회신학대학교출판부, 1997), 84.

론에 대한 연구는 한국 장로교회의 신학과 개혁신학의 재발굴과 함께 우리가 당면하고 있는 '구원'이라는 주제와 관련해 한국신학의 고전적 지혜를 제공할 것이다.

김재준의 구원론에 대한 논의를 시작하기 전(前) "구원론(救援論)"(soteriology)의 내용 범위에 대한 논의가 요청된다. 왜냐하면 조직신학에서 구원론에 대한 이해가 항상 동일하지 않기 때문이다. 예를 들면, 찰스 핫지(C. Hodge)는 구원론에 구원의 계획, 은혜 언(계)약, 그리스도의 인(위)격과 사역, 그리고 성령을 통한 구원의 적(응)용(application)의 내용을 포함시키고,[4] 윌리암 쉐드(W. G. T. Shedd)는 구원론에 그리스도의 사역과 성령을 통한 구원의 적용의 내용을 포함시키고,[5] 베르코프(L. Berkhof)와 후끄마(A. A. Hoekema)는 구원론에서 성령을 통한 구원의 적용만을 다룬다.[6] 또한 김균진과[7] 오트(Heinrich Ott)는[8] 구원론을 그리스도론과 성령론으로부터 구별하는 동시에 그리스도론과 성령론을 전제하면서 신앙론의 틀 속에서 다룬다.

비록 구원론이 조직신학의 모든 각론(各論)들(loci), 특히 그리스도

---

[4] Charles Hodge, *Systematic Theology Vol. 2: Part II Anthropology, Part III Soteriology* (Grand Rapids: Eerdmans Printing Company, 1977/1871), 313-732.

[5] William G. T. Shedd, *Dogmatic Theology Vol. 2* (Grand Rapids: Zondervan, 1889-1894), 353ff.

[6] Louis Berkhof, *Systematic Theology* (Grand Rapids: Eerdmans Publishing Co., 1981/1938), 415-554; Anthony A. Hoekema, *Saved by Grace* (Grand Rapids: WM. Eerdmans Publishing Company, 1989).

[7] 김균진, 『기독교조직신학 Ⅲ』 (서울: 연세대학교출판부, 1987), 145-373.

[8] Heinrich Ott, *Die Antwort des Glaubens: Systematische Theologie in 50 Artikeln* (Stuttgart · Berlin: Kreuz Verlag, 1973), 277-331.

론과 밀접한 관계 속에 있을지라도, 우리가 구원론을 예수 그리스도께서 성취하신 구원에 대한 성령의 적용이라는 틀에서 이해할 경우, 큰 문제가 없다고 생각된다.[9] "구원론은 구원의 복들이 죄인에게 전달되는 것과, 하나님의 호의에로의 회복과, 하나님과의 긴밀한 교제 안에 있는 생명에로의 회복을 다룬다."[10] 후크마도 베르코프와 동일한 범주에서 구원론을 이해하면서, 구원론에서 성령의 사역의 중요성을 특히 강조한다. "본 저술에서 구원의 축복이 어떻게 하나님의 백성을 하나님의 호의, 그리고 그리스도를 통한 하나님과의 교제의 삶으로 회복하는가에 대한 연구를 구원론의 내용으로 삼으려 한다. 이 구원의 적용은 비록 믿음으로 얻어지기는 하나 성령의 역사임을 잊어서는 안 된다."[11]

우리는 본고에서 김재준의 초기 신학사상(1926-1949)을 중심으로 그의 구원론에 대해 살펴볼 것이다. 1926년에서 1949년이라는 연대 설정은 특별한 역사적, 신학적 의미를 가지고 있지 않고, 제1차 연구 자료상『김재준 저작전집』제1권에만 한정된다는 의미만을 가지고 있을 뿐이다.[12] 비록 김재준은 학업과정에서 조직신학에 대한 상당한 연구와 관심을 갖고 있었지만, 그는 구약성경 학자였기에, 일반적으로

---

9   최윤배,『잊혀진 종교개혁자 마르틴 부처』(서울: 대한기독교서회, 2012), 242-243; 최윤배,『칼뱅신학 입문』(서울: 장로회신학대학교출판부, 2012), 265-267.

10   Louis Berkhof, *Systematic Theology*, 415: "Soteriology deals with the communication of the blessings of salvation to the sinner and his restoration to the divine favor and to a life in intimate communion with God."

11   Anthony A. Hoekema, *Saved by Grace*, 류호준 역,『개혁주의 구원론』(서울: 기독교문서선교회, 1990, 11-12.

12   장공 김재준 목사기념사업회 편,『김재준전집』1권(서울: 한신대학교출판부, 1992).

조직신학자들의 글에서 발견되는 조직적인 구원론을 그로부터 기대하기에는 신학전공과 자료의 관점에서 한계가 있음은 주지의 사실이다.

II. 김재준에 대한 평가

김재준은 1901년 음력 9월 24일(양력 11월 6일) 함경북도 경흥군 아오지읍 창동(창꼴)에서[13] 엄격한 유학자 김호병의 아들로 태어나,[14] 1987년 1월 27일 오후 8시 51분에 하나님의 부르심을 받았다.[15]

김재준에 대한 평가는 대체로 양극으로 갈라진다. 김재준 계열의 학자들은 그를 매우 긍정적으로 평가한다. 그들은 김재준을 "시대착오적인 근본주의 신학에 맞서 싸운 신학자요, 선교사들을 추종하는 교권주의자들에 의한 희생자이며, 민주주의를 위해 투쟁한 정치개혁운동가, 대승적 기독교를 연 선구자, 그리고 깊이 있는 영성을 소유하고 청빈하게 살았던 목회자, 한국의 종교개혁자"로 일컬으며 극찬한다.[16] 이와는 정반대로, 죽산 박형룡 계열의 신학자들은 그를 매우 부정적으로 평가한다. 박형룡 계열의 학자들에게 김재준은 "소위 '자유주의신학자', '신(新) 신학자', '성경 파괴자', '교회를 문란케 하는 자', '예수의 기적, 부활, 승천을 믿지 않는 자', 심지어 '마귀'라고 불릴 정도의 이단

---

13 천사무엘, 『현대신학자평전2: 김재준-근본주의와 독재에 맞선 예언자적 양심』 (서울: 주·살림출판사, 2003), 24.
14 한숭홍, 『한국신학사상의 흐름 상권』 (서울: 장로회신학대학교출판부, 20072), 530.
15 천사무엘, 『현대신학자평전2: 김재준-근본주의와 독재에 맞선 예언자적 양심』, 201.
16 천사무엘, 『현대신학자평전2: 김재준-근본주의와 독재에 맞선 예언자적 양심』, 12.

자였다."[17]

　동일한 역사적 인물에 대한 평가가 이토록 극명하게 달라질 수 있을까? 박형룡 계열의 학자들은 대체로 개혁파 정통주의 신학을 잣대로 삼아 김재준의 신학을 평가하고, 김재준 계열의 학자들은 특히 19-20세기부터 발달된 성경 고등비평학 등을 적극적으로 사용하면서도, 자유주의 신학자들(리츨, 하르낙 등)을 비판했던 신정통주의 신학자 바르트 신학의 관점에서 박형룡을 평가하고 있다. 김재준 계열의 상당한 학자들은 박형룡 계열의 대부분의 학자들이 지향하고 있는 '개혁파 정통주의 신학'을 '근본주의 신학'으로 오해하여, 박형룡의 신학을 근본주의 신학으로 단정짓는가 하면, 박형룡 계열의 상당한 학자들은 김재준 계열의 학자들이 지향하는 '신정통주의 신학'을 '자유주의 신학'으로 오해하여, 김재준의 신학을 자유주의 신학으로 규정하는 경우가 한국교회사 속에서 종종 발생했다.

　또한 김재준에 대해 긍정적인 동시에 부정적으로 평가하는 학자들도 가끔 있다. 천사무엘은 "김재준은 성경을 역사비평방법에 근거하여 이해함으로써 하나님의 말씀이 역사 속에서 구체적으로 어떻게 선포되었는지를 밝히는데 성공했지만, 이러한 방법은 하나님의 초월성이 가려질 위험이 내포되어 있다."라고 평가하면서,[18] "김재준의 신학사상은 신학사적으로 신정통주의에 가깝다."고 결론짓는다.[19]

17　천사무엘, 『현대신학자평전2: 김재준-근본주의와 독재에 맞선 예언자적 양심』, 12, 참고, 홍치모, "한국 보수신학의 입장에서 본 김재준," 한철하, "김재준의 성경관과 신정통주의 신학," 주재용 엮음, 『김재준의 생애와 사상』 (서울: 풍만출판사, 1986), 286-329.

18　천사무엘, 『현대신학자평전2: 김재준-근본주의와 독재에 맞선 예언자적 양심』, 17.

19　천사무엘, 『현대신학자평전2: 김재준-근본주의와 독재에 맞선 예언자적 양심』, 235.

한숭홍은 김재준의 신학의 내용적 복합성과 포괄성을 다음과 같이 진술했다.

"그는 자유주의 신학자인가? 그의 대답은 분명히 '아니다'(Nein)이다. 그렇다면 그는 신앙의 뿌리를 이루고 있는 정통주의 신학자인가? 그의 대답은 분명히 '아니다'(Nein)이다. 그렇다면 그는 신정통주의 신학자인가? 이 역시 그는 '아니다'(Nein)라고 부정한다. 이러한 3중 부정이란 결국 20세기 인물인 김재준은 어떤 신학자로서도 만족하지 않는다는 말이 된다. 그는 자유주의도 알았으나 배척했고, 보수주의도 맛보았으나 그들의 발광을 보고 떠났으며, 신정통주의는 문화 신학적이고 합리주의적 지성에 기초한다고 거절하였다. 결국 그의 신학은 모두를 부정한 '부정 신학'(Nein-Theologie)이었지만, 실제로는 모두를 갖고 싶은 '포괄 신학'(Umgreifen-Theologie)이 되고 말았다. 그에게서 신학은 '이것이냐 저것이냐'(Entweder Oder)의 '결단 신학'(Entscheidungs-Theologie)이 아니고, '마치 이것인 듯한'(Als-Ob)의 신학이며, 합성 신학인 것이다."[20]

필자에게는 김재준에 대한 한숭홍의 아래의 평가가 김재준에 대한 평가들 중에서 매우 설득력이 있는 것으로 판단된다. "아마도 김재준은 신정통주의 신학자이면서, 동시에 보수주의 신앙인의 면모도 구비한 점에서 철저한 신정통주의자도 아니고, 그렇다고 자유주의 신학자도 아니며, 보수주의 신학자는 더욱 아니었다고 하겠다. 아마 이런

---

20 한숭홍, 『한국신학사상의 흐름 상권』, 561-562.

많은 요소가 포괄되면서 수용성을 가진 신학이 곧 장공(長空) 신학이 아닌가 한다."21

김재준은 "대전전후 신학사상의 변천"이라는 강연 후, "강연자는 '신정통' 신학에 관심이 큰 모양인데 그 학파에 속하였습니까?"라는 한 청중의 질문에 대해 다음과 같이 대답했다. "(신정통주의 신학에, 필자 주) 관심을 가지고 있는 것만은 사실이나 거기에 예속하여 제자가 될 의도는 없습니다. 대체로 같아도 꼭 같을 수는 없습니다. 우리는 세계 신학자들의 건설노력과 아울러 우리 자신도 오직 더 건실한 신학운동에 최선을 다할 것뿐입니다. 어느 것에 속한다는 것은 벌써 그것을 절대화하는 것으로서 생명의 정체(停滯)를 의미하는 것입니다. 겸비한 크리스챤으로서 나는 족(足)합니다."22

III. 김재준의 구원론

1. 인간 이해

인간 이해에 따라 구원 이해가 달라지기 때문에, 우리는 김재준의 구원론을 이해하기 전에 먼저 그의 인간 이해를 살펴보고자 한다. 김재준은 창조-타락-구속(구원)이라는 하나님의 구속역사(救贖歷史)의 큰 틀 속에서 인간을 이해하고 있다. "하나님께서 천지를 창조하시고 범죄한 인간을 구속하시려는 경륜을 각 시대를 통하여 어길데 없이

---

21 한숭홍, 『한국신학사상의 흐름 상권』, 542.
22 김재준, "대전전후 신학사조의 변천," 장공 김재준 목사기념사업회 편, 『김재준전집』 1권, 388-389.

드러내시고 때가 차매 독생자 그리스도를 보내셔서 '말씀'이 직접 육신을 이루어 우리에게 오시게 하셨으며 그의 십자가와 부활과 재림으로 우리의 구원이 완성될 것을 역사(歷史) 안에서 사건으로 나타내신 기록이 곧 '성경'인데 이런 의미에서 '성경이 하나님 말씀'됨을 부정해 낼 자가 누구이겠습니까?"²³

김재준은 삼위일체 하나님을 창조자(創造者)와 주재자(主宰者) 및 구속자(救贖者) 또는 속량주(贖良主)로 이해하고 있다. 그에 의하면, 우리의 하나님에 대한 바른 관계는 개인과 사회와 국가와의 바른 관계에 직접적으로 연결된다. "그리스도교에서는 우선 하나님을 알고 하나님과의 관계를 바로 잡는 것으로 개인, 사회, 국가건설의 기본을 삼는 것이다. 우리의 하나님은 전지, 전능, 영원 절대의 유일한 인격신으로서 우주의 창조자이시고 주재자이시며 지성지선하시며 의와 사랑과 진리가 가득하시고 살아계셔서 우리의 하소연을 들어주시는 하나님이시다. 특히 그리스도에게 이르러 그는 우리의 아버지로 나타나시되 그 독생자를 인간 죄벌의 속량제물(贖良祭物)로 십자가의 제단에 피 흘리는 데까지 이르는 성애(聖愛)의 아버지로 나타나신 것이다."²⁴ "기독교에서는 창조주이시고 속량주이신 삼위일체 하느님 - 오직 한 분인 하느님을 믿고 그에게 제1차적인 충성을 다하는 것을 기본으로 합니다."²⁵

---

23 김재준, "대전전후 신학사조의 변천," 장공 김재준 목사기념사업회 편,『김재준전집』1권, 389.

24 김재준, "건국과 기독교," 장공 김재준 목사기념사업회 편,『김재준전집』1권, 155.

25 김재준, "새 나라와 하느님 관계," 장공 김재준 목사기념사업회 편,『김재준전집』1권, 286.

이 같은 하나님의 이중 지식(duplex cognitio Dei)에 상응하는 인간 지식과 관련하여, 김재준은 "우리는 다같이 피조자이며 죄인이다."라고 주장한다.[26] "모든 피조물은 창조주 하나님의 것입니다. 인간은 최선을 다하여 모든 피조물을 하느님 나라와 그의 의를 위하여 쓸 것입니다."[27] "겸손한 인간은 피조물임을 자인하고 창조주와의 정상관계를 모색하게 되는 것입니다. 동시에 인간은 단순한 피조물이 아니라, 하느님의 형상으로 지어진 피조물이라는 데 문제가 있습니다."[28]

김재준에 의하면, 창조자 하나님에 의해 하나님의 형상으로[29] 선하게 창조된 첫 사람 아담은 낙원(樂園)에서 순진무구(純眞無垢)하였지만, 하나님을 떠나 자기 정욕대로 금단의 열매를 따먹음으로써 고통과 죽음의 종이 되어 낙원으로부터 추방되었다. "낙원에서 순진무구(純眞無垢)하던 첫 사람이 하루는 하나님을 떠나 자기정욕의 지시대로 금단의 열매와 지혜의 열매를 따먹고 마침내 온갖 괴롬과 죽음의 종이 되어 낙원을 잃고 풍파 세계로 유랑하게 되었다고 창세기의 옛 기록은 말하고 있습니다."[30] 하나님을 떠나고, 모든 피조물과 분리되어 자기중심적으로, 이기적으로 살아가는 것이 타락한 자연인(自然人)의 본성이다. "인간과 자연과 우주의 구심점에서 이탈한 인간은 각기 자

26　김재준, "기독교의 건국이념," 장공 김재준 목사기념사업회 편, 『김재준전집』 1권, 161.
27　김재준, "교회와 세속주의," 장공 김재준 목사기념사업회 편, 『김재준전집』 1권, 372.
28　김재준, "인간성의 한계와 복음," 장공 김재준 목사기념사업회 편, 『김재준전집』 1권, 318.
29　김재준, "인간성의 한계와 복음," 장공 김재준 목사기념사업회 편, 『김재준전집』 1권, 318.
30　김재준, "현대인의 미망(迷妄)-지식의 편중-," 장공 김재준 목사기념사업회 편, 『김재준전집』 1권, 266.

기중심으로 삽니다. 그것이 '자연인'의 본성입니다. 사회인으로서도 제각기 자기집단 중심이기 때문에 분열되지 않을 수 없습니다. 국제적으로 제각기 자기나라 지상주의니만큼 분열되지 않을 수 없습니다. 이해와 사상이 비슷한 나라들이 블록을 이루어 갈라집니다."[31]

김재준은 전적으로 타락한 인간 마음의 심각한 부패성을 자기 자신 속에서 발견한 예레미야 예언자의 말씀(렘 17:9)을 인용한다. "그(예레미야, 필자 주)의 비평의 눈은 다른 사람에게서 떠나 자기에게로 옮겨지게 되었다. 과연 나는 절대로 의롭고 다른 사람만이 불의한 것이었는가. … 그가 자기 마음의 깊은 속을 고요히 들여다보았을 때 그는 겸손하게 머리를 숙였다. '무엇보다 믿지 못할 것은 마음이다. 그리고 또 병들었나니 누가 능히 알리요'."(렘 17:9: "만물보다 거짓되고 심히 부패한 것은 마음이라 누가 능히 이를 알리요마는", 필자 주)[32]

김재준에 의하면, 전적으로 부패한 마음을 가진 모든 인간, 특히 현대인은 그리스도의 속죄의 은혜를 통해서만 새 사람이 될 수 있다. "그렇다 하나님 안에 쉴 때까지는 우리에게 안심이 없을 것이다. 때는 지금 생(生)이냐? 사(死)냐? 하는 위기에 처해 있다. 현대인은 모름지기 그리스도의 십자가 아래 모여 속죄의 은총을 통하여 새로운 자아를 받아야 할 것이다."[33]

전적으로 타락한 인간은 성령을 통해 '그리스도의 모습으로 재창

---

31 김재준, "합하는 사람, 헤치는 사람," 장공 김재준 목사기념사업회 편, 『김재준전집』 1권, 262.
32 김재준, "전기적으로 본 예레미야의 내면생활," 장공 김재준 목사기념사업회 편, 『김재준전집』 1권, 23.
33 김재준, "실재의 탐구," 장공 김재준 목사기념사업회 편, 『김재준전집』 1권, 44.

조'되어야 하는 바, 그 때 마침내 부패한 인간성이 새롭게 될 수 있다. "결론은 간단합니다. 온 우주와 역사의 주재자이신 하느님께 돌아가는 것입니다. 하느님은 '열린 마음'을 요구합니다. 그리하면 성령이 들어와 그의 인간성을 갱신합니다. 그리스도의 모습으로 재창조합니다. 구심점이 생깁니다. 그것은 오직 한 분, 거룩하신 하느님이십니다."[34]

김재준은 타락하고 부패한 환경과 세계를 새롭게 하고, 하나님의 나라를 이룩하기 위해 이데올로기나 '사회 복음'(social Gospel)의 방법 등을 통해서가 아니라, 각 개인이 먼저 성령으로 새롭게 되는 것이 사회와 역사(歷史) 개혁의 올바른 출발점이라고 역설한다.

"역사는 반복하며 멸망의 큰 길을 굴러가고 있다. 침략, 탄압, 혁명 등의 무서운 폭발이 거듭할 때마다 사람들은 다음에 올 새 시대에 막연한 기대를 걸어 보았다. 그러나 언제나 같은 옛 인간이 의복만 갈아입고 등장하는데 지나지 않았다. 저 공산당 선언에 당돌히 말하기를 '봉건사회의 폐허로부터 발생한 근대자본주의 사회는 계급대립을 없이 하지 못하였다.'… 이제 우리는 걸음을 멈추고 생각해 보자! 결국 모든 문제는 '사람' 자신의 문제인 것이다. 사람 자신이 고쳐지지 않고서 사람이 하는 일이 고쳐질리 만무하다. 환경이 사람을 고친다는 것이 어느 한 부분의 진실을 가지고 있다면 사람이 환경을 고친다는 것은 전폭적인 진실을 가지고 있는 것이다. 사람! 그것은 결국 우리 한 사람 한 사람의 '나'를 말함이요, 이 하나하나의 '나'를 떠나서 '사람'이 따로 있는 것이 아니다. 그러므로 인간의 모든 문제는 결국 '나'의

---

34 김재준, "합하는 사람, 헤치는 사람," 장공 김재준 목사기념사업회 편, 『김재준전집』 1권, 265.

문제로 귀착된다. 그런데 나의 모습은 어떠하냐? … '하나님을 사랑하고 이웃을 섬기는 기쁨에 사는 「나」의 감격적인 창건운동에서 진정한 새 인간 새 나라는 탄생될 것이다.'… 우리는 이제부터 '나'자신을 철저히 성찰하여 '썩어져가는 옛 사람의 욕심'을 단연 거부하고 하나님의 영으로 새로 지음 받은 인간으로 참되게, 그리고 사랑의 동기로 '내'가 또는 '우리'가 할 수 있는 선한 대소사(大小事)를 용감히 실천하자. 이것을 위하여 동지는 단결하자. 하나님의 나라 참된 새 나라는 이런 '우리'들의 손에 맡겨져 있다."[35]

김재준은 사랑의 실천과 사회정의와 사회개혁을 너무나 강조한 나머지 교회 이름을 "야고보교회"로 지었으나, 총회의 허락을 받지 못하여 "경동교회"로 바꾸었다. "우리 교회의 첫 이름은 '야고보교회'였습니다. 야고보처럼 사랑을 실천하려 한 것이었습니다. 그래야 믿음이 산다는 것입니다. 산 믿음이 새 인간을 창조합니다."[36] 사회복음주의자들 이상(以上)으로 사회 정의를 강조하고 실천했음에도 불구하고, 김재준은 그들의 '사회적 복음'(social Gospel) 이해를 다음과 같이 비판한다.

"우리가 강단에서 현재의 정치적, 경제적, 현상을 언급할 수 있음은 물론이나 이는 정치나 경제 그것에 대한 논술이 아니라 영적 진리에

---

35 김재준, "한 크리스찬의 선언," 장공 김재준 목사기념사업회 편, 『김재준전집』 1권, 89-90.
36 김재준, "그리스도와 현실," 장공 김재준 목사기념사업회 편, 『김재준전집』 1권, 333-334.

비쳐진 그것을 인증적(認證的)으로 논함이다. … 어떤 설교가는 사회적 복음을 말하기에 너무 열중한 까닭에 '사회'만을 말하고 '복음'을 빼어버리는 일이 있다."[37]

2. 구원 서정(ordo salutis)

일반적으로 개신교 정통주의 신학에서 구원 서정(ordo salutis)은 시간적, 단계적으로 이해되었으나, 종교개혁자 마르틴 부처와 깔뱅은 구원 서정을 신학적, 논리적 순서로 파악했다.[38] 김재준은 구원 서정을 어떻게 이해하는가? 비록 그의 글에서 구원 서정에 대한 조직적으로, 그리고 체계적으로 논의된 완전한 내용은 발견되지 않을지라도, 김재준은 구원의 각 복과 각 은혜(칭의, 신생, 성화, 영화 등)를 '과정'(過程)으로 표현하면서, 구원의 각 복과 각 은혜의 발전과 진보와 성장에 대해 언급한다.

"즉 죄에서 벗어난 인간이 사망을 이기고 영원한 생명으로 생생진전(生生進展)하는 사실을 보이신 것이다. 그리고 다시 속죄함 입은 의인(義人)이매 하나님의 성성(聖性)과 서로 사귀어 질 수 있으므로 하나님의 성신(聖神)이 신자(信者)에게 내재(內在)하여 그 사람으로 하여금 신생(新生), 성화(聖化), 영화(榮化)의 끊임없는 도덕적 인격의 생성(生成)을 성취케 하는 것이다. 즉 내적 성생명(聖生命)의 충족이 우

---

37 김재준, "변치않는 설교제목," 장공 김재준 목사기념사업회 편, 『김재준전집』 1권, 101.
38 최윤배, 『깔뱅신학 입문』, 266; 최윤배, 『잊혀진 종교개혁자 마르틴 부처』, 243.

리의 도덕적 인격을 성장시키는 걸음을 촉진하는 것이다. 이에서 참 의인(義人)으로서의 정상발전(正常發展)이 시작된다."[39]

김재준에 의하면, 구원의 객관적인 내용에 해당되는 예수 그리스도의 "직능과 사업"은 대체로 다음과 같다. 첫째, 그리스도는 하나님과 사람 사이에 중보(中保)가 되셔서 하나님과 사람의 정상관계를 맺어 주셨다. 그는 그의 성육신, 십자가, 부활, 승천, 성령 강림 등을 통하여 결국은 하나님이 우리 죄인과 화해하시고, 하나님이 우리와 함께 하시는 임마누엘의 생활을 성취하신 것이다. 둘째, 그리스도는 믿는 자에게 사죄(赦罪)와 칭의(稱義)를 선언하신 후 우리의 죄성을 정화(淨化)하며 죄의 권세에서 해방하여 우리로 하여금 고통과 사망의 공포에서 벗어나게 하셨다. 셋째, 그리하여 그리스도는 새로운 사회적 유기체인 천국의 일 단계 되는 교회를 세우셨다.[40]

김재준이 이해한 구원 과정에서 신자 안에 내주(內住)하시면서, 예수 그리스도의 구원의 각각의 복과 은혜를 적용하고, 전달하는 주체는 다름 아닌 바로 성령 하나님 자신이라는 사실이 특히 강조되고 있다. "하느님은 절대 주격이시오, 결코 방편화를 용허하지 않으시는 존재다. 그를 아는 길은 오직 그와 우리와의 인격적 관계를 바르게 조정하는 데에만 있는 것이다. … 다만 그 자신의 베푸신 속죄의 은총을 받아 칭의(稱義)의 특권에 참예하고 성령으로 중생(重生)하여 자녀의 명분을 얻고 또 성령이 내주하실 때 비로소 하나님의 기뻐하시는 뜻을 분

---

39 김재준, "건국과 기독교," 장공 김재준 목사기념사업회 편 『김재준전집』 1권, 156-157.
40 김재준, "교회와 시대," 장공 김재준 목사기념사업회 편, 『김재준전집』 1권, 304; "그리스도의 몸인 교회," 『김재준전집』 1권, 299.

별할 수 있게 되는 것이다."⁴¹

"그리스도교(敎)의 하나님은 속량(贖良) 받은 인간(人間)에게 성령(聖靈)으로 내재(內在)하여 우리로 하여금 신생(新生), 성화(聖化), 영화(榮化)의 과정(過程)을 계시(啓示)하신대로 밟게 하시며 우리가 우리 자신(自身)의 존재(存在)를 의심(疑心)할 수 없는 것 이상(以上)으로 그의 실재(實在)를 확인(確認)하시는 인격신(人格神)이신 것이다."⁴²

김재준이 이해한 구원 과정에서 성령 하나님은 주체적으로 절대적인 위치를 차지한다. 그러나 그는 펠라기우스주의나 반-펠라기우스주의(semi-Pelagianism)에 빠지지 않으면서, 신앙인으로서의 그리스도인의 역할과 기능이 배제되거나 축소되지는 않는다. 우리 인간은 구원의 객관적 내용인 예수 그리스도의 구속사역을 "인정하고 받는 사람"이 되어야 한다. 이런 사람에게 성령께서 찾아 오셔서 그 사람을 의롭게, 성결하게, 영화롭게 하시고, 그 사람은 하나님의 자녀가 되어 하나님의 영원한 생명에 참여하고, 하나님 나라의 상속자가 된다. 특히 김재준은 하나님께서 그리스도 안에 계시고, 그리스도가 우리 안에 계시고, 우리가 하나님 안에 계신다는 표현을 통해 구원 과정을 삼위일체론적 틀 안에서 이해하고 있다.

---

41 김재준, "현대인의 미망(迷妄)-지식의 편중-," 장공 김재준 목사기념사업회 편, 『김재준전집』 1권, 268.
42 김재준, "건국과 기독교," 장공 김재준 목사기념사업회 편, 『김재준전집』 1권, 155.

"예수님은 마음이 깨끗한 자가 하느님을 볼 것이라고 하셨습니다만, 하느님을 여실하게 볼 만큼 깨끗한 마음의 소유자가 어디 있겠습니까? 그래서 하느님 자신이 인간이 되어 우리를 대신하여 죽기까지 사랑하시고, 그의 속량사업을 인정하고 받는 사람에게는 하느님의 '영'이 오셔서 그를 의롭게, 성결하게, 영화롭게 하십니다. 그래서 하느님의 사랑하는 자녀로, 하느님의 영원한 생명에 참여하고 하느님 나라의 상속자가 되게 하신 것입니다. 이제는 하느님이 객체가 아니라 우리 아버지시고 우리는 그의 자녀입니다. 성령이 '어머니'라면 우리는 그의 품에 안긴 어린애라 하겠습니다. 하느님이 그리스도 안에, 그리스도가 우리 안에, 우리가 하느님 안에 영주하는 관계가 되었습니다. 이것이 우리 자신의 실존인데 우리가 어떻게 하느님이 없다 하겠습니까?"[43]

1) 칭의(稱義)와 신생(新生)

김재준이 "이신칭의(以信稱義)"나 "이신득의(以信得義)"에 대해 조직신학적으로 길게 논의하지는 않지만, 그의 글 속에서 "이신칭의" 사상과 "오직 믿음과 오직 은혜를 통한 구원" 사상과, 예수 그리스도의 "전가(轉嫁)된 의(義)"로서의 법정적인(forensic) 칭의 사상이 충분히 발견된다.

김재준은 급성 폐렴으로 죽은 누나의 갑작스런 임종을 계기로 이신칭의 진리를 실존적으로 더욱 인정하고 확신하였다. "지금도 그 때 일(누나의 갑작스런 죽음, 필자 주)을 생각하고 어떤 존엄한 책망을 듣는 것

---

43 김재준, "지식인의 미망," 장공 김재준 목사기념사업회 편, 『김재준전집』 1권, 251.

같은 느낌을 새롭게 합니다마는 '믿음으로 의롭다함을 얻는다' 하는 은총의 선언 없이는 인간의 시원찮은 이론이란 썩은 풀만도 못한 것이었습니다."[44] "크리스챤이 된다는 것은 생래(生來)의 자기를 수양해서 그리스도처럼 되게 하려는 것이 아니다. 이는 전적으로 자기를 부정하고 그리스도 안에서 은총으로 다시 사는 것을 의미한다."[45]

"브룬너는 말하기를 '복음은 불변이나 신학은 변한다.'고 하였습니다. 여기서 복음이란 것은 '하나님 아들 그리스도를 믿음으로 말미암아 구원 얻는 사실'을 말한 것입니다."라고 김재준은 주장함으로써, 그리스도를 믿음으로 얻는 구원으로서의 복음을 말한다.[46] 김재준은 십자가에서 대속적 죽음을 당하신 예수 그리스도를 하나님의 어린 양(Agnus Dei)으로 이해한다. "이스라엘의 남은 족속들은 예레미야의 기나긴 수난 생애를 회상하는 가운데 속죄의 고난에 대한 계시의 의의를 얼마 더 깨달았을 것이다. 그리하여 여호와의 종, 그리고 더 높이는 죄도 없고 흠도 없는 하나님의 어린 양, 고난을 겪으시고 슬픔을 아시며 세상 죄를 지시고 '엘리 엘리 라마 사박다니'의 괴로운 호소를 남기신 하나님 어린 양의 십자가 그림자가 이 예레미야의 생애에서 움직이고 있음을 우리는 보고 있다."[47]

김재준에 의하면, 하나님 중심에서 인간 중심으로 타락한 인간은 예수 그리스도의 속죄의 죽음을 통해 하나님 앞에서 의인(義人)으로

---

44 김재준, "불멸의 동경," 장공 김재준 목사기념사업회 편, 『김재준전집』 1권, 120.
45 김재준, "교리와 신앙," 장공 김재준 목사기념사업회 편, 『김재준전집』 1권, 272.
46 김재준, "대전전후 신학사조의 변천," 장공 김재준 목사기념사업회 편, 『김재준전집』 1권, 373.
47 김재준, "위대한 결말," 장공 김재준 목사기념사업회 편, 『김재준전집』 1권, 88.

선포되고, 예수 그리스도의 의(義)가 우리의 의(義)로 전가(轉嫁)된다.

"믿을 수 없는 것이 인간이라고 한탄하게 됩니다. 모두가 자기중심적이고 하느님 중심이 아닙니다. 그러므로 인간은 우주와 인생의 유일한 구심점인 하느님께로 돌아와야 합니다. 하느님은 우리 모두의 아버지시고 우리는 그의 사랑하는 자녀입니다. 그것은 하느님이 독생자 예수를 우리의 죄 값으로 내놓으시고 그의 '속죄사(贖罪死)'로 우리가 하느님 앞에서 의인으로 선포되는 것입니다. 하느님의 의가 우리의 의로 된 것입니다. 이 하느님의 사랑을 우리가 받아들일 때 우리는 하느님 앞에서나 사람들 앞에서나 떳떳하게 설 수 있습니다."[48]

김재준에 의하면, 우리가 신뢰하는 마음으로 하나님 사랑을 받아들이는 태도로서의 믿음으로 칭의 받아 새 사람과 선한 사람이 된다. 또 성령께서 우리 안에 거하심으로써 우리도 선한 일을 행할 수 있게 되는 바, 곧 성화(성결)의 길이 열리게 된다. 김재준에게서 믿음은 절대적으로 중요하다. "교회의 기초는 돈이 아니오 규칙이 아니오 오직 바른 믿음을 가진 '인격'에 있는 것을 생각하여 전당건축에서 인간건축에 새로운 계획과 노력을 아끼지 않아야 할 것이다."[49] "지금도 살아계신 그리스도의 산 인격이 성령으로 우리의 죽은 몸에 침입하여 다시 생기를 주시는 때 우리가 전적으로 '아-멘' 하는 그 길이 곧 그리스도

---

48 김재준, "성도의 교제," 장공 김재준 목사기념사업회 편, 『김재준전집』 1권, 259.
49 김재준, "전당건축에서 인간건축에," 장공 김재준 목사기념사업회 편, 『김재준전집』 1권, 95.

인의 신앙이다."⁵⁰

"그리스도는 말합니다. '너희가 믿으면 된다.' '네 믿음이 너를 구원했다'고 합니다. 믿음이란 것은 신뢰하는 마음으로 자기 심정을 열고 하느님의 사랑을 받아들이는 태도입니다. 수양을 전제조건으로 요구하지도 않습니다. 무아 해탈을 위해 인간관계의 인연을 끊을 필요도 없습니다. 다만 자기 마음 문을 활짝 열어 놓고 '저는 이런 녀석입니다. 주님께서 들어오셔서 마음대로 하십시오. 주님 좋으신 뜻대로 고쳐 만들어 주십시오!' 하는, 하느님께 마음 문을 열어 놓은 태도입니다. 그리하면 하나님의 영이 그 안에 오셔서 재창조의 작업을 시작하고 진행시키는 것이라 하겠습니다. 그는 하나님 앞에서 피동적입니다. 그러나 그 피동적인 것이 그 인간에게는 협동적이 되고 하나님께는 능동적이 됩니다. 그래서 그 인간은 성령의 능력으로 선을 행할 능력을 소유하게 되는 것입니다. 선을 행함으로 선한 사람이 되는 것이 아니라, 선한 사람이 됨으로 선을 행하게 되는 것이라 합니다. 예수의 비유에 비추어 말한다면 선한 나무에 선한 열매가 맺는 것이요, 악한 나무가 악한 열매를 맺는 것입니다. 나무의 성격이 그 열매를 규정하는 것이요, 그 반대는 아니란 말입니다. 선행(善行)에의 자유는 이에서 성취되는 것입니다."⁵¹

김재준에 의하면, 도덕적 인격이 되기 위해서는 자력수양의 길과

---

50 김재준, "교리와 신앙," 장공 김재준 목사기념사업회 편, 『김재준전집』 1권, 273.
51 김재준, "크리스챤의 자유," 장공 김재준 목사기념사업회 편, 『김재준전집』 1권, 230-231.

영적(靈的) 신생(新生)의 길이 있다. "성경에서 물로 세례를 받는다는 것은 수양의 길이요, 성신(聖神)으로 세례를 받는다는 것은 거듭나는 일이다. 나면서부터의 사람은 그 본래가 악으로 흘러가는 경향이 더 많은 까닭에 의례될 것 같으면서도 안 되는 것은 수양의 길이다. 그러나 속죄(贖罪), 구령(救靈), 신생(新生)의 길이란 것은 초자연적인 성신(聖神)의 창조주 사업이니 만치 사람의 생각으로 보면 안 될 망계(妄計)같으면서도 사실은 가장 자연스럽게 되어지는 것이다."52 "우리가 세례 받는 것은 우리의 죄와 죽음의 노예에서 벗어나 성령으로 다시 나고, 새 사람 새 생명이 시작되는 그 전환의 감격을 기념하는 것입니다."53

신생(新生)은 거듭나서 하나님의 자녀가 되어 하나님의 형상을 회복하는 것인데, 신생은 성령을 통해서만 일어나는 일이다. "'육신으로 난 것은 육신이요 영으로 난 것은 영이니 거듭나야하겠다는 말을 이상히 여기지 말라'고 예수께서 니고데모에게 말씀하셨습니다. 그래서 믿는 자가 하느님의 형상을 회복하고 하느님의 자녀가 되는 것인데, 그것은 '혈통으로나 육정으로나 사람의 뜻으로 나지 아니하고 하나님께로 난 자들이니라'(요1:13) 했습니다. 크리스챤의 친교도 마찬가지입니다. 인간의 혈통으로나 본능으로나 수양으로나 습성으로 난 것이 아니고 위로부터 오는 하느님의 은총으로 난 것입니다."54 "'생명은 위로부터 온다'고 예수님은 말씀하셨습니다. '네가 위로부터 다시 나지

---

52 김재준, "건국과 기독교," 장공 김재준 목사기념사업회 편, 『김재준전집』 1권, 156.
53 김재준, "몸으로 주를 기념하여," 장공 김재준 목사기념사업회 편, 『김재준전집』 1권, 359.
54 김재준, "성도의 교제," 장공 김재준 목사기념사업회 편, 『김재준전집』 1권, 259.

않으면 하느님 나라에 들어가지 못한다'고 언명하셨습니다. 위로부터, 하느님의 세계로부터 하느님의 거룩한 생명이 부패한 인간성의 물웅덩이에 '생수'를 공급해야 새 인간이 탄생하여 성장합니다. 인간이 인간계에서 신계(神界)로 거듭나 그 바탕이 하느님 백성으로 변화하는 때에만 신생(新生)이 가능하다는 것입니다. … 인간은 신계에 통합으로 그 본모습을 되찾습니다. 오직 성령의 감화와 권능만이 인간성 신생(新生)의 활력이 됩니다. 성령은 우리 안에서 고요히 우리 생명을 육성하여 우리의 '하느님 형상'을 회복시키십니다."[55]

"사실 그리스도는 하나님의 양심의 구체적인 표현이었다. 그는 그의 생(生)과 사(死), 부활과 영화를 통하여 하나님의 도덕적인 심정을 그대로 보여주셨다. 그리고 성신(聖神)의 가장 큰 운동은 하나의 이미 이지러진 양심, 어두워진 양심, 더러워진 양심을 다시 고치고 살려서 거룩한 하나님과 사귀는 길을 열어주는 그것이었다."[56] 김재준은 개인의 새로운 양심을 사회적으로 각성한 양심에까지 연결시킨다.[57] "우리가 모든 것을 잃을지라도 하나님의 거룩한 신(神)으로 씻음 받고 새로 지음 받은 깨끗한 양심일랑은 잃지 말자. 그리고 한층 더 나아가서 새 양심 창조 운동의 일꾼이 되자."[58]

김재준은 1920년 초가을 서울 승동예배당에서 열린 부흥회에서 김익두 목사의 설교를 통해서 구원받았다는 확신을 가졌다고 회고한

---

55 김재준, "신생(新生)," 장공 김재준 목사기념사업회 편, 『김재준전집』 1권, 336-337.
56 김재준, "새 양심의 창조," 장공 김재준 목사기념사업회 편, 『김재준전집』 1권, 132.
57 김재준, "새 양심의 창조," 장공 김재준 목사기념사업회 편, 『김재준전집』 1권, 134.
58 김재준, "새 양심의 창조," 장공 김재준 목사기념사업회 편, 『김재준전집』 1권, 136.

다.[59] 그의 개인 구원 체험은 인간 사회와 자연을 포함하는 종말론적인 하나님 나라의 영광에까지 연결되었다. "그리 큰 것은 아니었지만 그래도 제법 '샘물'이 '구도자' 자신의 가슴에서 솟아남을 느꼈습니다. '네게 오늘 구원이 임하였다!' 하는 확인을 받았습니다. 그렇게 무섭던 죽음의 환상이 저절로 물러가 버렸습니다. '네가 오늘 나와 함께 낙원에 있으리라' 이 말씀이 하나로 죽음의 폭군은 허수아비같이 탈진해 버렸습니다. …'아들아!' 하고 나를 불러주시는 하나님! '아바, 아버지여' 하고 하나님을 부를 수 있는 나! 새로운 감격이었습니다. 그리하여 '구도자'는 '순례자'로 모습을 바꾸었습니다. 아니 사명을 가지고 외치며 달음질치는 '전령자'가 되었습니다. 그리고 이제는 그리스도의 뜻이 인간사회와 자연에까지 이루어져서 세상 나라가 하나님 나라로 변화하는 영광을 바라보며 아직도 '길손'으로 걸음을 재촉하고 있습니다."[60]

2) 성화(聖化)

그리스도인의 삶에서 성령의 역사(work)는 절대적인 위치를 차지한다는 사실을 김재준의 다음의 기도문에서 확인할 수 있다. "주여, 참 그리스도 교인의 생기요 권능이요 원동력인 성령의 더 큰 활동을 우리에게 허락하소서."[61] 그리스도인의 성화는 교육 차원을 훨씬 넘어선다. "힘써 교육하자! 그러나 교육은 수양의 길에 속한 노력이므로 근본적인 해결을 못준다. 거듭나 새 사람 되는 성령의 길을 우리는 주장

---

59 한숭홍, 『한국신학사상의 흐름 상권』, 532.
60 김재준, "불멸의 동경," 장공 김재준 목사기념사업회 편, 『김재준전집』 1권, 122-123.
61 김재준, "실재(實在)," 장공 김재준 목사기념사업회 편, 『김재준전집』 1권, 107.

하며 기대한다. 이것은 하나님의 직접 은총의 기관인 그리스도교회에서 밖에 그 현실을 기대해 볼 데가 없다."⁶² "국민교육의 교사들은 주로 지식과 도덕을 전수하면 그 책임을 다하는 것으로 되어 있다. 그러나 주일학교 교사는 종교를 전수하는 것이 그 책임이니 만치 지성이나 양심에 강박적으로 전수할 수 있는 것이 아니오 영성(靈性)에 소(訴)하여 그 전인적 반응을 기다릴 수밖에 없는 것이다. 따라서 그 사업은 더욱 어렵고 전문적인 노력을 요하는 것이다."⁶³

그리스도인이 성화 과정에서 마음과 뜻과 성품을 다해 구체적으로 실천해야 할 내용은 다름 아닌 바로 하나님 사랑과 이웃 사랑의 종말론적인 실천을 통해 하나님께 영광을 돌리는 일이다. "주를 섬기노라면서 사실은 맘몬을 섬기지는 않는가? … 마음과 뜻과 성품을 다하여 주 하나님을 사랑하고 내 이웃 사랑하기를 내 몸같이 하는가? … 예수 믿지 않는 것도 소름이 끼치는 일이지만 예수 믿는 것도 두렵고 떨리는 일이다."⁶⁴ "우주만상에 하나님의 영광을 보고 하는 모든 일에 하나님의 영광을 드러냄이 우리의 거룩한 의무임을 다시 생각하자."⁶⁵

조화(調和)는 소위 중립(中立)이나 타협(妥協)도 아니고, 사랑의 대단원이라고 주장한 김재준은 신앙생활의 세 가지 조화를 주장한다. "우리의 신앙생활에는 세 가지 요소가 있다. 그 첫째는 '교리'요, 둘째는 '신비적 영교(靈交)'요, 셋째는 '사회적 실생활'이다. 이 세 가지는

---

62 김재준, "건국과 기독교," 장공 김재준 목사기념사업회 편, 『김재준전집』 1권, 157.

63 김재준, "주일학교교사에 대한 몇가지 제언," 장공 김재준 목사기념사업회 편, 『김재준전집』 1권, 66.

64 김재준, "깨보는 마음 깨보이는 마음," 장공 김재준 목사기념사업회 편, 『김재준전집』 1권, 104.

65 김재준, "봄의 영감," 장공 김재준 목사기념사업회 편, 『김재준전집』 1권, 97.

항상 있어야 할 것임과 동시에 서로 조화되어야 한다."[66]

김재준이 이해한 성화의 규준(norm)은 예수 그리스도이다. "바르게 생각하고 바르게 살려면 그에게 어떤 규준, norm이 있어야 합니다. 규준이 없으면 진단을 못합니다. 우리의 규준, 즉 norm은 그리스도입니다."[67]

김재준의 성화 이해 속에는 '개인적 성화' 차원은 물론 하나님의 나라의 차원에서 이해된 소위 '사회적 성화' 차원이 매우 강조되고 있다. "하나님의 뜻이 인간의 전(全) 생활에 군림하여 성령의 감화가 생활의 전(全) 부문을 지배하는 때 그에게는 하나님의 나라가 임한 것이며 이것이 전(全) 사회에 침투되며 사선(死線)을 넘어 미래 세계에까지 생생 발전하여 우주적 대극(大極)의 대낙원(大樂園)의 날을 기다리는 것이 곧 하나님의 나라의 전모일 것이다."[68] "'너희가 하느님을 믿으니 또 나를 믿으라' 하신 말씀대로 그를 믿고 그의 십자가와 영광의 길을 걸어갑시다. 거기서 새 사람과 새 나라와 새 세계와 새 우주가 탄생, 성장, 성취될 것입니다."[69]

김재준은 주기도문을 해설하면서 신앙성장의 세 가지 단계를 말한다. 첫째 단계는 하나님을 거룩한 존재로 두려워하고 공경하는 것이며, 둘째 단계는 마음속에 하나님을 모시고 하나님의 나라를 이룩하는 것이며, 셋째 단계로는 하나님의 뜻이 "땅 위"의 온갖 부문, 곧 "자연과

---

66 김재준, "신앙생활의 조화," 장공 김재준 목사기념사업회 편, 『김재준전집』 1권, 138.
67 김재준, "반성과 참회," 장공 김재준 목사기념사업회 편, 『김재준전집』 1권, 149.
68 김재준, "기독교의 건국이념," 장공 김재준 목사기념사업회 편, 『김재준전집』 1권, 159.
69 김재준, "몸으로 주를 기념하여," 장공 김재준 목사기념사업회 편, 『김재준전집』 1권, 361.

인생의 전(全) 부문과 인생 생활과의 각양 부문에 하나님의 사랑과 정의가 그대로 체현되어서 인간의 욕심 때문에 신의(神意)의 창달이 막히는 일이 하나도 없게 됨을 의미하는 것이다."[70]

3) 영화(榮化)

김재준은 복음전파를 통한 "영혼구원"의 중요성을 주장하고,[71] 예수 그리스도의 몸의 부활과 우리의 몸의 부활을 영화의 관점에서 이해하면서, 예수 그리스도와 그리스도인의 몸의 부활을 매우 강조한다.

> "이제 이상의 제점을 종합해보건데 그리스도의 부활체(復活體)는 증전(曾前)의 몸과 그 동일성을 가지면서도 그와 동시에 마치 변화산에서 변화할 때와 같이 영광 영화(靈化)된 몸이었음이 분명하다. 끝으로 우리는 사도 바울의 영체(靈體)에 대한 설명을 참고할 필요가 있다. 그는 그리스도의 신자가 부활할 때에 받을 몸이 그리스도의 영광의 몸과 같으리라고 말하고 그 몸의 성질을 다음과 같이 말하였다. … 부활하신 그리스도의 몸은 그러면 그의 육체적 존재를 하나도 잃지 않는 동시에 그의 영원한 생명을 표현함에 가장 적응된 표현기관인 몸 즉 영화(榮化) 영원화한 몸이었던 것이다."[72]

김재준에게서 특히 예수 그리스도의 부활은 우리의 완전한 구원에

---

70 김재준, "생활의 복음 외17편," 장공 김재준 목사기념사업회 편, 『김재준전집』 1권, 185.
71 김재준, "속물," 장공 김재준 목사기념사업회 편, 『김재준전집』 1권, 94.
72 김재준, "그리스도의 부활에 대한 연구," 장공 김재준 목사기념사업회 편, 『김재준전집』 1권, 77-78.

서 결정적인 위치를 차지한다. "그러므로 그리스도의 부활은 우리의 구원의 처음과 나중에 확증을 주는 것이며 영생의 희망도 이 부활의 사실에서 그 확실성을 보는 것이다."73 예수 그리스도의 부활은 그리스도인의 부활의 첫 열매가 되며, 그의 부활을 통해 그는 새 인류의 대표가 된다. "'그는 죽음에 매여 있을 수 없었다'하고 베드로는 말하였다. 전(全) 우주의 생명 자체가 그의 인격에서 솟아난 것이었다. … 죽음과 삶의 투쟁에서 오직 예수만이 개가(凱歌)를 불렀다. 그것은 새 인류의 대표로서의 개가였다. '처음 익은 열매'였다. 우리도 그와 연합하여 그와 같이 된다. 신자에게 있어서 사망은 그 권세를 잃어버린다."74

예수 그리스도의 부활에 대한 확신은 그리스도인에게 장차 임할 몸의 영화(榮化)에 대한 소망과 직접적으로 연결되어 있을 뿐만 아니라, 현재 지상에서의 성화의 삶과 윤리적 삶에 진지성과 원동력을 부여한다는 사실이 다음과 같은 김재준의 기도문에서 발견된다. "이 썩을 몸이 썩지 아니할 것을 입는 영(靈)의 승리를 좀 더 철저하게 깨닫자! 이 믿음이 견실치 못한 자에게 순교자적 정열과 각오를 구하는 것은 마른나무에서 꽃이 피기를 바라는 셈이다. 주여, 우리로 하여금 참말 생명에 부딪치고 주의 부활을 체험하게 하소서."75

김재준은 종말의 영광스런 완성과 관련하여 그리스도인의 영광스런 부활과 죄인의 영원한 고통의 부활을 말함으로써 이중(二重) 부활

---

73 김재준, "그리스도의 부활에 대한 연구," 장공 김재준 목사기념사업회 편, 『김재준전집』 1권, 81.
74 김재준, "생활의 복음 외17편," 장공 김재준 목사기념사업회 편, 『김재준전집』 1권, 225.
75 김재준, "그가 다시 살으셨나니," 장공 김재준 목사기념사업회 편, 『김재준전집』 1권, 114.

과 천국과 지옥의 이중 종말을 주장한다. "영광스런 완성 – 하느님께 돌아온 인간은 하느님의 자녀로서 그 생명이 영원합니다. 그 생명은 어떤 환경에서나 삽니다. 그 하늘의 생명은 하느님의 온전하심과 같이 완성의 열매를 맺습니다. … 죽음과 부활 … 위대한 생명의 운동입니다. 정의로운 죽음 없이 영광의 부활은 없습니다. 죄인들의 생명도 불멸입니다. 그들도 종말에는 부활할 것입니다. 그러나 그들은 지옥에서의 부활이어서 영원한 고통의 부활이라고 했습니다. … 바울은 그리스도 생명 안에서의 위대한 재귀(再歸)와 재창조(再創造)의 인간이었습니다."[76]

1920년 초가을에 성령의 임재를 체험한 김재준은 그의 임종 2년 전인 1985년에 쓴 글에서 그 때까지도 그의 마음과 삶 속에서 항상 성령의 내주를 경험하고 있다고 다음과 같이 고백한다.

"나는 성령의 내재를 경험했다. 맨 처음 믿기로 작정한 때에 폭포처럼 쏟아져 들어오는 성령의 하늘 위로와 기쁨, 그리고 복음 증거 때문에 사람 없는 외따른 집 독방에서 핍박자의 쇄도(殺到)를 기다리던 자정(밤 12시)에 내 생명 속에 화산처럼 솟구쳐 오르던 그 형언할 수 없는 영의 기쁨이었다. 그 후 오늘에 이르기까지 나는 성령 안에서 고요히 살고 있다."[77]

---

76 김재준, "재귀와 재창조," 장공 김재준 목사기념사업회 편, 『김재준전집』 1권, 363-364.
77 한승홍, 『한국신학사상의 흐름 상권』, 540-541에서 재인용, 김재준, "나의 생애와 신학," 「크리스찬신문」 (1985.7.13, p. 2).

Ⅳ. 결론

우리는 무엇보다도 장공(長空) 김재준(金在俊; Kim Jae Joon, 1901. 음9.26/양11.6-1987. 1.27) 박사를 공정하게 평가해야 한다. 우리는 편향된 한 가지 잣대만 가지고 그를 평가해서는 안 된다. 왜냐하면 그의 신학사상은 매우 복합적이기 때문이다. 그는 소위 자유주의 신학자도 아니고, 소위 보수주의 신학자도 아니었다.

우리는 김재준의 초기 신학사상(1926-1949)에 나타난 구원론을 다음과 같이 평가할 수 있을 것이다.

첫째, 김재준의 초기 구원론과 관련하여 그는 복음주의 신학자인 동시에 개혁신학자로 규정될 수 있을 것이다. 그는 그리스도인의 삶 속에서 성령을 통한 신앙체험과, 구령(救靈) 또는 영혼구원을 위한 복음전파를 강조할 뿐만 아니라, 공동체(교회, 사회, 국가 등)와 자연 속에서 하나님 사랑과 정의에 근거한 하나님 나라 실현도 강조한다.

둘째, 김재준의 경우, 창조자(創造者), 주재자(主宰者), 속량자(贖良者) 삼위일체 하나님의 구속 역사(歷史)의 틀 속에서 이해된 인간은 선하게 하나님의 형상으로 창조된 '순진무구(純眞無垢)'한 인간, 선악과를 따먹음으로써 타락한 인간, 성령을 통해 예수 그리스도의 모습에 따라 하나님의 형상으로서 구원(속)받아야 할 인간이다.

셋째, 김재준은 구원의 객관적인 내용으로서 예수 그리스도의 전체 삶(탄생, 고난, 죽으심, 부활, 성령 강림/성령 파송, 재림 등)을 매우 강조한다.

넷째, 김재준은 구원 과정(稱義, 新生, 聖化, 榮化 등)을 분명히 말하고 있으나, 우리로서는 그가 이해한 구원 과정이 시간적, 단계적으로 이해되는지 신학적, 논리적으로 이해되는지 정확하게 알 수가 없다. 발전과정의 강력한 점진성의 표현을 참고할 경우, 전자의 의미에서 이해되는 것 같고, 성령을 절대적으로 강조하는 표현을 참고할 경우, 후자의 의미에서 이해되는 것 같다.

다섯째, 무엇보다도 김재준의 구원론에서 성령에 대한 강조가 매우 강하게 나타난다. 칭의, 신생, 성화, 영화 과정 안에서 항상 성령 하나님이 주체적으로, 그리고 주권적으로 나타난다.

여섯째, 김재준의 믿음 이해는 예수 그리스도와 하나님 사랑에 대한 마음의 신뢰와 하나님과 이웃 사랑의 열매의 근거가 되어, 매우 포괄적이고, 전인격적(全人格的)이다.

일곱째, 김재준의 칭의 이해는 종교개혁자들(루터, 깔뱅, 부처 등)이 이해한 칭의 개념과 동일하다. 그의 칭의 이해는 철저하게 오직 믿음과 오직 은혜와 연결되어 있고, 예수 그리스도의 전가(轉嫁)된 의로서 법정적(forensic) 의로 이해된 칭의이다.

여덟째, 김재준의 신생(新生)은 성령을 통한 거듭남이다. 그는 물세례를 수양(修養)의 차원에서 이해하고, 성령세례를 신생과 결부시킨다.

아홉째, 김재준의 성화는 성령을 통해 하나님 사랑과 이웃 사랑의 종말론적인 실천을 통해 예수 그리스도의 모습으로 변화되어 하나님의 형상을 회복하는 과정이다. 김재준의 성화 개념 속에 소위 '개인적 성화' 차원뿐만 아니라, '사회적 성화' 차원에서도 발견된다. 김재준의 경우, 출발점의 관점에서는 '개인적 성화'가 먼저이지만, 결과적인 관점에서는 '개인적 성화'는 하나님의 나라의 관점에서 반드시 '사회적 성화'를 실현해야 한다.

열째, 김재준은 그리스도의 부활을 통한 그리스도의 몸의 영화(榮化)에 근거하여 그리스도인의 몸의 부활을 통한 그리스도인의 영화를 설명한다. 그는 그리스도인의 영화로운 부활과 죄인들의 고통의 부활을 통한 이중 부활을 주장하고, 천국과 지옥이라는 종말의 이중적 결과를 인정한다.

열한째, 김재준이 성령을 통한 신생(新生)과, 성령세례를 강조한 나머지 성령세례와 대조시켜서 물세례를 '수양(修養)'의 관점에서 이해한 것은 그의 신학적 맥락에서는 어느 정도 이해가 되지만, 물세례를 약화시켰다는 오해를 받을 수 있다.

열두째, 신학 용어와 관련하여 '성령'을 '어머니'로 표현한 점이나 '하나님'을 '하느님'으로 표현한 점은 필자에게는 매우 생소하게 보인다.

열세째, 우리가 분석한 제1차 자료에서 선택 또는 예정이나 소명(召命)과 관련된 구원론을 발견하지 못했다. 김재준이 다른 모든 1차 자료에서 예정 또는 선택과 소명과 관련된 구원론을 논의했는지의 여부는 다음 과제로 남긴다.

참고문헌

1. 김재준의 제1차 문헌

김재준. 『하나님의 의와 인간의 삶』. 서울: 삼민사, 1985.

김재준. 『계시와 증언』. 서울: 단기4289, 새사람사.

찰스 · 어드맨(김재준 역). 『데살로니가전 · 후서』. 서울: 대한기독교서회, 단기4283년.

장공 김재준 목사기념사업회 편. 『김재준전집』 1-18권. 서울: 한신대학교출판부, 1992.

한국신학대학 편. 『장공 김재준 저작전집』 1-5. 서울: 한국신학대학출판부,

1971.

2. 김재준의 제2차 문헌

김경재. 『김재준 평전』. 서울: 주·도서출판 삼인, 2001.
박준수 역음. 「한국신학사상사-신토불이신학으로 가는 길」(장로회신학대학교, 2007).
손규태. 『장공 김재준의 정치신학과 윤리사상』. 서울: 대한기독교서회, 2002.
장공 김재준 기념사업회 편. 『장공 김재준의 신학세계』. 서울: 한신대학교출판부, 2006.
장공 김재준 목사 탄신 100주년 기념사업위원회 편. 『장공탄신 100주년 기념문집1, 2, 3 장공이야기』. 서울: 한신대학교출판부, 2001.
주재용 엮음. 『김재준의 생애와 사상』. 서울: 풍만출판사, 1986.
천사무엘. 『현대신학자평전2: 김재준-근본주의와 독재에 맞선 예언자적 양심』. 서울: 살림출판사, 2003.
한국문화신학회 편. 『한국문화신학회 제5편: 탄신백주년 기념특집: 이용도 김재준 함석헌』. 서울: 한들출판사, 2001.
한숭홍. 『한국신학사상의 흐름 상권』. 서울: 장로회신학대학교출판부, 2007^2.

3. 기타 참고문헌

김균진. 『기독교조직신학 Ⅲ』. 서울: 연세대학교출판부, 1987.
김명용. 『현대의 도전과 오늘의 조직신학』. 서울: 장로회신학대학교출판부, 1997.
최윤배. 『잊혀진 종교개혁자 마르틴 부처』. 서울: 대한기독교서회, 2012.
최윤배. 『깔뱅신학 입문』. 서울: 장로회신학대학교출판부, 2012.
Berkhof, Louis. *Systematic Theology*. Grand Rapids: Eerdmans Publishing Co., 1981/1938.

Hodge, Charles. *Systematic Theology Vol. 2: Part II Anthropology, Part III Soteriology*. Grand Rapids: Eerdmans Printing Company, 1977/1871.

Hoekema, Antony A. *Saved by Grace*. Grand Rapids: WM. Eerdmans Publishing Company, 1989.

Ott, Heinrich. *Die Antwort des Glaubens: Systematische Theologie in 50 Artikeln*. Stuttgart · Berlin: Kreuz Verlag, 1973.

Shedd, William G. T. *Dogmatic Theology* Vol. 2. Grand Rapids: Zondervan, 1889-1894.

제 4 장

이종성 박사의 구원론[307]

I. 서론

고(故) 춘계(春溪) 이종성 박사(Dr. Lhee Jong Sung, 1922.4.8-2011.10.2)는 1922년 4월 8일 경상북도 문경군(聞慶郡) 동로면(東路面) 거산(巨山)에서 이규봉(李圭鳳) 선생님과 김성연(金成鍊) 여사 사이에 2남 4녀 중 차남으로 태어났다. 그는 경상북도 의성군(義城郡) 춘산면(春山面) 빙계동(氷溪洞)에서 자라났고, 어릴 때부터 빙계교회 주일학교에 다녔다.[2] 그의 호 "춘계"는 면소재지와 마을 이름을 따서 지은 것이라고 고인이 생전에 직접 말씀했다. 그는 2011년 10월 2일 서

---

1 "춘계 이종성 박사의 구원론에 관한 연구."「한국개혁신학」제47집(2015), 158-183. "제10회 춘계신학강좌(2014.9.24.)에서 발표: 최윤배, "춘계(春溪) 이종성(李鐘聲) 박사의 구원론."

2 춘계 이종성 박사 고희기념논문집 간행위원회(엮음),『교회와 신학: 춘계 이종성 박사 고희기념논문집』(서울: 대한기독교서회, 1992), 825.

울에서 하나님의 부르심을 받았다.3

김도훈은 "한국교회의 종소리"로서 이종성 박사의 "사람을 살리는 공부"에로의 신학적 회심을 다음과 같이 소개한다.

"1922년 암울한 시대의 어느 봄날에, 자유 없는 가난한 나라에 태어나 한국 강산을 울리는 절의 종소리가 되라는 뜻으로 종성이라는 이름을 가지셨다는 학장님의 회고를 보면서, 참으로 묘한 하나님의 섭리를 느낍니다. 학장님은 한국 절간의 종소리가 아니라 한국교회의 종소리로 살다 하나님의 품으로 가셨으니 말입니다. … 전쟁의 와중에 수많은 사람들이 죽어가는 현장을 목격하면서 가지신 회한, … 무엇보다도 감동적인 것은 '이제는 사람을 죽이는 학문이 아니라 사람을 살리는 공부를 하리라'는 학장님의 신학적 회심이었습니다."4

1. 춘계 이종성 박사 신학의 특징

김명용은 이종성 박사는 신사(紳士)로서 그의 제자들을 신사로 키운 결과 그의 제자들은 폭넓은 신학을 함으로써 "모나지 아니하고 싸우지 아니하고 넓은 가슴으로 받아들이고 사랑할 줄 아는" 사람들이 되었다고 그를 추모했다.5 이종성 박사는 "한국에서 가장 성서적이고

---

3 이종성 박사의 자세한 생애와 사역에 대한 자료는 다음을 참고하시기 바랍니다. 김도훈, "고(故) 이종성 박사의 생애," 그리고 이종성,『고(故) 춘계 이종성 박사 회고록: 미완성의 완성』(서울: 장로회신학대학교출판부, 2012).

4 김도훈, "故 이종성 명예학장님을 추모하며…,"「신학춘추」통합 80호(2011.10.25), A03.

5 김명용, "故 이종성 명예학장님을 추모하며…,"「신학춘추」통합 80호(2011.10.25),

가장 개혁신학적이고, 가장 복음적이고 가장 에큐메니칼적인 신학자"였다.[6]

한국교회의 '교부'(敎父)로 부릴 수 있는[7] 이종성 박사의 구원론을 살피기 전에 먼저 그의 신학적 특징을 개괄하고자 한다.[8] 이종성 박사는 1966년 3월 1일부로 조직신학을 가르치는 장로회신학대학교 교수 겸 학감으로 임용된 후, 1971년 5월부터 1983년까지 제10대, 제11대, 제12대 학장을 역임했고, 1987년 8월 31일에 정년퇴임했다. 그가 1975년부터 1993년까지 18년 동안 완간한 『조직신학대계』 14권이 포함된 『춘계 이종성저작전집』 40권이 2001년에 발간되었다.[9] 40권의 각권 서두 "저작전집 40권을 내면서"에서 이종성 박사는 자신이 지금까지 추구하고 노력했던 신학은 "통전적이고 열린 복음주의와 열린 보수주의 신학"임을 다음과 같이 시적으로 표현한다. "필자는 성서적이고 복음적이며, 자유하면서도 자유주의 신신학에 물들지 않으며, 보수적이면서도 폐쇄적이 아닌 통전적이고 열린 복음주의와 열린 보수주의 신학을 강조하고 그러한 신학을 형성하여 교육하려고 최선

A03.

6 김명용, "故 이종성 명예학장님을 추모하며…," 「신학춘추」 통합 80호(2011.10.25), A03.

7 최윤배, "붙잡지 못한 사랑하는 제자와 존경하는 스승님," 「신학춘추」 통합 80호(2011.10.25), A10: "우리가 고 이종성 명예학장님을 120년의 한국교회가 배출한 '교부'(敎父)로 불러도 조금도 지나친 말은 아닐 것이다." 참고, 최윤배, 『성경적, 개혁적, 복음주의적, 에큐메니칼적, 기독교적 조직신학 입문』(서울: 장로회신학대학교출판부, 2013), 814.

8 참고, 최윤배, "대한예수교장로회 총회 100년: 조직신학의 어제와 오늘과 내일," 장로회신학대학교출판부(편), 「장신논단」 44-2(2012): 53-55; 최윤배, "故 이종성 명예학장의 신학," 「신학춘추」통합 80호(2011.10.25), A03.

9 이종성, 『춘계 이종성저작전집1-40』(서울: 한국기독교학술원, 2001).

의 노력을 다해왔다."¹⁰

그는 1900년의 기독교 역사에서는 물론 자신에게 가장 큰 영향을 미친 세 신학자들로서 아우구스티누스와 깔뱅과 바르트를 손꼽았다. 이종성 박사가 위의 세 신학자들을 가장 선호하는 이유는 그들의 신학이 "성서적이고 복음적이며 은총주의"적인 신학이기 때문이다. 그러므로 이종성 박사는 아우구스티누스의 고대 교부전통과 깔뱅과 바르트의 개혁신학 전통을 사랑하지 않을 수 없었다. "그러한 세 번의 (혁명적, 필자 주) 사건은 아우구스티누스와 칼빈과 바르트에 의해서 일어났다. … 현재 기독교 신학이 성서적이고 복음적이며 은총주의에 머물러 있다면, 이는 상기한 세 사람의 혁명적 결과라고 할 수 있다. 그래서 나는 이 세 사람의 신학을 좋아하고, 많은 신학자 중에서도 이 세 사람의 책을 가장 많이 읽었으며, 이 세 사람의 수많은 책들이 나의 서재를 장식하고 있다."¹¹

1979년 제64회 총회가 이종성 박사에게 "귀하가 신정통주의를 장로회신학대학교의 신학노선으로 삼겠다는 뜻입니까?"라는 질문에 대해 "그 말의 뜻은 현대사조에 대한 신정통주의의 태도가 보수주의나 자유주의보다 대화가 더 잘 된다는 뜻입니다. 본 대학의 신학 노선과 방향은 본 교단의 노선인 웨스트민스터 신앙고백의 노선과 에큐메니칼 운동 노선에 근거하여 성서적 복음주의 신학을 영위해 나가는 것입니다."라고 대답했다.¹² 또한 그는 "칼빈의 성서적 복음주의 신학"은

---

10 이종성, 『춘계 이종성저작전집1-40』, 6.
11 이종성, "나를 신학자로 만들어 준 신학자들," 『춘계 이종성저작전집 38: 수상집: 산을 보고 바다를 보고』 (서울: 한국기독교학술원, 2001), 40-41.
12 장로회신학대학교 100년사 편찬위원회, 『장로회신학대학교 100년사』, 474.

그리스도 중심적인 신학인 동시에, 모든 신자와 교회에 의해서 지지받는 "에큐메니칼적 신학"이라고 밝혔다.[13]

이종성 박사가 교부전통과 개혁신학 전통을 선호하면서도 폐쇄적이거나 독단적이지 않고, 모든 시대의 다른 신학자들과 다른 사상들과 폭넓고도 개방적인 대화를 가능케 했던 것은 바로 그의 신학이 "성서적 복음주의 신학"인 동시에, "통전적 신학"이라는 점에 있다.

김명용은 한국 장로교회의 신학을 크게 세 가지로 분류할 때, 박형룡 박사는 대한예수교장로회총회 "합동측"의 신학을, 이종성 박사는 대한예수교장로회총회 "통합측"의 신학을, 김재준 박사는 한국기독교장로회총회의 "기장측" 신학을 대변할 수 있다고 말한 뒤, "박형룡의 신학은 옛 프린스톤의 신학자들(C. Hodge, A. A. Hodge, B. B. Warfield)과 메이첸(Machen)과 뻘콥(L. Berkhof)으로 연결되는 신학 선상에 있는 개혁교회의 신학 가운데 근본주의 성향이 아주 강한 극단적으로 보수주의적인 개혁신학"이며, "김재준의 신학은 바르트의 신학적 영향을" 많이 받은 신학이지만, "이종성의 신학은 대체로 칼빈의 신학과 바르트의 신학 양쪽에 뿌리를 두고 있는 개혁교회의 신학의 중심부에 가까이 존재하고 있는 신학"으로서, "한편으로는 근본주의 성향의 개혁신학을 반대하고 또 한편으로는 자유주의 성향의 개혁신학을 반대하는 특성을" 가졌다고 평가한다.[14]

이종성 박사의 신학은 "성서적 복음주의 신학"이다. "이종성은 자신의 신학을 성서적 복음주의 신학이라고 언급했다. … 이종성의 신학은

---

13 이종성, "우리가 지향하는 신학," 『춘계 이종성저작전집22: 소논문집: 한국교회와 세계교회의 신학』, 172-180.
14 김명용, 『열린신학 바른 교회론』 (서울: 장로회신학대학교출판부, 1997), 177-179.

성서에 기초한 성서적 신학이었다."15 이종성 박사는 "성서적 복음주의 신학" 형성의 당위성을 주장하면서 종교개혁자들의 신학의 중요성을 다음과 같이 특히 강조한 바 있다. "(종교, 필자 주)개혁자들의 신학이다. 중세기의 토마스(Thomas)의 신학과 스콜라주의에 반대하고 성서와 은총과 신앙(sola scriptura, sola gratia, sola fide)을 최우선적으로 강조하는 가장 복음적이고 성서적이고 은총주의적인 신학을 형성했다."16

무엇보다도 이종성 신학의 가장 큰 특징은 바로 그의 신학이 "통전적 신학"이라는 데 있다. "이종성은 2001년 조직신학대계 14권을 비롯해서 40권의 자신의 신학전집을 출간시킨, 한국 신학계에 큰 영향을 미친 대단히 중요한 신학자이다. 그런데 이종성은 한국의 통전적 신학의 아버지인 동시에 통전적 신학의 대표적인 신학자이다. 한국의 통전적 신학이 무엇인지 알기 위해서, 이종성의 통전적 신학 연구가 필수적이다."17

2. 구원론의 조직신학적 위치

조직신학의 다양한 주제들 중에서도 '구원(救援)'에 대한 주제는 오늘날과 같은 포스트모던 시대에 종교 간의 대화나 다양한 목회와 선

---

15 이종성 외 3인 공저, 『통전적 신학』 (서울: 장로회신학대학교출판부, 2004), 110.
16 이종성, "성서적 복음주의 신학," 『춘계 이종성저작전집25: 소논문: 종교개혁에서 현대신학까지』, 382.
17 이종성 외 3인 공저, 『통전적 신학』, 83.

교 현장 속에서 지나칠 수 없는 중요한 주제이다.[18] 왜냐하면 구원에 대한 정의(定義)에 따라 종교의 성격과 목회와 선교의 내용과 방법도 달라질 수 있기 때문이다.

이종성 박사의 구원론에 대한 본격적인 논의를 시작하기 전(前) '구원론'(soteriology)의 내용 범위에 대한 논의가 요청된다. 왜냐하면 조직신학에서 구원론에 대한 이해가 항상 동일하지 않기 때문이다. 예를 들면, 찰스 핫지(C. Hodge)는 구원론에 구원의 계획, 은혜 계약(언약), 그리스도의 인격과 사역, 그리고 성령을 통한 구원의 적용의 내용을 포함시키고,[19] 윌리암 쉐드(W. G. T. Shedd)는 구원론에 그리스도의 사역과 성령을 통한 구원의 적용의 내용을 포함시키는 반면에,[20] 루이스 벌코프(L. Berkhof)와 후끄마(A. A. Hoekema)는 구원론에서 성령을 통한 구원의 적용만을 다룬다.[21] 또한 김균진과[22] 오트(Heinrich Ott)는[23] 구원론을 그리스도론과 성령론으로부터 구별하는 동시에 그리스도론과 성령론을 전제하면서 신앙론의 틀 속에서 다룬다.

비록 구원론이 조직신학의 모든 각론들(loci), 특히 그리스도론과

---

18 김명용, 『현대의 도전과 오늘의 조직신학』(서울: 장로회신학대학교출판부, 1997), 84.

19 Charles Hodge, *Systematic Theology Vol. 2: Part II Anthropology, Part III Soteriology* (Grand Rapids: Eerdmans Printing Company, 1977/1871), 313-732.

20 William G. T. Shedd. *Dogmatic Theology Vol. 2* (Grand Rapids: Zondervan, 1889-1894), 353ff.

21 Louis Berkhof, *Systematic Theology* (Grand Rapids: Eerdmans Publishing Co., 1981/1938), 415-554; Anthony A. Hoekema, *Saved by Grace* (Grand Rapids: WM. Eerdmans Publishing Company, 1989).

22 김균진, 『기독교조직신학 III』(서울: 연세대학교출판부, 1987), 145-373.

23 Heinrich Ott, *Die Antwort des Glaubens: Systematische Theologie in 50 Artikeln* (Stuttgart · Berlin: Kreuz Verlag, 1973), 277-331.

밀접한 관계 속에 있을지라도, 우리가 구원론을 예수 그리스도께서 성취하신 구원에 대한 성령의 적용이라는 틀에서 이해할 경우, 큰 문제가 없다고 생각된다. "구원론은 구원의 복들이 죄인에게 전달되는 것과, 하나님의 호의에로의 회복과, 하나님과의 긴밀한 교제 안에 있는 생명에로의 회복을 다룬다."24 후끄마도 루이스 벌코프와 동일한 범주에서 구원론을 이해하면서, 구원론에서 성령 사역의 중요성을 특히 강조한다.

> "본 저술에서 구원의 축복이 어떻게 하나님의 백성을 하나님의 호의, 그리고 그리스도를 통한 하나님과의 교제의 삶으로 회복시키는가에 대한 연구를 구원론의 내용으로 삼으려 한다. 이 구원의 적용은 비록 믿음으로 얻어지기는 하나 성령의 역사임을 잊어서는 안 된다."25

우리는 이종성의 구원론을 예수 그리스도의 구원에 대한 성령을 통한 적용이라는 틀 안에서 회개, 성화, 견인(堅忍), 영화 등, '구원 순서'(ordo salutis)의 전체적인 틀 안에서 기술할 것이다.26

이종성 박사의 구원론에 대한 이해가 『춘계 이종성저작전집』 40권

---

24 Louis Berkhof, *Systematic Theology*, 415: "Soteriology deals with the communication of the blessings of salvation to the sinner and his restoration to the divine favor and to a life in intimate communion with God."

25 Anthony A. Hoekema, *Saved by Grace*, 류호준 역, 『개혁주의 구원론』 (서울: 기독교문서선교회, 1990, 11-12.

26 깔뱅과 마르틴 부처는 구원의 순서를 일부 정통주의 신학에서처럼 시간적, 단계적 순서로 이해하지 않고, 성령의 순서에 기초한 신학적, 논리적 순서로 이해한다. 참고, 최윤배, 『잊혀진 종교개혁자 마르틴 부처』 (서울: 대한기독교서회, 2012), 243-244; 최윤배, 『깔뱅신학 입문』 (서울: 장로회신학대학교출판부, 2012), 265-266.

의 각 글에서 산발적으로 나타나는 바, 특히 그의 구원론은 조직신학적으로 『춘계 이종성저작전집: 조직신학대계: 신학서론』 제1권과,[27] 『춘계 이종성저작전집: 소논문집: 하나님의 섭리와 인간의 구원』 제19권에[28] 집중적으로 나타난다.

II. 춘계 이종성 박사의 구원론

1. 구원론의 구조와 성격

1) 구원의 객관적 근거로서의 "그리스도의 대속적 공로"

이종성 박사에 의하면, "그리스도인들은 예수 그리스도를 구주라고 부른다. 그의 삶과 죽음과 행한 업적이 인류의 구원을 위한 것이라고 믿기 때문이다. 사실 신약성서의 많은 곳에서 예수의 삶과 죽음이 자신을 위한 것이 아니라 모든 인류를 위한 것"이라고 고백한다.[29] 이종성은 예수 그리스도의 삶과 죽음과 부활과 관련된 많은 성서구절들(요 1:29; 마 11:28; 마 16:16; 막 10:45; 요 3:17; 요 6:54; 요 8:51; 요 11:25-26; 롬 5:8; 롬 10:13; 행 4:12; 요 3:14; 빌 2:6-8; 고전 1:18; 요 14:3, 6; 요 12:46; 계 21:6)을 직접 인용한 후에 그 내용을 아홉 가지로 요약하는 바, 그 핵심 내용은 다음과 같다. 선재하신 예수 그리스도는 인

---

27 이종성, 『춘계 이종성저작전집1: 조직신학대계 신학서론』 (서울: 한국기독교학술원, 2001), "제2부 4장 구원론", 281-322.

28 이종성, 『춘계 이종성저작전집19: 소논문집: 하나님의 섭리와 인간의 구원』 (서울: 한국기독교학술원, 2001), "제2부 인간의 구원과 신앙", 236-423.

29 이종성, 『춘계 이종성저작전집1: 조직신학대계 신학서론』, 309.

간의 구원을 위해 성육신하셨다. 그는 참 하나님이신 동시에 참 인간 (vere Deus vere homo)이시다. 그는 하나님의 나라 운동을 전개하셨고, 특히 병든 자들과 약한 자들을 도와주시고, 12제자를 모집하셨다. 그는 로마 정부에 의해 처형당하셨으나 그의 죽음은 하나님의 섭리 하에 이루어진 대속적인 죽음이었다. 그는 죽은 지 삼 일만에 부활하셨다.

"그는 죽음과 부활을 통하여 인간의 죄를 다 없게 하고 죄에서 온 죽음의 권세를 파괴함으로써 인간의 구주가 되셨다. 누구든지 이러한 일을 한 예수 그리스도를 자기를 위한 분이라고 믿고 죄를 고백하고, 그의 이름으로 세례를 받고, 그와 하나가 되면 그 사람은 새로운 피조물이 될 뿐만 아니라 그의 십자가의 죽음과 함께 죽고 그의 부활과 함께 부활하여 영원토록 그리스도와 함께 복락을 누릴 수 있다."[30]

이종성 박사는 구원과 관련하여 전인(全人) 구원을 주장한다. "간추려서 말한다면 (구원은, 필자 주) 사람이 죄와 죽음의 권세에 의하여 죽임을 당할 직전에 있는 이 위기에서 해방되어 영과 육이 의로운 그리스도의 왕국에서 사는 것을 의미한다. 그리고 구원은 육신의 해방뿐만 아니라 영혼의 해방도 의미한다. 영육간의 구원, 이것이 모든 사람이 얻기를 바라는 구원이다. 그리고 기독교가 약속하는 구원이다."[31]

---

30 이종성,『춘계 이종성저작전집1: 조직신학대계 신학서론』, 312.
31 이종성,『춘계 이종성저작전집19: 소논문집: 하나님의 섭리와 인간의 구원』, 372.

2) 적용(application), 수용(appropriation), 취급(administration)

이종성 박사는 "구원론의 구체적 적용"이라는 제목의 단락에서 구원의 객관적 내용을 기독(그리스도)론으로 이해하고, 구원의 주관적 효과 방법에 대해 다음과 같이 질문한다.

> "교회는 지난 2,000년 동안 이러한 사실을 인정하고 예수 그리스도를 인류의 구주로 고백했다. 그리스도인이란 그리스도를 구주로 믿고 그와 생사를 같이 하려는 사람들에 대한 명칭이다. 이 모든 일이 다 밖에서 일어났다. 객관적으로, 역사적으로, 실존적으로 일어난 사건이다. 그렇다면 이 사건을 나와 어떻게 관계 맺도록 할 수 있을까?"[32]

이종성 박사는 우리 밖에서 객관적으로, 그리고 역사적으로 일어난 예수 그리스도의 구속 사건이 우리에게 주관적으로 관계되는 문제를 중심으로 세 가지 견해들, 즉 적용설(application), 수용설(appropriation), 취급설(administration)을 논의한 뒤에 "취급"(administaration)이라는 용어 자체에 완전히 만족하지 않으면서도 그 의도에는 동의하면서 취급설을 선택한다.

> "예수 그리스도의 삶과 십자가와 부활사건을 통하여 인류를 위한 대속적(代贖的) 사역이 성취되었다. 하나님 편에서는 그 사건이 완결된 사건이다. 다음의 문제는 그 사건의 효과가 인류에게 어떻게 적용되고 수용되고 취급되느냐 하는 것이다. 즉, 그 사건을 인류와 어떻게 관

---

32 이종성, 『춘계 이종성저작전집1: 조직신학대계 신학서론』, 312.

련되게 하는가의 문제다. 이 점에 대하여 대체로 다음과 같은 세 가지 가능성을 신학자들이 지적한다."[33]

이종성 박사에 의하면, 적용설(application)의 경우, "객관적으로 일어난 대속적 사건은 야훼 하나님의 섭리에 따라 그 대상이 정해져 있으므로 하나님이 일방적으로 그 사람들에게 구원의 효력을 적용한다는 주장이다."[34] 이런 견해를 주장하는 자들(바울, 아우구스티누스, 브라바다인, 깔뱅, 핫지, 바르트 등)은 강한 은총주의자인 동시에 예정론 신봉자이다. 이종성 박사에 의하면, 이 적용설에서 인간은 전적으로 무력하고, 하나님만이 사랑과 자비로 일정한 사람을 선택하여 구원의 공로를 적용하기 때문에 인간의 구원은 전적으로 하나님의 일방적인 사역이다.[35]

이종성 박사에 의하면, 수용설(appropriation)의 경우, "예수에 의해 이루어진 구속 사역은 그리스도인이 주체적 결단에 의해 수용할 때에만 구원의 효과가 나타난다."[36] 이종성 박사에 의하면, 우리가 수용설(Pelagius, Erasmus, Arminius 등)을 따를 경우, 매우 심각한 문제에 부딪히는데, 곧, 우리의 구원은 하나님의 절대적이고 독자적이며 일방적인 은총의 사역이 아니라, 우리의 동역(同役)하는 사역과 함께 이루어지는 사건으로 인정되어 "신인협동설(神人協同說; synergism)

---

33 이종성, 『춘계 이종성저작전집1: 조직신학대계 신학서론』, 312-313.
34 이종성, 『춘계 이종성저작전집1: 조직신학대계 신학서론』, 313.
35 이종성, 『춘계 이종성저작전집1: 조직신학대계 신학서론』, 313.
36 이종성, 『춘계 이종성저작전집1: 조직신학대계 신학서론』, 314.

에 빠지게 된다.[37]

이종성 박사는 적용성과 수용설의 역사를 교리사적으로 다음과 같이 요약한다. "상기한 두 가지 상반된 해석은 프로테스탄트 신학의 전 역사에 쌍곡선을 그리면서 명멸(필자 주, 明滅, appearing and vanishing)한다. 적용설은 주로 프로테스탄트 정통주의와 신정통주의와 근본주의 신학자들에 의해 재강조되는 반면, 수용설은 신앙의 체험을 강조하는 경건주의와 자유주의와 윤리주의자들과 부흥운동자들의 메시지의 핵심을 이루고 있다."[38]

이종성 박사는 적용설과 수용설 중에 양자택일을 거부하는 이유를 다음과 같이 설명한다.

"위에서 언급한 적용설이나 수용설은 다같이 전적으로 받아들일 수 없는 내용을 가지고 있다. 전자를 택하면 불가피하게 결정론에 빠질 위험성이 있으며, 후자를 따르면 구원에 관한 하나님과 그리스도의 절대권을 거부하게 된다. 이러한 두 가지 딜레마(進退兩難)를 피하려는 시도로서 취급설(administration)을 말하게 되었다. 이 용어는 포프(Pope)와 벌코프(L. Berkhof)에 의하여 사용되었다. 그들의 의도는, 적용설과 수용설의 문제점인 결정론과 신인협동설을 거부하는 한편, 그리스도의 구속적 사역의 객관성과 인간의 주체적 결단에 의한 수용적 태도의 중요성을 강조하려는데 있다."[39]

---

37 이종성,『춘계 이종성저작전집1: 조직신학대계 신학서론』, 314-315.
38 이종성,『춘계 이종성저작전집1: 조직신학대계 신학서론』, 315.
39 이종성,『춘계 이종성저작전집1: 조직신학대계 신학서론』, 315-316.

이종성 박사는 포프와 루이스 벌코프가 사용한 "취급"(administration)이라는 용어 자체에 완전히 만족하는 것은 아니지만, 이 학설의 의도에는 동의한다. 이종성 박사는 취급설에 대한 성경주석적 근거로 에베소서 2장 8-10절을 제시하면서 자신의 주장을 다음과 같이 설명한다.

"저자(이종성 박사, 필자 주)의 말로 이 문제를 다시 정리해서 말한다면, 객관적으로 수행된 예수 그리스도의 구속 사역이 인간의 주체성(피조자의 한계성 안에서의 주체성)을 인정하면서 그 주체성이 주체적으로 그리스도의 구속사역을 수용하도록 하는 변증적인 관계 안에서 취급된다고 할 수 있다."[40]

2. '구원 순서'(ordo salutis)에 대한 논의

이종성 박사는 신약성경에서 로마서 8장 29-30절 이외에 그리스도인이 되어 그리스도와 생사를 같이하는 전 과정에 대해 체계적 설명이 발견되지 않는다고 주장한다. 그리고 신앙생활에 대한 용어로서 부름, 회개, 중생, 믿음, 의인, 성화, 영화, 견인, 합일 등의 낱말이 사용되고 있다. 이 낱말들 사이의 일정한 순서나 상호 인과관계를 인정하는 학자들도 있고, 부정하는 학자들도 있다.[41] 구원 순서 문제를 중심으로 이종성 박사는 개혁교회, 루터교회, 아르미니우스, 로마 천주교

---

40 이종성, 『춘계 이종성저작전집1: 조직신학대계 신학서론』, 316.
41 이종성, 『춘계 이종성저작전집1: 조직신학대계 신학서론』, 316-317.

회(로마 가톨릭 교회) 입장을 기술한다.

개혁교회에서 구원 순서에 대한 논리적 설명을 깔뱅이 처음으로 시도했다. "개혁교회는 구원의 순서로서 구원의 계약 → 중생 → 소명 → 회개 → 참회 → 믿음 → 의인 → 입양 → 성화 → 견인(堅忍) → 영화의 순으로 말한다."[42] 에밀 브룬너는 구원 순서에 관심을 보이지 않았고, 칼 바르트는 구원을 심리적인 과정으로 이해하는 것에는 반대했으나, 구원 순서가 나름대로 있는 것으로 이해했다.[43]

믿음을 하나님의 선물로 보며, 믿음에 의한 칭의를 전제한 루터교회는 대체로 구원 순서를 부름 → 조명(照明) → 참회 → 중생 → 구원에 이르는 믿음 → 사죄 → 의인 → 신비적 합일→ 성화 등의 순서를 말한다.[44]

이종성 박사에 의하면, "아르미니우스는, 그리스도를 통한 하나님의 구속사역이 일방적으로 사람에게 주어지는 것이 아니라 그 사건을 하나님이 인간 안에 넣어 준 신앙적 능력(은총)에 의하여 선택할 수 있기 때문에 루터교회나 칼빈주의자들이 말하는 순서는 정당치 않다고 한다."[45]

로마 천주교회는 교회의 권위를 앞세우기 때문에 교회가 베푸는 세례가 신자들의 중생을 의미한다고 한다. 세례 받은 신자들이 나중에 복음을 깨닫게 되면 충분한 은총(gratia sufficiens)의 단계에 들어간다. 이 단계에서 신자들은 마음의 조명을 받고 의지가 강해진다. 사람

---

42 이종성, 『춘계 이종성저작전집1: 조직신학대계 신학서론』, 317-318.
43 이종성, 『춘계 이종성저작전집1: 조직신학대계 신학서론』, 318.
44 이종성, 『춘계 이종성저작전집1: 조직신학대계 신학서론』, 319.
45 이종성, 『춘계 이종성저작전집1: 조직신학대계 신학서론』, 320.

은 은총을 거절할 수도 있고, 받아들일 수도 있다. 은총을 받아들이는 신자는 다음 단계인 협동은총(gratia cooperans)의 단계에 들어간다. 이 단계에서 신자는 의인(義認) 받기를 준비한다. 이 준비에는 일곱 가지가 있다. 의인된 사람은 율법을 지킬 수 있는 주입된 은총(gratia infusa)을 받는다. 그 주입된 은총은 사람에게 공로(de condigno)를 세울 수 있게 한다.[46]

이종성 박사에 의하면, 기독교회는 대체로 구원 순서를 점진적인 것으로 가르쳐왔다. 그러나 침례교회는 그러한 준비 과정이나 성장 과정을 여러 단계로, 그리고 순서적으로 설명하지 않고, 누구든지 예수 그리스도를 굳게 믿고 그리스도를 받아들임으로써 중생의 체험을 가지느냐에 중점을 둔다.[47]

그러면 이종성 박사는 구원 순서와 관련하여 어떤 입장에 서 있는가? 그는 네덜란드의 현대 개혁신학자인 헨드리꾸스 베르코프(Hendrikus Berkhof)의 입장이 성서적이기 때문에 그의 견해에 동의한다. 헨드리꾸스 베르코프가 반대하는 전통적인 견해는 로마서 8장 29-30절과 사도행전 26장 17-18절 등에 근거하여 구원 순서를 점진적인 것으로 이해하여, 구원 순서를 단계적으로, 시간적으로, 심리적으로 이해했다. 이종성 박사는 헨드리꾸스 베르코프와 똑같이 구원 순서를 시간적, 심리적 관점이 아니라, 논리적, 신학적 관점에서 이해

---

46 이종성, 『춘계 이종성저작전집1: 조직신학대계 신학서론』, 321, 참고, 일곱 가지는 다음과 같다. ① 하나님의 말씀을 믿고 받아들임 ② 죄된 자에 대한 내성(內省) ③ 하나님의 자비를 기다림 ④ 하나님에 대한 사랑의 시작 ⑤ 죄를 미워함 ⑥ 하나님의 명령에 복종할 것을 결심 ⑦ 세례 받기를 원함 등의 분비 과정을 통해 세례를 받아 의인(義認)의 은사를 받음.
47 이종성, 『춘계 이종성저작전집1: 조직신학대계 신학서론』, 321-322.

하여 "하나의 신앙생활을 여러 측면과 단계로 구분할 수" 있는 것으로, "중생을 하나님의 사역에 동참하는 것으로 이해한다. 그러한 뜻에서 논리적인 선후를 말할 수 있다."⁴⁸ 깔뱅과 마르틴 부처는 구원 순서를 일부 정통주의 신학에서처럼 시간적, 단계적 순서로 이해하지 않고, 성령의 순서에 기초한 신학적, 논리적 순서로 이해한다.⁴⁹

3. 하나의 신앙생활의 다양한 측면

이종성 박사는 "구원의 설계도"(Plan of salvation)에 대해 다음과 같이 말한다. "프로테스탄트 교회의 각파(各派)는 구원의 설계도(Plan of salvation)라는 주제로 신이 인류를 구원하실 때에 일정한 방법과 과정을 거쳐서 한다고 생각했다. 그것이 구원론이란 과목의 중요한 내용 중의 하나였다."⁵⁰ "개혁교회와 장로교회는 하나님의 구원 설계에 있어서 그의 은총에 의한 구원으로서 선택(예정)을 강하게 믿으면서 동시에 일정한 구원의 순서를 말한다(Ordo salutis)."⁵¹ 우리가 앞에서

---

48 이종성, 『춘계 이종성저작전집1: 조직신학대계 신학서론』, 322, 참고, Hendrikus Berkhof, *Christelijk geloof* (Nijkerk: Uitgeverij G. F. Callenbach B. V., 1973), 500: "Hier een enkel woord op zijn plaats over het in de reformatorische dogmatiek gangbare begrip van de *ordo salutis*. ⋯ Aspecten zijn logische distincties; zij suggereren geen chronologische volorde, laat staan een psychologisch constateerbaar evolutionair process. ⋯ Het misbruik moet ons waarschuwen, maar heft het gebruik niet op."

49 참고, 최윤배, 『잊혀진 종교개혁자 마르틴 부처』, 243-244; 최윤배, 『깔뱅신학 입문』, 265-266.

50 이종성, 『춘계 이종성저작전집3: 조직신학대계: 신론』 (서울: 한국기독교학술원, 2001), 430.

51 이종성, 『춘계 이종성저작전집3: 조직신학대계: 신론』, 434.

살펴본 바와 같이, 이종성 박사는 구원 순서와 관련하여 하나의 신앙 생활의 다양한 측면에 대해서 말했다. 그러므로 우리는 이종성 박사가 이해한 논리적, 신학적 구원 순서를 필자 임의로 서술하고자 한다. 왜 냐하면 이종성 박사 자신이 구원 순서를 질서 있게 순서대로 논의하 지 않았기 때문이다.

1) 예정과 선택

깔뱅에게서 예정교리는 그리스도인들에게 "위로의 열매"(consolationis fructum)를 맺게 해주는 꿀같이 단맛이 나는 위로의 교리 이고,[52] 칼 바르트에게서 선택론은 "복음의 총화"(die Summe des Evangeliums)이다.[53]

이종성 박사는 "예정론이나 선택론이 숙명론적인 것이 아니라 그 리스도론적 신앙고백으로 말할 수 있는 것임을 성서는 가르쳐 주고 있 다."고 말한다. 그는 예정론 또는 선택론이 성서에 근거하고 있음을 주 장하면서,[54] 예정론의 특징을 크게 네 가지로 다음과 같이 요약한다.

"첫째로, 신구약 성서는 분명히 신의 예정 역사(歷史)를 가르친다. 둘 째로, 예정 역사는 인간에게 벌을 주거나 멸망을 주기 위한 것이 아니

---

52 John Calvin, 『기독교 강요』(1559), III xxiv 4: "ita qui recte atque ordine ipsam investigant qualiter in verbo condinetur, eximimum inde referunt consolationis fructum."

53 K. Barth, KD II/2, S. 1: "Die Erwählungslehre ist die Summe des Evangeliums, weil dies das Beste ist, was je gesagt und gehört werden kann: daGott den Menschen wählt und also auch für ihn der in Freiheit Liebende ist."

54 이종성, 『춘계 이종성저작전집3: 조직신학대계: 신론』, 437-438.

라, 하나님의 자비와 사랑에 의해서 인간에게 구원을 주시려고 하는 은총의 역사다. 셋째로, 예정과 선택은 그리스도 안에서 이루어진 것이다. 그러므로 그리스도의 구속역사(救贖役事)가 이미 하나님의 예정 역사에 반영되었다. 넷째로 예정교리는 우리에게 구원에 대한 더 굳은 확신을 준다."[55]

2) 신앙

이종성 박사는 일반 종교적 관점에서 신앙을 세 가지 종류로 구분한다. "인간과 인간 사이에서 형성되는 신뢰 관계를 말하기도 하고, 어떤 보편적 진리나 원리를 확실한 지식이나 체험을 통하지 않고 옳다고 받아들이는 태도를 말하기도 한다. 그리고 종교에서 절대자 또는 초월자와 특수한 인격관계를 가지는 것을 말한다."[56]

이종성 박사는 일반 종교적 관점에서의 신앙 정의에서 한 걸음 더 나아가서 종교개혁자들로부터 시작하여 몇몇 대표 개신교 신학자들의 신앙 정의들을 직접인용을 통해 소개한다.[57]

> "신앙이란 굳은 동의(同意, firmus assensus)다. 그 동의로서 너는 그리스도를 굳게 잡는다. 그렇게 함으로써 그리스도가 신앙의 유일한 대상이 된다. 달리 표현하면 그리스도가 신앙의 대상이 아니라 신앙 안에서 그리스도가 현존한다.(Luther)"

---

55 이종성, 『춘계 이종성저작전집3: 조직신학대계: 신론』, 438.
56 이종성, 『춘계 이종성저작전집1: 조직신학대계 신학서론』, 324.
57 이종성, 『춘계 이종성저작전집1: 조직신학대계 신학서론』, 362-363.

"신앙은 성령의 주요 사역이다. 그것은 우리를 향하여 주어진 하나님의 자비에 관한 확고하고도 확실한 지식이다. 그 자비는 성령에 의하여 우리의 마음에 계시되고 봉인된, 그리스도 안에서 자유롭게 주어진 진리에 근거하고 있다."(Calvin)

"신앙의 형태는 세 가지로 구분된다. 지식(notitia)과 동의(assensus)와 신뢰(fiducia)다. 지식은 구원에 필요한 여러 가지를 말하는 것이요, 동의는 하나님의 말씀에 의하여 가르쳐진 것을 진리로 굳게 믿는 것이요, 신뢰는 신자 개인이 복음이 약속한 것을 자기에게 적용하는 측면이다."(Wollenbius)

"신앙은 확실한 삶의 초월적 통일에 붙잡힌 존재 양태다. 그것은 사랑을 표현한다. 초월적 통일안으로 끌려 들어간 상태에서 그 사랑은 나타난다."(Tillich)

"신앙은 알 수 없는 신의 현존에서 느끼는 경외(敬畏)다. 그것은 하나님과 사람 사이에 있는, 그리고 하나님과 세상 사이에 있는 질적 차이를 의식하는 사랑이다. 그것은 세계의 전환점으로서 부활을 확인하는 것이다. … 신앙은 보이지 않는 것으로 인도하는 것이다."(Barth)

"신앙이란 하나님의 말씀에 사로잡힘이다. 이 말은 신의 존재의 제일 중심부에서 자기를 그가 소속된 분에게 바치는 것을 말한다. 그분은 자기를 위하여 (세상을) 창조하신 분이다."(Brunner)

이종성 박사는 대표적 개신교 신학자들의 신앙 정의에 나타난 다양성 속에서 공통된 흐름을 발견한다.

"그 흐름은, 신앙이 인간 안에서 우러나오는 종교심이거나 경건심이 아니라 초월자(신, 절대자)에 의하여 그 초월자와 특수한 관계를 가지도록 강요당한 상태에 있는 것을 강조하고 있다는 점이다. 이러한 신앙 이해는, 그것을 단순한 인간의 심리 상태에서 우러나오는 현상으로 이해하는 인본주의나 협동은총(gratia cooperans)의 산물이라고 하는 로마 천주교회의 신앙관과는 다르다는 것을 알 수 있다."[58]

신앙(믿음)이라는 것은 ① 인간관계에서 상대방의 성실한 태도에 대한 자기의 마음의 자세를 말하는 것이다. ② 성서 안에서는 신-인(神, 人)간의 관계를 언제든지 성실이라는 견지에서 보았다. 신에 대한 인간의 성실성은 곧 신에 대한 믿음을 의미했다. ③ 신의 명령에 대한 복종의 태도도 믿음의 태도이다. 그 명령의 내용을 사람이 전적으로 신뢰하기 때문이다. ④ 믿음과 희망은 불가분리의 관계에 있다. ⑤ 그리스도에 대한 믿음은 그를 구주로 믿는 것을 의미한다. ⑥ 전체적으로 말한다면, 믿음은 인간과 그리스도(神)와의 구체적이고 개인적인 관계를 의미한다. ⑦ 믿음의 결과는 언제든지 영광으로 나타난다(롬 5:2).[59]

이종성 박사는 바울과 아우구스티누스와 종교개혁자들의 신앙 개념을 매우 높게 평가한다. 이종성 박사는 신앙을 "하나님의 은사"로,

---

58 이종성, 『춘계 이종성저작전집1: 조직신학대계 신학서론』, 364.
59 이종성, 『신앙과 이성』 (서울: 대한기독교서회, 2000), 52-53.

성령의 은사로, 하나님의 은총으로 이해한다.

"이러한 정확한 판단을 바울과 아우구스티누스와 칼빈에게서 찾아볼 수 있다. 즉 신앙은 내가 하는 일이 아니라, 내 안에서 역사하시는 성령의 열매라는 것이다. 그러므로 바울이나 아우구스티누스나 루터나 칼빈은 신앙을 신의 은사(恩賜)라고 보았다. 신앙은 나의 의지력을 통해서 내가 가지는, 나와 신과의 관계가 아니라, 신이 나를 통해서 신이 우리와 가지는 신의 관계를 의미한다. 종교개혁자들이 로마 천주교회의 잘못된 신앙관을 비판하면서 '신앙만'(sola fide)이라는 구호를 내건 것은 그것이 신의 은총이라는 굳은 믿음에서 그렇게 말한 것이다. 그러므로 그들에게서 '신앙만'이라는 말과 '은총만'(sola gratia)이라는 말은 동일한 것으로 이해되었다."[60]

3) 회심(conversion)

회심은 보통 신적으로나 정신적으로 방향을 바꾼다는 것을 의미한다. 그 방향 바꿈은 나쁜 방향으로가 아니라 좋은 방향으로 바꾼다는 것이다. 회심을 의미하는 희랍어 '스트레포'나 이에 해당하는 라틴어 '콘베르수스'는 다같이 방향 전환을 의미하는 말로 사용되어 왔다(요 21:20). 신학적으로 볼 때 단지 육체적인 방향 전환이 아니라 정신적인 방향 전환도 의미한다. 그러므로 종교생활의 출발점에는 반드시 회심(방향 전환)이 있어야 한다.[61]

---

60 이종성, 『신앙과 이성』, 61.

61 이종성, 『춘계 이종성저작전집19: 소논문집: 하나님의 섭리와 인간의 구원』, 376.

4) 회개

전통적인 신학 구조에 의하면 회개는 구원 순서의 한 단계로서 신앙과 함께 첫 단계에 속한다.[62] 이종성 박사는 회개를 교리사적으로 그 변천 과정을 살핀 후에 다음과 같이 결론짓는다.

"위와 같은 회개의 개념사는, 그것이 순수한 종교적 개념에서 심리학적 개념으로 변화된 후, 최근에 이르러 그것을 정신치유적인 현상으로 이해하려고 함으로써 본래에 가지고 있던 종교적 의미가 상실되고 말았다. 이 과정은 세속화 과정에 이은 비종교화 과정이다. 우리는 이러한 과정을 그대로 시인할 수 없다. 성서에서 가르치는 회개의 본질의 뜻은 그것이 단지 한 개인의 내적 정신적 생활에서 일어나는 심적 현상이 아니라 그 사람 전체의 운명을 좌우하는 결정적인 사건인 동시에, 그의 신과의 관계를 재정립하는 사건이라는 것이다. 즉 회개는 구원사적 의미를 갖고 있는 사건이다."[63]

알미니우스주의자들은 회개를 구원의 주관적 원인으로 이해하고 있다. 그러나 성서적 구원관에는 인간의 회개가 구원의 선행조건으로 포함되어 있지 않다. 회개는 성령의 선행사역의 결과로 나타나는 주관적 복종에 지나지 않는다. 그러나 회개가 선행되지 않는 신앙은 있을 수 없다. 방향 전환을 의미하는 회개 없이 신앙생활을 한다는 것은 이치에 맞지 않다. 인간은 신자를 포함하여 "용서받는 죄인"이기 때문에

62　이종성, 『춘계 이종성저작전집19: 소논문집: 하나님의 섭리와 인간의 구원』, 380.
63　이종성, 『춘계 이종성저작전집19: 소논문집: 하나님의 섭리와 인간의 구원』, 383.

언제든지 회개를 해야 한다.[64]

5) 의인(義認)과 성화(聖化)

이종성 박사에 의하면, 종교개혁자들은 신자들의 생활의 선별적 측면을 강조하면서 의인(칭의; justificatio)과 성화(sanctificatio)를 부각시켰던 바, 루터가 의인에 더 중점을 두었다면, 깔뱅은 성화에 더 중점을 두었다. 그런가하면 로마 천주교회는 의인 교리를 성화론의 서론이라고 주장했다.[65]

이종성 박사는 의인과 성화를 상호 분리해서 취급하거나 이해하지 말 것을 강력하게 경고한다. 그에 의하면, 바르트는 두 교리가 종이 한 장의 양면과 같다고 주장했고, 깔뱅은 의인을 단일회적으로 내려진 신(神)의 법정적 선고(forensic pronouncement)라고 주장하고, 성화는 죽을 때까지 반복해서 일어나는 신자들의 구체적인 생활이라고 주장했다.[66]

그는 성화생활에는 여러 가지 측면이 동시적으로 나타난다고 주장한다. 다시 말하면, 성화생활 속에서 회개, 통회, 고백, 변용, 기쁨, 범죄, 참회, 새 출발, 실패, 절망, 은총, 체험 등 여러 가지 요소가 동시적으로 또는 반복해서 일어난다는 것이다. 그러한 성화생활의 여러 가지 요소가 의인사건에 의해서 정화되고 종합되어 하나의 성별된 생활로서 신의 제단에 제물로 바쳐진다. 그 때 신은 우리의 불충분한 생활에도 불구하고 그리스도의 십자가의 공로로 우리를 그의 자녀로 받아들

64　이종성, 『춘계 이종성저작전집19: 소논문집: 하나님의 섭리와 인간의 구원』, 389.
65　이종성, 『춘계 이종성저작전집19: 소논문집: 하나님의 섭리와 인간의 구원』, 388.
66　이종성, 『춘계 이종성저작전집19: 소논문집: 하나님의 섭리와 인간의 구원』, 388.

이시다. 그 수용은 전적으로 신의 은총에 의한 것이다.[67]

'중생'(regeneration)에 대한 개념이 다양하게 이해되지만, 깔뱅은 의인과 성화를 구별할 뿐만 아니라, 성화를 중생이라고도 불렀다.[68] 중생된 신자는 성화생활을 계속해야 한다. 의인사건은 단일회적으로 일어나는 사건이나, 성화사건은 일평생을 통하여 계속적으로 일어나는 사건이다.[69] 인간은 변증법적인 존재양식을 가진다. 변증법적인 존재 양식이란, 인간이 죄 사함을 받아 의롭게 되기는 했으나, 이 지상에서 생활을 계속하는 한, 죄를 다시 범할 가능성 안에 살고 있다는 것을 의미한다. 이 점을 루터는 말하기를 신앙인은 '의인인 동시에 죄인이다.'(Simul iustus et peccator)라고 했다.[70]

6) 견인(堅忍)

이 교리는 개혁교회 신학자들에 의해 강조된 교리로서, 17세기의 칼빈주의자들은 그들의 5대 강령(소위 TULIP;「도르트 신조」, 1618-1619) 중의 하나로 취급하였다. 신자의 견인이란 하나님이 중생케 하고 은총 안에서 살도록 불러주신 신자들이 현세의 그 상태에서 완전히 이탈하거나 타락할 수 없으며, 결과적으로 영원한 구원의 나라에 들어갈 수 있다는 주장이다. 즉, 성령의 계속적인 사역을 받는 사람들은 그들의 마음속에서 하나님의 은총이 계속적으로 사역하기 때문

---

67 이종성,『춘계 이종성저작전집19: 소논문집: 하나님의 섭리와 인간의 구원』, 388.

68 이종성,『춘계 이종성저작전집12: 조직신학대계: 윤리학(3)』(서울: 한국기독교학술원, 2001), 46.

69 이종성,『춘계 이종성저작전집12: 조직신학대계: 윤리학(3)』, 54.

70 이종성,『춘계 이종성저작전집15: 단행본집: 이야기로 푸는 조직신학 외』(서울: 한국기독교학술원, 2001), 78.

에 완전한 구원을 향하여 살게 된다고 한다. 이 교리를 지지하는 성경 구절들이 많다(요 10:17-29; 롬 11:29; 빌 1:6; 살후 3:3; 딤전 1:12; 딤전 4:18). 그러므로 중생된 사람은 현세에서 실패하고 넘어지며 일시적으로 믿음을 포기한 것 같이 보이나, 그 때에도 그들은 성화의 완성을 향하여 달려가고 있는 것이다.[71]

7) 영화(부활)

이종성 박사는 기독교에서 죽음 이후의 '중간 상태'(status intermedius)에 대한 견해가 매우 다양할지라도 다음의 사실은 분명하다고 주장한다.

> "우리 성서에나 기독교에서는 사람에게 영혼이 있다는 것과, 그 영혼은 육체가 죽은 후에도 살아 남아 있다는 것과, 그 영혼이 나중에 예수님이 재림하시면 육체에 들어가서 같이 부활해서 마지막으로 예수님의 심판을 받아서 구원을 받게 된다고 믿는다. 이와는 달리 멸망을 받을 사람은 영원한 어둠의 세계, 고통의 세계로 갈 것이다. 이렇게 성서는 가르치고 있고 또 현재까지 우리 교회가 그렇게 가르쳐 왔다."[72]

"예수 그리스도와 합일이 되어 하나가 되었을 때 그 영혼이 영원한 세계에 들어 갈 수 있다는 것이다."[73] "모든 사람은 최종 심판대 앞에서 내려진 판결대로 두 가지 운명의 길을 걷게 된다."고 주장함으로써 이

---

71 이종성,『춘계 이종성저작전집12: 조직신학대계: 윤리학(3)』, 55.
72 이종성,『춘계 이종성저작전집19: 소논문집: 하나님의 섭리와 인간의 구원』, 365-366.
73 이종성,『춘계 이종성저작전집19: 소논문집: 하나님의 섭리와 인간의 구원』, 367.

종성 박사는 '만유구원론'(총괄갱신론; apokatastasis)을 부정한다.[74] 죽음 이후에 영혼의 존속과 몸의 부활에 대한 많은 반대 주장들이 있을지라도, 이종성 박사는 자신의 주장이 성서적, 기독교적 근거를 확실하게 가지고 있다고 강조한다.

"이렇게 의심하는 마음을 가지고 있는 현대 사람들은 영혼의 존속도 부활도 믿지 않는다. 교회 안에서도 이런 내용을 믿지 않는 사람들이 상당히 많이 있다. 그러나 성서가 이것을 분명히 말하고 있다는 것을 알 수 있다. 우리 사람에게는 육체와는 다른 인격적인 존재가 있는데 그것이 바로 영혼이라고 그 영혼은 육체가 죽어도 살아 남아서 계속해서 그리스도와 하나님과 관계를 가진다고 한다. 이렇게 성서와 기독교는 가르쳐 왔다."[75]

III. 결론

고(故) 춘계(春溪) 이종성 박사(Dr. Lhee Jong Sung, 1922.4.8-2011.10.2)는 1922년 4월 8일 경상북도 문경군(聞慶郡) 동로면(東路面) 거산(巨山)에서 이규봉(李圭鳳) 선생님과 김성연(金成鍊) 여사 사이에 2남 4녀 중 차남으로 태어났고, 2011년 10월 2일 서울에서 하나님의 부르심을 받았다. 이종성 박사는 개혁신학 전통에 서서 통전적 신학을

---

74 이종성, 『춘계 이종성저작전집13: 조직신학대계: 종말론(1)』 (서울: 한국기독교학술원, 2001), 272, 참고, 김도훈, "만유구원론에 대한 비판적 고찰(1)," 「장신논단」 제30집(2007): 173-202; 김도훈, "지옥은 없다?" 「장신논단」 제43집(2011): 81-106.
75 이종성, 『춘계 이종성저작전집19: 소논문집: 하나님의 섭리와 인간의 구원』, 366.

추구했다. 우리는 그를 "한국교회의 교부"로 부를 수 있고, 오늘의 대한예수교장로회총회(통합)의 신학은 물론 130년 한국교회의 신학의 방향을 이끌어 온 최고 위대한 견인차로 평가할 수 있을 것이다.

전통적인 교의학이나 조직신학에서는 "구원론"이 독립된 주요 각론(各論; locus)으로 취급된다. 그러나 이종성 박사는 그의 『조직신학개론』에서도[76] 『조직신학대계』 14권들에서도 구원론을 독립된 각론으로 취급하지 않았고, 단권으로도 저술하지도 않았다. 다시 말하면, 그의 구원론은 이곳저곳에 산발적으로 흩어져 있는 바, 그의 글은 대체로 백과사전적으로 기술되어 있기 때문에 그의 자신의 견해가 드러나지 않은 경우가 종종 있어서, 그의 구원론에 대한 연구가 용이하지 않다. 가령 우리가 앞에서 논의한 "회심", "견인"의 내용은 상당히 백과사전적으로 기술되어 있다.

이종성 박사는 특히 개신교 정통주의 신학에서 발견되는 "구원의 계획"(Plan of salvation)이나 "구원 순서"(ordo salutis)라는 용어를 수용하지 않고, 하나의 신앙생활의 다양한 측면이라는 표현을 사용한다. 왜냐하면 깔뱅과 마르틴 부처처럼 그는 구원 순서를 "시간적, 단계적" 순서로 보지 않고, 신학적, 논리적 순서로 이해하기 때문이다.

이종성 박사는 예수 그리스도의 대속적 공로를 구원론의 객관적 근거로 이해하고, 인간을 영혼과 육체로 구성된 전인(全人)으로 이해하여, 전인 구원을 주장한다. 특히 예정론과 선택론이 성서에 근거한 교리임을 확신하고, 깔뱅의 예정 이해보다는 바르트의 선택 이해 쪽으로 기울고 있다. 이종성 박사는 '신앙'을 하나님의 은총과 은사의 측면

---

76 이종성, 『조직신학개론』 (서울: 종로서적, 1994).

에서 이해한다. 또한 그는 신앙을 "성령의 열매"로 이해하는데, 표현의 정확성을 기할 경우, "성령의 은사"라고 표현하는 것이 성령론적으로 더 정확할 것이다.

구원의 효과 문제와 관련해서 이종성 박사는 예정론을 강조하는 구원의 "적용(application)" 개념이나 신인협동설을 강조하는 구원의 "수용(appropriation)" 개념을 동시에 비판하고, 전자에서 나타나는 결정론과 후자에서 나타나는 신인협동설을 피할 수 있는 제3의 방법으로서 포프(Pope)와 루이스 벌코프(L. Berkhof)가 지지하는 구원의 "취급(administration)"을 선택하여, 하나님의 절대 주권과 신자의 피조적 주체성 사이의 변증적 관계를 유지하고자 한다. 그러나 만약 우리가 깔뱅과 마르틴 부처처럼 신앙생활 전체에서 최고의 절대 주체를 성령으로 이해하고, 신앙을 성령의 은사로 이해할 경우, 우리가 예정론을 근거에 둔 구원의 "적용"이라는 모델을 선택할지라도, 성령의 절대적 주권과 신앙인(信仰人; 信者)의 상대적 주권이 상충(相衝)되지 않고, 서로 만나 인격적 관계를 형성하고, 유지되면서도, 결정론이나 신인협동설의 경향으로 빠지지 않을 것이다.

이종성 박사의 의인(칭의; justificatio)과 성화(sanctificatio)의 분리에 대한 강도 높은 비판은 특히 오늘날 한국교회가 귀담아 들어야 할 점이다. 왜냐하면 의인이 없는 성화는 율법주의(펠라기우스주의; 공로주의)로 귀결되고, 성화 없는 의인은 율법폐기론(자유방종주의)으로 귀결되기 때문이다. 전자에는 하나님의 전적인 은총이 훼손되고, 후자에는 도덕과 윤리의 파산선고를 가져올 것이다. 깔뱅과 마르틴 부처가 수없이 강조한 것처럼, 우리는 의인과 칭의를 반드시 구별하고, 상호 밀접하게 관련시키되, 동일화하거나 상호 분리시켜서는 절대로 안 될 것이다.

이종성 박사는 부활과 영화(glorification)와 관련하여, 예수 재림을 통한 몸의 부활과 영화는 성경에 근거를 두고 있음을 확신하고, 종말의 이중 결과(영생과 영벌)를 주장함으로써 '만유구원론'(총괄갱신론; apokatastasis)을 수용하지 않는다. 그리고 예정론 이해에서 깔뱅보다는 바르트 쪽으로 더 기울어져 있고, 구원의 효과에서 "적용" 모델 대신에 "취급" 모델을 선택하고, 구원의 모든 측면에서 성령의 역사(役事)를 비교적 덜 강조한 점을 제외한다면, 이종성 박사의 구원론은 전체적으로 깔뱅과 마르틴 부처의 구원론과 비슷함을 알 수 있다.[77]

참고문헌

1) 제1차문헌

이종성.『춘계 이종성저작전집1: 조직신학대계 신학서론』. 서울: 한국기독교학술원, 2001, "제2부 4장 구원론", 281-322.
이종성.『춘계 이종성저작전집19: 소논문집: 하나님의 섭리와 인간의 구원』. 서울: 한국기독교학술원, 2001, "제2부 인간의 구원과 신앙", 236-423.
이종성.『춘계 이종성저작전집1-40』. 서울: 한국기독교학술원, 2001.
이종성(김도훈 · 박성규 책임편집).『미완성의 완성』. 서울: 장로회신학대학교출판부, 2012.

---

[77] 최윤배,『깔뱅신학 입문』, 265-375; 최윤배,『잊혀진 종교개혁자 마르틴 부처』, 241-332.

2) 제2차문헌

김균진. 『기독교조직신학 III』. 서울: 연세대학교출판부, 1987.

김도훈. "만유구원론에 대한 비판적 고찰." 「장신논단」 제30집(2007): 173-202.

김도훈. "지옥은 없다?" 「장신논단」 제43집(2011): 81-106.

김명용. 『현대의 도전과 오늘의 조직신학』. 서울: 장로회신학대학교출판부, 1997.

배경식. 『칼빈의 구원신학과 경건한 삶』. 서울: 한국장로교출판사, 2009.

유정우. "칼빈의 구원론에 나타난 선행의 위치와 중요성."(아세아연합신학대학교 대학원 미간행 신학박사 학위논문, 1998.

유태주. 『칼빈과 웨슬리의 산 믿음의 신학: 칼빈과 웨슬리의 구원론에서 성화에 대한 완전성 이해 비교연구』. 남원: 한일장신대학교출판부, 2005.

최윤배. 『깔뱅신학 입문』. 서울: 장로회신학대학교출판부, 2012.

최윤배. 『잊혀진 종교개혁자 마르틴 부처』. 서울: 대한기독교서회, 2012.

최윤배 공저. 『루터 · 칼빈 · 웨슬리의 구원론 비교』. 대전: 도서출판 복음 · 목원대학교, 2002.

최윤배. "죽산 박형룡의 구원론: 칭의와 성화를 중심으로." 「한국개혁신학」 제21권(2007): 187-209.

최윤배 외 7명. 『제8 · 9회 춘계신학강좌: 춘계 이종성 박사의 생애와 사상』. 서울: 장로회신학대학교출판부, 2014.

Berkhof, L. *Systematic Theology*. Grand Rapids: Eerdmans Publishing Company, 1981/1938.

Hoekema, A. A. *Saved by Grace*. 류호준 역. 『개혁주의 구원론』. 서울: 기독교문서선교회, 1990.

Hoekema, A. A. *Saved by Grace*. Grand Rapids: W.B. Eerdmans Publishing Company, 1989.

Migliore, D. L. *Faith Seeking Understanding: An Introduction to Christian Theology*. 신옥수 · 백충현 역. 『이해를 추구하는 신앙: 기독

교조직신학개론』. 서울: 새물결플러스, 2012.

Murray, J. *Redemption: Accomplished and Applied*. Grand Rapids: WM. B. Eerdmans Publishing Company, 1955.

Ott, Heinrich. *Die Antwort des Glaubens: Systematische Theologie in 50 Artikeln*. Stuttgart · Berlin: Kreuz Verlag, 1973.

P hlmann, H. G. *Abrider Dogmatik*. Gerd Mohn: Gütersloher Verlaghaus, 1980(제3판).

제 5 장

이상근 박사의 구원론[384]

I. 서론

고(故) 정유(靜流) 이상근(李相根) 박사(Sang Kun Lee, 음력 1920년 3월 5일 - 양력 1999년 6월 1일)는 1920년 음력 3월 5일 대구광역시 중심에 위치한 '중구 인교동 98번지'에서 본관이 경주인 이연우(李淵雨) 부친과 본관이 달성인 서부잡(徐扶雜) 모친 사이에 3남 2녀의 막내로 태어나,[2] 1999년 6월 1일에 하나님의 부르심을 받았다.[3] 슬하에 3남(문희, 성희, 경희) 1녀(신희)를 두었다.[4] 그는 "구약, 신약, 외경을 모

---

1   참고, "정유(靜流) 이상근(李相根) 박사의 구원론: 『신약성서 주해 로마서』를 중심으로", 장로회신학대학교출판부, 「교회와 신학」제78집(2014.2.28.), 141-169.
2   이상근, 『등대가 잇는 외딴 섬』(서울: 도서출판 두란노, 2002), 15-16.
3   이상근, 『등대가 잇는 외딴 섬』(서울: 도서출판 두란노, 2002), 291.
4   이상근, 『등대가 잇는 외딴 섬』(서울: 도서출판 두란노, 2002), 269-272, 장남은 Stuten Island의 주립연구소 연구원이며, 차남은 연동교회 담임목사이고, 삼남은 뉴질랜드에 거주하고, 딸은 일리노이 주립대학교 물리학으로 Ph. D. 학위를 받았다(이상근, 『등대가 잇는 외딴

두 주석한 세계 유일의 학자"이며,5 또한 위대한 "목회자요 신학자"이며, "영성 깊은 수도사"로도 평가된다.6

개신교 전통과 개혁신학 전통 속에 서 있는 대부분의 한국교회가 자신의 신앙과 신학의 뿌리를 찾기 위해 탁월한 "목회자인 동시에 신학자"였던 고(故) 이상근 박사의 신앙과 신학을 검토하는 것은 교회사적으로나 신학적으로 큰 의의가 있을 것이다. 비록 그는 신약성서학자이지만, 그의 작품 도처에 수많은 조직신학적 통찰들이 나타난다.

조직신학의 다양한 주제들 중에서도 '구원(救援)'이라는 주제는 오늘날과 같은 포스트모던 시대에 종교 간의 대화나 다양한 목회와 선교 현장 속에서 지나칠 수 없는 중요한 주제이다.7 왜냐하면 구원에 대한 정의(定義)에 따라 목회와 선교의 내용과 방법도 달라질 수 있기 때문이다. 그러므로 우리는 고(故) 이상근 박사의 구원론을 살펴봄으로써 한국 장로교회의 신학과 개혁신학의 재발굴과 함께 우리가 당면하고 있는 '구원'이라는 주제에 대한 신학적 논의의 시발점을 제공하고자 한다.

그의 구원론에 대한 논의를 시작하기 전(前) "구원론(救援論)"(soteriology)의 내용 범위에 대한 논의가 요청된다. 왜냐하면 조직신학에서 구원론에 대한 이해가 항상 동일하지 않기 때문이다. 예를 들면, 찰스 핫지(C. Hodge)는 구원론에 구원의 계획, 은혜언(계)약, 그리스도의 인격과 사역, 그리고 성령을 통한 구원의 적

섬』, 270-271).

5   이상근, 『등대가 잇는 외딴 섬』 (서울: 도서출판 두란노, 2002), 292.

6   이상근, 『등대가 잇는 외딴 섬』 (서울: 도서출판 두란노, 2002), 293.

7   김명용, 『현대의 도전과 오늘의 조직신학』 (서울: 장로회신학대학교출판부, 1997), 84.

용 또는 응용(application)의 내용을 포함시키고,⁸ 윌리암 쉐드(W. G. T. Shedd)는 구원론에 그리스도의 사역과 성령을 통한 구원의 적용의 내용을 포함시키고,⁹ 베르코프(L. Berkhof)와 후끄마(A. A. Hoekema)는 구원론에서 성령을 통한 구원의 적용만을 다룬다.¹⁰ 또한 김균진과¹¹ 오트(Heinrich Ott)는¹² 구원론을 그리스도론과 성령론으로부터 구별하는 동시에 그리스도론과 성령론을 전제하면서 신앙론의 틀 속에서 다룬다.

비록 구원론이 조직신학의 모든 각론(各論)들(loci), 특히 그리스도론과 밀접한 관계 속에 있을지라도, 우리가 구원론을 예수 그리스도께서 성취하신 구원에 대한 성령의 적용이라는 틀에서 이해할 경우, 큰 문제가 없다고 생각된다.¹³ "구원론은 구원의 복들이 죄인에게 전달되는 것과, 하나님의 호의에로의 회복과, 하나님과의 긴밀한 교제 안에 있는 생명에로의 회복을 다룬다."¹⁴ 후끄마도 베르코프와 동일한 범주

---

8   Charles Hodge, *Systematic Theology Vol. 2: Part II Anthropology, Part III Soteriology* (Grand Rapids: Eerdmans Printing Company, 1977/1871), 313-732.

9   William G. T. Shedd. *Dogmatic Theology Vol. 2* (Grand Rapids: Zondervan, 1889-1894), 353ff.

10 Louis Berkhof, *Systematic Theology* (Grand Rapids: Eerdmans Publishing Co., 1981/1938), 415-554; Anthony A. Hoekema, *Saved by Grace* (Grand Rapids: WM. Eerdmans Publishing Company, 1989).

11 김균진, 『기독교조직신학 III』 (서울: 연세대학교출판부, 1987), 145-373.

12 Heinrich Ott, *Die Antwort des Glaubens: Systematische Theologie in 50 Artikeln* (Stuttgart · Berlin: Kreuz Verlag, 1973), 277-331.

13 최윤배, 『잊혀진 종교개혁자 마르틴 부처』(서울: 대한기독교서회, 2012), 242-243; 최윤배, 『깔뱅신학 입문』 (서울: 장로회신학대학교출판부, 2012), 265-267.

14 Louis Berkhof, *Systematic Theology*, 415: "Soteriology deals with the communication of the blessings of salvation to the sinner and his restoration to the

에서 구원론을 이해하면서, 구원론에서 성령의 사역의 중요성을 특히 강조한다. "본 저술에서 구원의 축복이 어떻게 하나님의 백성을 하나님의 호의, 그리고 그리스도를 통한 하나님과의 교제의 삶으로 회복하는가에 대한 연구를 구원론의 내용으로 삼으려 한다. 이 구원의 적용은 비록 믿음으로 얻어지기는 하나 성령의 역사임을 잊어서는 안 된다."15

우리는 이상근의 구원론을 예수 그리스도의 구원에 대한 성령을 통한 적용이라는 틀 안에서 그의 주저 중에 하나인 『신약주해 로마서』(1965/1984)를 중심으로 살피되,16 그의 『신약주해 로마서』의 전체 내용 구조와, "구원의 역사"(Heilsgeschichte), 곧 구원사(救援史) 또는 구속사(救贖史)에 대한 그의 이해를 먼저 살펴보고,17 그 다음 소위 "황금의 연쇄"(the Golden Chain)로18 알려진 예정, 소명, 칭의, 성화, 영화 등을 포함하는 '구원의 순서'(ordo salutis)에 집중하고자 한다.

---

divine favor and to a life in intimate communion with God."
15 Anthony A. Hoekema, *Saved by Grace*, 류호준 역, 『개혁주의 구원론』 (서울: 기독교문서선교회, 1990, 11-12.
16 이상근, 『신약주해 로마서』 (서울: 대한예수교장로회 총회교육부, 1984).
17 이상근, 『신약주해 로마서』, 234.
18 이상근, 『신약주해 로마서』, 221: "예지, 예정, 부르심, 의인, 영화 등 이는 구원에 있어서 '황금의 연쇄, the Golden Chain'라 불리는 것이다."; 222: "30. ··· 또한 부르시고 ··· 또한 의롭다 하시고 ··· 영화롭게 하셨느니라 예정교리의 '황금의 연쇄'이다. 예지 - 예정 - 부르심 - 의인 - 영화 (foreknowledge - foreordination - calling - justification - glorification)의 단계는 서로 뒷받침하기 때문이며, 한 번 시작한 이 과정은 중단됨이 없이 반드시 성취하기 때문이다."; 231: "이 파(infralapsarian, 필자 주)의 기본 근거는 롬 8:29-30으로써, ① 선택하시고(election), ② 부르시고(calling), ③ 의롭다 하시고(justification), ④ 영화롭게 하신다 (glorification). 이는 구원의 과정에서 변경될 수 없는 '황금의 연쇄, the golden chain'이라고 불리운다."

II. 『신약주해 로마서』의 전체 구조와 구원론의 구조

이상근은 『신약주해 로마서』의 내용을 크게 네 가지, 즉 서론(롬 1:1-17), 교리편(롬 1:18-11:36), 실천편(롬 12:1-15:13), 결론(롬 15:14-16:27)으로 분해한다.[19] 좀 더 구체적으로 설명하면, 서론은 인사(롬 1:1-7), 감사와 기원(롬 1:8-15), 주제(복음의 요약)(롬 1:16-17)로 구성되어 있고, 교리편은 죄악론(롬 1:18-3:20), 구원론(롬 3:21-8:38), 구원의 역사(롬 9장-11장)로 구성되어 있다. 그리고 실천편은 교회적 교훈(롬 12장), 사회적 교훈(롬 13장), 교제에 관한 교훈(롬 14:1-15:13)으로, 결론은 사적 부분(롬 15:14-33), 문안(롬 16:1-23), 송영(롬 16:25-27)으로 구성되어 있다.[20]

우리의 연구 주제와 직접적으로 관련된 부분은 교리편의 구원론 부분과 구원의 역사(歷史) 부분인 바,[21] 교리편의 구원론 부분이 본 연구를 위한 핵심 분석 자료에 해당된다.[22]

이상근에 의하면, 로마서의 신학은 "'구원론'으로 믿음으로 의로 인정된다는 바울의 말한 바 '나의 복음'(롬 2:16) 해설에 치중하고 있다."[23] "본서는(로마서, 필자 주) 교리의 책인 것은 사실이나 그 교리 중에서도 믿음으로 구원받는 도리, 즉 구원론(Soteriology)에 집중한

---

19 이상근, 『신약주해 로마서』, 23-25.
20 이상근, 『신약성서개론』 (서울: 한국장로교출판사, 1999), 168-169.
21 이상근, 『신약주해 로마서』, 100-284.
22 이상근, 『신약주해 로마서』, 100-234.
23 이상근, 『신약성서개론』, 167.

다."²⁴ 이상근이 이해한 바울의 구원론의 전체 구조는 다음과 같다.

"구원의 과정에 있어서도 일반적인 경우처럼 과거, 현재 및 미래의 단계가 있다. 한 번 믿음으로 영원히 의로 인정된 것은 과거에 이미 받은 구원이다. 육의 소욕은 억제하면서 성령을 따라가는 성결의 생활은 현재 받고 있는 구원이다. 이제 이런 신자에게 남아 있는 것은 그리스도의 재림 시에 영화(榮化) 될 미래의 구원이다. 신적긍정(神的肯定)이 있기 전에 신적부정을 앞세우는 것이 바울의 구원론의 범주였다. 그는 전 인류의 범죄라는 하나님의 전적부정을 단정한 후(롬 1:18-3:20) 구원론을 전개하였다. 다시 그 구원론의 세부에서도 마찬가지다. 의인(義認)의 교리에 있어 행위나 할례나 율법에서의 불가능을 지적한 후(롬 4:1-16), 믿음에서의 가능을 논하였다(롬 4:17-25). 성결(聖潔)의 교리에 있어 율법에서의 파국을 지적한 후(롬 7:7-25) 성령에서의 가능을 논하였다(롬 8:1-17). 이제 영화의 교리를 논하면서도 먼저 현재의 처참한 고난을 지적한(롬 8:18-25) 후, 미래의 영화의 보장(26-30)과 그 개가를 부르고 있는 것이다(31-39)."²⁵

---

24 이상근,『신약성서개론』, 165.

25 이상근,『신약주해 로마서』, 100-234.

Ⅲ. "구원의 역사(歷史)" 이해

1. "구원의 순서"와 "구원의 역사"

비록 이상근의 『신약주해 로마서』가 "구원론"을 먼저 다루고, "구원의 역사"를 나중에 다루고 있을지라도, 우리의 논의의 주된 관심이 구원론이기 때문에, 우리는 구원론을 더 잘 이해하기 위해 구원의 역사를 서론적 차원에서 먼저 다루고자 한다. 구원론과 구원의 역사는 상호 불가분리의 관계 속에 있지만, 이상근은 구원론을 "구원의 순서", 소위 "황금의 연쇄"를 중심으로 "개인적 구원" 차원에서 이해하고, 구원의 역사는 인류 구원의 역사(歷史) 차원에서 이해한다.

> "(로마서, 필자 주) 8장까지로서 바울은 믿음으로 구원받는 대교리를 선포하였다. 이제 그는 새로운 사색을 정돈하여 그 원리에 입각한 전 인류의 구원을 일별한다. 즉, 먼저는(롬 3:21-8:39, 필자 주) 개인적 구원의 원리를 밝혔고, 이제는(롬 9장-11장, 필자 주) 인류 구원의 역사를 논하는 것이다. 이는 바울의 역사철학(歷史哲學)이라 불리울 것이다. 그 구조의 광대함에 경탄치 않을 수 없다."[26]

이상근에 의하면, 바울은 "개인적 구원"에 대한 마지막 기술(記述)에서와 마찬가지로 "인류의 구원사"를 기술한 마지막에도 하나님께 대한 송영(誦詠)으로 마친다.

---

26 이상근, 『신약주해 로마서』, 211.

"인류의 구원사를 논해 온 저자는 깊은 찬탄과 감격으로 그 소론을 끝 맺는다. 그는 이미 개인적 구원론의 결론에서 승리의 개가를 부른 바 있다(롬 8:31-39). 이제 전 인류의 구원사를 마치기를 하나님께 대한 만강의 찬미로 하는 것이다. 신학의 진수를 더듬는 자는 누구나 이런 개가와 송영의 경에 도달하여야 할 것이다."[27]

2. 이스라엘의 거부 → 이방인 구원 → 이스라엘 구원 → 교회

이스라엘의 거부와 회복을 중심으로 기술된 바울 사도의 구원의 역사에 대한 이상근의 주석 내용의 구조를 살펴보자. 구원의 역사는 세 부분, 즉 하나님의 예정(롬 9:1-29), 이스라엘의 거부(롬 9:30-10:21), 이스라엘의 회복(롬 11장)으로 기술되어 있다. 이상근에 의하면, 바울이 이해한 구원의 역사는 이스라엘과 이방인의 관계에서 전개된다.[28] 바울은 처음부터 인류 전체를 이스라엘과 이방인으로 구분하여 생각하였다.

"먼저는 이스라엘의 거부로 이방이 믿게 되고, 다음은 이방의 믿음으로 이스라엘이 또한 믿게 된다는 것이다. 즉, 이스라엘의 거부 - 이방인의 구원 - 이스라엘의 구원, 이렇게 그 구조는 간단하고, 선명하나 거기에 하나님의 예정론이 역할을 하고, 인간 편의 열렬한 애국심과 기도가 첨가되어 그것은 웅대에 극하고 있다. 물론 이 부분의 주체는

---

27 이상근, 『신약주해 로마서』, 279.

28 이상근, 『신약주해 로마서』, 233.

이스라엘이다. 이스라엘의 거부와 회복에 관련되어 하나님의 전 인류 구원의 역사는 신비롭게 발전되는 것이다. 대체로 보아 9장에서 이스라엘의 거부가 하나님의 예정에 입각한 것을 논하고, 10장에서 그 거부의 내용과 성격을 밝힌 후, 11장에서 이방인의 구원과 이스라엘의 구원으로 대단원을 맺는다."[29]

"이스라엘의 거부 - 이방인의 구원 - 이스라엘의 구원"이라는 틀에서 바울의 구원사를 이해한 이상근은 이방인의 구원과 이스라엘의 구원을 교회론의 틀 속에서 하나의 구원사로 묶는다. 하나님의 구원은 먼저 이스라엘을 통해 예비되고, 예언되었다. 그러나 마침내 메시야가 구원을 성취하러 오셨을 때, 이스라엘은 그를 거부하고, 그 구원은 이방인에게 미쳤다. 그러나 때가 되면 이방인을 시기하는 이스라엘이 돌아와 구원에 참여하게 된다. "이스라엘 - 이방인 - 이스라엘의 계통에서 바울이 말하는 바, 구원적 역사의 대계는 흐르는 것이다."[30]

"이스라엘의 구원의 문제는 교회와의 관계에 낙착된다. 이와 같이 이스라엘과 이방인이 다같이 구원 받고 하나가 되는 곳이 곧, 교회이기 때문이다. 즉, 십자가 안에서 이스라엘과 이방인의 간격이 사라지고, 한 새 사람을 이룩한 것이 우주적인 교회의 모습일 것이다(엡 2:14-22). 그 곳에는 이스라엘의 우월감도 이방인의 적대감도 소멸되고, 십자가로 말미암은 구원만을 다같이 찬양하는 곳이다."[31]

---

29 이상근, 『신약주해 로마서』, 233-234.
30 이상근, 『신약주해 로마서』, 251.
31 이상근, 『신약주해 로마서』, 251.

이스라엘과 이방인의 대조에서 인류의 구원사를 전개하던 바울에게 이스라엘의 구원은 전(全) 인류 구원의 대단원을 뜻한다. 이런 구원사를 바울은 "비밀"이라 부른다. "먼저 이스라엘이 넘어짐으로 구원이 이방에 미치고, 이방인의 구원이 달성될 때 이스라엘이 또한 회복하여 전 인류의 구원이 완성되는 것이다."32

구원사의 관점에서 전(全) 인류의 구원을 논의할 때, 이상근은 고대 교회의 오리게네스(Origenes)나 현금의 몰트만(J. Moltmann)처럼 만인구원론 또는 만유구원론(萬有救援論) 또는 총괄갱신론(總括更新論, apokatastasis)에 빠지지 않는다. "그러나 이 구절['모든 사람(τοὺς πάντας)', 롬 11:32, 필자 주]이 만인구원설의 근거가 되어서는 안 될 것이다. … 바울이 말하는 것은 구원의 응용이 어떤 민족에게 제한되지 않고 전 인류에게 문호가 개방된다는 것뿐이다. 그 구원을 실제로 얻는 데는 '믿음'이란 불가변의 조건이 따로 있는 것이다."33

3. 성령 사역(事役, work)의 구원사적 발전

성령 사역의 구원사적 발전이 이상근의 『신약주해 로마서』에서 발견된다. 로마서 8장 9절 "만일 너희 속에 하나님의 영이 거하시면"에 대한 주석에서 이상근은 구약시대에서의 성령의 사역에 비해 오순절 이후 신약시대에서 성령의 사역이 더욱 발전했다고 주장한다.

---

32 이상근, 『신약주해 로마서』, 275.

33 이상근, 『신약주해 로마서』, 279.

"거하시면(οἰκέω)은 집 안에 거주하신다는 뜻으로 일시적인 거주가 아닌 영주를 가리킨다. 오순절 이후 성령은 각 신자의 속에(ἐν) 거하신 바 되고, 영원히 거하신 바 되었다(요 14:16,17). 그것은 특수한 자에게만(기름 부음을 받은) 임하시고, 또 일시적으로 임하신(삼상 19:23, 시 51:11 등 참조) 구약시대에 비해 신약시대의 신자들의 특권이라 할 것이다."[34]

이상근에 의하면, 구약시대에 특정한 사람에게 제한적으로 임했던 성령은 오순절 이후 모든 성도들에게 보편적으로 임한다. 그러나 이생(以生)에서 신자들은 성령의 열매 전체를 보지 못하고, 장차 영화(榮化)를 통해 하나님의 영광에 참여할 때 비로소 성령의 은사도 충만하게 받게 될 것이다.[35]

IV. 신학 용어 정의

이상근의 구원론을 보다 정확하게 이해하기 위해 몇 가지 신학 용어들에 대한 이해가 선행되어야 할 것이다. 우리는 여기서 '구원의 순서', '하나님의 의', '율법', '믿음'(신앙)에 대해 살펴보고자 한다.

34　이상근, 『신약주해 로마서』, 204.
35　이상근, 『신약주해 로마서』, 215-216.

1. "구원의 순서"

일반적으로 개신교 정통주의 신학에서 이해된 '구원의 순서'(ordo salutis)는 단계적으로 이해된 시간적, 연대기적 순서이다. 그러나 종교개혁자 깔뱅과 부처의 경우 이것은 시간적, 연대기적으로 이해되지 않고, 신학적, 논리적으로 이해된다.[36]

이상근은 '구원의 순서'를 어떻게 이해하고 있는가? 이상근은 특히 로마서 8:30절을 주석하면서 "황금 연쇄"(the golden chain)라는 용어를 사용하고, '단계'나 '과정'이라는 용어는 물론[37] '순서'라는 용어도 사용한다.[38] 이상근이 구원의 순서를 일차적으로 시간적, 단계적 과정으로 이해하고 있는 사실이 다음의 글 속에서 분명하게 나타난다.

> "구원의 과정에 있어서도 일반적인 경우처럼 과거, 현재 및 미래의 단계가 있다. 한 번 믿음으로 영원히 의로 인정된 것은 과거 이미 받은

---

[36] 최윤배, 『잊혀진 종교개혁자 마르틴 부처』, 242-243; 최윤배, 『깔뱅신학 입문』, 265-267.

[37] 이상근, 『신약주해 로마서』, 221: "예지, 예정, 부르심, 의인, 영화 – 이는 구원에 있어서 '황금의 연쇄, the Golden Chain'라 불리는 것이다."; 222: "30. … 또한 부르시고 … 또한 의롭다 하시고 … 영화롭게 하셨느니라 예정교리의 '황금의 연쇄'이다. 예지 – 예정- 부르심 – 의인 – 영화 (foreknowledge – foreordination – calling – justification – glorification)의 단계는 서로 뒷받침하기 때문이며, 한 번 시작한 이 과정은 중단됨이 없이 반드시 성취하기 때문이다."; 231: "이 파(infralapsarian, 필자 주)의 기본 근거는 롬 8:29-30으로써, ① 선택하시고(election), ② 부르시고(calling), ③ 의롭다 하시고(justification), ④ 영화롭게 하신다(glorification). 이는 구원의 과정에서 변경될 수 없는 '황금의 연쇄, the golden chain'이라고 불리운다."

[38] 이상근, 『신약주해 로마서』, 219: "먼저 미래의 영화에 대한 확신을 피력하고(28) 예지, 예정, 부르심, 의인, 영화의 단계를 순서적으로 지적한다. 이런 확고한 예정이 성도의 궁극적 구원을 위해서 다시 없는 보장이 되는 것이다."

구원이다. 육의 소욕을 억제하면서 성령을 따라가는 성결의 생활은 현재 받고 있는 구원이다. 이제 이런 신자에게 남아 있는 것은 그리스도의 재림 시에 영화(榮化) 될 미래의 구원이다."[39]

다른 한편 이상근은 특히 칭의와 성결(聖潔/성화)의 불가분리의 관계를 매우 강조한다.

"이상의 사실을 종합해 볼 때, 그리스도교의 구원관이란 철두철미 믿음에 있다. 그러나 그 믿음은 행함으로 증명되어야 한다. 칼빈이 말한 바처럼 '홀로 믿음으로 구원받는다. 그러나 구원하는 그 믿음은 홀로 있지 않다'(Faith alone saves, but the faith that saves is not alone). 즉, 믿음과 행함의 관계는 분리해서 생각할 수 없고, 평행선적(平行線的)으로 생각될 수 없고, 수직선적(垂直線的)으로 관찰되어야 할 것이다. 그 행함이란 그 믿음의 산물이며 믿음을 위한 것이다. 믿음을 떠난 천성적 또는 수양적인 선행은 구원에 참예할 조건은 될 수 없다."[40]

그리고 이상근은 칭의와 성화 사이의 공존도 언급할 뿐만 아니라, 칭의와 성화의 순서를 "교리적" 순서로도 이해한다. "'의'란 ① 믿음으로 의롭게 된 것이나 … ② 도덕적인 의에(Zahn) 국한하는 것보다 ③ 이 두 가지가 포함된 것으로 본다(Denny). 교리적으로 의인(義認)에서

---

39 이상근, 『신약주해 로마서』, 211, 참고 222.
40 이상근, 『신약주해 로마서』, 130.

시작된 구원이 성결에서 완성되는 것으로서, 실제적으로 이 두 가지는 언제나 공존하기 때문이다."[41]

2. 하나님의 의(義)

이상근은 로마서에서 "하나님의 의"를 신론적(神論的)으로도 이해하지만, 우리의 주제와 관련하여 특히 로마서 1장 17절에 나타난 하나님의 의를 그리스도론적으로, 그리고 구원론적으로 이해한다.

"하나님의 의라고 할 때 첫째, 하나님의 속성으로서의 의를 생각할 수 있다(롬 3:5). 이는 구약에서 반복하여 강조된 것으로 하나님의 완전하며 절대적인 의는 인간의 불완전하며 상대적인 의와 대조되어 있다. 둘째, 하나님의 의는 그의 행동에 나타나는 것이다. 하나님의 의는 그가 약속을 지키심에서(롬 3:3, 4), 죄를 심판하심에서(롬 2:5), 또한 그리스도의 죽으심을 통하여 사람을 용서하심에서(롬 3:25, 26) 나타났다. 본문(롬 1:17)에서 말하는 하나님의 의는 다음 절의 하나님의 진노와 대조시켜 특히 위의 마지막 조항, 즉 그가 사람의 죄를 사유하시며 구원하시는 행동을 가리키는 것으로 본다. 요약해서 바울이 말하는 하나님의 의란, 그의 속성이 아니요, 사람을 의롭게 하시는 의를 말한다. … 인간이 하나님으로부터 의롭다 하심을 받을 때 인간은 의로운 것이고, 그는 하나님의 의를 소유하게 되는 것이다. 이 의가 믿음의 의라고 할진대, 그 매개는 철두철미하게 믿음이다. 믿음은 의롭게

41　이상근, 『신약주해 로마서』, 205.

되는 것이라 하였다(롬 4:3, 6, 9, 22). 여기에서, 하나님의 의는 본서의 주제인 '바울의 복음'(믿음으로 의롭게 된다는)과 직통한다."⁴²

구원론과 관련하여 이상근이 이해한 하나님의 의는 인간의 본성적인 의나 율법을 행하는 의에 대조되는 개념으로써 그리스도론적이며, 구원론적 개념이다. "구약에서는 하나님의 의란 이스라엘을 적으로부터 구원하심에 나타났다(사 56:1, 62:1, 시 35:28 등). 신약에서, 이는 복음에 나타난 구원(전절 참조)에 나타났다."⁴³ "복음이 곧 그리스도일 것이다."⁴⁴ "복음은 능력(is)이요, 복음의 요구(requirement)는 믿음이요, 그리고 복음의 결과(result)는 구원인 것이다."⁴⁵

3. 율법(律法: νόμος)

이상근이 그의 『신약주해 로마서』에서 이해한 "율법"을 한 마디로 정의하는 것은 쉬운 것이 아니다. 그러나 우리의 주제와 관련하여 그가 이해한 "율법"을 이해해야만 그의 구원론 이해에 실마리를 제공해 주기 때문에 그의 율법에 대한 이해는 불가피하다.

이상근에 의하면, 하나님께 기원을 두고 있는 율법은 이스라엘 백성에게는 시내 산에서 모세를 통해서 주어진 바, 그것은 보통 율법이라는 개념을 대표한다. 그러나 이방인에게는 양심에 새겨진 율법이

---

42 이상근, 『신약주해 로마서』, 205.
43 이상근, 『신약주해 로마서』, 65-66.
44 이상근, 『신약주해 로마서』, 33.
45 이상근, 『신약주해 로마서』, 46.

있다(롬 2:15).⁴⁶ 관사가 동반되어 사용되는 율법(律法: νόμος)은 결정적으로 모세의 율법을 가리키고(롬 2:12, 14, 3:20, 4:15 등), 관사 없이 일반적으로 법을 가리키는 율법(롬 2:12, 14, 3:20, 4:15)이 있고, 관사가 없으면서도 모세의 율법을 가리키는 경우도 있다(롬 2:17, 25, 4:13, 9:31 등).⁴⁷

하나님께 기원을 두고 있는 율법 자체도 거룩하고, 의롭고, 신령하다는 사실을 인정한 바울(롬 7:12, 14)이 로마서 전반부에서 왜 그토록 율법을 부정적으로 보고 있는가?(롬 3:30, 7:4, 7:9) 율법은 죄 인식을 가능케 하고(롬 3:20), 인간을 하나님의 진노 아래 가두게 하고(롬 4:15), 장차 오실 그리스도의 그림자로서 몽학선생의 역할 등을 함으로써, 율법은 구원의 과정에서 "임시적인 수요"에 사용된다. 이같이 그리스도가 오시기까지 잠정적 기능을 가진 율법은 인간의 죄를 속(贖)하지 못함으로써 자신의 무능성을 드러낸다.⁴⁸

이상근은 율법 자체와 유대인들의 율법주의를 믿음의 관점에서 철저하게 구분하고, 율법 자체는 보호하되, 율법주의를 철저하게 배격한다. 이상근에 의하면, 바울은 믿음에 의한 칭의를 주장함과 동시에 그 믿음과 성령을 통하여 율법을 지키게 되는 성결의 길도 제시한다. 다른 한편, 유대 율법주의자들은 믿음이 없이도 자신의 능력으로 율법을 완전히 지킬 수 있다고 생각하여 율법의 행위를 통하여 의에 도달하고자 한다.

---

46 이상근, 『신약주해 로마서』, 177.
47 이상근, 『신약주해 로마서』, 177.
48 이상근, 『신약주해 로마서』, 177.

"바울은 율법을 반대하는 것이 아니다. (그 반대로 바울은, 필자 주) 율법주의를 반대하는 것이다. 율법을 반대하는 것을 다른 말로 표현하면 도덕을 반대하는 것이다. 그것은 있을 수 없는 일이다. 지금(성결의 교리를 말하는 로마서 7장 전후에서) 바울은 성결이란 이름 아래 믿음으로 의롭게 된 자들의 도덕적 생활을 강조하고 있는 것이다. 그러나 율법주의와 성결은 상극한다. 율법주의는 스스로 믿음과 대치되어 구원에 이르는 방도가 되려 하나, 성결은 믿음으로 구원(의롭게) 받는 자들의 응당의 열매인 것이다. 전자는 구원의 원인이 되나 후자는 그 결과인 것이다. 또한 전자는 외적인 조문에 그 표준을 두나 후자는 중심의 동기에 중점을 두며, 전자는 인력에 의거하나 후자는 성령의 역사에 의지하는 것이다. 그러므로 율법주의는 첫째, 믿음과 정면 대적이 된다. 둘째, 율법주의로는 율법의 요구에도 영원히 이르지 못한다. 율법을 떠나 그리스도를 믿는 순수한 믿음만이 의롭다 하심을 얻게 해 주고, 믿음으로 의롭다하심을 받은 자만이 성결의 생활에 나아가 율법의 요구까지 완성할 수 있는 것이다."[49]

4. 믿음

우리가 이상근이 그의 『신약주해 로마서』에서 이해한 "믿음"을 한 마디로 정의하는 것은 쉬운 일이 아니다. 왜냐하면 믿음에 대한 이해가 여러 곳에 산발적으로 흩어져 다양하게 사용되기 때문이다.

이상근이 이해한 '믿음'은 지정의(知情意)가 포함된 아주 전인적(全

---

49 이상근, 『신약주해 로마서』, 178.

人的)이며, 하나님과 사람과 역사와 초역사 등이 관계된 매우 포괄적인 개념이다.

> "믿음은 복음의 조건이요(Bengel), 요구이다(Barth). 믿음이란 지적으로는 하나님의 인격과 역사를 시인하고, 정적으로는 자아의 죄성을 시인하며, 의지적으로는 하나님께 자아를 의탁하는 것을 가리킨다. 결국 그것은 성화된 자아와 하나님과의 인격적 교제를 뜻하는 것이다. 즉 믿음은 인간과 하나님, 역사와 초역사, 제한과 무제한을 연결시키는 것이다. 그것은 유대인의 율법 준행이나, 이방인의 불가지의 신 경배(행 17:23)와는 다르다. '믿는 자'란 그대로 초대교회의 그리스도인의 별명이었으니, 과연 믿음은 그리스도교의 대강령이다."[50]

그러나 우리의 주제와 관련하여 볼 때 그의 『신약주해 로마서』에서 믿음은 그리스도론과 구원론, 특히 칭의론과 밀접한 관계 속에 있다. "믿음으로 믿음에 이르게 하나니"(롬 1:17)라는 말씀은 "복음을 받는 믿음에서 하나님의 의를 소유하는 믿음"으로 이해된다.[51] '믿음(πίστις)'이라는 개념은 신약에서 특히 바울에게서 명료해지고, 그 결정적인 뜻을 가지게 된 바, "믿음은 '충실, fidelity'과 '신앙, belief'이란 내용을 가진다."[52]

바울은 그리스도인이 가져야 할 '그 믿음, ἡ πίστις'을 가장 명료하게 보여 주었는데, "그것은 '예수 그리스도를 믿는'(롬 3:22, 5:26) 그 믿

---

50 이상근, 『신약주해 로마서』, 46.
51 이상근, 『신약주해 로마서』, 48-49.
52 이상근, 『신약주해 로마서』, 86.

음이다. 그도 하나님의 약속에 대한 믿음이나(롬 3:3, 12:3) 실천면에서 보여진 믿음(롬 14:1)을 언급하지 않은 것은 아니지만, 결정적인 것은 예수 그리스도를 믿는 믿음이다. … 믿음이 충실(또는 진실)과 신앙을 말한다면, 그것은 인격과 인격간의 진실한 관계이다. … 믿음은 참 인격이신 그리스도(하나님)와의 진실된 관계이다. 그에 대한 신뢰이며, 복종인 것이다(롬 1:5). 바울이 말하는 의로 인정되는 믿음이란, 이런 엄격한 의미에서의 그 믿음인 것이다. 이와 같이 믿음의 궁극적인 정의가 예수 그리스도를 믿는 것이라면, 믿음에는 그 대상인 그리스도가 극히 중요한 의의를 가진다."[53] "믿음의 내용은 그 화목의 제물이다. 피 흘림이 화목의 조건인 것처럼, 믿음은 인간 편의 조건이다. 십자가의 화목은 믿음을 통해 수락될 때에 비로소 진리가 될 수 있다."[54] "이 믿음은 단순한 신조 고백이 아니라, 그리스도를 통한 하나님과의 깊은 인격적 결합을 뜻한다."[55]

이상근은 로마서 10장 9절을 주석하면서 믿음의 대상과 내용과 방법에 대하여 그리스도론적으로 진술한다. "본 절에는 신앙의 대상(예수), 내용(죽음과 부활) 및 방법(입으로 시인함과 마음으로 믿음)을 밝혔다. 입술의 고백과 마음의 믿음은 신앙의 안팎을 말한다."[56]

---

53 이상근, 『신약주해 로마서』, 86-87.
54 이상근, 『신약주해 로마서』, 106.
55 이상근, 『신약주해 로마서』, 103.
56 이상근, 『신약주해 로마서』, 256.

Ⅳ. 구원의 각 순서

이상근의 구원의 각 순서에 대한 이해는 "황금의 연쇄"(the golden chain)에 대한 설명으로 집약될 수 있다. 그리고 그 내용은 그의 『신약주해 로마서』의 3장 21절부터 8장 39절에 대한 주석에 집중적으로 나타난다.

"예지와 예정은 역사 이전 영원하신 경륜에서 이뤄졌고(엡 1:4-5), 부르심은 역사 내에서 교회의 선교를 통해 이뤄지고, 의인은 역사 내에서 초역사적으로 이뤄지는 것이며, 영화는 역사 이후 영원에서 이뤄질 것이다. 영원과 역사와 영원을 통하는 무궁한 예정의 범위가 여기에 계시되어 있다."[57]

1. 예지(豫知; foreknowledge), 예정((豫定; foreordination), 소명(召命; calling)

이상근에 의하면, '예지(豫知)하다'(foreknowledge; προγινώσκω)라는 낱말은 신약에 5회(행 26:5, 롬 11:2, 벧전 1:20, 벧후 3:17, 그리고 명사형으로 2회, 행 22:23, 벧전 1:2) 나타난다. 하나님께서 그의 선민을 예지하셨다는 것은 구약에서도 풍부한 사상이다(출 33:17, 시 1:6, 호 13:5, 암 3:2 등). 하나님의 예지에 대한 신학적 이론은 다양하다. "하나님의 예지는 어떤 한 가지에 국한시킬 수는 없을 것이다. 그는 모든 일

---

57 이상근, 『신약주해 로마서』, 222.

을 완전히, 그리고 미리 아신다. 시간을 초월하시는 하나님께서는 과거도, 현재도, 미래도, 한 영원한 현재이다. 그러므로 예지란 원칙적으로 하나님의 이런 초연한 지식을 가리키고, 이 예지가 그의 예정의 근거가 되는 것이다. 그러나 이렇게 하나님이 아시는 자가 그의 사랑의 대상이 되는 것은 … 사실이다. … 하나님의 은총에서 교제를 받은 자가 그의 아신 바 된 자이다."[58]

"미리정하셨으니($\pi\rho o\omega\rho\iota\sigma\epsilon\nu$)"는 "미리, $\pi\rho\acute{o}$, 결정하다, $\acute{o}\rho\iota\zeta\omega$"라는 것으로 신약에 6회 나타나는 바(행 4:28, 롬 8:29, 30, 고전 2:7, 엡 1:5, 11), 신약에서는 언제나 하나님의 영원하신 예정(豫定)을 표시하고 있다.[59] "이 부정과거형은 한 번 정함으로 영원히 작정한 것을 가리킨다. 구원에의 예정은 다시 변동이 없는 확정인" 것이며, "예지와 예정은 역사 이전 영원하신 경륜에서" 이뤄졌다.[60]

이상근은 교리사나 조직신학에서 주로 논의되는 타락전예정설(supralapsarianism)이나 타락후예정설(infralapsarianism)과 같은 예정론 논쟁과 자신 사이에 거리를 두면서도 예정론에 대한 자신의 입장을 분명하게 밝힌다.[61] 첫째, 성서적 근거를 가지고 있는 예정론은 거부되어서는 안 된다. 둘째, 하나님의 절대주권과 인간의 무능이라는 두 가지 지주에 서 있는 예정론은 등한시 되어서는 안 된다. 왜냐하면 예정론은 "전적무능자의 절대주권자에 대한 완전의뢰의 태도를" 말하

---

58 이상근, 『신약주해 로마서』, 221.

59 이상근, 『신약주해 로마서』, 221.

60 이상근, 『신약주해 로마서』, 222.

61 이상근, 『신약주해 로마서』, 230-231.

기 때문이다.62 셋째, 영원한 성격을 가진 하나님의 예정은 시간 전에 시작되고, 시간 이후에 계속되기 때문에, 바로 여기에 신자의 구원의 절대 안정성이 있다.63 넷째, 예정론의 대상은 신자 편에서 국한된다는 점이다. 예정론은 이를 방치한 편에 적용하여 정죄할 것이 아니라, 구원받은 신자들이 감사와 격려의 조건으로 받아들일 뿐이다. 무엇보다도 이상근은 예정론을 하나님의 신비의 차원에서 우리가 이해할 것을 촉구한다. "결국 예정론은 하나님의 신비 중에서도 신비에 속하는 문제이다. 하나님의 주권과 인간의 의지의 자유, 그 외 어떤 모순도 그것이 조화되지 않는 곳은 인간의 마음이지, 하나님의 마음은 아닐 것이다. … 그러므로, 이를 어떤 인간적 논리로나 수리적 범주에서 해석하고 판단하려 하지 말고, 오직 신앙자의 경건된 심정으로 받아들일 문제인 것이다."64

이상근은 부르심, 곧 소명(召命)을 교회의 선교와 관련시킨다. 부처나 깔뱅은 소명을 복음 선포와 관련된 외적 소명(일반 소명)과, 성령의 역사와 관련된 효과적 소명(특별 소명)으로 구별한다.65 "부르심은 역사 내에서 교회의 선교를 통해" 이루어진다.66 소명, 곧 부르심은 "영원하신 예정이 시간 중에 나타난 것이다. 신자 개인에 대한 부르심이며(요 10:3) 효과적 부르심(effectual calling)으로 여기에 불응의 경우

---

62 이상근, 『신약주해 로마서』, 232.
63 이상근, 『신약주해 로마서』, 232-233.
64 이상근, 『신약주해 로마서』, 233.
65 최윤배, 『잊혀진 종교개혁자 마르틴 부처』, 259.
66 이상근, 『신약주해 로마서』, 222.

가 없다. 구원은 하나님의 이 부르심에 있는 것이다."67

2. 의인(義認: justification)

로마서 3장 21절에서 8장 39절을 대별하면, "먼저 믿음으로 말미암아 순간적으로 되는 의인(義認)의 교리를 밝히고(롬 3:21-5:21), 의인을 받은 자가 계속적으로 힘쓸 성결(聖潔)의 생활을 강조한(롬 6:1-8:17) 후, 성도가 미래에 받을 영화에 이르고 있다(롬 8:18-39)."68

이상근은 로마서 주석에 나타난 의인론, 곧 칭의론의 구조를 다음과 같이 일목요연하게 분석하고 있다.

"중심부 중에 중심부로서, 믿음으로 의롭게 되는 교리가 밝혀져 있다. 먼저 의인(義認)의 기초를 천명하고(롬 3:21-31), 이 교리의 구약적 배경을 논한(롬 4장) 후, 의인의 결과를 묘사하고 있다(롬 5장). 이 마지막 부분에서는 아담과 그리스도를 대조시켜 의인의 확실성을 증명하기도 한다(롬 5:12-21). 그것은 의인의 논리(論理)라고 하겠다."69

이상근은 "믿음으로 의롭게 된다."라는 "의신의인(依信義認)" 또는 이신칭의(以信稱義) 또는 이신득의(以信得義)의 교리를 가능케 하는 기초이며, 이 교리의 대전제로서 하나님의 의의 현현과(롬 3:21-26)과 믿음의 길(롬 3:27-31)을 제시한다. 이방인이나 유대인이나 예외 없이

---

67 이상근, 『신약주해 로마서』, 223.
68 이상근, 『신약주해 로마서』, 100-101.
69 이상근, 『신약주해 로마서』, 101.

죄 아래에 있는 바, 정죄 받은 전 인류는 오로지 하나님의 의를 믿음을 통해서만 받을 수 있고, 그 결과 의롭게 된다.

> "전자(하나님의 의, 필자 주)는 하나님 편, 후자(믿음, 필자 주)는 인간 편의 기본적인 자세인 것이다. 전자는 능동적, 후자는 수동적이다. 그리고 전자는 주시려는 하나님의 태도, 후자는 그것을 받는 인간의 태도이다. 실로 이 부분에는 '의'와 '믿음'이란 낱말들이 각각 9회나 반복되어, 이 대전제를 천명하고 있다. 그것은 놀라운 은혜인 동시에 절대적인 전제인 것이다."[70]

이상근은 구약에서도 이미 행위나(롬 4:1-8), 할례나(롬 4:9-12), 율법을(롬 4:13-16) 통해 의롭게 된 것이 아니라, 오직 믿음을 통해서(롬 4:17-25) 의롭게 된다는 사실을 아브라함과 다윗 특히, 믿음의 조상으로 불리는 아브라함의 예를 제시하면서 논증한다.

> "그런데, 아브라함의 의인(義認)은 행함에 있지 않고(1-8), 할례에도 있지 않고(9-12), 율법에도 있지 않고(13-16), 오직 믿음에 있었다(17-25). 그렇다면, 믿음으로 의롭게 된다는 교리는 분명한 진리인 것이다."[71]

아브라함이 의롭게 된 것은 행위나 할례나 율법을 통해서가 아니라

---

70 이상근, 『신약주해 로마서』, 101.
71 이상근, 『신약주해 로마서』, 111.

는 사실이 소극적으로, 그리고 부정적으로 해명되었다면, 아브라함이 의롭게 된 것은 오직 믿음을 통해서 이루어졌다는 사실은 적극적으로, 그리고 긍정적으로 해명되었다. 아브라함은 그의 아내가 정상적인 육체적 조건으로서는 자녀를 얻기에 불가능한 상황에서도 "바랄 수 없는 중에 바라고"(롬 4:18) 믿었다. "지금도 믿음은 불가능한 곳에서 가능을 믿는 것이요, 이와 같은 믿음으로 사람은 의롭게 되는 것이다."[72]

이상근은 이신칭의의 기초와 원리를 설명한 후, 칭의 받은 자의 삶의 특징으로서 화평과 은혜를 언급한다. "먼저 의롭다하심을 받은 자가 누릴 화평과 은혜의 생활을 밝히고(1-11), 일보 나아가 아담에서의 파괴와 그리스도에서의 회복을 대조시킴으로써(12-21), 이 축복받은 생활의 확실성과 진가가 고조되고 있다."[73] "믿음으로 의롭게 된다는 것은 죄악의 용서를 받고 따라서 하나님과의 화평을 얻는 것이다. 이 화평이 개인적 심중의 안정이며, 대인 관계와 사회생활에서의 평화와 번영의 근원이 되는 것이며, 지상의 복락이 되는 것이다."[74] "아담 한 사람의 죄가 모든 사람을 사망 아래 두게 되었다는 결론이 되고, 이 결론에서 그리스도 한 사람의 의가 모든 사람을 살게 한다는 논리가 성립되는 것이다."[75]

이상근은 칭의론에서 성령의 사역을 간과하지 않고 있다. "연약할 때"(롬 5:6)라는 말은 죄에서 죽음으로 성령을 통해서만 받을 수 있는 참된 영적 생명을 갖지 못할 때를 말한다. "우리에게 주신 성령으로 말

---

72 이상근, 『신약주해 로마서』, 123.
73 이상근, 『신약주해 로마서』, 131.
74 이상근, 『신약주해 로마서』, 132.
75 이상근, 『신약주해 로마서』, 146.

미암아"(롬 5:5)라는 말씀에서 성령은 우리가 이미 결정적으로 받은 성령이다. 사실 로마서 자체도 칭의론(롬 3:21-5:21)에서 "성령"에 대한 언급이 로마서 5장 5절 외에는 거의 나타나지 않는다. 그러나 이상근은 칭의론에서 성령에 대해 여러 곳에서 언급한다.[76]

> "그것은 성령의 인치심이며(엡 1:13), 세례이며(고전 1:14), 그러므로 내재시다(요 14:16-17, 16:9). 이 성령을 통하여 현재에 있어서 하나님의 사랑을 체험하며, 나아가 미래의 소망의 보증을 가지는 것이다(엡 1:4). 이와 같이 성령을 받은 것은 과거의 결정적인 사실이고, 그것으로 인해 느끼는 하나님의 사랑의 부음(ἐκκέχυται)은 완료형으로서 지금도 계속적으로 부은바 되고 있는 사실이다."[77]

이상근은 "하나님의 의"가 "은혜의 성령"을 통해서 우리에게 전달된다는 사실을 아우구스티누스의 말을 직접 인용하여 주장한다. "이제는 율법 외에 하나님의 한 의가 나타났다는 것은 하나님께서 그 의를 율법의 일이나 율법의 도움을 떠나서 은혜의 성령으로 말미암아 신자에게 나눠주시는 것을 가리킨다(Augustine)."[78]

3. 성결(聖潔: sanctification)

76　이상근, 『신약주해 로마서』, 102, 135, 136, 140.
77　이상근, 『신약주해 로마서』, 136.
78　이상근, 『신약주해 로마서』, 102.

이상근의 성결론(聖潔論) 또는 성화론(聖化論)은 주로 로마서 6장 1절에서 8장 17절에 대한 주석에서 집중적으로 나타난다. "믿음으로 의롭게 되는 것은 순간적인 사실이나 성결의 생활이란 시간을 요하는 문제이다. 전자는 한 번 됨으로 영원히 되는 기정적인 사실이나 후자는 끝없이 고저를 반복하면서 성도들이 일생을 통해 계속하여야 할 과제인 것이다. 그리고 후자는 전자에서 출발하여야 한다."[79]

이상근은 성결론을 삼대분하여 다음과 같이 설명한다.

"즉 먼저 성결의 생활의 기초로서 그리스도와 같이 죽고 사는 중생을 밝히고(롬 6:1-11), 성결의 생활의 형태로서 새 주종 관계(롬 6:12-23)와 새 혼인 관계(롬 7:1-6)를 설명 한 후, 성결에의 길로서 율법으로 말미암은 옛 길의 파국을 지적하고(롬 7:7-27) 성령으로 말미암은 새 길을 장려하고 있다(롬 8:1-17)."[80]

이상근은 성결론의 기초가 그리스도와 함께 죽고 함께 사는 중생(重生)이라는 것을 세례를 통해 설명한다. "이 부분에서 먼저 그리스도의 십자가에서 같이 죽음을 논하고(1-6절) 나아가 그의 부활에서 같이 삶을 말한다(7-11절). 이 죽음과 삶이 그리스도인의 세례인 것이다."[81] "세례란 그리스도와 같이 죽고 같이 사는 사실을 말하며, 이 부분에는(롬 6:1-6, 필자 주) 그 전자를 취급하고 있다. 그것은 그리스도의 십자가에서 신자의 옛 사람이 그와 함께 장사된 것이며, 그것이 그

79　이상근, 『신약주해 로마서』, 160.
80　이상근, 『신약주해 로마서』, 160.
81　이상근, 『신약주해 로마서』, 160-161.

와 함께 부활할 근거가 되며 또한 그것이 더 이상 죄에 머물지 못할 이유가 되는 것이다."[82]

이상근에 의하면, 바울은 옛 사람이 죽고(mortificatio), 새 사람이 사는(vivificatio) 중생의 교리를 설명하기 위해 세 가지 비유를 인용한다. "그 첫째가 세례이며, 둘째는 주종관계이며(롬 6:16), 셋째는 혼인관계이다(롬 7:2). 첫째는 교회 의식에서, 둘째는 사회의 제도에서, 셋째는 가정 생활에서 실례를 든 것이다."[83]

죄의 종(노예)은 불법과 부정을 통하여 사망에 이르고, 의의 종(순종의 종, 하나님의 종)은 거룩함의 열매를 맺어 영생에 이른다. "죄와 하나님, 삯과 은사, 사망과 영생 등이 예리하게 대조되고 있는 것이다."[84] 그리스도인은 옛 주인으로부터 해방되어 새 주인으로 옮겨 가서 새 주인에게 순종해야 한다. "연합에는 생산이 따르는 법이다. 하나님의 종이 되었을 때, 그 종을 통한 하나님의 역사는 열매로 나타난다. 그것은 성령의 열매요(갈 5:22) 성결의 도수를 표시하는 열매이다."[85]

그리스도인은 "법 아래 있지 않고, 은혜 아래에" 있다. 새 주종관계의 비유를 통해 그리스도인은 법 아래 있지 않다는 사실이 밝혀지고, 새 부부관계의 비유를 통해 그리스도인은 은혜 아래 있다는 사실이 밝혀진다. "이 부분에는(롬 7:1-6, 필자 주) 여인이 전 남편이 죽으므로 그의 법에서 놓여 나와 새로운 남편을 맞이하여 열매를 맺는다는 것이다. 여기의 여인은 신자, 전 남편은 율법, 그리고 새 남편은 그리스도

---

82 이상근, 『신약주해 로마서』, 161.
83 이상근, 『신약주해 로마서』, 162.
84 이상근, 『신약주해 로마서』, 176.
85 이상근, 『신약주해 로마서』, 175.

이신 것이다."[86]

이상근은 무능력한 율법의 파국을 다시 한 번 더 폭로하고(롬 7:7-25), 성결의 길을 성령과 믿음 안에서 발견한다. "앞선 부분(롬 7:7-25)에서 율법적 생활의 파국을 고민에 찬 묘사로 밝힌 저자는 이제 성결의 새로운 길을 성령 안에서 보인다. 그것은 율법에서의 불가능을 가능케 하는 길이며, 저기에서의 파국을 대단원시키는 길이다. 이와 같이 성령 안에서 사는 길도(의롭게 되는 것처럼) 믿음이다."[87]

성령 안에서 새로운 길은 먼저 죄에서 벗어나고(롬 8:1-11), 나아가 하나님의 아들이 되는 것이다(롬 8:12-17). 로마서 8장에 성령이라는 낱말이 20회 나타나는 바, 로마서 8장은 "성령의 장"이라는 별명을 받을 만하다. 로마서 7장에서 밝힌 참담한 실패의 일이 성령 안에서 가능함을 강조함이다. "성결의 길은 그대로 성령의 길인 것이다. 이 생명의 성령의 법이 죄와 사망의 법에서 우리를 해방시킨 것이다."[88] 죄의 법을 섬긴 결과로 사망에 이른 자에게 새로운 법이 계시되었다. 그것은 바로 생명의 성령의 법이다. 이 법에는 정죄함이 없고, 죄와 사망에서 벗어난다(롬 8:1-4) 죄에서 벗어난 자는 다시는 육신을 좇지 않고, 성령을 좇는 삶을 살아간다(롬 8:5-11).[89]

이상근에 의하면, 성령으로 거듭난 신자는 육신을 따라 행하지 않고, 성령의 인도를 받아 육신의 죄적인 행실을 죽이면서 살아간다. "이 때 성령은 우리가 하나님의 아들 된 것을 증거해 주시고, 아들 된 자기

---

86 이상근, 『신약주해 로마서』, 179.
87 이상근, 『신약주해 로마서』, 198.
88 이상근, 『신약주해 로마서』, 199-200.
89 이상근, 『신약주해 로마서』, 198.

의식은 하나님의 후사가 되는 영광을 바라보게 해준다."[90]

4. 영화(榮化: glorification)

이상근의 영화론(榮化論)은 로마서 8장 18절에서 8장 39절의 주석에 집중적으로 나타난다. 이상근의 영화론은 세 부분, 곧 영화에의 대망(롬 8:18-25), 영화의 보장(롬 8:16-30), 영화의 개가(31-39)로 구성되어 있다.

신자들뿐만 아니라, 모든 피조물들도 영화를 대망하고 있다. 모든 피조물은 허무한데 굴복하면서, 썩어짐의 종노릇하고, 탄식하면서 예수 그리스도의 재림 시의 속량을 대망하고 있다. 미래에 받을 영광은 현재의 고난과 비교할 수 없을 정도로 더욱 영광스럽다(롬 8:18-22).[91] 자연의 영화가 신자의 영화를 뒤따름에도 불구하고, 자연의 대망이 앞서 언급되었다. 신자들은 믿음으로 영적 구원을 이미 받고 있으나, 몸의 구속은 아직 미래에 속한다. 이런 미래에 대한 소망을 가지고 탄식하면서도 현재의 고난을 참고 나아가야 한다(롬 8:23-25).[92]

이같이 피조물과 신자가 탄식하는 가운데 그 몸의 구속을 대망할 때, 하나님은 두 가지 측면에서 그 영화를 보장하신다. 첫째는 성령의 중보적인 기도요(롬 8:26-27), 둘째는 하나님의 불가변적인 예정이다(롬 8:28-30). "만물과 신자는 탄식 중에서 몸의 구속을 대망하였지만 성령은 탄식하시면서 그 구속을 위해 기도하신다. 만물은 단순히 기

---

[90] 이상근,『신약주해 로마서』, 206.

[91] 이상근,『신약주해 로마서』, 212.

[92] 이상근,『신약주해 로마서』, 215.

다린다. 신자는 기다리는 그 자체가(소망) 구원이라 하였다. 이제 성령은 그 구원을 성취하시는 것이다."[93] 이상근은 신자의 미래의 영화의 보장으로서 성령의 간구를 언급한 후에, 또 다른 하나의 근거로서 하나님의 예정을 언급한다. "먼저 미래의 영화에 대한 확신을 피력하고(28) 예지, 예정, 부르심, 의인, 영화의 단계를 순서적으로 지적한다. 이런 확고한 예정이 성도의 궁극적 구원을 위해서 다시 없는 보장이 되는 것이다."[94]

이상근의 영화론은 장차 최종적으로 반드시 이루어질 영화에 대한 개가(凱歌)로 끝난다. 이상근은 하나님의 사랑과 하나님의 의인(義認)과 그리스도의 중보에 근거하여 영화라는 구원의 확실성을 주장하고(롬 8:31-34), 어떤 것도 영화의 구원을 빼앗아 갈 수 없다는 사실을 언급하면서 개가 부른다(롬 8:35-39).[95]

V. 결론

고(故) 정유(靜流) 이상근(李相根; Sang Kun Lee, 음력 1920.3.5-양력 1999.6.1) 박사는 20세기 한국교회, 특히 한국 장로교회를 대표하는 위대한 "목회자요 신학자"이며, "영성 깊은 수도사"였다. 우리는 그의 구원론을 그의 주저 중 하나인 『신약주해 로마서』(1965/1984)를 중심으로 분석해 보았다.

첫째, 이상근의 개인 차원에서의 구원론(soteriology)과, 세계 차원

---

93 이상근, 『신약주해 로마서』, 217.
94 이상근, 『신약주해 로마서』, 219.
95 이상근, 『신약주해 로마서』, 223.

에서의 구원역사 또는 구속역사(Heilsgeschichte)는 상호 구별되면서도, 밀접한 관계 속에 있다. 구원론은 구체적으로 구원의 순서(ordo salutis)로 구성되어, 예지 및 예정, 소명, 칭의(의인), 성결(성화), 영화의 요소를 포함하고, 구원역사는 "이스라엘의 거부 → 이방인 구원 → 이스라엘 구원 → (우주적 또는 보편적) 교회"의 틀을 형성한다. 이상근의 구원역사 이해에서 오순절을 전후(前後)한 성령의 사역(work)의 큰 발전에 대한 이해는 성령의 사역을 때때로 신학과 목회와 선교 현장에서 무시했던 일부 한국 장로교회가 귀담아 들어야 할 부분이다.

둘째, "구원의 순서"라는 개념과 관련하여, 이상근은 그것을 주로 개혁파 정통주의 관점에서 시간적, 단계적 순서로 이해하면서도, 한 번 정도 "교리적"으로, 곧 "신학적"으로 이해한다고 말한다. 종교개혁자 부처와 깔뱅은 성령의 사역 안에서 구원의 순서를 시간적, 단계적 순서로 이해하지 않고, 신학적, 논리적 순서로 이해한다.

셋째, 이상근의 구원론 이해를 위해 도움이 되는 몇 가지 신학 용어를 정리해보면 다음과 같다. 이상근은 "하나님의 의"를 신론적(神論的)으로도 이해하지만, 우리의 주제와 관련하여 그리스도론적(기독론적)으로, 그리고 구원론적으로 이해하기도 한다. 이상근이 이해한 "율법"은 다양하게 이해되어 보통 율법을 대표하지만, 이방인의 양심의 법과도 관련되고, 주로 모세의 율법과 관련되기도 한다. 이상근이 이해한 "믿음"의 개념은 매우 포괄적이고도, 전인격적이지만, 주로 바울 사도가 이해한 예수 그리스도의 복음과 관련되어 있다.

넷째, 이상근은 구원의 순서 중에서 예지 및 예정을 제외하고는 성령론과 관련하여 이해하고 있다. 사실 로마서 자체도 칭의론(롬3:21-5:21)에서 "성령"에 대한 언급이 로마서 5장 5절 외에는 거의 언급되지 않는다. 그러나 이상근은 칭의론 논의에서 성령에 대해 여러 곳에서 언급한다.⁹⁶ 우리가 분석한 대로 이상근은 성결과 영화의 과정에서 성령의 절대적 역사(役事)를 강조했다.

다섯째, 이상근은 구원의 순서에서 예지와 예정에 큰 무게를 둠으로써 다른 구원의 순서가 예정에 종속되고 있다는 인상을 받는다. 그리고 이상근은 예정론의 격렬한 논쟁에는(supralapsarianism과 infralapsarianism) 개입하지 않지만, 예정론의 성경적 근거와 예정론이 우리에게 주는 경건과 신앙의 유익성을 강조하면서도 예정의 문제를 하나님의 신비 영역에 두어 신중하고자 한다. 예정론에서 선택(選擇)과 유기(遺棄)를 평행선적으로 강조한 개혁파 정통주의에서와, 유기를 언급하면서도 선택을 강조한 깔뱅과는 달리 이상근은 선택된 자들의 구원 은혜에만 관심을 기울이고 있다.

여섯째, 의인(義認) 또는 칭의는 율법이나 행위나 할례를 통한 칭의가 아니라, "믿음을 통한 칭의"이다.

일곱째, 성결의 삶은 옛 사람의 죽임(mortificatio)과 새 사람의 살림(vivifocatio)을 통해서 이루어진다. 중생한 그리스도인의 삶은 율법에서 벗어나 은혜 아래에서 사는 삶이며, 죄와 사망의 법에서 해방되어 성령의 생명의 법으로 사는 삶이다.

여덟째, 이상근의 칭의와 성결은 상호 뗄 수 없는 관계 속에 있어, 상호 구별되나, 상호 분리되지는 않는다. 믿음은 성결의 뿌리이고, 성결은 믿음의 열매이며, 그 반대는 결코 아니다.

아홉째, 인간의 타락으로 자연 피조물이 타락했던 바, 하나님의 아들들의 영화 이후에 피조물의 영화가 이루어진다. 약속된 이 영화가

---

96 이상근, 『신약주해 로마서』, 102, 135, 136, 140.

확실한 것은 성령의 중보기도와 하나님의 예정이 있기 때문이다.

열째, 비록 이상근의 구원의 서정에 대한 이해에서 개혁파 정통주의적인 이해가 지배적이고, 성결과 영화의 과정에서보다는 칭의의 과정에서 성령에 대한 강조가 더욱 약한 것은 사실이다. 예정론에서 유기(遺棄)에 대해 거의 무관심하지만, 전체적으로 볼 때, 이상근의 구원론은 "황금의 연쇄"(the golden chain)의 형식적인 틀을 그대로 유지하는 동시에, 내용적으로 개혁파 종교개혁자 부처와 깔뱅의 구원론에[97] 매우 근접하는 것으로 평가될 수 있다.

참고문헌

대구제일교회. 『이상근 목사 목사안수 40주년 기념논문집』. 대구: 경북인쇄소, 1986.
이상근. 『등대가 있는 외딴 섬』. 서울: 도서출판 두란노, 2002.
이상근. 『이상근 강해설교』 제1권-제30권. 서울: 2007.
이상근. 『신약성서개론』. 서울: 한국장로교출판사, 1999.
이상근. 『신약주해』 제1-12권. 서울: 대한예수교장로회총회교육부, 1961-1975.
이상근. 『신구약성서주해(외경)』 제1권-제29권. 대구: 성등사, 1997.

---

[97] 최윤배, 『잊혀진 종교개혁자 마르틴 부처』, 241-332; 최윤배, 『깔뱅신학 입문』, 265-318.

제 5 부

중국 신학자 가옥명의 구원론

중국 신학자 가옥명의 구원론[1]

Ⅰ. 서론

한, 중 양국은 1992년 수교 이래 20년간이라는 오랜기간 동안 정치, 경제, 문화, 인적 교류 등 다방면에서 비약적인 관계 발전을 이룩하였다.[2] 한, 중 양국이 진행했던 기독교 신앙과 신학 교류와 협력도 예외는 아니어서 양국 간에 엄청난 발전을 이룩하였다.

한, 중 수교 20주년을 맞이하여 한국 기독교와 중국 기독교가 어떤 관계에 있는가라는 관심으로부터 본고를 쓰게 되었다. 필자는 한국 장로교회 총회 100년 조직신학 역사에 대한 글을 쓰면서 약 80년 전(1931년) 한국 신학, 특히 한국 장로교회의 조직신학에 영향을 미친

---

1   참고, "중국인 가옥명(賈玉銘; Chia Yu Ming, 1879-1964)의 성령론 연구." 한국개혁신학회 편.「한국개혁신학회 논문집」제39권(2013.8.31.), 서울: 이머징북스, 124-159. ISSN 1229-1099.

2   http://www.koreachina2012.org.

중국 신학자 가옥명(賈玉銘; Rev. Dr. Prof. Chia Yu Ming; Ka Ok Myeng in Korean, 1879.1.19-1964.6.12)을 발견하고,[3] 본고에서 그의 성령론, 특히 구원론 분석에 집중하였다.[4]

가옥명의 성령론, 특히 구원론 분석에 앞서 우리는 먼저 가옥명의 생애와, 그의 신학이 한국 신학에 미친 영향, 그의 책과 한국어 번역서와의 차이점에 관하여 간단하게 언급하고, 한국어 번역서『성령론』을 중심으로 그의 성령론을 중심한 구원론 이해를 살펴보고자 한다. 우리는 본고에서 가옥명의 성령론적 구원론에 집중하되, 가옥명의 성령의 위격과 사역을 간략히 다루고, 구원 순서와 성령세례에 집중할 것이다.

1. 가옥명의 생애 개요

가옥명(賈玉銘)은 1879년 1월 19일 산동성 안구현(安丘縣) 소령(小嶺)에서 태어나, 1964년 6월 12일에 하나님의 품에 안겼다.[5] 가옥명이 청소년기에 기독교 신앙을 갖게 되었음을 다음의 글을 통해 확인할 수 있다.

"가옥명 저자가 18세 되는 시기에 신, 구약 성경을 처음으로 한 번 읽고 나서 책 마지막 부분에 '우리에게 이 귀한 성경을 내려 주셔서 하

---

3 최윤배, "대한예수교장로회총회 100년: 조직신학의 어제와 오늘과 내일,"「장신논단」44-2(2012), 42-73.

4 가옥명은 내용상으로 "구원론"에 해당되는 것을 책 제목으로 "성령론"으로 명명하고 있는 점이 독특하다.

5 문춘권(文春權), "중국 신학자 가옥명의 조직신학사상연구," (장로회신학대학교 대학원 미간행 Th. M. 학위논문, 2011), 5.

나님께 감사합니다. 하나님을 찬양합니다. 그리고 이 고귀한 성경을 나에게도 주고 그보다 영(靈)의 전 세계를 나에게 주셔서 내 마음이 매우 만족합니다. 이 시간 이후부터 나는 의지를 정하기를 원합니다. 나는 빈하거나 부하거나, 평안하거나 위험하거나, 막히거나 통하거나, 순조롭거나 역행하거나를 막론하고 이 성경을 전하기를 원합니다. 또한 성경 속에서 예수 그리스도와 은혜를 구하는 것을 유일한 일로 하겠습니다.'라고 하였다. 가옥명은 이후에 있어서 성스러운 일꾼의 자리를 종신토록 떠나지 않았던 것은 바로 성경을 읽는 가운데서 하나님의 성령과 교감이 있었기 때문이다."[6]

가옥명은 24세가 되던 해인 1904년에 등주제노대학(登州齊魯大學)의 전신인 문화관을 졸업하고, 안립위(按立爲) 목사에 의해 산동성 장로회에서 목사직에 임명되어 교회에서 목회를 시작하였다. 그는 1915년부터 금릉신학원(金陵神學院)에서 교편을 잡았고, 1919년 산동성 유현 화북신학원(華北神學院)의 원장이 되었다. 그는 1929년에 미국의 웨스트민스터 신학교(Westminster College)에서 신도학(神道學) 박사학위를 수여받았고, 1930년에 금릉여자신학원의 원장이 되어 21년간 헌신적으로 가르쳤다. 금릉신학원과 금릉여자신학원의 합병 이후 학교를 사임하고, 그는 기독교영수원(基督敎靈修院)을 운영하다가 1956년 정직되던 해에 그만두었다. 그는 69세 되던 1948년 네덜란드의 암스테르담에서 열린 국제기독교연합회(ICCC) 총회에 초대되어 참석하였다. 그는 1949년 9월에 상해(上海)로 돌아가 기독교

---

[6] 문춘권(文春權), "중국 신학자 가옥명의 조직신학사상연구," (장로회신학대학교 대학원 미간행 Th. M. 학위논문, 2011), 5.

영수원의 일을 계속하다가 85세가 되던 1964년 6월 12일에 하나님의 품에 안겼다.7

2. 가옥명(賈玉銘)의 『조직신학』이 평양(平壤) 장로회신학교(長老會神學校)에 미친 영향

1892년에 한국에 입국하여, 1896년에 신학교육정책을 마련하고, 1912년에 "죠선예수교장로회"(대한예수교장로회) 독노회장(獨老會長)이었던 이눌서(李訥瑞; W. D. Reynolds) 선교사는 평양 장로회신학교 1907년 제1회 졸업생의 목사고시위원으로 조직신학을 질문하였고,8 「신학지남(神學指南)」 창간호(1918)에 "신학변증론"이란 글을 실었다. 평양 장로회신학교에 조직신학 담당 교수로 초빙된 이눌서는 1924년부터 사역을 시작하여 1937년까지 그 직책을 수행하였다.9

1931년(昭和 6년)에 출판된 조직신학 작품은 한국 신학자가 쓴 것이 아니라, 남경신학교와 북지나신학교 교수였던 중국 신학자 가옥명(賈玉銘)의 저서인데, 그가 미국 신학자 스트롱(A. H. Strong)과 핫지(C. Hodge)의 글을 토대로 저술하여 자기 신학교의 조직신학 교과서로 쓴 책을 이영태(李永泰)가 제1권을, 정재면(鄭載冕)이 제2권에서 제

---

7   문춘권(文春權), "중국 신학자 가옥명의 조직신학사상연구," (장로회신학대학교 대학원 미간행 Th. M. 학위논문, 2011), 5-10. "Rev. Chia Yu Ming(Ka ok Myeng in Korean), Professor in Nanking Theological Seminary, China, and later in the North Chian, Theological Seminary at Tenghsien, Shantung."

8   최윤배(崔允培), "대한예수교장로회총회 100년: 조직신학의 어제와 오늘과 내일," 「장신논단(長神論壇)」제44-2집(2012), 41-73.

9   김남식, 간하배, 『한국장로교신학사〈1〉』 (서울: 도서출판 베다니, 1997), 194.

6권을 번역하고, 이눌서가 전체를 감수하여 출판한 조직신학 6권이다. 이눌서는 각 권의 "머리말"에서 "작품은 핫지(Hodge) 신학에 대한 평행적인 읽기와 함께 스트롱(Strong) 박사의 조직신학에 기초해 있다."라고 쓰고 있다.[10] 이 책은 1945년 8월 15일 해방될 때까지 평양 장로회신학교에서 교과서로 사용되었던 바, 조직신학을 여섯 부로 나누어 취급하는 이 책의 경향은 오늘날 21세기까지도 한국 신학교의 조직신학에서 계속되고 있다.[11]

문춘권은 가옥명의 조직신학 사상이 한국 신학교에 미친 직접적인 영향을 다음과 같이 주장한다.

> "이 중에(가옥명의 저서들, 필자 주)『신도학(神道學)』과『교목학(敎牧學)』은 신학원에서 광범위하게 가르치는 책이 되었다.『신도학』은 항일전쟁 전후로 제6판으로 출판 발행되었다. 이 책은 중국뿐만 아니라 조

---

10 가옥명(賈玉明) 저/이영태(李永泰) 역/이눌서(李訥瑞) 감수,『조직신학 제1책: 기독교증험론(基督敎證驗論)』(평양: 소화6년 5월 29일, 장로회신학교), 제2권부터 6권까지는 정재면(鄭載冕)에 의해 번역되었다. 가옥명(賈玉明) 저/정재면(鄭載冕) 역/이눌서(李訥瑞) 감수,『조직신학 제2책: 신도론(神道論)』(소화6년 6월 28일),『조직신학 제3책: 인죄론(人罪論)』(소화6년 6월 15일),『조직신학 제4책: 구원론』(소화6년 7월 23일),『조직신학 제5책: 성령론(聖靈論)』(소화6년 7월 30일),『조직신학 제6책: 말세론(末世論)』(소화6년 6월 27일). 소화6년은 1931년이다. 참고로 제1권 영어표지는 다음과 같이 되어 있다. *Evidences of Christianity* Volume I. of Systematic Theology Translated from the Chinese of Rev. Chia Yu Ming Professor in Nanking Theological Seminary by Y. T. Lee under the oversight of W. D. Reynolds, D.D., LL. D. Professor of Systematic Theology in The Presbyterian Theological Seminary Pyenyang, Korea Published by the Presbyterian Publication Fund 1931. 참고, 중국어 원본: 賈玉銘,『神道學〈上〉,〈中〉,〈下〉』(中華民國臺灣省: 財團法人基督敎: 1931/1996).

11 이종성, "한국교회 조직신학 100년의 발자취,"『춘계 이종성 저작전집 37: 수상집: 자갈밭을 기경하라』(서울: 한국기독교학술원, 2001), 242-243.

선반도에서도 널리 알려졌다. 이 책에 대하여 정재면(鄭載冕) 목사가 번역하고 미국 남 장로교에서 파송한 레이놀즈(W. D. Reynolds) 선교사의 감독을 통하여 평양 장로회신학교에서 채택을 하여 신학과목이 되었다. 그리하여 '중국'과 '한국'이라는 두 나라 신학교육에 건실한 기초를 닦아 놓았다."[12]

이종성에 의하면, 이 책의 내용은 철저하게 『웨스트민스터 신앙고백』의 내용을 따르던 침례교회의 스트롱의 『조직신학』(1886)과[13] 장로교회의 프린스턴신학교 교수인 핫지(C. Hodge)의 『조직신학』 세 권(1871-1873)에 근거하여[14] 중국식으로 착색된 것이므로, 한국 장로교회의 신학은 처음부터 『웨스트민스터 신앙고백』을 따랐으며, 모든 신학적 용어는 이눌서의 번역에 의존했다. 그의 입을 통하여 '칼빈주의'와 '정통주의'가 한국 장로교회에 전래되었다. 역사적으로 볼 때, 이눌서는 "한국 장로교회(예장)의 신학적 건축자"였던 셈이다. 이눌서에 의해서 뿌려지고 다듬어진 "장로교회의 신학(개혁주의적 정통주의)은 그 후 박형룡에게 계승되었다."[15]

---

12 문춘권(文春權), "중국 신학자 가옥명의 조직신학사상연구," (장로회신학대학교 대학원 미간행 Th. M. 학위논문, 2011), 10-12.

13 Augustus Hopkins Strong, *Systematic Theology* (New York: A. C. Armstrong and Son, 1886/1899).

14 Charles Hodge, *Systematic Theology* Vol. 1-3 (Grand Rapids: Wm. B. Eerdmans, 1871-1873/1977).

15 이종성, "한국교회 조직신학 100년의 발자취," 『춘계 이종성 저작전집 37: 수장집: 자갈밭을 기경하라』 (서울: 한국기독교학술원, 2001), 243. 박형룡은 이눌서로부터 "역사적 전천년설"을 받아들였다. 참고, 김명용, 『현대의 도전과 오늘의 조직신학』 (서울: 장로회신학대학교출판부, 1997), 115.

1913년 남장로교의 선교사로 내한(來韓)한 구례인(具禮仁; John Curtis Crane)은 순천 매산학교 설립책임자였고, 1937년에 이눌서를 계승하여 장로회신학대학교에 조직신학 교수로 부임했고, 1956년 선교사직에서 은퇴 후 미국으로 귀국했다. 그의 1954년의 저서는[16] 한글로 『조직신학 상권(上卷)』(1954)과 『조직신학 하권(下卷)』(1955)으로 번역되었다.[17] 이 책의 배경과 내용이 "저자의 서문"에 간략하게 나타난다.[18] "一九三七년 저자가 평양 장로교신학교 조직신학 과목을 담임케 된 이후 당시 그 학교 교장이였던 고(故) 라부엘 교장과 상의한 것은 앞으로 몇해 후 그 신학교에서 교과서로 사용할 내용이 충실한 조직신학을 간행하자는 것이었다."[19]

3. 가옥명의 성령론과 번역서의 내용과 구조의 차이점

가옥명(賈玉銘, Chia Yu Ming)의 저서(著書)인 『성령론(聖靈論)』(Pneumatology)을 한국어로 번역하는데, 감수(監修)를 맡은 이눌서는

16　김남식, 간하배, 『한국장로교신학사〈1〉』, 194.
17　구례인(具禮仁; J. C. Crane, 크래인) 저/金圭唐 역, 『Systematic Theology 組織神學 上卷』(서울: 대한예수교장로회 종교교육부, 1954.5.30)은 853쪽으로서 내용은 제1편 총론 7장, 제2편 신론 13장, 제3편 인론(人論) 6장으로 구성되어 있다. 구례인(具禮仁; J. C. Crane) 저/金圭唐 역, 『Systematic Theology 組織神學 下卷』(서울: 대한예수교장로회 종교교육부, 1955.2.1)은 902쪽이고, 제목목록 27쪽, 저자목록 13쪽, 난구목록 2쪽이며, 제4편은 "구원론(1) 기독론(교리)"이고, 제5편은 "구원론(2) 기독론(경험)"이고, 제6편 제1부는 교회론, 제6편 제2부는 말세론이다. 참고, J. C. Crane, *Systematic Theology, A Compilation*, Vol. 1. Specialized Printing Company, 1953.
18　김남식, 간하배, 『한국장로교신학사〈1〉』, 198-199.
19　구례인(具禮仁; J. C. Crane, 크래인) 저/金圭唐 역, 『Systematic Theology 組織神學 上卷』, 3.

원서와 번역서 사이의 내용과 차이점을 서문(序文)에서 다음과 같이 밝히고 있다. 그는 원서(原書)의 제3장(章)과 제4장의 위치를 논리법 (論理法)에 근거하여 서로 바꾸고, 새로운 세 장(章)들(three chapters), 즉 "第六章「基督과 聯合함」", "第八章「義子됨」", "第十章「確知와 堅忍의 恩惠」"를 추가하였다. 또한 이눌서는 원저자(原著者) 가옥명 교수 (教授)가 그의 책의 한국어 번역을 기꺼이 허락함에 대한 감사의 말도 기록하였다.[20] 그 결과 한국어 번역서『성령론』의 목차(目次)는 다음과 같게 되었다. "第一章 聖靈의 職務 第二章 選召 第三章 重生과 反正 第四章 信心 第五章 悔改 第六章 基督과 聯合함 第七章 稱義 第八章 義子됨 第九章 成聖 第十章 確知와 堅忍의 恩惠 第十一章 聖洗."[21]

비록 번역서가 십일(十一) 장(章, chapters)으로 구성되어 있을지라도, 우리는 그 내용을 세 가지 범주로 나누어 논하고자 한다. 다시 말하면, 우리는 번역서의 성령론에서 성령의 위격(位格, Person)과 사역(事役, work)을 간략히 다루고, 구원 순서(救援順序, ordo salutis)와 성령 세례, 곧 '영세'(靈洗)에 집중하고자 한다.

필자의 추측으로 원본과 번역본의 차이는 개혁신학 전통을 강조하는 이눌서의 입장에서 비롯된 것 같다. 가옥명의 성령론 구조가 복음주의적 입장에 서 있기 때문이다.

---

20   中國人 賈玉銘 原著, 朝鮮人 鄭載冕 飜譯, 米國人 李訥瑞 監修,『組織神學 第五册: 聖靈論』(平壤: 長老會神學校, 昭和六年 七月 三十日, 1931), 序文; Chia Yu Ming, *Pneumatology or the Work of the Holy Spirit in Salvation: Volume V. of Systematic Theology*, trans. by Cheng Chai Myen, under the oversight of W. D. Reynolds (Pyengyang, Korea: the Presbyterian Publication Fund, 1931), Foreword.

21   中國人 賈玉銘 原著, 朝鮮人 鄭載冕 飜譯, 米國人 李訥瑞 監修,『組織神學 第五册: 聖靈論』, 目次.

Ⅱ. 성령의 위격(位格, Person): 삼위일체 하나님의 '분위'(分位)로서의 성령

가옥명은 성령을[22] 삼위일체(三位一體) 하나님의 한 위(位) 또는 한 위격(位格, Person)으로 이해하고, 성령은 하나님과 함께 동권(同權)을 가지며, 동체(同體)이며, 동등(同等)하심을 성경 내용과 교회의 역사(歷史)와 신도(信徒)의 증언에 근거하여 주장한다. "聖經을 詳考하며 敎會에서 證驗하며 信徒의게서(신도에게서, 필자 주) 證據하여 보면 聖靈은 확실히 神의 分位인것이며 神으로 더부러(신으로 더불어, 필자 주) 同權이며 同體이며 同等이 되나니."[23]

삼위일체 하나님의 한 위격으로서의 성령은 하나님의 생명(生命)이시며, 하나님의 영(靈)이시며, 하나님의 능력(能力)이시다.[24] 삼위일체 하나님의 한 위격으로서의 성령은 '영기'(靈氣)를 불어 넣어 사람을 창조하시고, 사람의 이성(理性)과 양심(良心)과 영혼(靈魂) 등에 작용(作用)하신다. 또한 성자께서 성부(聖父)가 하고자 하는 일을 성부를 대표(代表)하여 일하셨듯이, 성령은 "성자(聖子)의 대표(代表)가 되어 성자의 하고져 하는 일을(하고자 하는 일을, 필자 주) 성취(成就)"하

---

22 가옥명은 대체로 성령(聖靈)으로 표기하나, '성신'(聖神)으로도 표기한다. 中國人 賈玉銘 原著, 朝鮮人 鄭載冕 飜譯, 米國人 李訥瑞 監修, 『組織神學 第五冊: 聖靈論』, 99. 참고, 조봉근, "한국장로교회의 성령론 비교연구," 「한국개혁신학」제33권(2012), 102-156.

23 中國人 賈玉銘 原著, 朝鮮人 鄭載冕 飜譯, 米國人 李訥瑞 監修, 『組織神學 第五冊: 聖靈論』, 2.

24 中國人 賈玉銘 原著, 朝鮮人 鄭載冕 飜譯, 米國人 李訥瑞 監修, 『組織神學 第五冊: 聖靈論』, 3.

신다.²⁵ 본래 성부로부터 주어진 성령은 성자의 이름으로 보낸바 되어, 성령은 성자의 일을 계승(繼承)하고, 대행(代行)하신다. 다시 말하면, 성령은 예수 그리스도의 대표가 되어 예수께서 시작한 일을 완성하신다.²⁶ 가옥명의 언급 속에서 A.D. 1054년에 동방교회와 서방교회의 분열의 주요 원인이 되었던 '필리오케'(filioque)에 대한 분명한 입장은 발견되지 않는다.²⁷ 가옥명은 보혜사(保惠師)를 지상의 예수 그리스도와 오순절에 임한 성령에게 적용시킨다. 예수께서 지상 생애 동안에 예수 자신이 보혜사(保惠師)로서 신도(信徒)와 문도(門徒)와 함께 계셨으나, 예수의 승천 이후에는 성령께서 보혜사로서 신도와 문도와 함께 하신다.²⁸

성령의 위격과 관련하여, 필리오케 문제만 제외하면, 가옥명의 성령론은 전통적인 삼위일체론적 성령론으로 평가될 수 있을 것이다. 성령은 하나님 자신이며, 삼위일체 하나님의 제3인격이시라는 점에서 가옥명의 삼위일체론적 성령론은 개혁신학의 관점과 일치한다고 볼 수 있다.

25　中國人 賈玉銘 原著, 朝鮮人 鄭載冕 飜譯, 米國人 李訥瑞 監修,『組織神學 第五冊: 聖靈論』, 4.

26　中國人 賈玉銘 原著, 朝鮮人 鄭載冕 飜譯, 米國人 李訥瑞 監修,『組織神學 第五冊: 聖靈論』, 4.

27　中國人 賈玉銘 原著, 朝鮮人 鄭載冕 飜譯, 米國人 李訥瑞 監修,『組織神學 第五冊: 聖靈論』, 13: "聖父와 聖子로 말미암아 보낸聖靈이 …." 참고, 이동영, "필리오크베 논쟁: 그 쟁점과 해결방안,"「한국개혁신학회」제37권(2013), 185-219.

28　中國人 賈玉銘 原著, 朝鮮人 鄭載冕 飜譯, 米國人 李訥瑞 監修,『組織神學 第五冊: 聖靈論』, 5.

Ⅲ. 성령의 사역(事役, work)

가옥명에 의하면, 성령의 사역 또는 "사업"(事業) 또는 "공작"(工作)은 매우 다양하다. 그러나 그는 성령의 사역을 주로 구속사적(救贖史的; Heilsgeschichte)으로 그리고 구원 순서적(救援順序的)으로 기술한다.

성령은 구속사적으로 구약의 선지자와 신약의 문도와 관련될 뿐만 아니라, 역사적 예수와 승천하신 그리스도와도 관련된다. 가옥명에 의하면, 성령은 "진리(眞理)의 영(靈)"이기 때문에, 구약시대의 선지자(先知者)나 신약시대의 문도(門徒)에게 진리 인식을 가능하게 하였다. 가옥명은 성령을 예수 그리스도와의 이중적 관계 속에서 파악한다. 지상에서 예수 그리스도는 그의 모든 생애의 단계마다, 즉 탄생, 세례 받으심, 전도하심, 죽으심, 부활 등에서 성령과 밀접한 관계에 놓여 있었다. 그리고 그리스도의 승천 이후에 성령은 예수 그리스도의 영광을 더욱 더 증거 하였다.[29]

가옥명은 "聖經에 論한 聖靈의 工作이 漸次昭著됨"이라는 제목으로 성령의 사역(事役)의 구속사적(救贖史的) 발전에 대해서 논의한다. 가옥명에 의하면, 비록 구약시대에 삼위일체 하나님에 대한 지식은 "원만(圓滿)"하지는 못했을지라도, 성령의 사역은 명료하게 나타났다. 사람의 재능(才能)과 성덕(聖德)은 성령의 영감의 결과이며, 사람의 악행으로 성령이 떠나가기도 하고, 성령을 근심되게도 한다. 성령은 사람의 경성(敬誠)함과 공의(公儀)와 순종(順從)과 회개(悔改)와 기도(祈

---

29 中國人 賈玉銘 原著, 朝鮮人 鄭載冕 飜譯, 米國人 李訥瑞 監修, 『組織神學 第五冊: 聖靈論』, 5-6.

禱) 등과 관계하며, 인간이 하는 모든 일에 밀접하게 관계되어 있고, 구약에서는 극소수의 사람에게만 성령이 임했지만, 장차 "대중"(大衆, 모든 사람들)에게도 성령의 강림에 대한 기다림이 구약 속에 있다.[30]

    신약시대에 세례 요한의 증언은 구약에 대한 종결(終結)이며, 성령 세례를 논하는 신약의 시발점(始發點)이다.[31] 예수 그리스도는 성령이 자신에게 임한다고 말씀하셨고, 성령으로 마귀를 쫓아내셨다. 성령의 임하심은 곧 그리스도 자신의 임하심이며, 자신은 성령으로 말미암아 진리의 말씀을 하시며, 중생은 성령의 일이며, 성령훼방죄는 사하심을 받지 못한다.[32] 가옥명은 「사도행전」을 "聖靈의 福音"이라고 말할 정도로 사도들과 초대교회 속에 나타난 성령의 강력한 활동을 주장했다. 바울서신에서 성령은 지·정·의(知情意)를 가지신 인격이시며, 성령은 그리스도의 영이시고, 성령은 각종 은사(恩賜)의 원인(原因)이다(기도의 믿음이나 병을 고치는 은혜나 방언하는 이적이나 여러 가지 일을 치유하는 일들). 또한 성령은 "信徒가 成聖함에 原由가" 된다.[33] "信徒의 靈性生命이 날마다 漸漸高尙하여서 成聖하는 地步까지 達케됨은 卽聖靈의 恩功이라."[34]

---

30 中國人 賈玉銘 原著, 朝鮮人 鄭載冕 飜譯, 米國人 李訥瑞 監修, 『組織神學 第五册: 聖靈論』, 7-8.

31 中國人 賈玉銘 原著, 朝鮮人 鄭載冕 飜譯, 米國人 李訥瑞 監修, 『組織神學 第五册: 聖靈論』, 8.

32 中國人 賈玉銘 原著, 朝鮮人 鄭載冕 飜譯, 米國人 李訥瑞 監修, 『組織神學 第五册: 聖靈論』, 8-9.

33 中國人 賈玉銘 原著, 朝鮮人 鄭載冕 飜譯, 米國人 李訥瑞 監修, 『組織神學 第五册: 聖靈論』, 9.

34 中國人 賈玉銘 原著, 朝鮮人 鄭載冕 飜譯, 米國人 李訥瑞 監修, 『組織神學 第五册: 聖靈論』, 9.

특히 가옥명은 구약시대는 성부시대, 신약시대는 성자시대, 오늘날 교회의 시대는 성령시대라는 세대주의적 잘못을 피하면서, 오늘날의 교회의 시대가 성령론의 관점에서 구속사적 큰 진전과 발전을 이룩했다는 관점에서 "聖靈의 特懸한 時代"를 주장한다. "質言하면 今日時代는 卽聖靈의 恩功과 能力이 드러난 때이며 이 聖靈이 信徒의 靈命과 聖潔한 事業과 德義上 또는 敎會의 建設, 擴張, 進步等 여러 가지 일에 對하야 總히 秘密한 關係가 잇나니 우리는 聖恩의 厚賜를 缺함이 不可하니라."35

가옥명은 성령을 구원 순서적으로 파악한다. 비록 가옥명의 조직신학 제5권이 성령론으로 이름 붙여져 있지만, 조직신학적으로 볼 때, 조직신학 제5권은 주로 구원론의 내용을 다루고 있기 때문에, 가옥명이 이해한 성령의 주된 사역 또는 사업은 "信徒를 完全케함"이다. 가옥명은 본서의 "서론"(序論)에서 다음과 같이 분명하게 밝혔다.

"대개 神이 世上을 求하는 일 中에 가장要緊한 것은 二端으로 論할지니 一은 基督의 救贖이오 二는 聖靈의 恩功이라 이것을 時序로 論하면 基督의 救贖이 몬져잇섯고(먼저 있었고, 필자 주) 後에 비로서 聖靈의 功能이 따라서 顯有하엿나니 대개 聖靈의 힘이 基督의 功을 완전케 할 뿐이 됨이라."36

35　中國人 賈玉銘 原著, 朝鮮人 鄭載冕 飜譯, 米國人 李訥瑞 監修, 『組織神學 第五冊: 聖靈論』, 10-11.

36　中國人 賈玉銘 原著, 朝鮮人 鄭載冕 飜譯, 米國人 李訥瑞 監修, 『組織神學 第五冊: 聖靈論』, 2.

구원론(救援論, soteriology)에 대한 정의가 다양하지만, 가옥명이 이해한 구원론은 예수 그리스도가 성취한 구원을 성령을 통해서 신도(信徒)에 대한 적용(適用, application)으로 이해될 수 있다.[37] 가옥명이 구원론에서 기독론과 성령론의 불가분리(不可分離)의 관계를 기독론적인 "갈보리산"과 성령론적인 "감람산"의 대응 관계, 기독론적인 "유월절(逾越節)"과 성령론적인 "오순절(五殉節)"과의 대응 관계 등을 통해서 유비적으로 설명하는 것은 매우 흥미롭다.[38]

가옥명은 성령의 사업(事業) 또는 "은공(恩功)"은 사람에게 지혜를 주고, 사람을 감동시키며, 도와주고, 가르치며, 사람을 위해 대도(代禱)하며, 진리를 밝히며, 사람을 돌아오게 하며, 사람의 근심을 대신 담당하는 것으로 이해한다. 또한 성령은 "무릇 사람의 悔改나 重生과 稱義와 成聖等 모든 要道가 聖靈의 恩功으로 더브러(은공으로 더불어, 필자 주) 關係되지 안음이(관계되지 않음이, 필자 주) 하나도 업나니라(없느니라, 필자 주)."[39]

구원론에서 성령의 사역의 내용을 논의한 가옥명은 구원론에서 성령의 사역의 방법을 세 가지로 언급한다. "聖靈이 信徒을(를, 필자 주) 成全케함에 對하야 所用하는 妙法이 聖經에 밝히 나타난바 三種이니" 곧, 성령은 신도들과 항상 함께(with) 계셔서 신도들의 조사(助師)가 되시며, 신도들의 심중(心中)에 우거(寓居)하심으로써(in), 신도들은

37　최윤배, 『잊혀진 종교개혁자 마르틴 부처』 (서울: 大韓基督敎書會, 2012), 242-243; 최윤배, 『깔뱅신학 입문』 (서울: 장로회신학대학교출판부, 2012), 265-266.

38　中國人 賈玉銘 原著, 朝鮮人 鄭載冕 翻譯, 米國人 李訥瑞 監修, 『組織神學 第五冊: 聖靈論』, 6.

39　中國人 賈玉銘 原著, 朝鮮人 鄭載冕 翻譯, 米國人 李訥瑞 監修, 『組織神學 第五冊: 聖靈論』, 6.

성령의 전(殿)이 되며, 성령은 신도(信徒)를 옷 입듯하여(upon), 신도의 마음속에 있는 지성(至誠)을 밖으로 나타나게 한다.⁴⁰

가옥명은 성령에게 붙여진 표상(表象)들을 성령의 사역과 결부시켜 다양하게 해석한다. '기름'으로서의 성령은 광명(光明)을 비추는 것이며, '물'로서의 성령은 사람의 굶주린 배를 부르게 하며, 사람의 더러움을 정결케 하는 것이며, '바람'으로서의 성령은 발육(發育)하고, 자양(長養)하는 능력을 주는 것이며, '불'로서의 성령은 단련(鍛鍊)하고, 용해(溶解)하는 능력이 있는 것이며, '비둘기'로서의 성령은 잘 길들여진 사람을 유익하게 하는 것이며, '인(印)'으로서의 성령은 우리가 하나님께 속(屬)해 있음을 증명하는 것이며, '볼모(質) 또는 담보(擔保)로서의 성령은 앞으로 우리가 하나님의 유업(遺業)을 받을 사람이라는 사실을 보증해주는 것이다.⁴¹

일반적으로 성령의 사역을 일반사역(창조, 섭리)과 특별사역(교회, 그리스도인)으로 나눌 경우, 가옥명이 이해한 성령의 사역은 특별사역인 바, 주로 구원론적으로 정향되어 있다고 평가할 수 있다. 비록 칼빈이나 아브라함 까이뻐는 성령의 창조적이고도 우주론적인 지평을 강조했음에도 불구하고,⁴² 대체로 개혁신학 전통에서는 성령론이 구원론에만 주로 집중되었는 바, 가옥명도 이 길을 따랐다고 볼 수 있다.

---

40 中國人 賈玉銘 原著, 朝鮮人 鄭載冕 飜譯, 米國人 李訥瑞 監修, 『組織神學 第五冊: 聖靈論』, 7.

41 中國人 賈玉銘 原著, 朝鮮人 鄭載冕 飜譯, 米國人 李訥瑞 監修, 『組織神學 第五冊: 聖靈論』, 7.

42 H.-J. Kraus, *Reich Gottes: Reich der Freiheit*, 박재순 역, 『조직신학』 (서울: 한국신학연구소, 1986), 378f.

Ⅳ. 구원 순서

이눌서가 가옥명의 저서를 감수(監修)할 때, 새로운 세 장(章)들 (three chapters), 즉 "第六章「基督과 聯合함」", "第八章「義子됨」", "第十章「確知와 堅忍의 恩惠」"를 추가하였기 때문에, 번역서의 제6장, 제8장, 제10장을 제외하고 가옥명의 성령론 이해를 살펴보고자 한다.

1. 선소(選召): 선택(選擇)과 소명(召命)

가옥명은 성령께서 인간 속에 구원의 은혜를 부어주시는 일에, 일정한 질서(秩序)가 있는 바, 그 첫 번째 질서는 "선소"(選召), 즉 선택하여 부르시는 것이다. "何如間 聖靈이 人心內에서 行하는 恩功이 一定한 秩序가 잇나니 그 일을 始作함이 卽選召하는 일이니라."[43]

가옥명은 하나님께서 "만인(萬人)"(모든 사람)이 구원받기를 원하시며, 모든 사람에게 구원 받을 수 있는 기회를 동일하게 주신다는 사실을 구약성경의 권면의 말씀과, 예수 그리스도의 말씀과, 성령의 활동을 근거로 주장하는데, 복음을 전해 듣는 기회를 갖는 것이 "보통선소"(普通選召; common vocation)이다.[44] "故로 聖經全部가 赤是 聖靈의 引衆歸主하는 特法아닌 것이 업나니 대개 福音을 드름이(들음이, 필

43　中國人 賈玉銘 原著, 朝鮮人 鄭載冕 飜譯, 米國人 李訥瑞 監修, 『組織神學 第五冊: 聖靈論』, 12.
44　中國人 賈玉銘 原著, 朝鮮人 鄭載冕 飜譯, 米國人 李訥瑞 監修, 『組織神學 第五冊: 聖靈論』, 12-14.

자 주) 眞實로 어렵지 안음이라(어렵지 않음이라, 필자 주)."⁴⁵

가옥명은 "神의 預旨"와 "人間의 自由" 사이에서 전자 만을 강조하는 "칼빈(Calvin)派"와 후자 만을 강조하는 "알미니안派"를 모두 비판하면서 "兩便이 서로 合致되고 衝突이" 없다고 결론짓는다. "神의 自主와 사람의 自由가 다 道를 求함에 有關한 眞理의 兩方面이 됨이라 神 方面으로보면 모다 부르심을 닙어서 被選된 사람이오 人方面으로보면 무릇 信者는 또한 반다시 眞實하고 忠誠하여서 乃終까지 堅忍할지라."⁴⁶ 그럼에도 불구하고, 가옥명은 하나님의 "예선"(預選)을 주장한다. 왜냐하면 인간의 자유는 하나님의 예지(預旨) 범위에 포함되며, 하나님의 "예선"(預選)은 하나님의 공의(公義)와 하나님의 예지(預知)에 적합하기 때문이다.⁴⁷

하나님의 불공평성과, 전도의 불필요성과, 신도(信徒)의 선행의 문제와, 만인구원에 대한 하나님의 의지의 문제 등에 근거하여 "예선론"(預選論)을 부정하는 견해를 가옥명은 반대하고, 각 반대 입장에 일일이 반박하면서 하나님의 "예정(預定)"은 확실하다고 주장하고, "예정론"(預定論)은 신도에게 "겸손(謙遜)과 "태안(泰安)함"을 주고, 예정론의 목적이 신도의 선행에 있기에, 신도의 선행을 가로막는 것이 아니라, 도리어 촉진(促進)한다고 주장한다.⁴⁸

---

45 中國人 賈玉銘 原著, 朝鮮人 鄭載冕 飜譯, 米國人 李訥瑞 監修, 『組織神學 第五冊: 聖靈論』, 13-14.

46 中國人 賈玉銘 原著, 朝鮮人 鄭載冕 飜譯, 米國人 李訥瑞 監修, 『組織神學 第五冊: 聖靈論』, 16-17.

47 中國人 賈玉銘 原著, 朝鮮人 鄭載冕 飜譯, 米國人 李訥瑞 監修, 『組織神學 第五冊: 聖靈論』, 16-19.

48 中國人 賈玉銘 原著, 朝鮮人 鄭載冕 飜譯, 米國人 李訥瑞 監修, 『組織神學 第五冊: 聖靈

가옥명은 "蒙召된 者 – 만흐나(많으나, 필자 주) 當選된 者 –적음"이라고 말함으로써, 그는 '일반소명'(一般召命, common vocation)과 선택된 자에게만 허락되는 '특별소명'(特別召命, special vocation)을 구분한다. 일반소명에 해당되는 '은소'(恩召)도 하나님의 '특은'(特恩)에서 비롯되었고, 하나님의 '지성'(至誠)에서 비롯되었다. 하나님은 '자연은총'(自然恩寵)을 통해서도 일반소명으로 부르시지만, 성도(聖徒)를 통한 구원의 도(道)를 통하여도 일반소명으로 부르신다. 그러나 "外面으로 恩召함"을 통해서는 모든 사람이 구원받는 것이 아니고, "무릇 預選한 者는 반다시 特召함"을 받는다.[49]

가옥명은 선택된 자에게만 임하는 "내면은소"(內面恩召)로 명명된 특별소명을 철저하게 성령론적으로 이해한다. '예선'(預選)으로 말미암아 성령의 '은감'(恩感)을 받은 신자(信者)의 부르심을 가옥명은 '성소'(聖召), '천소'(天召), '영소'(靈召)라고도 부른다.[50]

"內面恩召라 함은 即聖靈의 感恩됨을 말함이라 예수 말숨에 '나를보내신 아버지께서 잇끌지 아니하면 아모든지 내게 올 수 업다'(요六 44) 하였으니 대개 人間으로 하여곰 罪를 깨닷게 하여 恩惠를 앎이나 또 사람이 主께 나오며 主를 좃치며 主를 밋음이 반다시 聖靈의 黑感으로 말미암음이라 즉 敎士들이 宣導할 때에 크게 能力을 엇어 衆人

論』, 19-25.

49　中國人 賈玉銘 原著, 朝鮮人 鄭載冕 飜譯, 米國人 李訥瑞 監修, 『組織神學 第五册: 聖靈論』, 25-26.

50　中國人 賈玉銘 原著, 朝鮮人 鄭載冕 飜譯, 米國人 李訥瑞 監修, 『組織神學 第五册: 聖靈論』, 27.

으로 하여곰 듯고 感動을 밧게 하며 悔悟케 됨이 赤是 聖靈의 功能인 것이오 或是 사람의 天良이 갑자기 發하여 一己의 罪惡을 明瞭히 覺悟하며 上主의 厚恩을 깁히 늣김으로 곳거름을 돌녀 神께 向하며 예수의게 歸依케 됨이 잇나니 赤是聖靈이 우리의 良心을 利用하야 內召된 恩力을 베픔으로 말미암음이라."⁵¹

가옥명에게서 하나님의 선택은 성령의 역사인 특별소명을 통해 집행되고, 구별되는 셈이다. 이 점에서 그가 이해한 선소는 성령론과 밀접한 관계 속에 있는 것으로 판단된다. 이 점에서 그는 대체로 칼빈으로부터 시작하는 개혁신학의 전통에 충실하게 머물고 있는 것으로 평가된다.

2. 중생(重生)과 반정(反正)

중생이란 단어는 우리에게 익숙하지만, 반정이라는 단어는 매우 생소하다. 가옥명은 중생을 성령의 사역으로 이해하고, 반정은 중생에 대한 중생한 자의 반응으로서 회개에 해당된다고 볼 수 있다.

가옥명은 중생(重生)을 '신심'(新心), '신성'(新性), '신령'(新靈), '신생명'(新生命)으로 정의(定義)하고, 중생은 "신(神)의 개조(改造)"를 통하여, "성령(性靈)의 은공(恩功)"을 통하여, "기독(基督)과 연합(聯合)함"을 통하여, "진리(眞理)의 화공(化工)"으로 이룩된다고 주장한다.⁵²

---

51 中國人 賈玉銘 原著, 朝鮮人 鄭載冕 飜譯, 米國人 李訥瑞 監修,『組織神學 第五冊: 聖靈論』, 26-27.
52 中國人 賈玉銘 原著, 朝鮮人 鄭載冕 飜譯, 米國人 李訥瑞 監修,『組織神學 第五冊: 聖靈

가옥명의 경우, 자연인(自然人)의 중생에서 성령께서 절대적인 역할을 한다. "사람이 중생(重生)을 엇음은 참으로 神이 聖靈으로 하여곰 사람의 心靈內에 일운바 恩功이니 사람으로 하여곰 靈에 속한 新心과 新性과 新生命을 밧게 함이니라."[53] 성령께서 사람을 중생시켜서 예수 그리스도와 연합하게 하며, 성령께서 진리(眞理)를 사용하여 사람을 중생시킨다.[54]

가옥명은 중생의 근원(根源)을 '사람의 정지(定志)함'으로 이해하는 '빌라디오파(派)'와, '인력(人力)으로 이해하는 '아메니오파(派)'와, '진리(眞理)'로 이해하는 사람과, '세례(洗禮)'로 이해하는 '로마교(敎)'를 비판하고, 중생은 절대적으로 성령에 의해서만 가능하다고 강력하게 주장한다.[55] 중생은 참으로 '경각간(頃頃間)'에 일어나는 일이며, 은밀(隱密)한 일이며, 신기(神奇)한 일로서, "聖靈의 隱然한 作爲로 말미암음이오 반다시 個人의 自覺과 自悟로 됨이 아니니라."[56] 가옥명에 의하면, 중생은 개인의 입지(立志)나 자수(自修)하는 능력이나 "家族生性의 良善"이나 가정과 학교의 "文明한 敎育"에 의해서가 아니라, 전적으로 중생은 "신공(神功)"으로 말미암음이며, "우리 主님의 주신바 得救

論』, 29-30.

53 中國人 賈玉銘 原著, 朝鮮人 鄭載冕 飜譯, 米國人 李訥瑞 監修, 『組織神學 第五冊: 聖靈論』, 30.

54 中國人 賈玉銘 原著, 朝鮮人 鄭載冕 飜譯, 米國人 李訥瑞 監修, 『組織神學 第五冊: 聖靈論』, 30.

55 中國人 賈玉銘 原著, 朝鮮人 鄭載冕 飜譯, 米國人 李訥瑞 監修, 『組織神學 第五冊: 聖靈論』, 33-34.

56 中國人 賈玉銘 原著, 朝鮮人 鄭載冕 飜譯, 米國人 李訥瑞 監修, 『組織神學 第五冊: 聖靈論』, 31-32.

하는 恩惠가 다만 예수의 救贖에만 잇지 안코 또한 聖靈의 恩功에 잇으며 우리가 예수의 救贖을 依賴하고 罪刑을 免함은 또한 聖靈이 人性을 換新하는 功을 依賴하야서 罪身을 除하며 重生함을 얻음이니 … 맛치 죽은 가온대서 復生하고 換新함과 갓흐니 참 至妙하도다."[57]

'반정'(反正)은 "본래의 바른 상태로 돌아감"의 뜻을 지닌다.[58] 가옥명은 중생에 대해 길게 논의한 후에 "중생과 반정이 서로 어떤 관계에 있는가?"라고 질문한 뒤 곧바로 다음과 같이 답변한다. "重生의 功은 眞實노 神의 特恩으로 말미암은 聖靈의 作爲인 것이오 反正은 重生함을 닙은 者 方面으로 同時에 하는 일이니 곳 밋고 悔改함이리. … 重生은 聖靈의 作爲인 同時에 反正(卽信仰과 悔改)은 重生함을 닙은 者가 卽刻에 할 일이니 곳 救援함을 엇을 必要의 方法인 것이라."[59]

가옥명에 의하면, 중생한 '기독도'(基督徒)는 특히 심령 중에 기이(奇異)한 '개변(改變)이 있을 뿐만 아니라, 신심(新心), 신성(新性), 신의견(新意見), 신각오(新覺悟), 신생명(新生命)을 가지고, 그리스도의 참된 형상(形象)을 마음 속에 형성하며, 날마다 그리스도의 장성한 분량에까지 성장하여 "기독적 인격"(基督的人格)에 도달하게 된다.[60]

가옥명은 중생과 반정을 대칭으로 묶음으로써 위로부터 주어지는 하나님의 절대주권이라는 측면과, 하나님의 은혜와 성령의 역사에 대

---

57 中國人 賈玉銘 原著, 朝鮮人 鄭載冕 飜譯, 米國人 李訥瑞 監修, 『組織神學 第五冊: 聖靈論』, 32-33.
58 민중서관(편), 『새로나온 국어대사전』 (서울: 2007), 1003.
59 中國人 賈玉銘 原著, 朝鮮人 鄭載冕 飜譯, 米國人 李訥瑞 監修, 『組織神學 第五冊: 聖靈論』, 34-35.
60 中國人 賈玉銘 原著, 朝鮮人 鄭載冕 飜譯, 米國人 李訥瑞 監修, 『組織神學 第五冊: 聖靈論』, 35-36.

한 인간의 반응으로서의 회개를 잘 연결시켰다. 이 점에서 그는 중생과 반정을 개혁신학적 관점에서 이해하고 있는 것으로 판단된다.

3. 신심(信心): 신앙(信仰)

가옥명에 의하면, 신심(信心), 곧 신앙(信仰)은 복음의 도(道)를 듣는 것과, 신도의 실행(實行)으로부터 유래(由來)하지만, 결국 신심은 하나님의 은사(恩賜)로서 성령의 절대적인 역사와 영감(靈感)으로부터 비롯된다. 가옥명은 신앙에서 성령의 절대적인 역할을 다음과 같이 강조한다. "信心도 또한 聖靈의 恩功인 것이니 聖靈의 感動으로 말미암아 聖靈의 內證이 되며 또 聖靈의 佳果로 됨이라(갈五22). 대개 우리가 主께서 나오는 것과 主를 아는 것과 밋고 依支함이 聖靈의 恩感아님이 업나니 … 總히 말하면 正當한 信仰은 聖靈으로 말미암은 恩功인 것이니 비록 우리가 道를 드름으로 感動함을 밧고 感化함으로 實行하게 되며 實行함으로 眞確한 明證이잇서 心信이 自生된다 하도다. 그러나 이것이 聖靈의 隱然한 感助나 顯著한 功力으로 되지 아니함이 업나니 卽所謂信心은 '하나님의 션물이라'(엡二8)함도 또한 神이 靈感을 빌어 이 恩功을 成就함을 닐음이라."[61]

"得求하는 信仰"은 성경을 믿는 신앙이나 그리스도를 아는 단순한 지식이나 자신이 죄 사함을 받은 것을 믿는 신앙이 아니라, "基督을 밋고 依支함"인데, "基督을 信賴한다 함은 自己의 救主이며 自己의 生命이 되며 自己의 罪身과 罪慾을 爲하야 十字架에 못 박힘을 確實히 깨

61　中國人 賈玉銘 原著, 朝鮮人 鄭載冕 飜譯, 米國人 李訥瑞 監修, 『組織神學 第五册: 聖靈論』, 37-39.

다름이오 또 예수의 죽음이 나를 爲함과 예수의 事工이 赤時 나를 爲함인 것을 밋고 依支함이니 예수 基督은 確實히 나의게 屬함으로 나의 所有가 되며 나의 生業이 됨과 다름업나니라 이것이 卽得求하는 信心이니라."[62] 가옥명의 경우, 구원을 얻는 신앙은 예수 그리스도와의 인격적이고도 실존적인 만남을 통한 삶 자체의 특징을 가진다.

신약의 신도의 신앙은 신자(信者)의 아버지인 아브라함의 신앙과 일맥상통하지만, 구약의 신도(信徒)의 신앙보다 더 깊다. 공관복음서에서 신앙은 주로 그리스도의 언행(言行)을 어떻게 믿는가와 관계되어 있고, 제4복음서인 요한복음서에서 믿음은 주로 구원을 얻는 신앙과 관련되어 하나님의 아들로서의 그리스도와 생명으로서의 그리스도를 믿는 믿음이다. 바울 사도가 이해한 신앙은 유대인에 반대하여 율법의 행위를 통한 의가 아니라, "稱義의 一道는 卽信仰"이다. 신약에서 신앙에 대한 다양한 관점을 논의한 가옥명은 신약에서의 신앙은 예수 그리스도의 십자가로 귀결되는 신앙이라고 결론짓는다.[63]

우리에게 신앙이 있는지 없는지는 우리의 마음 속에 있는 확증과 함께 우리가 실천하는 선행을 통해서 확증된다.[64] 신심은 많은 일을 할 수 있는데, 신도(信徒)는 신심(信心), 곧 신앙을 통하여 보지 못하는 일을 믿게 되며, 구원을 얻으며, 성령의 열매를 맺는 위인(爲人)이 될 수

---

62 中國人 賈玉銘 原著, 朝鮮人 鄭載冕 飜譯, 米國人 李訥瑞 監修, 『組織神學 第五册: 聖靈論』, 39-41.

63 中國人 賈玉銘 原著, 朝鮮人 鄭載冕 飜譯, 米國人 李訥瑞 監修, 『組織神學 第五册: 聖靈論』, 41-43.

64 中國人 賈玉銘 原著, 朝鮮人 鄭載冕 飜譯, 米國人 李訥瑞 監修, 『組織神學 第五册: 聖靈論』, 43.

있고, 능력 있는 기도를 할 수 있고, "偉大한 事業"도 할 수 있다.[65]

가옥명은 지(知)와 신(信)을 성령론 속에서 상관시키면서도, 신(信)의 우위성(優位性)을 주장한다. "무릇 信徒의 밋는 바는 또한 맛당히 信徒가 아는 바니 대개 確信이업다면 깁히 알수업슴이라 所謂玄妙한 神道와 深奧한 眞理는 미샹불 반다시 깁흔 밋음으로써 聖靈의 啓示를 엇으며 聖靈의 顯明한 바 됨이라 經에 曰 오직 神이 聖靈으로 우리게 보이섯스니 聖靈은 眞理를 通達하시고 神의 奧妙한 것을 通達함이라 (고전二10)하엿고."[66] "대개 아지 못하는 바를 信仰함이 赤時基督徒의 應具할 信心인 것이라 이것이 비록 迷信 갓흐나 心中에 內證과 靈覺이 확유함이니."[67]

비록 '신심'(信心), 즉 신앙(信仰)은 처음에는 연약할지라도, 신앙은 그리스도와의 신령(神靈)한 교제를 통해, 그리고 시련(試鍊)에 대한 인내(忍耐)를 통해 점점 더 성장하고 강해질 수 있다. 우리는 그리스도를 신뢰(信賴)하며, 하나님을 의탁(依託)하고, 하나님과 화친(和親)하게 된다. 가옥명은 신앙의 성장의 배후에는 하나님의 '공작(工作)'으로써 성령의 강력한 활동이 있다고 주장한다. "信仰이란 것은 實로 靈性中의 神의 工作이니 … 우리의 信仰은 또한 聖靈이 사람의 靈性界에서 運用하고 成就하는 恩功이며 맷친 바 아름다온 열매니 다시 말하면 基督의 道는 神道이며 基督徒도 또 信徒이며 基督徒의 生命은 또

---

[65] 中國人 賈玉銘 原著, 朝鮮人 鄭載冕 飜譯, 米國人 李訥瑞 監修, 『組織神學 第五冊: 聖靈論』, 43-45.

[66] 中國人 賈玉銘 原著, 朝鮮人 鄭載冕 飜譯, 米國人 李訥瑞 監修, 『組織神學 第五冊: 聖靈論』, 45-47.

[67] 中國人 賈玉銘 原著, 朝鮮人 鄭載冕 飜譯, 米國人 李訥瑞 監修, 『組織神學 第五冊: 聖靈論』, 47.

한 信心的 生命이니 信字는 참으로 救援에 큰 關係가 잇는 것이라."[68]

가옥명은 신앙을 성령의 선물로 이해하고, 신앙을 전인격적이고도, 포괄적으로 이해했다. 그는 신앙 안에 있는 지, 정, 의의 요소를 균형 있게 강조했다. 일반적으로 칼빈은 신앙 속에 지식(notitia)이라는 요소와 확신(fiducia)이라는 요소로 구성되어 있다고 주장하고, 개혁파 정통주의에서는 신앙의 구성요소로서 지식(notitia), 동의(assensus), 확신(fiducia)으로 주장하는 것에 비추어 볼 때, 가옥명은 신앙과 관련하여, 주지주의나 주의주의나 감정주의에 일방적으로 빠지지 않고 신앙에 대한 개혁신학적 관점을 잘 유지하고 있다고 볼 수 있다.

4. 회개(悔改)

가옥명은 중생(重生)의 반정(反正)으로서 신앙(심신)과 회개를 주장했다. 그러므로 회개는 중생과 상호 밀접한 관계 속에 있어, "서로 表裏된"다. "重生은 神의 工作이며 悔改는 罪人의 行事라 重生은 사람의 心靈中에 밧은 改化인 것이며 悔改는 外行上의 所有된 變更인것이니 이 二者가 得求하는 사람의 一身上에 잇어 彼此間에 效力을 發生하는 바이나 그러나 眞實로 그 作用의 先後로 말하면 徵實할 수 업나니라."[69]

가옥명은 회개를 세 가지 측면, 곧 부정적으로('側面으로'), 소극적

---

68 中國人 賈玉銘 原著, 朝鮮人 鄭載冕 飜譯, 米國人 李訥瑞 監修, 『組織神學 第五冊: 聖靈論』, 48.
69 中國人 賈玉銘 原著, 朝鮮人 鄭載冕 飜譯, 米國人 李訥瑞 監修, 『組織神學 第五冊: 聖靈論』, 50.

(消極的)으로, 그리고 적극적(積極的)으로 정의(定義)한다. 부정적으로 말하면, 회개는 세속(世俗)을 떠나는 뜻이 아니며, 실패로 인해 상통(傷痛)함이 아니며, 겨우 죄를 위해 근심함이 아니며, 원(願)을 따라 입지(立志)함이 아니며, 외행(外行)을 검제(檢制)함이 아니며, 교규(敎規)만 근수(謹守)함이 아니다.[70] 소극적으로 말하면, 회개는 지죄(知罪)함이며, 각죄(覺罪)함이며, 악죄(惡罪)함이며, 회죄(悔罪)함이며, 인죄(認罪)함이며, 상죄(償罪)함이며, 승죄(勝罪)함이며, 제죄(除罪)함이다.[71] 가옥명에 의하면, 부정적 관점에서 이해한 회개와 소극적 관점에서 이해한 회개는 회개의 절반에도 미치지 못하며, 적극적 관점에서 이해한 회개에까지 도달해야 참으로 회개했다고 말할 수 있다. 가옥명이 이해한 적극적 관점에서 회개는 지·정·의(知情意) 전체를 포함하는 전인적(全人的)인 회개이다. 진정한 회개는 "識主함이다(知) … 認主함이다(情) … 歸主함이다(意)."[72]

가옥명은 회개와 심신(信心; 신앙)의 밀접한 상관성을 주장한다. "眞正한 悔改는 반다시 信心이 업슬 수 업나니 悔改와 信心은 確實히 密接한 相關이 잇슴이라."[73] 또한 가옥명은 참된 회개는 그 결과로 반드시 善한 열매를 맺게 된다. 그렇지 않을 경우, 그 회개는 참된 회개가

70　中國人 賈玉銘 原著, 朝鮮人 鄭載冕 飜譯, 米國人 李訥瑞 監修, 『組織神學 第五冊: 聖靈論』, 50-52.

71　中國人 賈玉銘 原著, 朝鮮人 鄭載冕 飜譯, 米國人 李訥瑞 監修, 『組織神學 第五冊: 聖靈論』, 52-54.

72　中國人 賈玉銘 原著, 朝鮮人 鄭載冕 飜譯, 米國人 李訥瑞 監修, 『組織神學 第五冊: 聖靈論』, 54-56.

73　中國人 賈玉銘 原著, 朝鮮人 鄭載冕 飜譯, 米國人 李訥瑞 監修, 『組織神學 第五冊: 聖靈論』, 56-57.

아니다. "中心의 悔改와 外行의 改變 이 兩者는 반다시 兼有하여야 實로 참 悔改가 될지라."[74]

흥미 있는 사실은 가옥명이 교회 안에 있는 신자(信者)들을 회개와 관련하여 다섯 가지로 분류하고 있는 점이다. 신자들 중에 회개를 알지 못하는 자, 뉘우치되 완전히 뉘우치지 않는 자, 뉘우치되 고치지 않는 자, 뉘우치고 고치되, 완전히 고치지 않는 자, 뉘우친 바를 완전히 고치는 자가 있다. 제일 마지막 분류에 속하는 자가 참으로 회개한 자이다. "五는 眞誠한 悔改니 卽 主를 향하야 悔改함과 完全히 奉獻하는 悔改를 實行함이니 卽 所爲得求할 悔改이며 또한 永永後悔치 아니할 悔改인 것이니라."[75]

가옥명이 교회의 성도들의 삶 속에 나타난 회개에 대한 분류는 목회실천적으로 매우 유익한 것으로 판단된다. 이 분류는 목회자들이 성도들을 신앙적으로 지도하는데 유익한 도움을 줄 것이다. 가옥명은 회개를 일순간의 회심의 차원을 넘어서 성도의 일생의 삶 속에서 끊임없이 계속되어야 함으로써 넓은 의미의 회개를 강조한 셈이다. 칼빈도 회개는 그리스도의 일생을 통해서 계속적으로 진행되어야 할 것으로 주장했다. 이런 관점에서 가옥명의 회개 이해는 성도와 교회의 성화라는 신앙 성숙의 절대적 필요성의 신학적 기초를 제공해 주고 있으며, 개혁신학적 이해를 하고 있는 것으로 평가된다.

---

74 中國人 賈玉銘 原著, 朝鮮人 鄭載冕 飜譯, 米國人 李訥瑞 監修, 『組織神學 第五冊: 聖靈論』, 57.

75 中國人 賈玉銘 原著, 朝鮮人 鄭載冕 飜譯, 米國人 李訥瑞 監修, 『組織神學 第五冊: 聖靈論』, 57.

5. 칭의(稱義)

가옥명은 '칭의'(稱義)라는 주제는 해석상(解釋上) 용이한 주제가 아니지만, 매우 중요하고도 신비스러운 주제라고 말하면서, 성경의 교훈을 통해서 논술하고자 한다.[76] 가옥명에 의하면, 사람이 의롭다함을 받는 것은 하나님의 특별한 은혜로서 우리의 모든 죄가 사유(赦宥)함을 받으며, 우리가 하나님께 열납(悅納)되어 하나님 앞에서 의인(義人)으로 인정받는 것이다. "이는 基督의 義가 우리 몸에 轉及(전급)됨이요 우리는 오직 밋음으로써 基督과 聯合하야 接納되엇슴이라. … 神이 사람을 義롭다 하는 所以는 眞實노 사람의 行함이 律法을 完全히 함에 잇지안코 그 사람의 位置가 果然 基督內에 잇음으로 因함이라 또 말한 바 稱義라 함은 그대로 稱義인 것이오 成義는 아님이니 成義는 實노 成聖의 終極이며 稱義는 成聖의 始初라 稱義는 神의 特恩과 基督의 功으로 돌아감이오 成義는 信徒를 爲하야 基督內에서나 또 聖靈內에서 作事하는 成聖工夫인 것이니라."[77]

가옥명은 칭의(稱義)의 도(道)가 확실한 진리의 말씀이라는 사실을 성경의 증언과 칭의받은 성도(聖徒)들의 예증을 통하여 주장한다.[78] 칭의가 가지고 있는 의의(意義)는 두 가지, 즉 사죄함 받는 것과 원래의 위치에로의 회복이다. 칭의를 통해 우리는 죄의 관유(寬宥) 또는 사유

---

76 中國人 賈玉銘 原著, 朝鮮人 鄭載冕 飜譯, 米國人 李訥瑞 監修, 『組織神學 第五冊: 聖靈論』, 62-63.

77 中國人 賈玉銘 原著, 朝鮮人 鄭載冕 飜譯, 米國人 李訥瑞 監修, 『組織神學 第五冊: 聖靈論』, 63.

78 中國人 賈玉銘 原著, 朝鮮人 鄭載冕 飜譯, 米國人 李訥瑞 監修, 『組織神學 第五冊: 聖靈論』, 63.

(赦宥)함을 받는다. 그리스도 안에 있는 사람과 그리스도께서 대속해 주시는 사람은 의롭다함을 받는다. 그리스도 안에 있는 사람은 그리스도께서 우리 대신 율법의 정죄를 받으셨기 때문에 율법을 통해서도 의롭다함을 받는다. 결국 그리스도 안에서 은혜를 의뢰(依賴)하는 사람이 의롭다함을 받는다.

칭의를 통해서 우리는 죄의 사유(赦宥)를 받을 뿐만 아니라, "靈性이 復生하야(요五24 25) 聖靈의 恩賜을 엇으며(요十四1) 더욱 永生福을 누림이 總히 基督을 依賴함이니라."[79] 다시 말하면 칭의 받은 자는 원래의 위치와 지위(原位)를 회복하는 바, 그리스도의 의를 승득(承得)하고, 하나님과 함께 화목(和睦)하게 된다.[80] 칭의를 통해서 얻는 특은(特恩)은 무엇보다도 "神의 義子", 곧 하나님의 자녀가 되는 것이다.[81]

의롭다함을 받은 자가 실제적으로 의인(義人)이 되었다는 말은 아니다. "稱義의 道는 卽赦罪함을 因하야 罪案이 取消됨으로 罪人으로서 神前에 서서 新地位를 取得하고 新關係를 가지게 됨이오 반다시 그 사람이 果然純全하고 欠이업서 神前에서 完人이 또 義人이 되었다 함이 아님이라."[82] 가옥명은 신심(信心)을 통한 의를 강력하게 논증한

---

79 中國人 賈玉銘 原著, 朝鮮人 鄭載冕 飜譯, 米國人 李訥瑞 監修, 『組織神學 第五册: 聖靈論』, 67.

80 中國人 賈玉銘 原著, 朝鮮人 鄭載冕 飜譯, 米國人 李訥瑞 監修, 『組織神學 第五册: 聖靈論』, 66-67.

81 中國人 賈玉銘 原著, 朝鮮人 鄭載冕 飜譯, 米國人 李訥瑞 監修, 『組織神學 第五册: 聖靈論』, 67.

82 中國人 賈玉銘 原著, 朝鮮人 鄭載冕 飜譯, 米國人 李訥瑞 監修, 『組織神學 第五册: 聖靈論』, 68.

다.[83]

가옥명은 칭의에 대한 내증(內證)을 언급하는 바, 칭의 받은 사람은 확실히 예수를 자신의 소유(所有)로 받아들이며, 하나님 앞에서 반드시 의성(義性)이 있고, 자신의 마음속에 확실하게 평안이 있다.[84]

칭의의 시간을 가옥명은 '경각간'(頃刻間)의 일이며, '영정'(永定)하는 일로 파악한다. 우리 신자(信者) 편에서는 심신으로 회개할 때가 칭의의 시초이지만, 하나님 편에서는 칭의는 창세 전에 예정(預定)과 예선(預選)과 관련된다.[85] 가옥명에 의하면, 칭의를 통해 죄 사함 받고 하나님의 자녀가 되는 것이지만, 하나님 편에서는 하나님의 예정과 선택과 관련되고, 인간의 편에서는 회개와 관련된다. 가옥명은 칭의를 예정과 결부시킴으로써 인간의 공로를 전적으로 배제시키고, 인간의 회개와 관련시킴으로써 믿음을 통한 칭의를 주장하여 개혁신학적 관점에서 칭의를 이해하고 있다.

6. 성성(成聖): 성화(聖化)

가옥명이 이해한 성성(成聖)을 우리에게 익숙한 용어로 표현할 경우, 그것은 성화(聖化) 또는 성결(聖潔)이다. 우리가 죄욕(罪慾)의 자식(子息)이었으나, 영감(靈感)으로 말미암아 주를 믿으며, 회개하며, 중

---

[83] 中國人 賈玉銘 原著, 朝鮮人 鄭載冕 翻譯, 米國人 李訥瑞 監修,『組織神學 第五冊: 聖靈論』, 70-73.

[84] 中國人 賈玉銘 原著, 朝鮮人 鄭載冕 翻譯, 米國人 李訥瑞 監修,『組織神學 第五冊: 聖靈論』, 73-75.

[85] 中國人 賈玉銘 原著, 朝鮮人 鄭載冕 翻譯, 米國人 李訥瑞 監修,『組織神學 第五冊: 聖靈論』, 75-76.

생(重生)하고, 의롭다함을 얻었으니 이미 출사입생(出死入生)하여 구원을 얻을 지위에 서 있다. "그런데 得求함을 닙은 後로는 靈性의 生命이 日日노 健全하여 高尙한 地步에 達함을 成聖이라 하나니 卽基督的 人格을 가지게 됨이라."[86]

하나님의 공력(功力)과 성령의 공력(功力)으로 이룩되는 성성(成聖)은 "罪慾을 除하야 罪惡을 깨끗하게 씻서바리게 함만 아니라 또한 神의 神性과 神德과 神像을 具有함으로 神과 갓치됨을 말함이라."[87]

가옥명은 성성(成聖)과 칭의를 철저하게 구별한다. 칭의가 성성(成聖)의 시초(始初)라면, 성성은 칭의의 종극(終極)이며, 칭의가 예수 그리스도의 대가(代價)로 말미암은 공(功)이라면, 성성은 예수 그리스도의 작위(作爲)로 말미암음이다. 칭의의 기초는 예수의 죽음에 있고, 성성의 완공(完工)은 예수의 생(生)에 있다.[88] 가옥명은 중생(重生)과 성성(成聖)을 상호 구별하기 위해 나무의 비유를 사용한다. 마른 나뭇가지에서 봄에 새움이 돋는 것이 중생이라면, 여름과 가을을 지나 성장하여 과실을 맺는 것이 성성(成聖)에 해당된다.[89]

성성(成聖)은 근본적으로 신공(神功)으로 이룩되고, 성령(聖靈)을 의지함으로써 이룩된다. 그러나 "成聖은 眞實노 神工에 잇으나 또한

---

86 中國人 賈玉銘 原著, 朝鮮人 鄭載冕 飜譯, 米國人 李訥瑞 監修, 『組織神學 第五冊: 聖靈論』, 81.

87 中國人 賈玉銘 原著, 朝鮮人 鄭載冕 飜譯, 米國人 李訥瑞 監修, 『組織神學 第五冊: 聖靈論』, 81-82.

88 中國人 賈玉銘 原著, 朝鮮人 鄭載冕 飜譯, 米國人 李訥瑞 監修, 『組織神學 第五冊: 聖靈論』, 82.

89 中國人 賈玉銘 原著, 朝鮮人 鄭載冕 飜譯, 米國人 李訥瑞 監修, 『組織神學 第五冊: 聖靈論』, 82-83.

人事에 잇나니 마치 信徒가 主로 더브러 神交를 連絡하여 一身을 主께 奉獻함으로 時時로 主의 敎訓을 드르며 聖靈의 感化함을 順承"해야 한다.⁹⁰ 성성(成聖)은 하루에 끝나지 않고 계속되어야 하며, 신자(信者)가 이 땅에서 반드시 해야 할 일이다. 성성은 신심(信心)을 통해서 성취되고, 믿음으로 그리스도와의 연합을 통해서 이룩된다.⁹¹

가옥명은 신체(身體)의 건강법(健康法)을 비유로 성성(成聖)하기 위한 방법을 설명한다. 우리의 건강을 유지하기 위하여 의식주(衣食住)가 반드시 필요하듯이, 우리도 영적 건강을 유지하기 위하여 예수 그리스도의 거룩한 옷을 입고, 영적인 참된 양식을 먹고, 성결한 곳을 거처로 삼아야 한다.⁹² 가옥명은 율법폐기론자들의 주장이나 성성(成聖)의 불가능성을 주장하는 견해를 반박하면서, 하나님의 자녀로서 성성을 이룩할 것을 촉구한다.⁹³

가옥명은 성성, 즉 성화를 하나님의 편에서 시작하여, 하나님의 사역으로서의 성령의 사역을 강조하면서도, 성도가 일생의 삶 속에서 이루어야 할 과제로 파악한다. 이 같은 성화 이해는 펠라기우스주의에 근거한 완전주의나 성화의 필요성을 부정하는 도덕적 방종주의(율법폐기론)를 방지할 수 있는 신학적 근거를 제공할 수 있다. 성화에 대한

90　中國人 賈玉銘 原著, 朝鮮人 鄭載冕 飜譯, 米國人 李訥瑞 監修, 『組織神學 第五冊: 聖靈論』, 84.

91　中國人 賈玉銘 原著, 朝鮮人 鄭載冕 飜譯, 米國人 李訥瑞 監修, 『組織神學 第五冊: 聖靈論』, 85.

92　中國人 賈玉銘 原著, 朝鮮人 鄭載冕 飜譯, 米國人 李訥瑞 監修, 『組織神學 第五冊: 聖靈論』, 87-90.

93　中國人 賈玉銘 原著, 朝鮮人 鄭載冕 飜譯, 米國人 李訥瑞 監修, 『組織神學 第五冊: 聖靈論』, 90-93.

가옥명의 이해는 개혁신학적 이해이며, 오늘날 한국교회의 목회상황에 더욱 필요한 이해이다.

V. 영세(靈洗): 성령세례(聖靈洗禮)

가옥명에 따르면 성경이 사도(使徒)들의 생명에 대해 언급하는 가장 중요한 두 가지가 있는데, 그것은 바로 '중생'(重生)과 '영세'(靈洗)이다.[94] 가옥명은 이 두 가지가 밀접한 관계에 있다고 다음과 같이 주장한다. "重生은 得求의 初步인 것이오 靈洗는 得求의 進步한 功이니 만일 重生은 엇엇으나 靈洗를 밧지 못한 者는 반다시 軟弱無力함을 免치 못하리니 맛치 使徒가 靈洗를 밧기 前의 形便과 갓흘지라."[95] 가옥명은 신자(信者)들이 중생의 도(道)에 대해서는 말하면서도 "靈洗의 恩"을 구하는 경우가 드물다는 사실을 안타깝게 생각하면서, 영세(靈洗)는 신도(信徒)가 반드시 받아야 할 하나님의 은혜임을 매우 강조한다. "이 靈恩과 靈功은 참 各 信徒의 應德 또 必得한 恩이며 또한 聖靈의 樂成 또 必成될 成功이니라."[96]

가옥명이 이해하는 영세(靈洗)는 무엇인가? "靈洗라 함은 卽聖靈이 裸面에 浸入되며 惑聖靈이 灌透(관투)되며 또 聖靈이 充滿한다 함이니 이것은 普通聖靈을 밧앗다 함과 分別되나니라."[97] "信徒의 普通으로

---

94 로마 가톨릭 교회는 세례(洗禮)를 '영세'(領洗)라고 부른다.
95 中國人 賈玉銘 原著, 朝鮮人 鄭載冕 飜譯, 米國人 李訥瑞 監修, 『組織神學 第五冊: 聖靈論』, 98.
96 中國人 賈玉銘 原著, 朝鮮人 鄭載冕 飜譯, 米國人 李訥瑞 監修, 『組織神學 第五冊: 聖靈論』, 98.
97 中國人 賈玉銘 原著, 朝鮮人 鄭載冕 飜譯, 米國人 李訥瑞 監修, 『組織神學 第五冊: 聖靈

밧는 靈感은 或使徒들의 五殉節前形便과 갓하야 眞實로 聖靈의 充滿함을 엇지못하고 다만 洗禮만 밧음이라 대개 靈洗는 사람의 身, 心, 靈의 全部가 성령의 浸潤되고 灌透되여서 神靈한 心性과 德能의 一部分을 가짐이 됨이라."[98]

가옥명이 '영세'(靈洗)를 관련시키는 성경 본문들은 대체로 '성령충만'과 '성령으로 세례받는다.'는 내용과 관련된 본문들(행 1:4; 행 10:44; 고전 12:13; 눅 1:15; 행 2:4; 행 21:24) 및 성세(靈洗)의 효과(效果)에 대한 본문이다(엡 2:22; 골 2:12).[99]

"靈洗를 베푸는 牧師"라는 제목으로 논의하는 곳에서 가옥명은 "靈洗를 주는 牧師는 오직 基督뿐"이라고 주장한다.[100] 가옥명은 기독론과 성령론의 밀접한 관계를 이미 논했지만,[101] 그는 그리스도의 두 가지 가장 중요한 사역을 언급하면서, 두 번째 사역을 성령론, 즉 '영세'(靈洗)와 관련시킨다. "대개 예수가 사람을 救援함에 그 中最要함은 두 가지니 一은 實血노 사람의 罪를 贖함이오 二는 聖靈으로 人心을 씻슴이라."[102]

論』, 99.

98 中國人 賈玉銘 原著, 朝鮮人 鄭載冕 飜譯, 米國人 李訥瑞 監修, 『組織神學 第五冊: 聖靈論』, 99.

99 中國人 賈玉銘 原著, 朝鮮人 鄭載冕 飜譯, 米國人 李訥瑞 監修, 『組織神學 第五冊: 聖靈論』, 99-100.

100 中國人 賈玉銘 原著, 朝鮮人 鄭載冕 飜譯, 米國人 李訥瑞 監修, 『組織神學 第五冊: 聖靈論』, 100.

101 中國人 賈玉銘 原著, 朝鮮人 鄭載冕 飜譯, 米國人 李訥瑞 監修, 『組織神學 第五冊: 聖靈論』, 6.

102 中國人 賈玉銘 原著, 朝鮮人 鄭載冕 飜譯, 米國人 李訥瑞 監修, 『組織神學 第五冊: 聖靈論』, 100.

가옥명에 의하면, 영세(靈洗)를 받기 위한 중요한 방법은 기도하는 것인데, '誠信한 마음'으로 기도하고, '順從하는 마음'으로 구(求)하고, "個人의 身, 心, 性, 靈, 思, 言"을 다해, "信賴하는 마음'으로 구하는 것이다.[103] 가옥명은 '영세'(靈洗)는 교회 내에서 소수만이 받는 것이 아니라, '다수신도'(多數信徒)가 받는 것으로써 "유대나 異邦이나 종이나 自主人의 分別까지 撤廢되나니라."[104] "靈洗의 特恩"은 개인뿐만 아니라, 교회에도 충만해진다.[105]

가옥명은 "靈洗의 模範"으로서 하나님의 아들 예수 그리스도가 성령으로 잉태되심과 요단 강에서 세례 받으심을 우리에게 상기시켜준다. 영세(靈洗)를 받은 그리스도인은 '수세'(水洗)만 받은 그리스도인과는 달리 "特異한 靈歷"을 가지고, 신령(神靈)한 눈과 신령한 귀를 가지게 된다.[106]

가옥명은 "靈洗의 證據"로서 방언(方言)만을 주장하는 견해를 오설(誤說)이며, 스스로를 속이는 사람이라고 주장하고, 방언을 포함하여 기도의 능력, 전도의 능력, 이적과 기사 등 성령의 다양한 은사들과 함께 성령의 열매를 강조한다. "엇지 方言만 證據된다고 固執하리오 반다시 靈洗가 方言만으로 證據될 것이 아니오 참으로 靈德, 靈能, 靈力,

---

103 中國人 賈玉銘 原著, 朝鮮人 鄭載冕 飜譯, 米國人 李訥瑞 監修,『組織神學 第五冊: 聖靈論』, 101-102.
104 中國人 賈玉銘 原著, 朝鮮人 鄭載冕 飜譯, 米國人 李訥瑞 監修,『組織神學 第五冊: 聖靈論』, 102.
105 中國人 賈玉銘 原著, 朝鮮人 鄭載冕 飜譯, 米國人 李訥瑞 監修,『組織神學 第五冊: 聖靈論』, 102.
106 中國人 賈玉銘 原著, 朝鮮人 鄭載冕 飜譯, 米國人 李訥瑞 監修,『組織神學 第五冊: 聖靈論』, 103.

靈果가 表徵이 되나니 누가 靈洗는 밧으나 이런 靈洗의 表徵이 업다 하나뇨 만일 이 表徵이 업다하면 自欺하며 欺人누함이니라."[107]

가옥명은 방언 받은 것을 영세(靈洗)의 증거로 삼는다. 특히 영덕, 영능, 영력, 영과가 없는 사람들을 비판하면서, 모든 그리스도인들이 영세(靈洗)를 사모(思慕)하고, 간절히 소원하고, 간구하여 영세를 받기를 촉구한다.[108] "성령세례에 대한 다양한 견해와 많은 논쟁이 있다. 크게 두 가지로 분류하면, 구원론에서 칭의 사건(거듭남; 예수 영접)과 관련하여 성령세례를 이해하는 경우와, 성화사건과 관련해서 이해하는 경우이다."[109] 가옥명이 이해하는 성령세례는 후자의 견해에 가깝다고 볼 수 있다. 모든 그리스도인들은 성령을 받은 이후에 성령의 은사와 열매를 통해서 성령 충만하여 능력 있고 거룩한 그리스도인의 삶을 살아야 한다. 성령세례 받은 증거는 영덕(靈德), 영능(靈能), 영력(靈力), 영과(靈果)의 징표를 보여주고, 성령 충만한 사람으로 살아가는 것이다. 지금까지 살펴본 바와 같이 대부분의 관점에서 가옥명의 신학은 개혁신학적 관점을 가지고 있었지만, 마지막으로 언급한 성령세례에 대한 이해에서 가옥명은 개혁신학적 입장보다는 오순절주의적 성령 이해로 기울어져 있는 것으로 판단된다.

107　中國人 賈玉銘 原著, 朝鮮人 鄭載冕 飜譯, 米國人 李訥瑞 監修, 『組織神學 第五冊: 聖靈論』, 104.

108　中國人 賈玉銘 原著, 朝鮮人 鄭載冕 飜譯, 米國人 李訥瑞 監修, 『組織神學 第五冊: 聖靈論』, 105.

109　최윤배, 『성령론 입문』(서울: 장로회신학대학교출판부, 2010), 121.

Ⅵ. 결론

한, 중 수교 20주년을 맞이한 2012년 올해는 한, 중 양국의 기독교 신앙과 신학의 상호 협력 강화와 교류증진을 위해 매우 중요한 해이다. 역사적으로 매우 중요한 시점에서 우리는 약 80년 전(1931년) 한국 장로교회 신학에 영향을 미친 중국 신학자 가옥명(賈玉銘; Rev. Dr. Prof. Chia Yu Ming; Ka Ok Myeng in Korean, 1879.1.19-1964.6.12)의 성령론 분석을 통해 향후 한, 중 양국의 기독교 신앙과 신학의 현재와 미래의 바람직한 발전을 위해 양국 간의 과거의 관계에 대한 연구를 시도하였다.

본고에서 우리는 가옥명의 생애와, 그의 신학의 한국신학에 대한 영향, 그의 책과 한국어 번역서와의 차이점에 관하여 간단하게 언급하고, 한국어 번역서『성령론』을 중심으로 그의 성령론 이해를 살펴보았다. 또한 그의 성령론 이해와 관련하여 우리는 가옥명이 이해한 성령의 위격과 사역을 간략히 다루고, 구원 순서와 성령세례에 집중했다.

우리가 논의한 내용을 몇 가지로 요약하고 평가하면 다음과 같다.

첫째, 가옥명의 조직신학 저서가 1931년(소화 6년)에 한국어로 번역되어, 그 당시 한국에서 가장 대표적인 신학교인 평양 "장로회신학교"의 신학교재로 사용되어 한국 선교 초기 한국 신학 사상에 영향을 미쳤고, 지금도 한국에서 조직신학을 보통 6개 각론(各論; loci)으로 분류하여 가르치는 것은 가옥명의 한국어 번역서로부터 비롯되었고 볼 수 있다.

둘째, 번역 과정에서 한국어 번역서에 새로운 세 장(章)들(three chapters), 즉 "第六章「基督과 聯合함」", "第八章「義子됨」", "第十章「確知와 堅忍의 恩惠」"가 첨가되었다. 양자 간의 차이점은 복음주의자

가옥명과 개혁신학자 이눌서 간의 신학적 차이에서 비롯된 것으로 추론해 볼 수 있을 것이다.

셋째, 가옥명은 성령을 하나님으로서 삼위일체 하나님의 한 위격으로 이해한다. 성령은 하나님의 영인 동시에 그리스도의 영이다. 가옥명은 성령의 그리스도와의 밀접한 이중적 관계를 강조했다. 필리오케 문제를 제외하면, 가옥명의 성령론은 삼위일체론적이다.

넷째, 그는 성령의 사역(work)을 구속사(history of salvation)적으로, 그리고 구원 순서적(救援順序的)으로(ordo salutis) 이해한다.

다섯째, 가옥명은 구원 순서와 관련하여 선소(選召), 중생(重生), 신심(信心), 회개(悔改), 칭의(稱義), 성성(成聖)을 다룬다. 가옥명이 이해한 반정(反正)은 중생에 대한 신자의 반응으로서 신자의 신심과 회개를 가리킨다. 하나님께서 선택한 사람은 일반소명을 통해서 복음을 듣게 되고, 특별소명을 통해서 복음을 받아들이게 된다. 후자의 경우 성령의 내적 조명이 반드시 동반된다. 중생은 성령의 역사로서 하나님의 자녀가 되는 것이다. 신심은 신앙으로서 지·정·의(知情意)를 포함하며, 전인적으로 이해되고, 성령의 선물이다. 회개는 지·정·의를 포함하는 전인격적인 회개이다. 칭의는 죄 사함 받는 것과 하나님의 자녀의 신분에로의 회복이다. 성성(成聖)은 성화 또는 성결로 성령을 통해 거룩해져야 할 일생동안의 과제이다.

여섯째, 가옥명은 영세(靈洗), 곧 성령세례(聖靈洗禮)를 중생 이후에 받는 성령의 은사와 성령의 열매를 통해 이룩되는 성령 충만으로 이해한다.

일곱째, 가옥명의 성령신학은 어떤 점에서는(예정론 수용 등) 개혁신학(장로교회 신학)을 공유하고, 어떤 점에서는(성령세례 이해 등) 부흥운동 신학(침례교, 감리교, 순복음교회 등)을 공유함으로써, 개혁과 정통주의 신학의 골격을 대체로 유지하면서도 복음주의 신학이라는 보다 넓은 틀을 갖고 있는 신학이다. 개혁파 정통주의 신학이 일반적으로 보여주는 성령의 약화를 가옥명은 충분히 보충해 주고 있다. 또한 부흥운동주의자들이 일반적으로 거부하는 예정론에 대해 가옥명은 하이퍼-칼빈주의(hyper-Calvinism)를 피하면서 온건한 예정론을 주장한다. 그 결과 그의 성령론 저서는 한국 기독교(개신교) 내에서 초교파적으로 무난하게 사용될 수 있는 신학교재라 사료된다.

참고문헌

김인수. 『한국기독교회사』. 서울: 한국장로교출판사, 2001.
문춘권(文春權). "중국 신학자 가옥명의 조직신학사상연구."(장로회신학대학교 대학원 미간행 Th. M. 학위논문, 2011).
민경배. 『한국기독교회사』. 서울: 연세대학교출판부, 2008.
배본철. 『한국교회와 성령세례』. 안양: 성결대학교출판부, 2004.
신승하. 『중국현대사』. 서울: 대명출판사, 1992.
이관숙. 『중국기독교사』. 서울: 쿰란출판사, 1995.
최윤배. 『성령론 입문』. 서울: 장로회신학대학교출판부, 2010.
中國人 賈玉銘 原著, 朝鮮人 鄭載冕 飜譯, 米國人 李訥瑞 監修. 『組織神學 第五冊: 聖靈論』. 平壤: 長老會神學校, 昭和六年 七月 三十日, 1931.
Chia, Yu Ming. *Pneumatology or the Work of the Holy Spirit in Salvation: Volume V. of Systematic Theology*. trans. by Cheng Chai Myen, under the oversight of W. D. Reynolds. Pyengyang, Korea: the Presbyterian Publication Fund, 1931.
Kraus, H.-J. *Reich Gottes: Reich der Freiheit*. 박재순 역. 『조직신학』. 서울: 한국신학연구소, 1986.

제 6 부

베르까우어와 오토베버와 로흐만의 구원론

제 1 장

베르까우어의 구원론

구원론과 관련해서 칭의와 성화와 신앙의 관계 문제는 콜부르그(Kohlbrugge), 까이뻐(Kuyper)와 바르트에 의해서 중요한 신학적 논의로 떠올랐다.[1] 여기에 로마 가톨릭 신학자들의 관심과 독일의 루터파 신학자(K. Holl)들의 루터에 대한 집중적인 연구가 이 문제에 대한 논의를 더욱 가속화시켰다.[2]

'구원의 순서(길, 단계)'(ordo salutis, 칭의, 성화, 영화 등)에 대한 문제는 17세기 개신교 정통주의에서 주된 관심의 대상이었다. 칼빈은 여기에 대해서 아주 단순하게 언급한다. "그리스도의 은혜를 받는 방법: 어떤 유익이 우리에게 오며, 어떤 효력이 따르는가?"(『기독교강요』 Ⅲ권 1장 1절) 칼빈의 경우, 여기서 중요한 것은 성령의 역사와 성령의

---

1   G. C. Berkouwer, *Geloof en Rechtvaardiging* (Kampen: Uitgave J. H. Kok N.V., 1949), 11.

2   G. C. Berkouwer, *Geloof en Rechtvaardiging*, 17.

은사인 신앙이다.³

신앙을 통한 칭의에 대한 신앙고백과 하나님의 선택하시는 은총에 대한 신앙고백은 교회가 일어서기도 하고 넘어지기도 하는 신앙고백에 속한다.⁴ 종교개혁 사상에서 '신앙을 통한 칭의'와 관련하여 '오직 신앙'(sola fide)과 '오직 은혜'(sola gratia)에 강조점이 주어진다. 종교개혁자들은 로마 가톨릭 교회와 오시안더(Osiander)의 종합적이고도 분석적인 칭의론에 반대하여 칭의의 법정적 성격(het forensisch karakter)을 강조했다.⁵

종교개혁자들은 여기서 '전가된 의'(imputatie)를 말하고, 로마 가톨릭 교회의 신앙의 공로적 성격을 전적으로 배격했다.⁶ "그래서, 오직 신앙-오직 은혜라는 말은 종교개혁에서 중심적이고도 총체적인 신앙고백이다. 그것은 하나님의 은혜의 복음만이라는 사실에 대한 단순한 이해와 일치한다. 이 칭의는 구원의 길의 한 단계가 아니라 삶의 전체성 속에서 모든 것을 결정하는 중요성을 갖고 있는 죄의 용서라는 말이다."⁷ 종교개혁과 개혁신학은 신앙만을 강조함으로써 선행을 무시하거나 약화시켰다는 비판을 받고 있다. 그것이 사실인가? 베르까우어에 의하면 그것은 사실이 아니다. 하나님의 자비에 기초한 신앙은 살아 있는 신앙인데, 이 신앙은 우리로 하여금 죄로부터 벗어나서 하나님과 이웃을 사랑하게 만든다. 바로 이 점에서 바울서신과 야고보서

---

3   G. C. Berkouwer, *Geloof en Rechtvaardiging*, 26-27.

4   G. C. Berkouwer, *Geloof en Rechtvaardiging*, 168.

5   G. C. Berkouwer, *Geloof en Rechtvaardiging*, 100.

6   G. C. Berkouwer, *Geloof en Rechtvaardiging*, 98.

7   G. C. Berkouwer, *Geloof en Rechtvaardiging*, 100.

는 동일선상에 서 있다.8 "구원의 길은 신앙의 길이라는 기적적인 사실을 우리는 확신한다. 왜냐하면 바로 이 신앙 속에서만 하나님의 은혜의 절대성이 인정되고 경배되기 때문이다."9

신앙과 성화의 관계에서 '오직 신앙'이라는 말은 펠라기우스주의나 반펠라기우스주의가 주장하는 하나님의 은혜와 인간의 행위 사이의 신인협동(神人協同)에 쐐기를 박는다.10 성화에서도 성령의 '역동성'에 관해서 말해야 하는데, 사람은 여기서 신앙으로부터 결코 분리되지 않는다. 오직 신앙과 오직 은혜라는 원리가 성화의 유일하고도 순전한 기초가 된다.11

베르까우어는 성화를 아예 무시하는 자유방종주의뿐 아니라 성화에 대한 잘못된 이해를 통해서 생긴 완전주의와 공로주의를 비판하면서도 성화의 시작12과 발전13에 대해서 말한다. 성화의 주요 특징은 겸손14과 그리스도를 본받음15과 하나님의 법에 대한 순종이다.16 우리는 칭의와 성화 사이를 구별하되 완전히 분리시켜도 안 되며, 완전히 일치시켜도 안 된다. 이 둘은 항상 상호관계를 유지해야 한다. 신앙, 칭의, 성화는 함께 가야 한다.

---

8   G. C. Berkouwer, *Geloof en Rechtvaardiging*, 142.
9   G. C. Berkouwer, *Geloof en Rechtvaardiging*, 199.
10 G. C. Berkouwer, *Geloof en Heiliging* (Kampen: Uitgave J. H. Kok N.V., 1949), 21.
11 G. C. Berkouwer, *Geloof en Heiliging*, 40.
12 G. C. Berkouwer, *Geloof en Heiliging*, 67-99.
13 G. C. Berkouwer, *Geloof en Heiliging*, 100-16.
14 G. C. Berkouwer, *Geloof en Heiliging*, 117-35.
15 G. C. Berkouwer, *Geloof en Heiliging*, 136-70.
16 G. C. Berkouwer, *Geloof en Heiliging*, 170-217.

신앙과 성도의 견인(堅忍) 문제는 주로 세 진영, 즉 레몬스트란턴(Remonstranten)과 로마 가톨릭 교회와 루터교회로부터 비판받았다.[17] 이 같은 비판에도 불구하고, 베르까우어는 성경에 기초하여 개혁신학 전통 속에 있는 '성도의 견인교리'를 주장한다. 베르까우어는 성도의 견인을 하나님의 훈계(경고)와 결부시킨다. "하나님의 신실하심과 하나님의 사랑의 오래 참으심이 성경 속에 나타난 훈계(경고)와 모순을 이루지 않는다는 사실은 신앙과 은혜의 상호관계로부터 잘 이해될 수 있다."[18] 베르까우어에 의하면, 견인과 기도(祈禱) 사이에 밀접한 관계가 존재한다. "성도의 견인은 기도가 중심을 이루는 하나님과 인간 사이의 살아 있는 관계 속에서만 이해될 수 있다."[19] "땅에 있는 그의 자녀들에 대한 기도의 중보자로 계시는 대제사장이신 그리스도를 기억할 필요가 있다."[20] 우리가 견인과 기도 사이에 존재하는 뗄 수 없는 관계를 생각할 때, 우리는 항상 성도의 연약함으로 인한 유혹을 기억해야 한다. 신앙의 길에서 우리는 베드로처럼 유혹을 받지만, 우리의 신앙의 원천은 하나님의 능력과 신실하심에 있다.[21] "견인과 훈계, 견인과 기도, 견인과 유혹 사이에서도 견인의 위로가 항상 앞으로 나타난다."[22]

"그러므로 계(언)약과 위로의 연결고리(반지)는 함께 연결되어 있

---

17 G. C. Berkouwer, *Geloof en Volharding* (Kampen: Uitgave J. H. Kok N.V., 1949), 32-72.
18 G. C. Berkouwer, *Geloof en Volharding*, 95.
19 G. C. Berkouwer, *Geloof en Volharding*, 112.
20 G. C. Berkouwer, *Geloof en Volharding*, 123.
21 G. C. Berkouwer, *Geloof en Volharding*, 175.
22 G. C. Berkouwer, *Geloof en Volharding*, 177.

다. 왜냐하면 그들의 삶 속에 있는 유동성과 연약성 속에서 인간에게 불가능한 것이 하나님께는 가능하기 때문이다."[23] 그러나 우리는 성도의 견인을 하나의 이상(理想)이나 비현실성 속에서 논의하는 것이 아니라 현실성(werkelijkheid) 속에서 이해한다.[24] "성도의 견인에 대한 싸움은 신앙을 통한 그리스도 안에 이식(移植)된 불가해한 신비와 밀접한 관계 속에 있다. 그리고 한순간이라도 겸손한 신앙과 성령을 통한 기도를 벗어날 경우, 그리스도의 이식으로부터 구원받으려는 자는 이 이식의 영광으로부터 멀어질 수도 있다."[25]

---

23 G. C. Berkouwer, *Geloof en Volharding*, 191.
24 G. C. Berkouwer, *Geloof en Volharding*, 192.
25 G. C. Berkouwer, *Geloof en Volharding*, 209.

제 2 장

오토 베버의 구원론

1. 아버지와 아들의 영

베버는 성령론에 대한 접근법에 대해 먼저 간단하게 논의한다. "예수 그리스도는 우리를 위한 예언자, 제사장, 그리고 왕이시다. 그러나 우리는 이것이 어떻게 보다 자세하게 기술될 수 있는지를 물어야 한다. 계속되는 질문은 예수 그리스도께서 우리를 위해서 하셨던 것이 그의 교회공동체의 행동 속에서, 그리고 세상 속에서 상응(Entsprechung) 관계를 가지고 있는지 없는지이다."[1] 베버에 의하면, 이 문제는 주로 성령론의 문제와 '적용된 은혜'(gratia applicatrix)의 문제와 관련된다.[2]

우리가 성령의 사역에 대해서 말할 때, 그것은 하나님의 사역과 그

---

1   O. Weber, *Grundlagen der Dogmatik II* (Neukirchen: Verlag der Buchhandlung des Erziehungsvereins, 1962), 261.

2   O. Weber, *Grundlagen der Dogmatik II*, 261.

리스도의 사역을 의미한다. 누가에게 오순절 사건은 구원의 시대의 도 래이지만, 요한에게는 성령이 아직도 주어지지 않았고 종말론적 사건 이 발생하지 않았다.³ 성령, 하나님의 영, 그리스도의 영은 그의 사역 의 시초와 관련해서 자신의 정해진 시간을 갖는다. 성령은 우리에 대 한 '상응'의 관계 속으로 들어가기 때문에(롬 8:16), 성경은 성령론적 가현설을 알지 못한다.⁴ '아라본'(ἀρραβών)이라 불리는 성령은 종말 론적 은사이다.⁵

베버는 성령의 사역과 관련해서 대체로 『기독교 강요』(1559)에 나 타난 칼빈의 성령 이해와 바르트의 성령 이해를 수용하여 주로 '기독 론적 · 응(적)용적 성령론'을 전개시킨다.⁶ "하나님은 성령 안에서 자 신이 창조자 되심과 화해자 되심을 보여 주시고, 그 속에서 성령은 우 리를 성화시키신다."⁷ "성령은 하나님께서 창조자와 화해자이심을 증 명해준다. 성령은 그리스도의 사역을 우리의 것이 되게 만들어 준다. 성령은 자기 자신에 대한 어떤 것을 하실지라도, 성령은 그 사역 이 외에 다른 어떤 것을 하시지 않는다. 성령은 그리스도의 사역을 우리 가 소유하도록 만들 수 있다. 왜냐하면 이 사역은 그 속에서 자신의 사

---

3   O. Weber, *Grundlagen der Dogmatik* II, 269.

4   O. Weber, *Grundlagen der Dogmatik* II, 269.

5   O. Weber, *Grundlagen der Dogmatik* II, 270.

6   성령의 사역을 그리스도의 객관적 사역의 주관적인 적용 또는 응용으로 이해하는 칼빈과 바르트 등의 개혁신학 전통에서 일반적으로 나타나는 성령의 사역에 대한 이해를 네덜란드의 개혁신학자 헨드리꾸스 베르꼬프는(1914-1995) '인식론적 · 적용(응용)적 · 주관적' 성령론 으로 명명했다. H. Berkhof, De leer van de Heilige Geist, Nijkerk 1964, pp. 23-24를 참 조하라.

7   O. Weber, *Grundlagen der Dogmatik* II, 276.

역을 포함하고 있기 때문이다.[8] 베버는 칼빈처럼 그리스도의 삼중직(munus Christitriplex)을 성령론적으로 이해한다. "예수 그리스도의 '삼중직'(dreifache Amt)은 그리스도 안에서 그것의 존재를 갖고 우리 속에서 표현된 그 효과를 성령의 삼중적 활동성 속에서 성취한다."[9]

성령의 주요사역은 평화의 수립뿐만 아니라 입양(入養)의 문제와 관련된다. 성령은 자녀의 신분으로 받아들이는 '입양'에 효력을 미친다. 입양된다는 것은 자유를 의미하고, 상속을 받는 것을 의미한다.[10] 성령은 우리를 자유케 하시는 분이다. "주의 영이 계시는 곳에 자유함이 있다."[11] "예수 그리스도는 성령에 의해서 기록된 말씀과 성령에 의해서 효과가 일어나는 말씀 속에서 우리를 위해 살아 계시는 주님이시다."[12]

2. 칭의와 성화

베버는 루터와 함께 칭의(Rechtfertigung)의 위치는 교회가 일어서거나 넘어지는 문제(articulus stantis et cadentis ecclesiae)라고 말한다. 트렌트 공의회도 '죄인의 칭의'(justificatio impii)에 대해서 언급했지만, 로마 가톨릭 신학에서는 항상 '협동하는 은총'(gratia cooperans) 사상을 통한 신인협동주의(Synergismus)의 위험성을 가

---

8   O. Weber, *Grundlagen der Dogmatik* II, 276.
9   O. Weber, *Grundlagen der Dogmatik* II, 276.
10 O. Weber, *Grundlagen der Dogmatik* II, 283.
11 O. Weber, *Grundlagen der Dogmatik* II, 288.
12 O. Weber, *Grundlagen der Dogmatik* II, 291.

지고 있다. 16세기의 종교개혁자들은 로마 가톨릭 신학에 반대하여 칭의의 법정적(Forensisch) 성격을 강조했다. "칭의는 전인(全人)을 만나시고 판단하시는 하나님의 판결(Urteil)의 선언이다. 적어도 일차적인 의미에서 칭의는 인간 속에 이미 존재하거나 인간으로부터 발전되거나 인간으로부터 발생한 어떤 것이 아니라 판결(Richterspruch), 즉 법정적 행위(actus forensis)로서 선언적(deklaratorisch)으로 이해되어야 한다."[13] "칭의는 선언적 행위이다."(Rechtfertigen ist deklaratorischer Akt!).[14]

'낯선 의'(aliena iustitia)가 그리스도를 통하여 전가되는 것(imputatio meriti Christi)은 '오직 신앙을 통해서만'이다. 이것은 '행위(공로)를 통한 의'가 아니라 '신앙을 통한 의'이다. "종교개혁의 '오직 믿음'(sola fide)이라는 사상은 '오직 그리스도'(Christus solus)라는 사상의 다른 형태일 뿐이다."[15] "우리의 죄에 대한 하나님의 강력한 부정(Nein)을 포함하는 하나님의 긍정(Ja)은 예수 그리스도를 믿는 자를 위하여 세상으로 전향했던 하나님의 긍정이다. '왜냐하면 하나님께서 세상을 이처럼 사랑하셨기 때문이다.'"[16]

베버는 칭의와 성화(Heiligung)의 관계 문제와 관련해서 양자를 동일시하거나 분리시키거나 양극화시키는 것에 반대하고, 양자를 서로 구별하면서도 상호 밀접하게 연결시킨다. "칭의는 성화의 근원적인 원인이 아니라 계속적인 근거이다. 또한 성화는 칭의의 순전한 결과

---

13 O. Weber, *Grundlagen der Dogmatik* II, 328.
14 O. Weber, *Grundlagen der Dogmatik* II, 329.
15 O. Weber, *Grundlagen der Dogmatik* II, 352.
16 O. Weber, *Grundlagen der Dogmatik* II, 354.

(Folge)가 아니라 인간의 구체적인 삶속에 나타나는 칭의의 살아 있고 연속적인 효과(Auswirkung)이다."[17]

---

[17] O. Weber, *Grundlagen der Dogmatik* II, 370.

제 3 장
로흐만의 구원론

I. 서론

올해 2015년 10월 31일은 종교개혁기념 498주년을 맞는 해이고, 오는 2017년은 종교개혁 500주년을 기념하는 해이다. 이같이 중요한 역사적 시점에서 그동안 잊혀졌던 "얀 후스(Jan Hus, 1370년경-1415) 순교 600주년을 맞이하여, 얀 후스 전통에 뿌리를 두고 있는 체코의 위대한 현대 개혁신학자 얀 밀리치 로흐만(Jan Milič Lochman, 1922.4.3.-2004.1.21.)에 대한 연구는 큰 의의가 있을 것으로 사료된다. 더구나 현재 국내에서 로흐만의 주저서는 상당히 번역되어 한국 신학계에 영향을 미쳤고, 그의 제자인 한국 신학자도 몇 명 있지만,[1] 여기에 비해 그에 대한 연구는 그리 많지 않은 상황이다.[2] 우리는 주로 로

---

1   총회교육자원부 편, 『개혁교회의 역사와 신학』 (서울: 한국장로교출판사, 2004), 434쪽의 각주 1, 2, 3 참조.
2   참고, 「기독교 사상」 제182권, 261권, 294권, 441권, 「신학논총」 제2집, 「목회와 신학」

흐만의 주저 『화해와 해방』을 중심으로 그의 구원 이해에 대해 논의하고자 한다.³

로흐만은 1922년 4월 3일 그 당시 체코슬라바키아 노베 메스토(Nove Mesto na Metuji)에서 태어나, 2004년 1월 21일에 심장마비로 인해 향년 81세로 바젤에서 하나님의 품에 안기고, 1월 29일에 바젤시(市) 뮌스터교회에서 장례예배가 열렸고, 1월 31일에 오늘날 체코의 노베 메스토에서 장례식이 열렸다. 그는 프라하 대학 교수(1960)를 지냈고, "프라하의 봄" 사건을 계기로 스위스로 망명하여(1968), 바젤 대학 교수(1969)와 총장을 역임했다.⁴

Ⅱ. "포괄적", "통전적" 구원론5

1. "포괄적", "에큐메니칼적" 구원론

신학과 목회와 선교 현장에서 "영혼 구원이냐?" "사회 구원이냐?"라는 질문은 오랜 논쟁의 역사를 갖고 있어, 그것이 21세기에는 과거의

통권 76권 등.

3 Jan Milič Lochman, *Versöhnung und Befreiung*, David Lewis(tr.), *Reconciliation and Liberation: Challenging a One-Dimensional View of Salvation*(Belfast: Christian Journals Ltd., 1980), 7.

4 보다 자세한 그의 생애를 위해 다음을 참고하시오, 총회교육자원부 편, "얀 밀리치 로흐만: 화해와 해방을 지향하는 개혁신학," 『개혁교회의 역사와 신학』(서울: 한국장로교출판사, 2004), 405-413; 얀 밀리치 호르만/김원배 · 정미현 편역. "개혁신학자로서 내가 걸어온 길," 『살아있는 유산』(서울: 한국기독교장로회 신학연구소, 1997), 161-189.

5 참고, "온 신학"적 내용과 방법이 매우 유사하다. 김명용, 『온 신학 Ohn Theology』(서울: 장로회신학대학교출판부, 2014).

케케묵은 질문으로 치부될지 모르지만, 사실상 오늘날에도 여전히 국내의 신학과 목회와 선교 현장은 물론 세계의 신학과 목회와 선교 현장에도 두 가지 주장이 첨예하게 양극화되고, 양분화 된 심각한 현실이 종종 목격된다. 동유럽에서 출생하였지만, 동유럽과 서유럽을 오가면서 기독교적 삶과 신학적 활동을 하고, 특히 세계교회협의회(WCC)를 중심으로 에큐메니칼 운동에 관여한 로흐만은 어느 누구보다도 성서주석과 실존적 경험을 통해 이같이 양분화 된 구원론적 사고를 극복하기 위해 『화해와 해방』이라는 책을 저술하였다.

"이 책을 쓰게 된 나의 목적은 포괄적, 에큐메니칼적 구원관(a comprehensive ecumenical view of salvation)을 전개시키는 것이다. 이 작업은 끝이 없는 과제이다. 왜냐하면 하나님과 인간성 사이, 하늘과 땅 사이, 구원 역사(歷史)와 세계 역사(歷史) 사이의 관계성은 너무나도 분명할 정도로 예수 그리스도에 대한 이야기 속에 있는 성서적 신앙의 핵심 그 자체와, 형태와 분리될 수 없는 부분이다. 신학의 주제는 그것에 대한 성서적 기초에 근거하여 두 차원적이다. 만약 우리가 에큐메니칼적 용어를 채택하여, '수직적' 차원과 '수평적' 차원에 대해 말한다면, 우리는 이 두 차원들이 상징적으로, 그리고 실제적으로 예수의 십자가 속에서, 사도적 '십자가의 복음'속에서 교차한다(서로 만난다)고 말해야 할 것이다. 이 두 차원들은 혼동되거나 분리되지 않고, 해체될 수 없는 일체성(unity)을 구성한다. 오직 그렇게 함으로써 이 두 차원들은 신학의 전체 주제를 제공한다."[6]

---

6 Jan Milič Lochman, *Versöhnung und Befreiung*, David Lewis(tr.), *Reconciliation and Liberation: Challenging a One-Dimensional View of Salvation*, 7.

로흐만에 의하면, 어떤 사람들은 두 차원들 사이의 긴장에 대한 인내를 잃어버린 나머지, 두 차원들 사이의 긴장을 견디지 못할 뿐만 아니라, 심지어 이런 긴장이 모순이라고까지 생각한다. 어떤 사람들은 두 차원들 사이의 긴장을 완화시키거나 심지어 그 긴장을 제거하려고 한다. 어떤 사람들은 기독교를 현세에 대한 철저한 거부와 내세에 대한 영원한 지복(至福)을 약속하는 순수한 구속(救贖) 종교로 간주한다.7 그 결과 사람들은 기독교를 순수한 영성의 피난처로 받아들이거나 '민중의 아편'(opium of the people)으로 거부한다. 어떤 사람들은 모든 것을 변혁시키는 전적 타자(他者)로서의 하나님에 대한 인간의 갈망을 문화의 일시적 소산물로 간주하여, 이것을 성서적 메시지로부터 제거해 버린다. 이런 시도들에 의해, 두 차원들 사이의 대화적 동맹(dialogical alliance)은 독백적 경쟁(monological rivalry)으로 대체된다.

로흐만은 두 차원의 양극화는 결국 한편으로는 "경건주의적 현실도피주의"(pietistic escapism)로, 다른 편으로는 "정치화"(politicization) 내지 "정치에로의 도피"로 귀결됨을 비판하고, 자신의 실존적 경험을 통해 일차원적 구원관의 위험성을 다시 한 번 더 다음과 같이 경고한다.

"동유럽과 서유럽 양쪽에서 신학자와 교인으로서의 나의 경험은 구원에 대한 그 같은 일차원적인 견해들이 얼마나 문제가 되며, 얼마나 위험한 지를 나에게 가르쳐 주었다. 왜냐하면 이런 사실은 바로 위에

---

7 Jan Milič Lochman, *Versöhnung und Befreiung*, David Lewis(tr.), *Reconciliation and Liberation: Challenging a One-Dimensional View of Salvation*, 7.

서 주어졌으며, 또한 오늘날 교회의 상황의 관점에서도 나타나기 때문이다. 우리가 '수직주의자들'이나 '수평주의자들' 사이의 양자택일을 해야 한다는 사실이 잘못되게 가정(假定)될 때, 마르크스 사회주의적 사회와, 자유 자본주의적 사회와, 에큐메니칼 운동의 삶이라는 매우 다른 세 가지 상황들 속에서 심각한 손상이 교회 증언과 교회 봉사의 진정성과 완전성에 가해졌다."[8]

로흐만은 '구속'(redemption)이라는 용어보다는 '구원'(salvation)이라는 용어를 더 선호하며, 평화(샬롬)라는 성서적 용어처럼 구원이라는 성서적 용어도 본질적으로 포괄적인 것으로 이해한다.

"확실히 성서적 의미에서 구원은 화해(reconciliation)와 해방(liberation)으로 이해되고, 수용되고, 실천되어야 한다. 다른 말로 하면, 구원은 통전적으로(holistically), 포괄적으로(comprehensively) 이해되고, 수용되고, 실천되어야 한다. 이 책에서 나의 주된 목적은 이 진리의 증진을 위한 겸손한 공헌을 하는 것이다. 나의 개인적 경험들과 또한 내가 서 있는 체코의 종교개혁 전통의 유산은 이 주제에 대한 나의 관심을 설명하는데 도움을 준다."[9]

8　Jan Milič Lochman, *Versöhnung und Befreiung*, David Lewis(tr.), *Reconciliation and Liberation: Challenging a One-Dimensional View of Salvation*, 8, 참고, 8-9.

9　Jan Milič Lochman, *Versöhnung und Befreiung*, David Lewis(tr.), *Reconciliation and Liberation: Challenging a One-Dimensional View of Salvation*, 9.

2. "에큐메니칼적" 구원론의 기하학

로흐만은 "구원이 유대인에게서 남이라"(요 4:22)라는 성경 말씀에 유의하면서, 구약성경에서의 구원의 다차원적 기하학에 대하여 말한다. 시편 144:12-15절의 전반부는 인간의 생물학적, 생리학적, 사회적, 정치적 요구들과 필요성과 관련하여 구원을 말씀하는 동시에, 후반부는 구원의 수직적 차원을 더욱 심오하게 말씀한다. 다시 말하면, 이 시편은 인간 실존에 대한 전망의 문제뿐만 아니라, 이스라엘의 하나님에 대한 우리의 전망에 대해서도 언급한다.[10] "이러한 백성은 복이 있나니 여호와를 자기 하나님으로 삼는 백성은 복이 있도다."(시 144:15) "그렇게도 새롭게 하는 구체성과 지상성(earthiness)을 묘사하고, 설명한 구원에 대한 시편 기자의 희망은 고정된 현주소를 갖는 바, 곧 그것은 천지의 창조자이신 이스라엘의 여호와 하나님께 닻을 내리고 있다."[11]

로흐만에게서 하나님의 이름은 우리의 실천과 연결된다. 여기서 하나님은 우리의 세계와 멀리 있는 신성(神性)에 대한 추상적인 개념이 아니라, 유대인의 여호와 하나님이시며, 우리 주 예수 그리스도의 하나님이시다. "이 하나님은 모든 인간들의 하나님이신 동시에 우리의 아버지와 만물의 창조자이신 나의 하나님이시다."[12] "오직 하나님 문

---

10 Jan Milič Lochman, *Versöhnung und Befreiung*, David Lewis(tr.), *Reconciliation and Liberation: Challenging a One-Dimensional View of Salvation*, 20-22.

11 Jan Milič Lochman, *Versöhnung und Befreiung*, David Lewis(tr.), *Reconciliation and Liberation: Challenging a One-Dimensional View of Salvation*, 24.

12 Jan Milič Lochman, *Versöhnung und Befreiung*, David Lewis(tr.), *Reconciliation and Liberation: Challenging a One-Dimensional View of Salvation*, 28.

제, 그것만이 성서적으로 만족한(그리고 해방하는) '구원의 기하학'을 위한 기초를 제공한다."13

로흐만은 성서적 관점에서 구원의 다차원적 특징을 다음과 같이 결론짓는다.

"성서의 빛에서 볼 때, 구원은 유일한 하나의 차원으로 축소될 수 없다. 구원은 일차원적 실재성이 아니라, 다차원적 실재성이다. 그러므로 '수평적 차원'을 '수직적 차원'으로 전환하거나 '수직적 차원'을 '수평적' 차원으로 전환하여 구원을 일차원적으로 표현하려는 어떤 시도도 비판적으로 점검하는 것이 필요하다. 구원은 많은 국면들을 가지고 있는 사건이다."14

로흐만은 성서적 관점에서의 구원은 결국 에큐메니칼적 성격을 지님을 다음과 같이 주장한다.

"그리스도께서 성취하셨으며, 우리가 참여할 구원은 이 분리된 삶 속에서 포괄적인 전체성(comprehensive wholeness)을 제공한다. 우리는 구원을 삶의 새로움, 곧 하나님의 풍성함 속에 있는 참된 인간성에 대한 표현으로 이해한다(골 2:9). 그것은 영혼과 몸의 구원이며, 개

---

13 Jan Milič Lochman, *Versöhnung und Befreiung*, David Lewis(tr.), *Reconciliation and Liberation: Challenging a One-Dimensional View of Salvation*, 29.

14 Jan Milič Lochman, *Versöhnung und Befreiung*, David Lewis(tr.), *Reconciliation and Liberation: Challenging a One-Dimensional View of Salvation*, 29.

인과 사회의 구원이며, 인류와, '신음하고 있는 피조물'(롬 8:19)의 구원이다. … 그러므로 우리는 하나님의 선교를 통해 세계의 총체적 해방 안에 있는 요소들로서 경제적 정의, 정치적 자유와 문화적 갱신을 위한 투쟁들을 본다. 이 해방은 '죽음이 승리 안에서 삼켜진바 될' 때 (고전 15:55), 최종적으로 완성된다. 구원에 대한 이런 포괄적인 개념은 하나님의 백성 전체가 그들의 구원 참여에 대한 알맞은 포괄적 접근 방법을 요구한다."[15]

III. 구원의 중심

1. 오직 예수 그리스도의 이름으로만!

로흐만은 확신을 가지고, 구원의 중심(the centre of salvation)에 대한 신약성서의 증인들과 그들의 반응은 만장일치로 동일하다고 단정한다.

"구원의 중심은 예수 그리스도의 이름과, 인격과, 사역과 삶 속에서 발견된다. 이 증인들은 그리스도의 사건 안에서 구원 역사의 중심을 본다. '때가 차매 하나님이 그 아들을 보내사.'(갈 4:4) 예수 그리스도 안에 최종적인 인(印)이 창조자께서 그의 피조물과 함께 하시는 연대성 속에 찍혔다. '말씀이 육신이 되어 우리 가운데 거하시매 우리가 그의 영광을 보니 아버지의 독생자의 영광이요 은혜와 진리가 충만하더

15　Jan Milič Lochman, *Versöhnung und Befreiung*, David Lewis(tr.), *Reconciliation and Liberation: Challenging a One-Dimensional View of Salvation*, 30-31.

라.'(요 1:14) 그러므로 바로 여기에 구원의 기초와 근거가 있다. '이 닦아 둔 것 외에 능히 다른 터를 닦아 둘 자가 없으니 이 터는 곧 예수 그리스도라.'(고전 3:11) 무엇보다도 바로 이점에서 사도적 설교는 애초부터 단언적이고도 분명하다. '다른 이로써는 구원을 받을 수 없나니 천하 사람 중에 구원을 받을 만한 다른 이름을 우리에게 주신 일이 없음이라 하였더라.'(행 4:12)"[16]

로흐만에 의하면, 예수 그리스도의 이름이 유일한 구원의 중심이라는 이 근본적인 방향은 최초 기독교 운동에서 뿐만 아니라, 실천에서도 특징적이다. 이 근본적인 방향은 첫째, 경건의 실천(praxis pietatis)과 예전적, 의식적(儀式的) 삶 속에 해당되는 바, 모든 회중 속에서 예수 그리스도는 구원을 가져오는 분으로 예배되고, 세례 속에서 현재하는 주님으로 고백되고, 의식(儀式) 속에서 오실 심판자와 주님으로 예배된다. 또한 이 동일한 기초는 그리스도인들의 선교 사역을 강조한다.[17]

로흐만은 구원의 중심으로서의 예수 그리스도라는 기독교 메시지가 배타주의나 상대주의(relativism)나 혼합주의(syncretism)와 상충(相衝)되는 것으로 이해한다. 그는 '그리스도 일원론'(Christomonism)을 비판하고, '그리스도론적 집중'(Christological concentration)을 주장한다. "신자들이 한 분 유일한 구세주로서 고백하는 예수 그리스도

---

16 Jan Milič Lochman, *Versöhnung und Befreiung*, David Lewis(tr.), *Reconciliation and Liberation: Challenging a One-Dimensional View of Salvation*, 33-34.

17 Jan Milič Lochman, *Versöhnung und Befreiung*, David Lewis(tr.), *Reconciliation and Liberation: Challenging a One-Dimensional View of Salvation*, 34.

안에 '유대인이나 헬라인이나 종이나 자유인이나 남자나 여자나 다 하나이다.'(갈 3:28) 그리스도론 속에 정초한 구원은 그 범위 안에서 보편적이다."[18] "그리스도 안에 있는 구원은 우리로 하여금 개방적(開放的) 이론과 실천을 요구한다."[19]

2. 구원의 성서적 개념

비록 그리스도 일원론이 아니라, 구원의 중심에 대한 그리스도론적 집중은 신약성서와 구약성서가 말하는 구원 개념과 결코 분리될 수 없다. "그리스도 안에 있는 '새 계약'은 '옛 계약'의 배경 속에서만 이해될 수 있다. 여기서 다시 우리는 '구원이 유대인들로부터 나온다.'는 사실을 기억해야 한다. 곧, '구원의 중심'은 구약성서의 전주곡(前奏曲)을 가진다."[20]

구약성서에서 '구원하다', '치유하다', '구출하다' 등의 뜻을 가진 '야샤'(ישע, jasha)는 개인적 괴로움은 물론 집단적(공동체적) 고난으로부터의 해방을 뜻한다. 구약성서에서 참된 구원자는 여호와 하나님이시기 때문에, 이런 해방의 행위는 인간적 대행자들에 의해서도 수행되지만, 궁극적으로 여호와 하나님의 전능한 오른손의 능력에 의해서만 수행된다. 그러므로 구원을 노래하는 시편 기자들의 반복되는 찬양

---

18   Jan Milič Lochman, *Versöhnung und Befreiung*, David Lewis(tr.), *Reconciliation and Liberation: Challenging a One-Dimensional View of Salvation*, 36.

19   Jan Milič Lochman, *Versöhnung und Befreiung*, David Lewis(tr.), *Reconciliation and Liberation: Challenging a One-Dimensional View of Salvation*, 38.

20   Jan Milič Lochman, *Versöhnung und Befreiung*, David Lewis(tr.), *Reconciliation and Liberation: Challenging a One-Dimensional View of Salvation*, 39.

은 '어떤 사람은 병거, 어떤 사람은 말을 의지하나 우리는 여호와 우리 하나님의 이름을 자랑하리로다'(시 20:7)이다. 이스라엘의 역사(歷史)는 인간적 역사의 사악함에도 불구하고, 하나님의 구원과 해방의 역사로 이해된다. 왜냐하면 구약성서의 가장 짧은 신앙고백들 중에 하나는 '주님께서 구원하신다.', '구원의 하나님'이기 때문이다.[21]

로흐만은 출애굽 사건 등의 실례를 통해 구약성서에서 "구원은 역사적 차원을 갖는 동시에 사회적 차원을 갖는다."고 강조한다.[22] 그러나 구원은 역사적 차원과 사회적 차원을 훨씬 뛰어넘어, 가능한 가장 넓은 의미에서 해방을 뜻한다. 또한 로흐만은 창조로부터 종말에 이르는 구원의 원시론적(protological) 차원과 종말론적(eschatological) 차원에 대해 말한다.

> "구원은 '원시론적' 차원을 가질 뿐 아니라, 무엇보다도 '종말론적' 차원을 갖는다. 예를 들면, 출애굽 사건에서 구원의 경험은 역사(歷史)의 시작으로 돌아가게 하고, 역사의 끝으로 나아가게 한다. 태초에 만물의 창조자 여호와께서 그의 피조물을 혼돈의 힘들의 클러치로부터 건지셨다(시 74:12ff). 왜냐하면 마침내 아주 일찍 야샤(יָשַׁע, jasha)가 마지막 날의 구조, 도움, 구원을 의미하는 것으로 나타나기 때문이다."[23]

21　Jan Milič Lochman, *Versöhnung und Befreiung*, David Lewis(tr.), *Reconciliation and Liberation: Challenging a One-Dimensional View of Salvation*, 39.

22　Jan Milič Lochman, *Versöhnung und Befreiung*, David Lewis(tr.), *Reconciliation and Liberation: Challenging a One-Dimensional View of Salvation*, 40.

23　Jan Milič Lochman, *Versöhnung und Befreiung*, David Lewis(tr.), *Reconciliation and Liberation: Challenging a One-Dimensional View of Salvation*, 40.

로흐만에 의하면, 마지막 때의 구원은 메시야와 불가분리의 관계 속에 있으며, 메시야를 통한 구원은 유대 민족의 구원을 뛰어넘어 다른 백성들에게까지 나아간다. 그러므로 메시야의 구원은 이스라엘의 배타주의적 구원을 뛰어넘어 보편적이다. "구약성서의 구원관은 예수 그리스도의 이름과, 인격과, 역사와 불가분리적으로 연결되어 있다. 여기에 집중된 초점을 가지면서, 계속적으로 신약성서 안에 나타났다."[24] 로흐만은 신약성서에 나타난 구원관 역시 포괄적인 의미를 가지며, 특히 종말론적 성격이 강하게 나타난다고 주장한다. "이 구절들 속에 구원의 종말론적 차원이 구약성서의 배경 하에 다시 한 번 더 상상되어진다. 하나님의 나라의 도래가 인간 존재로서의 우리에게 최종적인 위기와 심판의 상황 속에서, 구속과 구원은 하나님 나라의 도래의 관점에서 보여지고 있다."[25] "종말적인 구원은 인간적 삶의 모든 영역들을 조명해준다."[26]

구약성서에서 구원이 예수 그리스도에게 집중되어 있듯이, 신약성서에서도 구원은 예수 그리스도에게 집중되어 있다. "그들에게(신약성서 기자들, 필자주) 구원은 예수 그리스도의 인격과, 역사(歷史)와 이름을 의미한다. 구원은 이 특별한 중심의 빛 속에서 이해되어야 한다. 여기서 특히 신약성서 증언자들은 애매모호하지 않고 분명하다. 그들은 구원에 대한 그들의 관점에서, 다른 자료들의 관점에 대한 강조점에서

---

24 Jan Milič Lochman, *Versöhnung und Befreiung*, David Lewis(tr.), *Reconciliation and Liberation: Challenging a One-Dimensional View of Salvation*, 41.

25 Jan Milič Lochman, *Versöhnung und Befreiung*, David Lewis(tr.), *Reconciliation and Liberation: Challenging a One-Dimensional View of Salvation*, 42-43.

26 Jan Milič Lochman, *Versöhnung und Befreiung*, David Lewis(tr.), *Reconciliation and Liberation: Challenging a One-Dimensional View of Salvation*, 41.

상당히 다를 수 있지만, 구속에 대한 구체화와 구원의 저자(著者)의 관점에서 그들은 완전한 만장일치를 보이고 있으며 조금도 주저함이 없다. 여기서 익명에 대한 어떤 여지도 없다. 그 이름이 예수 그리스도라는 점에서 어떤 실수도 없다."[27]

3. 예수 그리스도라는 이름의 신학적 중요성과 함의

로흐만에게서 그리스도는 "기독교의 고유성"에 해당된다. "그리스도 없는 기독교는 없다. … 그리스도 없는 기독교는 아무것도 아니다. 이 그리스도라는 이름, 다시 말하면, 궁극적으로 이 이름만이 실제적으로 '기독교를 구별하는 특징', 더욱 자주 사용되는 라틴어 표현으로 하면, 기독교의 고유성(proprium christianum)이다."[28]

로흐만은 성서에서 이름의 중요성을 강조한다. 성서에서 이름은 단지 관습적이고, 소리의 반향(flatus vocis)에 불과한 것이 아니다. 성서에서 이름은 그 이름을 가진 사람의 독특한 인격의 신비(神秘)를 가지고 있으며, 그 이름을 가지고 있는 자의 삶의 프로그램, 곧 삶의 표현(manifesto)이다. 성서에서 이름은 그 이름을 가지고 있는 사람의 실재성의 양도할 수도 없고, 대치할 수 없는 본질이며 존재이다. 이 사실은 신약성서의 예수 그리스도의 이름에서도 타당성을 갖는다. 이 이름은 그 이름이 함축하고 있는 사람의 권위적 현존과 역사를 나타낸다.

---

27 Jan Milič Lochman, *Versöhnung und Befreiung*, David Lewis(tr.), *Reconciliation and Liberation: Challenging a One-Dimensional View of Salvation*, 46.

28 Jan Milič Lochman, *Versöhnung und Befreiung*, David Lewis(tr.), *Reconciliation and Liberation: Challenging a One-Dimensional View of Salvation*, 47.

그리고 이 이름은 이 구원 중심에 대한 구원의 역사적 프로그램의 기본 특징들을 표현한다. 성서적 관점에서 예수 그리스도라는 이름은 구원의 증언을 위한 과정을 지시한다.[29]

히브리어 '메시야'와 헬라어 '그리스도'라는 말은 예수 그리스도의 이름과 관련하여 매우 중요하다. 예수에게 붙여진 그리스도라는 칭호는 그의 이름이며, 칭호와 이름은 불가분리로 연결되어 있기 때문에 구원의 인격적 요소들과 기능적 요소들은 분리될 수 없다. 구약성서와 유대 세계에서 제사장, 예언자, 왕은 기름 부음을 통해 세움 받았다.[30] 로흐만에 의하면, 예수 그리스도께서 자신에게 메시야라는 칭호를 붙이는 것을 꺼리신 이유는 자신의 메시야 이해와 그 당시의 정치적 메시야 이해 사이에 거리를 두기 위함이었다. 그러나 예수 그리스도 자신이 자신에 대한 메시야 이해는 구약성서와 신약성서 기자들의 메시야 이해와 상호 일치한다.

"'그리스도 예수!' 그 메시야가 그리스도이시다! 그 예수가 메시야이시다! 이 칭호와 인격적 이름은 도저히 해체될 수 없을 정도로 연결되어 있어, 이들은 단일한 이름 예수 그리스도를 형성하기 위해 궁극적으로 함께 접합되어 있다."[31]

---

29 Jan Milič Lochman, *Versöhnung und Befreiung*, David Lewis(tr.), *Reconciliation and Liberation: Challenging a One-Dimensional View of Salvation*, 47-48.

30 Jan Milič Lochman, *Versöhnung und Befreiung*, David Lewis(tr.), *Reconciliation and Liberation: Challenging a One-Dimensional View of Salvation*, 49.

31 Jan Milič Lochman, *Versöhnung und Befreiung*, David Lewis(tr.), *Reconciliation and Liberation: Challenging a One-Dimensional View of Salvation*, 52.

예수 그리스도는 이스라엘의 구원 약속의 계승자이며, 새 계약의 중보자이시다. 그는 이스라엘의 불신앙과 불순종의 희생제물이 되실 뿐만 아니라, 하나님과 인간 사이에 다리를 놓으시는 화목자(atoner)와 화해자(reconciler)가 되셨다. 그의 삶과, 죽음과 부활은 초기 기독교 메시지의 핵심을 형성한다. 그는 구약과도 관련을 맺고 있다.[32]

로흐만은 신약성서에서 '그리스도 안에서'(en Christo)가 갖고 있는 구원론적 함의에 대해 논증한다. "'그리스도 안에서'(en Christo)라는 형식을 가지고 사용된 다양한 용어들이 인상적으로 표현하고 있듯이, 그리스도 안에 있는 구원은 영, 영혼, 그리고 그 이상에 대한 영역들만을 포함하는 것이 아니라 기독교적 전체 삶을 포함한다."[33]

'여호수아'라는 이름을 가진 인물은 구약성서에도 나타나고, A.D. 2세기 초에도 나타나는 인물의 이름이었다. 이 이름이 가진 외적인 평범함의 가장 큰 특징에도 불구하고, 가장 중요한 의미를 가진다. 이 이름 속에 표현되어 있는 내용은 그것의 문화적, 종교적 연관성과 함께 구세주의 절대적인 인간성이며, 그것과 함께 구원의 구체적 역사성이다.[34] "예수 그리스도의 이름 안에 있는 구원은 정확하게 분리(分離)와 소격(疏隔)을 제거하는 것이며, 화해 속에 있는 해방을 의미한다."[35]

---

32 Jan Milič Lochman, *Versöhnung und Befreiung*, David Lewis(tr.), *Reconciliation and Liberation: Challenging a One-Dimensional View of Salvation*, 52.

33 Jan Milič Lochman, *Versöhnung und Befreiung*, David Lewis(tr.), *Reconciliation and Liberation: Challenging a One-Dimensional View of Salvation*, 54.

34 Jan Milič Lochman, *Versöhnung und Befreiung*, David Lewis(tr.), *Reconciliation and Liberation: Challenging a One-Dimensional View of Salvation*, 55.

35 Jan Milič Lochman, *Versöhnung und Befreiung*, David Lewis(tr.), *Reconciliation and Liberation: Challenging a One-Dimensional View of Salvation*, 58.

4. 예수 그리스도의 삼중직론의 중요성과 함의

로흐만은 예수 그리스도의 구원하는 사역(work)과 관련하여 그리스도의 삼중직(the triple office of Christ; munus triplex Christi)을 다루면서, 그리스도의 삼중직론에서 관료주의적으로 이해될 수 있는 '직무'(office, munus)라는 용어 자체에 대한 부정적인 시각에는 동의하면서도, 이 교리가 갖고 있는 긍정적인 두 가지 측면들도 발견한다. 다시 말하면, 예수 그리스도의 구속 사역은 결코 사적인 일이 아니라, 그의 사역은 인류를 위한 하나님의 구속 사역이다. 이런 관점에서 직무라는 용어를 사용하는 것은 정당하다. 교회사 속에서 예수 그리스도의 구속 사역에 대한 일방적이거나 일차원적인 해석이 있어 왔다. 예수 그리스도의 삼중직은 우리에게 예수 그리스도의 사역 속에 있는 세 가지 차원들의 실재성과 상호 연관성을 상기시켜줌으로써 한쪽 측면만을 강조하는 경향들을 억제할 수 있게 한다.[36] "그리스도의 삼중직론은 구원론과 그리스도론에서 중요한 비판적, 방법론적 역할을 한다."[37]

로흐만에 의하면, 예수 그리스도는 단순히 구약성서의 예언자의 관점에서 보면 예언자가 아니지만, 그는 구약성서의 예언자를 훨씬 능가하는 메시야적, 종말론적 예언자이시다. 그는 예언자적 약속을 물려받았고, 구원의 역사에서 예언자적 직무(the prophetic office)를 수행

---

36 Jan Milič Lochman, *Versöhnung und Befreiung*, David Lewis(tr.), *Reconciliation and Liberation: Challenging a One-Dimensional View of Salvation*, 60.

37 Jan Milič Lochman, *Versöhnung und Befreiung*, David Lewis(tr.), *Reconciliation and Liberation: Challenging a One-Dimensional View of Salvation*, 60-61.

하였다. 그래서 그는 계시자이시자 증인이시다.[38]

예수 그리스도의 예언자적 직분의 특징은 '나사렛 선언'(the Nazareth Manifesto)인 누가복음 4장 4-21절에 잘 나타난다. 이 구절은 예수 그리스도의 예언자적 직무에 대한 관련 구조와 배경을 분명하게 보여준다. 예수의 교훈은 구속 역사 속에서 종말론적, 메시야적 배경을 보여준다.[39] 이사야의 메시야적 약속들은 사실상 하나님 나라의 도래의 표징이다. 구약성서와 신약성서 속에서 초점은 개인과 집단(공동체) 속에서의 영적(정신적), 물질적, 정치적, 그리고 사회적 곤궁(困窮)들에 집중되어 있다. 어떤 종류의 곤궁도 예수 그리스도의 선교로부터 배제되지 않는다. 예수 그리스도의 교훈은 종교적 이상주의(religious idelaism)나 정치적 유물론(political materialism)으로 인도하지 않는다. 예수 그리스도는 물질적으로나 종교적으로 가난한 자들을 부르시고, 회개와 믿음을 요구했다.[40]

예수 그리스도의 예언자적 선교의 목표는 무엇인가? 예수는 구약성서의 '은혜의 해'를 강조한다. 예수 그리스도가 선포하는 하나님의 나라는 하나님의 은혜와 사랑에 깊이 관련되는 동시에 자유와 정의의 하나님의 나라와 관련된다. 예수 그리스도는 자신의 말씀과 행동과 고난 속에서 인간에 대한 하나님의 긍정(Yes)을 증언한다. 우리 인간 세계와 인간 운동의 무자비함 속에서 우리는 하나님의 자비와 은혜가

---

38 Jan Milič Lochman, *Versöhnung und Befreiung*, David Lewis(tr.), *Reconciliation and Liberation: Challenging a One-Dimensional View of Salvation*, 62.

39 Jan Milič Lochman, *Versöhnung und Befreiung*, David Lewis(tr.), *Reconciliation and Liberation: Challenging a One-Dimensional View of Salvation*, 63.

40 Jan Milič Lochman, *Versöhnung und Befreiung*, David Lewis(tr.), *Reconciliation and Liberation: Challenging a One-Dimensional View of Salvation*, 64-65.

망각되는 것을 허락해서는 안 된다는 사실이 바로 예수 그리스도의 예언자적 교훈이다.[41]

로흐만은 예수 그리스도의 은혜에 대한 언급은 그리스도의 제사장직(priestly office; munus sacerdotale)과 관련하여 구원론에서 두 번째 단계로 인도한다고 말한다. 은혜와 진리는 예수 그리스도를 통해서 왔다(요 1:16f). "예수 안에서 주어진 교훈은 법이 아니며, 그의 진리는 단순하게 '폭로시키는 것'이 아니다. 그의 교훈은 치유를 가져다주고, 그의 진리는 구원을 가져다준다. 그는 예언자와 왕일 뿐만 아니라, 중보자(mediator)이시고, 화목자(reconciler)이시고, 제사장(priest)이시다. 예수의 이런 직분은 신약성서, 가장 분명하게 히브리서에서 분명하게 전개되고 강조되었다."[42]

히브리서는 구약성서의 제사장직의 빛에서 예수 그리스도의 제사장직을 변증적으로 해석하고 있다. 구약의 제사장들은 용서의 증언자들과 화해의 사역자들과 계약의 중보자들로서 구원을 하나님 백성의 현재적 실재성으로 만드는 바, 그의 위대한 과업이 예수 그리스도에게 맡겨지고, 예수 그리스도에 의해서 성취되었다. 중요하기는 했지만, 불완전했던 레위인들의 제사장직과는 달리 그리스도는 '영원히 멜기세덱의 반차를 따르는' 제사장(히 7:17; 히 7:21)이며, 그의 희생은 끊임없이 반복을 필요로 하는 구원의 단순한 예비적 표징에 불과한 것이 아니라, 유일하고도, 단번의 종말론적 구원 사역이다(히 9:12). 그는

---

41   Jan Milič Lochman, *Versöhnung und Befreiung*, David Lewis(tr.), *Reconciliation and Liberation: Challenging a One-Dimensional View of Salvation*, 66.

42   Jan Milič Lochman, *Versöhnung und Befreiung*, David Lewis(tr.), *Reconciliation and Liberation: Challenging a One-Dimensional View of Salvation*, 67.

새 언약의 중보자이시고, 하나님과 인간 사이의 소외를 최종적으로 극복하였다.[43]

이사야서 53장의 고난 받는 종의 노래는 고린도전서 15장 3-5절의 초기 신앙고백과 최후의 성만찬 전통(고전 11:24)에 사용되었는데, 이 전통은 예수의 죽음을 인간의 구원을 위한 대리적 속죄의 죽음(a representative expiatory death)으로 해석한다.[44]

예수 그리스도의 왕직(kingly office, munus regium)은 교리사 속에서 그의 제사장직보다 덜 주목받았다. 로흐만은 예수 그리스도의 메시지의 중심이 하나님 나라이고, 사도적 설교 속에서 그리스도의 왕직에 대한 메시지가 중요한 위치를 차지하고 있다는 사실에 비추어 예수 그리스도의 왕직에 대한 교회의 무관심에 놀라워한다.[45]

로흐만에 의하면, 왕이신 그리스도(Christ the King) 개념과 그리스도의 왕권(kingship) 개념과 그리스도 통치(christocratic) 개념은 교회사 속에서 종종 "전체주의적 신정(神政) 정치적 프로그램과 심지어 교회 통치적 프로그램"으로 오해되었다.[46] 동방이나 헬레니즘 세계나 중세에서는 왕권이 지배, 힘, 마술적 권위, 절대 전제정치 등으로 이해되었다. 그러나 로흐만은 예수 그리스도의 왕권은 구속적 희생의 인격적

43　Jan Milič Lochman, *Versöhnung und Befreiung*, David Lewis(tr.), *Reconciliation and Liberation: Challenging a One-Dimensional View of Salvation*, 67.

44　Jan Milič Lochman, *Versöhnung und Befreiung*, David Lewis(tr.), *Reconciliation and Liberation: Challenging a One-Dimensional View of Salvation*), 70.

45　Jan Milič Lochman, *Versöhnung und Befreiung*, David Lewis(tr.), *Reconciliation and Liberation: Challenging a One-Dimensional View of Salvation*, 71.

46　Jan Milič Lochman, *Versöhnung und Befreiung*, David Lewis(tr.), *Reconciliation and Liberation: Challenging a One-Dimensional View of Salvation*, 71.

능력, 봉사와 헌신, 인간 사랑과 화해 등으로 이해되어야 함을 강조한다. 곧, 예수 그리스도는 독재를 통해서가 아니라, 사랑과 자발적인 섬김을 통해서 통치하신다. 그러므로 참된 주님은 나사렛에서 오신 섬기는 인간이시다. 힘을 통한 구원이 아니라, 구원의 능력이 그의 길이고, 그의 사역이다.[47] 구원의 참된 권위가 예수 그리스도의 권위이다. 구원은 하나님의 아들의 희생을 통해 죄의 용서와 구속을 보장할 뿐만 아니라, 동시에 그것은 우리를 제자도로 인도하신다.

로흐만은 그리스도 왕직의 구원론적 차원을 윤리적 차원에까지 확장시킨다. 그리스도의 왕직에서 구원론의 윤리적 차원은 그 다음 단계의 중심으로 들어간다. 우리가 이런 윤리적 차원을 도덕주의와 혼돈하지 않도록 로흐만은 경고한다.[48] 직설법적 복음은 복음의 명령법으로부터 분리되지 않는다.[49]

로흐만은 그리스도의 왕권의 두 가지 국면 또는 형태, 곧 교회와 세계를 상호 분리시키지 말고, 상호 구별할 것을 강조한다. 그리스도의 통치(sovereignty)는 일차적으로 교회를 의미하며, 그것은 신앙 속에서 이해되고 증언된다. 기독교 신앙고백에서 그리스도는 교회의 주님으로 고백되어진다. 교회는 그리스도의 몸이며, 기독교적 공동체인 교회는 그리스도의 왕적 통치의 구체적 상황이다.[50]

---

47 Jan Milič Lochman, *Versöhnung und Befreiung*, David Lewis(tr.), *Reconciliation and Liberation: Challenging a One-Dimensional View of Salvation*, 72.

48 Jan Milič Lochman, *Versöhnung und Befreiung*, David Lewis(tr.), *Reconciliation and Liberation: Challenging a One-Dimensional View of Salvation*, 72.

49 Jan Milič Lochman, *Versöhnung und Befreiung*, David Lewis(tr.), *Reconciliation and Liberation: Challenging a One-Dimensional View of Salvation*, 73.

50 Jan Milič Lochman, *Versöhnung und Befreiung*, David Lewis(tr.), *Reconciliation*

그리스도의 통치의 첫 번째 국면을 언급한 로흐만은 그리스도의 통치의 두 번째 국면에 대해 언급한다. 비록 그리스도의 통치(kingship)의 성서적 비전(vision)은 성령론적, 교회론적 기초(근거)를 가지고 있을지라도, 그리스도의 통치는 동시에 분명히 교회의 범주를 훨씬 더 넘어 간다. 교회의 주님은 '모든 통치자와 권세의 머리'(골 2:10)이시다. "그는 세계의 주님이시다. 비록 우주론적 접근방법이 거짓일지라도, 그리스도의 왕직의 우주론적 지평은 불가피하다. … 그리스도의 왕직과 하나님의 나라는 '온 세계'와 연관된다. 여기에 대한 증언은 교회의 경계선에서 멈출 수 없다. 아주 초기부터 기독교는 자신을 단지 사적 종교(private religion) 운동이 아니라, '공적 구원'(public salvation) 운동으로 알려졌다."[51]

그리스도의 왕직에 대한 증언에서 중요한 것은 성령이라는 로흐만의 주장은 올바른 주장이다. 곧 그리스도 통치(Christocracy)는 성령의 통치(Pneumatocracy)를 통해서 실현된다.

"내가 그것을 본 것처럼, 그리스도의 왕권에 대한 성령론적 실재성이 신앙 속에서 받아들여질 때, 그리스도의 왕권에 대한 참된 증언이 일어난다. 그리고 그것과 함께 종말론적인 '아직 아니'에 대한 완전한 인식 안에서 그 성령론적인 실재성의 '특별한 특징들'에 일치하게, 그리고 특징들에 의해서 지시된 방향 속에서 화해와 해방과 함께 이미 절제된 통찰과 화해와 해방을 위한 참된 시도가 있다. 구원의 중심은

---

and Liberation: Challenging a One-Dimensional View of Salvation, 73.
51 Jan Milič Lochman, *Versöhnung und Befreiung*, David Lewis(tr.), *Reconciliation and Liberation: Challenging a One-Dimensional View of Salvation*, 74.

우리로 하여금 우리의 삶의 바로 그 한가운데로 직면하게 한다."[52]

Ⅳ. 화해와 해방으로서의 구원

1. 화해로서의 구원

1) 성서적 화해의 특징들

로흐만은 기독교 메시지의 핵심은 화해(reconciliation)의 메시지라고 말하고, 신약성서의 주된 구원론적 진술 가운데 하나가 바로 "하나님께서 그리스도 안에 계시사 세상을 자기와 화목하게" 하셨다(고후 5:19)는 사실이다. 신약성서에서 구원은 죄의 제거를 뛰어넘어, 부활과 성화와 새 창조를 포함한다.[53]

그는 구원을 화해와 해방으로 이해하고, 이 양자를 밀접하게 연결시킨다. "구원은 화해인 동시에 해방이다. 여기서 정반대적으로 상반된 두 주제들을 상호 대립시키는 것은 나의 의도가 아니다. 성서적 관점에서 화해와 해방은 밀접하게 상호 연결되어 있다."[54] 그에 의하면, 신약에서 'katalassein'과 'katallage'라는 단어는 전적으로 바울이 사용하는 단어인데, 인간들 사이의 관계는 물론 하나님과 인간의 관계

---

52 Jan Milič Lochman, *Versöhnung und Befreiung*, David Lewis(tr.), *Reconciliation and Liberation: Challenging a One-Dimensional View of Salvation*, 75-76.

53 Jan Milič Lochman, *Versöhnung und Befreiung*, David Lewis(tr.), *Reconciliation and Liberation: Challenging a One-Dimensional View of Salvation*, 77.

54 Jan Milič Lochman, *Versöhnung und Befreiung*, David Lewis(tr.), *Reconciliation and Liberation: Challenging a One-Dimensional View of Salvation*, 78.

와, 하나님과 세계의 관계에도 사용된다.[55]

로흐만은 신약성서적 관점에서 '화해'의 몇 가지 특징을 다음과 같이 기술한다.

(1) 신약성서는 화해의 주체자(subject, agent)를 하나님과 그리스도, 곧 그리스도 안에 계시는 하나님이심을 주장한다. 하나님과 인간의 화해 관계는 상호 대등관계가 아니다. "인간에 대한 하나님의 주권(supremacy)이 모든 관점에서 유지된다."[56]

(2) 비록 화해의 주체자는 그리스도 안에 계시는 하나님이시지만, 우리는 수동적으로 하나님의 화해에 참여하는 것이 아니라 능동적으로 참여한다. 왜냐하면 우리가 화해를 얻은 것은(롬 5:11) 강요적으로 얻은 것이 아니라, 하나님께서 우리를 권면하시는 것처럼 얻었기(고후 5:20) 때문이다.[57]

(3) 칭의(justification)와 정의와 삶의 새로움(newness of life)과 같은 다른 중요한 개념들과 상호 관련되어 있다는 사실에 의해서와 마찬가지로, 신약성서 안에 있는 개념의 포괄적인 증명에 의해서도 화해 사건에 대한 동기화 하는 효과가 보여진다. 신약성서 증언의 관점에서 화해는 순전히 사적이거나 수동적인 의미에서 해석되어지는 것이 불가능하다. 화해는 우리의 내적 세계와 태도 이상을 넘어간다. 그리스도 안에서 확립된 화해는 '하나님의 세상'(God's world) 속에서 참된

---

55 Jan Milič Lochman, *Versöhnung und Befreiung*, David Lewis(tr.), *Reconciliation and Liberation: Challenging a One-Dimensional View of Salvation*, 79.

56 Jan Milič Lochman, *Versöhnung und Befreiung*, David Lewis(tr.), *Reconciliation and Liberation: Challenging a One-Dimensional View of Salvation*, 80.

57 Jan Milič Lochman, *Versöhnung und Befreiung*, David Lewis(tr.), *Reconciliation and Liberation: Challenging a One-Dimensional View of Salvation*, 80-81.

변화를 지향한다. 그것은 하나님의 정의를 구현하는 사건이기 때문에, 그것은 또한 인간 세계 속에서의 상응하는 변화를 요구한다.[58]

(4) 하나님 세계와 인간 세계 안에서 일어난 이런 변화는 임의적이거나 선택적인 것으로 간주될 수 없다. 화해는 우선적으로 하나님과 인간 사이에 있는 적의(敵意, enmity)을 제거하는 것을 의미한다. 하나님과 인간 사이의 소격과 적의와 진노는 죄로부터 비롯되었다. 하나님께서 타락한 인간들과 화해하기 위해 자신의 아들을 죄인이 되게 하심으로써 화해를 성취하셨다.

"화해는 그리스도의 전 삶의 목적이다. 그의 삶의 모든 차원에서 그는 중보자이시다(딤전 2:5; 히 18:6; 히 9:15; 히 12:24). 그러나 중보자와 화해자로서의 그의 역할의 사실이 가시적이 된 것은 무엇보다도 그의 고난과 죽음이다. 그러므로 그리스도의 십자가, 그리스도의 희생은 화해하는 사건에서 결정적으로 중요하다. 십자가는 우리의 화해의 '효과적 원인'(efficient cause)이다."[59]

(5) 하나님과 인간 사이의 평화는 그리스도의 십자가 속에서 확립되었기 때문에, 우리 인간 속에서의 화해는 평화를 확립하기 위한 우리의 부름과 선교를 의미한다. 아주 구체적인 과제는 교회 공동체가 화해의 장소가 된다. 바울이 복수적(複數的)인 첫 사람 안에서의 화

---

58 Jan Milič Lochman, *Versöhnung und Befreiung*, David Lewis(tr.), *Reconciliation and Liberation: Challenging a One-Dimensional View of Salvation*, 81.

59 Jan Milič Lochman, *Versöhnung und Befreiung*, David Lewis(tr.), *Reconciliation and Liberation: Challenging a One-Dimensional View of Salvation*, 81-82.

해에 대해서 말하는 것이 발견된다. 이것은 교회 안에서의 삶과 세계를 향한 교회의 선교 안에서의 삶은 모두 화해 사건의 지평 안에 안착되어 있다. "그리스도인들의 사회적 선교는 '화해의 봉사'(service of reconciliation)와 평화의 봉사로서만 이해될 수 있다."⁶⁰

(6) 화해가 기독교 공동체 안에서 분명하게 선포되고, 실천될 때, 그것은 그리스도인들의 범위 또는 서클(circle)에 제한될 수 없고, 참으로 우주적인 구조(構造) 안에서 일어난다. 우리는 화해 사역의 우주적(보편적, universal) 범위에 대한 이 같은 강조를(골 1:20) 진지하게 수용해야 한다. "화해는 가능한 가장 넓은 의미에서 생각해야 한다. 창조된 우주가 우리를 위해 '허무에 종속되어' 있고, 지금은 '하나님의 아들들이 나타나는 것을 고대하고'(롬 8:18f) 있듯이 하나님에 의해서 확립된 평화가 비인간적 피조물과 심지어 반역하는 우주적 힘들을 포용할 것이다."⁶¹

2) 화해에 대한 전통적 이론들

로흐만에 의하면, 신약성서의 중요한 메시지인 화해의 메시지는 초기 교회와 신학자들에 의해 크게 발전되지 못하고 초보적이기는 하나 안셀름에 의해 신학적 주제로 발전되었다. 그는 에밀 브룬너가 주장한 구원에 대한 다섯 가지 모티브를 소개한다. 첫째, 구약성서의 희생제의와 속죄하는 희생과 관련된 개념(사 53장), 둘째, 화해의 사건으로

---

60 Jan Milič Lochman, *Versöhnung und Befreiung*, David Lewis(tr.), *Reconciliation and Liberation: Challenging a One-Dimensional View of Salvation*, 82-83.

61 Jan Milič Lochman, *Versöhnung und Befreiung*, David Lewis(tr.), *Reconciliation and Liberation: Challenging a One-Dimensional View of Salvation*, 83.

서 십자가에서의 예수의 죽음에 대한 해석으로서 형벌상 고난(penal suffering)의 개념, 셋째, 계약 개념, 넷째, 속죄의 개념이 구속의 개념에 의해 대체됨, 원수를 멸함(spolatio hostium), 다섯째, 십자가에서의 그리스도의 고난과 죽음이 새 언약의 피로 화목을 이룬 유월절 어린 양의 고난과 죽음이다.[62]

로흐만은 교회사 속에서 나타난 화해론에 대한 다양한 유형들을 상호 배타적으로 이해하지 않으면서도 스웨덴 신학자 아울렌(G. Aulén)이 제안한 화해론 유형을 가장 성공적인 것으로 간주한다.

(1) 고전설

고전설은 헬라교부에 의해 형성되고 루터에 의해 철저화되었다. 인간은 죄를 지어, 사탄의 세력에 사로잡혀 하나님의 진노 하에 있다. 인간 스스로 이 우주적인 악한 세력으로부터 해방될 수 없다. 도움은 외부로부터 와야 하는데, 하나님께서 예수 그리스도 안에서 모든 피조물을 노예상태로부터 해방시키셨다. 예수 그리스도는 사탄의 세력과 싸워 승리자가 되셨다. "화해의 사역은 그리스도의 투쟁이며 승리이다."[63]

이 이론은 중세에는 어느 정도 인정되었으나 최근 신학, 특히 개신교(기독교) 신학에 의해 강한 비판을 받았는데, 이 이론 속에 조잡한 신화론적(神話論的) 요소가 강하게 있기 때문에, 이것을 비(탈)신

---

62 Jan Milič Lochman, *Versöhnung und Befreiung*, David Lewis(tr.), *Reconciliation and Liberation: Challenging a One-Dimensional View of Salvation*, 85.

63 Jan Milič Lochman, *Versöhnung und Befreiung*, David Lewis(tr.), *Reconciliation and Liberation: Challenging a One-Dimensional View of Salvation*, 87.

화화해야 한다는 것이다. 또한 이 이론에서 인간은 불화의 씨이며, 인간은 초자연적 세력 하에서 꼭두각시에 불과하다는 것이다. 그러나 로흐만은 이 이론은 우리의 태도와 오늘날의 구원론 속에 뿌리박혀 있는 편견을 제거하는데 도움을 주고, 몇 가지 장점들을 가지고 있다고 주장한다.

첫째, 로흐만은 고전설이 갖고 있는 세계관에 대한 보편적 통찰을 우리에게 상기시킨다. 인생 속에 있는 소외에 대한 견해가 엄격하고, 철저하기 때문에 이 견해는 현실적이다. "온 세상은 악마(the Evil One)의 능력 하에 있고(요일 5:19), 끊임없이 그것의 '악순환' 속에서 움직인다. 그러나 우리는 이런 소망 없는 상황에 대한 운명적 관점을 가져서는 안 된다. 이 소외 가운데 있는 것은 어떤 불변의 운명이 아니라, 인간의 죄, 곧 우리 각자의 구체적인 죄이다."[64] 로흐만은 고전설 속에서 화해와 인간의 우주적, 연대적, 에큐메니칼적 차원을 발견한다. 화해에 대해 도덕화하고, 개인주의적 이해를 갖고 있는 현대 프로테스탄티즘은 화해의 우주적 차원에 충분한 주의를 기울이지 못했다. "화해에 대한 고전설에 따르면, 인간은 고립된 개인이 아니다. 인간은 우주적 차원들과 분리된 관계에 있지 않다. 이 관계성은 역시 가역적이다. 인간의 자유는 이런 차원들에 의해 제한되어 있다. 인간은 제한되고 조건지어진 존재이고, '동료-피조물'이다. … 그러므로 이 화해론 속에는 그것의 현실성과 분리될 수 없는 연대성의 차원, 우주적, 에큐메니칼적 차원이 있다."[65]

---

64 Jan Milič Lochman, *Versöhnung und Befreiung*, David Lewis(tr.), *Reconciliation and Liberation: Challenging a One-Dimensional View of Salvation*, 90.

65 Jan Milič Lochman, *Versöhnung und Befreiung*, David Lewis(tr.), *Reconciliation*

둘째, 로흐만은 고전설의 특별한 중요성이 그것의 중심 모티브, 곧 "하나님의 능동적이고도 헌신적인 사랑의 주권"(the sovereignty of the active and committed love of God)에 있다고 본다. "희생은 하나님 자신에 의해 '드려졌다.' 그것을 성취하신 분이 하나님 자신이시다. 그는 희생자이시기 때문에 승리자이시다(victor quia victima)."[66] "하나님의 화해는 무조건적이다. 왜냐하면 그의 사랑은 투쟁과 고통 속에 있는 우리와의 연대 속에서 무조건적이기 때문이다. 그러므로 가장 깊은 의미에서 화해의 extra nos는 pro nobis이다."[67]

셋째, 로흐만이 지적한 고전설의 장점은 고전설이 화해와 해방 사이의 관계를 밀접하게 만든다는 것이다.[68]

(2) 라틴설

소위 만족설은 키푸리아누스와 특히 안셀름(Anselm of Canterbury, 1050년경-1117)에 의해 제안되었고, 종교개혁 정통주의에 의해 폭넓게 채택되었다. 고전설이 우주론적 구원론의 문제를 제기했다면, 라틴설은 죄 된 세상의 법질서에 대한 문제를 제기했다.[69]

---

and Liberation: Challenging a One-Dimensional View of Salvation, 90.

66　Jan Milič Lochman, Versöhnung und Befreiung, David Lewis(tr.), Reconciliation and Liberation: Challenging a One-Dimensional View of Salvation, 90-91.

67　Jan Milič Lochman, Versöhnung und Befreiung, David Lewis(tr.), Reconciliation and Liberation: Challenging a One-Dimensional View of Salvation, 91.

68　Jan Milič Lochman, Versöhnung und Befreiung, David Lewis(tr.), Reconciliation and Liberation: Challenging a One-Dimensional View of Salvation, 92.

69　Jan Milič Lochman, Versöhnung und Befreiung, David Lewis(tr.), Reconciliation and Liberation: Challenging a One-Dimensional View of Salvation, 93.

안셀름에게서 죄는 하나님의 명예의 훼손과 박탈(exhonoratio Dei)이다. 인간은 창조주를 배반하여, 창조 질서를 파괴하여, 하나님의 명예를 훼손했다. 안셀름에게서 화해의 문제는 만족(satisfactio)이며, 어떻게 하나님의 명예에 대한 공격이 회복될 수 있는가의 문제이다.[70] 어떤 인간도 하나님께 만족을 드릴 수 없기 때문에, 하나님의 아들이 성육신하여 신인(神人; God-man)이 되신 것이다. 만족을 통한 화해의 가능성은 하나님의 아들의 성육신밖에 없다. 로흐만은 라틴설의 신학적 동기를 다음과 규정짓는다. "구원론은 그리스도론을 위한 본질적 동기이고, 그리스도론의 내적 근거이고, 그리스도론 문제에 대한 대답이다. 그 반대로 구원론적 대답은 그리스도론적 질문을 전제한다. 그리스도론은 구원론의 전제이며, 기초이다."[71]

근대 신학은 안셀름의 화해론을 '악명높은 객관주의'(notorius objectivism)라고까지 비판한다. 비록 로흐만은 예수 그리스도의 생애 속에 나타난 하나님의 사랑의 주권을 안셀름이 정당하게 취급하지 못했다고 판단하면서도 하나님의 주권적 사랑이 안셀름이 이해한 만족의 조건들의 틀 속에 부분적으로 작용하는 것으로 판단한다. 라틴 문화의 영향 하에 있는 안셀름의 화해론 속에 구조의 필연성과 탁월한 합리성이 나타난다.[72]

70　Jan Milič Lochman, *Versöhnung und Befreiung*, David Lewis(tr.), *Reconciliation and Liberation: Challenging a One-Dimensional View of Salvation*, 95.

71　Jan Milič Lochman, *Versöhnung und Befreiung*, David Lewis(tr.), *Reconciliation and Liberation: Challenging a One-Dimensional View of Salvation*, 97.

72　Jan Milič Lochman, *Versöhnung und Befreiung*, David Lewis(tr.), *Reconciliation and Liberation: Challenging a One-Dimensional View of Salvation*, 99-100.

(3) 도덕감화설

화해론에 대한 주관적, 인간적 유형인 도덕감화설은 중세의 아벨라르(Peter Abelard, 1079-1142)와 18세기 유럽의 계몽주의 시대 이후 영향력 있는 근대 신학이 되었다. 여러 측면에서 안셀름의 이론과 아벨라르의 이론은 상호 대조를 이루었다. 아벨라르는 안셀름처럼 하나님과 인간 사이의 간격을 극복하려는 만족(satisfactio)이나 하나님 앞에 처해 있는 상황의 교정이 아니라, 차라리 인간의 주관적 조건을 위한 화해의 결과들, 즉 인간 주체의 인격적 변화, 죄로부터의 회심과 사랑 안에서 살았던 삶을 위한 해방이다. 아벨라르에게 그리스도의 삶과 사역은 결정적으로 구원론적 의미를 지닌다. 그리스도의 권위는 하나님에 대한 사랑과 우리의 동료 인간에 대한 사랑을 우리 안에 불을 붙이는 그의 유일한 능력에 의해서 증명된다. 그리스도의 참된 화해 사역은 그의 사랑의 영향력 있는 능력에 있다.[73]

로흐만에 의하면, 아벨라르의 장점은 신약성서의 중요한 메시지에 해당되는 예수 그리스도 안에 나타난 하나님의 사랑에 대한 강조(롬 5:8; 요 15:13)이다. 그러나 로흐만은 신약성서의 메시지에 대한 아벨라르의 피상적인 전개 방법을 비판한다. 다시 말하면, 아벨라르는 고전설과 안셀름이 심각하게 제기했던 소외(疏外)의 심연(深淵), 죄와 죽음으로부터 인간이 받는 위협 등을 심각하게 고려하지 못했다.[74]

---

[73] Jan Milič Lochman, *Versöhnung und Befreiung*, David Lewis(tr.), *Reconciliation and Liberation: Challenging a One-Dimensional View of Salvation*, 101.

[74] Jan Milič Lochman, *Versöhnung und Befreiung*, David Lewis(tr.), *Reconciliation and Liberation: Challenging a One-Dimensional View of Salvation*, 102.

(4) 제 이론들의 지속적인 관련성과 적절성

로흐만은 기독교 교리사의 배경에서 두 가지 관점, 즉 그것의 변증법적인 통일성과 오늘날 우리의 시대를 위한 관련성(적절성)을 주장한다. 로흐만은 앞에서 논의한 세 화해론들은 성서에서 화해라는 주제를 선택하여 그 시대 상황 속에서 전개되었기 때문에, 세 이론들을 상호 배타적으로 이해할 것이 아니라, 상호 보완적으로 이해할 것을 촉구하여 '변증적 통일성'(dialectical unity)을 주장한다. "세 가지 위대한 화해론은 - 고전설, 라틴설, 인간주의적 화해론 - 상호 배타적인 것이 아니라, 상호 보완적이다."[75]

오늘날도 이 세 유형의 화해론은 안내(guidance)와 지침으로서 우리에게 계속적으로 관련을 맺는다. 로흐만은 세 가지 유형의 화해론으로부터 우리의 주제와 관련성이 있는 강조점들을 선택한다.

첫째, 로흐만은 고전설로부터 '승리자 그리스도'(Christus victor)라는 주제를 강조한다. 이것은 하나님의 사랑의 절대성을 강조하는 바, 하나님의 사랑의 절대성은 소외된 어둠과 죄와 사망 속에 있는 세상을 해방시킨다. 이것은 블룸하르트의 '승리자 예수'(Jesus is victor)라는 사상과 맥을 같이한다.[76]

둘째, 로흐만은 특히 신학자들은 안셀름의 화해론으로부터 화해의 복음에 대한 안셀름의 신학적 전문성(professio)의 훈련과 신앙고백(confessio)의 훈련을 배울 것을 촉구한다. 신학자들은 지성적인 신앙

---

[75] Jan Milič Lochman, *Versöhnung und Befreiung*, David Lewis(tr.), *Reconciliation and Liberation: Challenging a One-Dimensional View of Salvation*, 104.

[76] Jan Milič Lochman, *Versöhnung und Befreiung*, David Lewis(tr.), *Reconciliation and Liberation: Challenging a One-Dimensional View of Salvation*, 106.

에로 초대받는다.⁷⁷

셋째, 예수 그리스도 안에서 일어난 속죄(atonement)는 '지상적 드라마'이다. 그것은 현실 존재로서의 인간을 다루고, 우리의 상황을 변화시키고, 우리로 하여금 회개와 갱신을 가능하게 한다. 속죄는 우리의 내적 인간 세계뿐만 아니라, 우리의 외적, 공적 세계에도 의미를 가진다. 그러므로 기독교적 화해 비전(vision)은 실천적, 윤리적, 심지어 정치적 결과들을 가진다.⁷⁸

3) 화해의 윤리적, 정치적 우선성

로흐만은 화해론을 우리로 하여금 화해 윤리의 실천에로, 그리고 평화운동에로 적극적으로 인도하게 한다. "우리의 인간 세계에서 성취된 화해는 화해와 평화를 위한 사역을 맡는 의무와 책임을 위한 기초이다."⁷⁹ 무엇보다도 화해는 우선적이어야 한다. "하나님의 철저한 뜻은 오직 '화해'에 의해서만 만족된다." 예수 그리스도의 산상수훈의 마태복음 5장 23-24절의 내용은 화해의 우선성을 말해준다. "기독교적 윤리는 화해의 윤리이다. … 화해를 준비하는 것과 화해에 봉사하는 것은 삶과 운동과 프로그램과 단체가 '기독교적'인지를 결정하는 것이 된다."⁸⁰

77　Jan Milič Lochman, *Versöhnung und Befreiung*, David Lewis(tr.), *Reconciliation and Liberation: Challenging a One-Dimensional View of Salvation*, 107.

78　Jan Milič Lochman, *Versöhnung und Befreiung*, David Lewis(tr.), *Reconciliation and Liberation: Challenging a One-Dimensional View of Salvation*, 108.

79　Jan Milič Lochman, *Versöhnung und Befreiung*, David Lewis(tr.), *Reconciliation and Liberation: Challenging a One-Dimensional View of Salvation* 109.

80　Jan Milič Lochman, *Versöhnung und Befreiung*, David Lewis(tr.), *Reconciliation*

로흐만은 화해의 우선성이 화해의 이데올로기로 오해되어서는 안 된다고 주장한다. 화해의 기독교적 개념은 마음대로 확장될 수 있는 일반적 개념이 아니고, 그리스도 사건에 뿌리를 두고 있다. 이 사건으로부터, 무엇보다도 십자가로부터 그것은 구별되어 묶는 특징들로부터 비롯된다. 화해에 대한 참된 기독교적 사역(ministry)은 희망차고 창의적인 현실주의로 특징화될 것이다.[81]

화해의 사역(ministry)은 그 접근방법에서는 인격적이지만, 그것은 또한 조건들과 체계들과도 연관된다. 로흐만에 의하면, 예수의 삶과 죽음과 부활과 사도들의 권면은 개인은 물론 공동체에도 관계되었다. 개인의 구원 문제는 가정, 공동체와 사회 문제와 연관되어 있다.[82]

로흐만은 교회사 속에서 화해와 평화 운동에 대한 다양한 실례를 열거해 준다. 가령, 평화를 위한 에큐메니칼 운동, 역사적 평화운동(메노나이트, 퀘이커 교도, 형제단)의 공헌, 마르틴 루터 킹의 운동, 북아일랜드의 여성운동, 동유럽과의 화해를 위한 독일의 노력 등이 있다.[83] 이 같은 영역에 대한 현실주의적이고도 열정적인 수행과 헌신은 의심할 나위 없이 '화해로서의 구원'의 불가피한 차원이며, 고린도후서 5장 19절의 기본 증언에 대한 우리의 반응의 한 부분이고 한 구획이

---

and Liberation: Challenging a One-Dimensional View of Salvation, 110.

81 Jan Milič Lochman, *Versöhnung und Befreiung*, David Lewis(tr.), *Reconciliation and Liberation: Challenging a One-Dimensional View of Salvation*, 110-111.

82 Jan Milič Lochman, *Versöhnung und Befreiung*, David Lewis(tr.), *Reconciliation and Liberation: Challenging a One-Dimensional View of Salvation*, 111.

83 Jan Milič Lochman, *Versöhnung und Befreiung*, David Lewis(tr.), *Reconciliation and Liberation: Challenging a One-Dimensional View of Salvation*, 114.

다.[84]

2. 해방으로서의 구원

1) 오늘날 해방 운동에 대한 아젠다(agenda)

최근 에큐메니칼적 신학의 가장 뚜렷한 특징들 중에 하나는 구원의 본질적 차원으로서의 해방에 대한 강한 강조이다. 로흐만에 의하면, 성서적 의(義)에서의 구속은 인간을 노예화하고, 위협하는 구체적 힘과 조건(질병, 죽음, 노예화, 압박과 박해 등)로부터 해방되어 자유를 얻는 것이다. 그러나 이 같은 구속의 개념은 교리사 속에서 영성주의화 했다. 오늘에 이르러 해방으로서의 구원의 진정한 의미가 회복되고 있다.[85]

로흐만에 의하면, 1960년대 접어들면서 세계교회협의회(WCC)의 웁살라(Uppsala, 1968) 대회와, 일부 신학자들의 저서들(케제만, 에벨링, 몰트만, 구티에레즈) 속에서 해방에 대한 주제가 심도 있게 취급되었다. 그러나 해방에 대한 논의 과정에서 '우파'(right)와 '좌파'(left)가 대립하였다. 한편에서는 기독교의 정체성과 순전성(identity and integrity)에 무게를 두고, 다른 편에서는 세계와의 '관련성'(relevance)에 무게를 두었다.[86]

---

84 Jan Milič Lochman, *Versöhnung und Befreiung*, David Lewis(tr.), *Reconciliation and Liberation: Challenging a One-Dimensional View of Salvation*, 115.

85 Jan Milič Lochman, *Versöhnung und Befreiung*, David Lewis(tr.), *Reconciliation and Liberation: Challenging a One-Dimensional View of Salvation*, 117-118.

86 Jan Milič Lochman, *Versöhnung und Befreiung*, David Lewis(tr.), *Reconciliation and Liberation: Challenging a One-Dimensional View of Salvation*, 118-121.

그는 신학자들과 교회들과 그리스도인들이 직면한 이중적 위기를 주장한 몰트만의 견해를 직접 인용한다. "신학자들과 교회들과 그리스도인들은 이전보다도 더 오늘날에 그들의 기독교적 삶 속에서 이중적 위기, 곧 관계성의 위기와 정체성의 위기에 직면해 있다. 이 두 위기들은 상호보완적이다."[87]

로흐만은 사회적, 정치적 또는 정신요법적 행동주의의 딜레마나 역사적 또는 근본주의적 고립주의의 딜레마를 딜레마로 간주하지 않는다. 왜냐하면 구원에 대한 성서적 고찰이 우리에게 반복적으로 보여주는 것처럼, 양자는 모두 상호적으로 배타적인 양자택일의 관계에 있지 않기 때문이다.[88] 로흐만은 몰트만이 이 딜레마의 해답으로서 지적한 십자가에 대한 성서적 종교개혁 신학에 대한 자원들을 상기시킨다. 그는 십자가에 대한 올바른 고찰이 두 딜레마와 두 위기에 대한 해답을 줄 것으로 확신한다.

2) 성서의 핵심 내용과 주제로서의 해방과 자유

로흐만은 자유에 대한 성서적 개념에서 출발하지 않고, 성서신학의 기본 주제로서의 자유로부터 시작하고자 한다. 이런 구분은 중요한데, 자유에 대한 성서적 메시지는 자유에 대한 개념에서 시작하지 않고, 사건으로서의 자유, 은사(선물, gift)로서의 자유로부터 시작하기 때문

---

87 Jan Milič Lochman, *Versöhnung und Befreiung*, David Lewis(tr.), *Reconciliation and Liberation: Challenging a One-Dimensional View of Salvation*, 122.

88 Jan Milič Lochman, *Versöhnung und Befreiung*, David Lewis(tr.), *Reconciliation and Liberation: Challenging a One-Dimensional View of Salvation*, 123.

이다.[89]

그에 의하면, 신약에서 헬라어 '자유'(ελευθερία, elutheria, ελεύθερος, elutheros)라는 개념사적 연구나 구약에서 자유라는 개념사적 연구로부터 볼 때, '자유'는 성서의 변두리에 해당되지만, 자유의 실재성과, 자유의 성취와, 사건으로서의 자유는 성서적 메시지의 중심부를 차지한다. 그러므로 역사의 배경과, 행위들과 사건들의 관점에서 볼 때, 구약성서는 자유의 행위들로 가득 차 있다. '출애굽' 사건(신 26:5-9)은 해방의 결정적 사건으로서 구약성서의 신학적 중심이다.[90] 출애굽 사건은 이스라엘의 신앙고백과 예배 속에서 반복적으로 기념되었다. 이것은 바로 구약성서 신앙이 살아왔던 기초였다. 이스라엘에게 출애굽은 결정적인 계시였다. 계시, 구원, 구속은 어떤 신비적인 전(前)-역사(歷史)나 어떤 형이상학 넘어서나 어떤 신비적 황홀의 산꼭대기에서 일어나는 사건들이 아니라, 인간 역사(歷史)의 한가운데서, 그 역사(歷史) 속에 있는 구원과 해방의 행동 형태 속에서 일어나는 사건들이다. 이스라엘의 출애굽의 신앙과 신앙고백은 종말 후기 신약성서에서처럼 '종말론적 혁명'이며, 모든 포용하는 종말론적 자유는 역사와 사회 속에 있는 자유에 대한 관심을 내포한다. 자유라는 주제는 이 종교와 이 신앙으로부터 결코 떨어질 수가 없다. 이것은 하나님, 인간, 세계에 구약성서의 관점으로부터 분명해진다.[91]

---

89 Jan Milič Lochman, *Versöhnung und Befreiung*, David Lewis(tr.), *Reconciliation and Liberation: Challenging a One-Dimensional View of Salvation*, 124.

90 Jan Milič Lochman, *Versöhnung und Befreiung*, David Lewis(tr.), *Reconciliation and Liberation: Challenging a One-Dimensional View of Salvation*, 124-125.

91 Jan Milič Lochman, *Versöhnung und Befreiung*, David Lewis(tr.), *Reconciliation and Liberation: Challenging a One-Dimensional View of Salvation*, 126.

"야훼는 자유로운 하나님이시다. … 그는 어떤 성소의 의식에 매여 계시지 않는다. 그는 또한 자유하게 하시는 하나님이시다. 그는 권위주의적인 독재자도 아니고, 초자연적인 통치자도 아니시다. 그러나 구약성서 윤리의 요약인 십계명의 도입부처럼, '애굽 땅, 종 되었던 집에서 인도하여 낸 네 하나님 여호와이시다.'"[92]

이렇게 자유롭고, 해방시키시는 하나님의 백성은 자연스럽게 자기 자신을 자유로운 백성의 공동체로 간주한다. 하나님의 백성의 자유는 종교적 의미로도 이해되지만, 사회적 결과를 가진다. 이스라엘만이 노예제도에 문제를 제기했다. 하나님의 분명한 목적은 예언자들의 저항과, 모든 노예들의 해방을 요구하는 희년제도와, 무엇보다도 최종적 해방과 평화와 정의를 위한 종말론적 약속 속에서 계속 가시적이 되었다.[93]

세계 역시 출애굽의 빛 속에서 이해된다. 세계는 창조와 역사로 해석될 수 있다. 창조로서의 세계는 영원한 신적 우주가 아니다. 세계는 창조되었다. 창조의 실재는 긍정적이지만, 오직 창조된 실재일 뿐이다. 다시 말하면, 세계는 상대적, 조건화된 세상적 실재이다. 이 역사는 영원한 회전 속에서 항상 동일한 것을 반복하는 물리적이고도 형이상학적인 회전목마가 아니라, 미래로 나아가는 끝없는 여정이다. 출애굽의 관점에서 볼 때, 세계는 하나님의 편과 인간의 편에서 앞과 뒤

---

92 Jan Milič Lochman, *Versöhnung und Befreiung*, David Lewis(tr.), *Reconciliation and Liberation: Challenging a One-Dimensional View of Salvation*, 126, 참고, J. M. Lochman, *Signposts to freedom: the Ten commandments and Christian Ethics*, Wipf & Stock(2006), (=『자유의 길: 기독교윤리학서론』(서울: 한신대학출판부, 1981).

93 Jan Milič Lochman, *Versöhnung und Befreiung*, David Lewis(tr.), *Reconciliation and Liberation: Challenging a One-Dimensional View of Salvation*, 127.

로 개방된 세계이다. "해방된 세계는 항상 해방되어야 한다."(Mundus liberatus et semper liberandus)[94]

로흐만은 구약성서의 이 같은 출애굽의 출발점은 자유의 역사(歷史) 속에서 철저하게 새로운 것을 제시한다. "출애굽 주제에 대한 구약성서 증언은 다양하고, 다차원적이다."[95] "만약 우리가 출애굽을 사건과 유형과 같은 방법으로 이해한다면, 그것은 모든 해방신학 속에서 진정한 요소, 곧 참된 유업, 기독교 구원론을 위한 구약성서의 철저한 유산으로 남아 있다."[96]

그는 신약성서 중심으로 해방의 역사(歷史)로서 예수 그리스도의 역사를 검토한다.

"출애굽 사건이 예언자의 메시지의 주된 중심이듯이, 역시 예수 그리스도의 이름과 관련된 사건들은 특히 집중된 방법 속에서 사도적 케뤼그마의 독특한 중심을 이룬다: 나사렛 예수의 삶, 죽음과 부활."[97] 이 신약의 중심도 구약의 중심만큼이나 자유의 문제에 중요한 역할을 하며, 그리스도의 역사(歷史)는 의심할 나위 없이 종말론적 해방으로 해석된다. 아주 처음부터 예수의 메시지 속에서조차 자유의 시간이 도

---

94 Jan Milič Lochman, *Versöhnung und Befreiung*, David Lewis(tr.), *Reconciliation and Liberation: Challenging a One-Dimensional View of Salvation*, 128.

95 Jan Milič Lochman, *Versöhnung und Befreiung*, David Lewis(tr.), *Reconciliation and Liberation: Challenging a One-Dimensional View of Salvation*, 135.

96 Jan Milič Lochman, *Versöhnung und Befreiung*, David Lewis(tr.), *Reconciliation and Liberation: Challenging a One-Dimensional View of Salvation*, 136.

97 Jan Milič Lochman, *Versöhnung und Befreiung*, David Lewis(tr.), *Reconciliation and Liberation: Challenging a One-Dimensional View of Salvation*, 136.

래했다는 사실이 확인되었다.[98]

나사렛 회당에서의 예수의 첫 번째 본문(사 61:1-3)은 의미심장하고도 참된 혁명적 선언이다. 종말론적 약속이 지금 성취되고 있다. 예수는 구원자로서 '자유의 혁명가'로서 살다가 죽었다. 예수의 실천을 통해서 가져왔던 해방은 다차원적 해방(an all-around liberation)이다.[99] 중요한 것은 해방을 위한 예수 그리스도의 형식적 국면인데, 그는 모든 동료 인간들에게 일반적이고도 보편적인 개방성을 가졌다. 예수는 모든 사람들에게 유익했고, 이웃에 대한 관심을 위해 어떤 조건도 필요하지 않았다. 그럼에도 불구하고, 예수는 편파적이었고, 색깔이 없는 중립이 아니었다. 그의 말씀과 행위들은 분명한 방향성을 보여준다. 그는 약한 자, 무거운 짐 진 자, 고통 받고, 압제받는 자를 위해 인간의 마음과 인간의 질서에 대한 분명한 변혁을 약속하고 요구한다. 놀라울 정도로 예수 편에 본 자유에 대한 이 모든 실천에 대한 반응은 전(全) 방위적 저항(all-around resistance)이었다. 그 당시 두 기본 체제인 교회와 국가는 사실상 예수의 자유에 의해 위협을 받았다. 예수가 두 체제의 통치자들에 의해 사형을 받은 것은 논리적인 것이다. 예수의 해방의 역사는 그의 체포, 고난, 죽음을 통해 끝나버린 것이 아니라, 그것이 바로 새로운 시작이었다. 그리스도인들의 자유의 근거와 시작이 되는 예수 그리스도의 사건은 그의 삶과 사역뿐만 아니라, 특

---

[98] Jan Milič Lochman, *Versöhnung und Befreiung*, David Lewis(tr.), *Reconciliation and Liberation: Challenging a One-Dimensional View of Salvation*, 136.

[99] Jan Milič Lochman, *Versöhnung und Befreiung*, David Lewis(tr.), *Reconciliation and Liberation: Challenging a One-Dimensional View of Salvation*, 137.

히 그의 십자가와 부활 사실에 근거한다.[100] 그러므로 기독교적 '자유의 혁명'은 구원과 자유에 대한 두 중심 측면들 주위를 맴돈다.

십자가는 의심할 여지없이 신약성서의 해방의 역사(歷史)의 '중요한 핵심'이다. 복음서 기자들은 수난의 이야기들을 중요하게 취급한다. 사도들의 복음에서 가장 풍부한 형식은 "십자가의 말씀"(고전 1:18)이다. 신약성서에서 십자가에 대한 비극적인 암시는 어디에도 없다. 십자가는 죄와 속죄(atonement) 사이, 저주와 화해(reconciliation) 사이, 심판과 구속(redemption) 사이에 있는 종말론적인 연속성을 계시한다. 이런 의미에서 우리의 인간적 소외와 궁극적인 구원이 무엇인가가 문제 되었을 때, 바울은 그리스도께서 십자가에 못 박히신 것 외에 알지 않기로 작정했다(고전 2:22)고 말한다.[101] 해방으로서의 구원을 이해하고, 실천하기 위해 우리는 압박받는 자들에 대한 박애뿐만 아니라, 압박받는 자들에 대한 교육도 필요하고, 압박받는 자들에 대한 정치학도 필요하다.[102]

사도적 설교 속에서 그리스도의 사실은 나사렛 예수의 삶과 죽음처럼 부활 사건에서도 밀접하게 연결되어 있다. 죽은 자로부터의 예수의 부활은 낯선 주제이다.[103] 부활의 소망은 모든 인간 존재 각각을 구체

---

100 Jan Milič Lochman, *Versöhnung und Befreiung*, David Lewis(tr.), *Reconciliation and Liberation: Challenging a One-Dimensional View of Salvation*, 138.

101 Jan Milič Lochman, *Versöhnung und Befreiung*, David Lewis(tr.), *Reconciliation and Liberation: Challenging a One-Dimensional View of Salvation*, 139.

102 Jan Milič Lochman, *Versöhnung und Befreiung*, David Lewis(tr.), *Reconciliation and Liberation: Challenging a One-Dimensional View of Salvation*, 143.

103 Jan Milič Lochman, *Versöhnung und Befreiung*, David Lewis(tr.), *Reconciliation and Liberation: Challenging a One-Dimensional View of Salvation*, 143.

적인 위협, 곧 죽음의 상황에로의 적용이다. 부활의 종말론적인 신비는 비역사적인 기적이 아니다. 부활 사건은 신약성서 증언에 의해 결정적으로 역사적인 형태로 제시된다. 그것은 전(全) 역사와 후(後) 역사를 갖는다. 전자는 나사렛 예수의 역사적 삶이다. 부활하신 분이 비역사적이고도 형체가 없는 유령이 아니다. 그는 분명한 예수의 특징들을 가졌다. 다른 말로 하면, 부활 속에서 예수의 이 역사(歷史), 메시지, 행위, 고난은 형이상학으로 해소되지 않고, 종말론적으로 유효하게 된다.[104]

부활절 사건 이후 모든 독재적 권세와 정사, 심지어 마지막 적(敵)인 죽음까지도 폐위되었다. 인간은 어떤 확실한 의미에서도 더 이상 노예가 아니다. 자유가 지금 가능해졌다(고전 3:22-23)[105] "출애굽의 역사는 그 목적에 도달하고, 구원은 자유의 길을 연다."[106]

3) 기독교적 자유의 변증법과 실천

로흐만은 성서적 '자유의 혁명'에 의해 영감 받은 기독교 신학은 사도 바울을 시작으로 자유의 새로운 실천과 마찬가지로 자유의 새로운 개념을 발전시켰다고 말하면서, 자유의 변증법을 세 가지 차원에서 전개한다.

---

104 Jan Milič Lochman, *Versöhnung und Befreiung*, David Lewis(tr.), *Reconciliation and Liberation: Challenging a One-Dimensional View of Salvation*, 144-145.

105 Jan Milič Lochman, *Versöhnung und Befreiung*, David Lewis(tr.), *Reconciliation and Liberation: Challenging a One-Dimensional View of Salvation*, 147.

106 Jan Milič Lochman, *Versöhnung und Befreiung*, David Lewis(tr.), *Reconciliation and Liberation: Challenging a One-Dimensional View of Salvation*, 147.

(1) 제한된(controlled) 자유

그리스도인의 관점에서 볼 때, 자유는 제한된 자유이다. 로흐만이 말하는 제한이라는 것은 우리의 자유를 위협하고, 통제하는 내적이거나 외적인 제한이 아니다. 그리스도인의 관점에서 볼 때, 자유는 전적으로 긍정적 의미에서 일차적으로 제한적이다. 이 자유는 계약 안에 있는 자유이고, 이 자유는 우리를 위해 체결된 자유이며, 우리에게 접근가능하게 만들어진 자유이다. 계약 사상은 매우 중요한데, 하나님과 인간, 그리고 인간과 하나님 사이에 있는 계약 사상은 두 가지 해방 사건, 곧 구약의 출애굽 사건과 신약의 부활 사건 속에서 선포되었다. 그리스도인의 자유의 개념은 계약의 구체적인 상황 속에서 이해되어야 한다.[107]

계약의 구조 안에서 확립된 자유는 전적으로 성서적 명령법, 곧 고유한 의무감에 의해서 전적으로 통제된다. 자유는 종교적 또는 도덕주의적 율법주의도 아니고, 자유방종주의도 아니다. 책임성이 결여된 자유는 자유가 아니다. 우리는 무엇보다도 하나님과 그의 백성 사이의 관계성 속에서 성서 안에 있는 변증법을 발견한다. 자유와 신실성의 계약은 이스라엘 역사와 교회사에서 추진동인(推進動因, leitmotive)이다.[108] 인간 사이의 참된 자유는 그 목적을 향한 신뢰성 속에서만 가능하다. 참된 자유는 율법적인 감찰에 종속된 강제로 부과된 신뢰성이

---

107 Jan Milič Lochman, *Versöhnungg und Befreiung*, David Lewis(tr.), *Reconciliation and Liberation: Challenging a One-Dimensional View of Salvation*, 148.
108 Jan Milič Lochman, *Versöhnung und Befreiung*, David Lewis(tr.), *Reconciliation and Liberation: Challenging a One-Dimensional View of Salvation*, 148-149.

아니라, 자발적인 신뢰성 속에서 경험되어진다.[109]

(2) 다른 사람들을 위한 실존 속에서의 자유

"기독교 신앙의 관점에서 볼 때, 자유는 사랑의 자유이다."[110] 성서적 관점에서 자유에로의 길은 자신으로부터 시작될 수도, 자기 자신과 함께 끝날 수도 없다. 출애굽 사건과 예수의 역사는 그 자체 주위에 맴돌지 않는다. 두 가지 모두 이웃, 곧 다른 사람들을 지향한다(마 8:35).[111] 로흐만은 마르틴 루터의 말을 인용한다. "그리스도인은 모든 것을 지배하는 주인이며, 누구에게도 종속되지 않는다. 그리스도인은 모든 것의 신실한 종이며, 모두에게 종속되어 있다." 복음적 자유의 변증법적 특징은 이 두 명제에 속에서 잘 포착된다. 이 자유는 만물과 모든 사람과의 관계 속에 있는 자유이다. 그러나 종이 되는 주인의 자유이다. 자유는 다른 사람들에 대한 특권으로서 요구하고, 성취하고, 소유하는 어떤 것이 아니다. 자유는 이웃과 다른 사람들에게 민감하고, 그들을 고려하는 것을 의미한다. 다른 사람들과의 공존과 다른 사람들을 위한 실존이 참된 자유이다.[112] 자유는 다른 사람들과 함께, 다른 사람들을 위한 자유가 되어야 하고, 획득된 특권이 아니라, 사회적 과제와 책임

---

109 Jan Milič Lochman, *Versöhnung und Befreiung*, David Lewis(tr.), *Reconciliation and Liberation: Challenging a One-Dimensional View of Salvation*, 150.

110 Jan Milič Lochman, *Versöhnung und Befreiung*, David Lewis(tr.), *Reconciliation and Liberation: Challenging a One-Dimensional View of Salvation*, 151.

111 Jan Milič Lochman, *Versöhnung und Befreiung*, David Lewis(tr.), *Reconciliation and Liberation: Challenging a One-Dimensional View of Salvation*, 151.

112 Jan Milič Lochman, *Versöhnung und Befreiung*, David Lewis(tr.), *Reconciliation and Liberation: Challenging a One-Dimensional View of Salvation*, 152.

성으로 이해해야 한다.[113]

(3) 희망 속에 있는 자유

로흐만이 제시하는 기독교 신앙의 관점에서 본 자유의 세 번째 차원은 "희망 속에 있는 자유"이다. 출애굽 사건과 그리스도 사건에 의해서 형성된 기독교적 자유는 희망 속에 있는 자유로서 경험된다. 희망 속에 있는 자유라는 의미는 두 가지 의미를 가진다. 첫째, '희망'은 '아직 아니'라는 요소를 포함하고 있다. 그리스도인의 자유는 십자가의 자유로서 투쟁 속에 있는 자유이고, 성취해야 할 자유이다. 그러므로 그리스도인은 이상주의자나 도덕주의자가 아니다.[114] 둘째, "희망"은 세계 속에서 완전한 자유는 아닐지라도, 희망 속에서 자유의 가능성을 가리킨다(롬 7:25). 그러므로 이것은 우리가 현실주의자나 비관주의자가 되는 것을 막아준다. 우리가 누리는 자유는 아직 불완전할지라도 우리는 자유를 위해 싸우고 자유를 쟁취하기 위해 노력해야 한다.[115]

로흐만은 『화해와 해방』의 책을 "구원은 화해와 자유이기 때문에, 구원은 그리스도께서 구속하신 세계 속에서 평화와 자유의 목적을 위해 봉사하도록 우리를 강요한다."라는 문장으로 마치고 있다.[116]

---

113 Jan Milič Lochman, *Versöhnung und Befreiung*, David Lewis(tr.), *Reconciliation and Liberation: Challenging a One-Dimensional View of Salvation*, 154.

114 Jan Milič Lochman, *Versöhnung und Befreiung*, David Lewis(tr.), *Reconciliation and Liberation: Challenging a One-Dimensional View of Salvation*, 157.

115 Jan Milič Lochman, *Versöhnung und Befreiung*, David Lewis(tr.), *Reconciliation and Liberation: Challenging a One-Dimensional View of Salvation*, 158.

116 Jan Milič Lochman, *Versöhnung und Befreiung*, David Lewis(tr.), *Reconciliation and Liberation: Challenging a One-Dimensional View of Salvation*, 160.

V. 결론

우리는 얀 밀리치 로흐만(Jan Milič Lochman, 1922.4.3.-2004.1.21.)의 주저(主著)인 『화해와 해방』을 중심으로 그의 구원론을 살펴본 바, 그의 구원론을 다음과 같이 평가할 수 있을 것이다.

첫째, 로흐만은 균형 잡힌 탁월한 현대 개혁신학자이다. 일반적으로 서구권(西歐圈) 신학자들은 지성에 대한 지나친 강조로 영성(경건)이 약한 것이 사실이다. 그러나 로흐만은 동구권에서도 체코 전통에서 태어나고, 교육받고, 성장함으로써, 지성과 영성 사이, 신학교와 교회 사이, 신학교와 세상 사이, 동구권과 서구권 사이의 균형을 유지하는 개혁신학자이다. 한 걸음 더 나아가, 대부분의 개혁신학 전통이 그렇듯이, 로흐만의 신학 방법론은 성서주석과, 교리사적 전통과, 신학적 실존을 균형 있게 엮어나간다.

둘째, 첫 번째 특징과 어느 정도 중복되겠지만, 로흐만은 진정한 의미에서, 통합적, 에큐메니칼적 개혁신학자이다. 비록 그가 세계교회협의회(WCC) 중심으로 에큐메니칼 운동을 전개하였지만, 그는 동구권과 서구권을 비롯하여 소위 제3, 제4세계 모두를 아우르는 에큐메니칼적 개혁신학자이고, 전통과 현대를 아우르는 현대 개혁신학자이다. 이 점에서 우리는 그를 '온'(Ohn)-신학자로 충분히 간주할 수 있을 것이다.

셋째, 그의 구원론에 대한 평가는 위의 첫째와 둘째 평가와 불가분리의 관계에 있다고 볼 수 있다. 그의 구원론은 "포괄적", "통전적", "에큐메니칼적" 구원론이다. 그의 구원론은 구원의 수직적 차원과 수평적 차원을, 개인 구원의 차원과 사회 구원의 차원을 훌륭하게 통합하고 있다.

넷째, 그의 구원론의 출발점과 내용은 "그리스도 일원론"(Christo-monism)이 아니라, "그리스도론 집중"(Christological concentration)을 지향한다. 이것을 통해 그는 구원론에서 절대 배타주의와 종교다원주의를 비판할 수 있다. 그러므로 로흐만은 유일한 구세주로서의 "오직 예수 그리스도"의 이름을 절대화 할 수 있으면서도, 성령을 통한 그리스도의 통치권을 통해 구원의 보편성과 구원 이론과 실천의 개방성을 주장한다. 그는 전통적인 그리스도의 삼중직(예언자, 제사장, 왕; munus triplex Christi)을 최근의 성서주석 작업을 통해 통전적으로 더욱 발전시켰다.

다섯째, 로흐만이 이해한 구원은 "화해와 해방"이다. 이 두 요소는 상호 구별되나, 분리되지 않고, 상호 밀접한 관계 속에 있다. 그는 성서주석을 통해 화해의 포괄적 내용을 밝히고, 전통적 세 가지 화해론에 대한 검토를 통해 이것을 변증적으로, 그리고 내용적으로 통합시킨다. 하나님께서 예수 그리스도께 안에서 이룩하신 화해는 하나님, 인간, 세계의 모든 관계 속에 실현되기 위해 로흐만은 화해의 윤리적, 정치적 우선성을 매우 강조했다.

여섯째, 로흐만은 최근에 일어난 해방운동에 대한 대표적 아젠다(agenda)를 소개하고, 성경의 핵심 내용과 주제로서의 해방에 대해 논증했다. 그는 확실한 주석적 근거를 통해 주로 구약의 출애굽 사건과, 신약의 예수 그리스도의 삶, 죽음과 부활 사건을 중심으로 "구원으로서의 해방"을 밝혔다. 여기서 로흐만은 '해방'과 '자유'라는 용어를 상호 교환적으로 사용하고 있다. 참 해방과 참 자유를 실현하기 위해 기독교적 자유에 대한 올바른 이해가 선행되어야 하는데, 그는 기독교적 자유의 세 가지 차원을 설득력 있게 제시했다. 기독교적 자유는 은사와 신실성에 기초한 계약에 뿌리를 두고, 책임을 동반해야 하기 때문에, "제한된(controlled) 자유"이며, 다른 사람들과 함께 하고, 다른 사람들을 위하는 사랑의 자유이며, 역사의 과정 속에서 '이미'와 '아직 아니'의 종말론적 긴장 속에 있기에 "희망 속에 있는 자유"이다. 로흐만의 기독교적 해방과 자유 이해 속에서는 도덕적 율법주의나 도덕적 자유방종주의나 종교적 이상주의나 정치적 유물론 등이 차지할 자리가 전혀 없다.

체코의 현대 개혁신학자 로흐만은 참으로 화해와 해방과 자유와 평화를 추구하던 신학자였다. "구원은 화해와 자유이기 때문에, 구원은 그리스도께서 구속하신 세계 속에서 평화와 자유의 목적을 위해 봉사하도록 우리를 강요한다."[117] 필자는 개혁교회 전통에서 신앙과 신학을 추구한다고 하면서, 과연 로흐만처럼 자신의 전통으로부터 신앙과 신학의 우물을 충실하고도 풍부하게 길어내었는지 자문자답해 본다.[118]

참고문헌

Buri, F., Lochman J. M., Ott, H. *Dogmatik im Dialog: Die Kirche und die Letzen Dinge*. Gütersloh: Gütersloher Verlagshaus Gerd Mohn, 1973.
얀 밀리치 호르만/김원배·정미현 편역. 『살아있는 유산』. 서울: 한국기독교장로회 신학연구소, 1997.
Lochman, J. M. *Versöhnung und Befreiiung*. Gütersloh: Gütersloher

---

[117] Jan Milič Lochman, *Vers Öhnung und Befreiung*, David Lewis(tr.), *Reconciliation and Liberation: Challenging a One-Dimensional View of Salvation*, 160.
[118] 최윤배, 『개혁신학 입문』 (서울: 장로회신학대학교출판부, 2015).

Verlagshaus Gerd Mohn, 1977.

Lochman, J. M. *Versöhnung und Befreiiung*. 주재용 역.『화해와 해방』. 서울: 대한기독교서회, 1986.

Lochman, J. M. *Versöhnung und Befreiiung*. Lewis, David(tr.). Reconciliation and Liberation. Belfast: Christian Journals Ltd., 1980.

Lochman, J. M. Reich, *Kraft und Herrlichkeit: Der Lebensbezug von Glauben und Bekennen*. M nchen: Chr. Kaiser Verlag, 1981.

Lochman, J. M. *Wahrheitseifer und Toleranz*. Basel: Verlag Helbing & Lichenhahn, 1981.

Lochman, J. M. *Im Namen Gottes des Allmächtigen!*. Basel: Verlag Helbing & Lichenhahn, 1982.

Lochman, J. M. *Vom Sinn der Feste: Meditationen über Weihnachten, Ostern und Pfingsten*. Basel: Friedrich Reinhardt Verlag, 1982.

Lochman, J. M. *Das Glaubensbekenntnis: Grundrider Dogmatik im Abschluan das Credo*. 오영석 역.『사도신경해설』. 서울: 대한기독교출판사, 1984.

Lochman, J. M. *Das Glaubensbekenntnis: Grundrider Dogmatik im Abschluan das Credo*. Lewis, David(tr.). The Faith We Confess. Philadelphia: Fortress Press, 1984.

Lochman, J. M. *Das Glaubensbekenntnis: Grundrider Dogmatik im Abschluan das Credo*. Gütersloh: Gütersloher Verlagshaus Gerd Mohn, 1985^2.

Lochman, J. M. *Church in a Marxist Society: A Czechoslovak View*. New York(Evanston/London): Harper & RoW, Publishers, 1970.

Lochman, Jan Milič. *Church in a Marxist Society: A Czechoslovak View*. 제3세계신학연구소편집부 역,『사회주의와 기독교 체코교회의 경험-』. 구리: 도서출판 등불, 1987.

Lochman, J. M. *Perspektiven politischer Theologie*. Zürich: Theologischer Verlag, 1971.

Lochman, J. M. *Christus oder Prometheus?: Die Kenfrage des christlich-marxistischen dialogs und die Chrostologie*. Furche-Verlag, 1972.

Lochman, J. M. *Christ and Prometheus? A Qust for Theological Identity* (Geneva: WCC Publications, 1988.

Lochman, J. M. *Christ and Prometheus? A Qust for Theological Identity*. 손규태 역. 『그리스도냐, 프로메테우스냐?』. 서울: 대한기독교서회, 1988.

Lochman, J. M. *Unser Vater: Auslegung des Vaterunsers*. 정권모 역. 『기도와 정치: 주기도문 강해』. 서울: 대한기독교서회, 1995.

Lochman, J. M. *Wahrheitssuche und Toleranz*. Zürich: Theologischer Verlag, 2002.

Lochman, J. M. *Was Christen und Marxisten eint und trennt*. de Grooyer, A. C. (tr.). Ontmoeting met Marx. Baarn: Uitgeverij Bosch & Keuning n.v., 1976.

Lochman, J. M. *Was Christen und Marxisten eint und trennt*. Gütersloh: Gütersloher Verlagshaus Gerd Mohn, (1975)1977².

Lochman, J. M. *Was Christen und Marxisten eint und trennt*. Robertson, Edwin H.(tr.) Encountering Marx: bonds and barriers between Christians and Marxists. Philadelphia: Fortress Press, 1977.

Lochman, J. & Moltmann, J. (Hrg.). *Gottes Recht und Menschenrechte: Studien und Empfehlungen des Reformierten Weltbundes*. Carl Blech: Neukirchener Verlag des Erziehungsvereins GmnH, 1976.

Lochman, J. M. *Signposts to freedom: the Ten commandments and Christian Ethics*, Wipf & Stock(2006) (= 『자유의 길: 기독교윤리학서

론』. 서울: 한신대학출판부, 1981).

제 7 부

저자 저작목록

제1장 학위논문

"디지탈회로 및 신호흐름도의 어드죠인트 회로와 센시티비티에 관한 연구."(미간행 석사학위논문, 연세대학교대학원, 1980, M.E.).

"깔뱅(Calvin)신학에 나타난 지식과 경건의 관계성 연구."(미간행 석사학위논문, 장로회신학대학교, 1987, M.Div.).

"Gerrit Cornelis Berkouwer의 하나님의 형상이해."(미간행 석사학위논문, 장로회신학대학교, 1989, Th.M.).

"De verhouding tussen pneumatologie en christologie bij H. Berkhof."(De Theologische Universiteit van de Gereformeerde Kerken in Nederland, Kampen, 1993, Drs.).

De verhouding tussen pneumatologie en christologie bij Martin Bucer en Johannes Calvijn (Leiden: J. J. Groen en Zoon, 1996; De Theologische Universiteit van de Christelijke Gereformeerde Kerken in Nederland, Apeldoorn, 1996, Proefschrift).

제2장 저서

I. 저서

『그리스도론 입문』. 서울: 장로회신학대학교출판부, 2009.

『성령론 입문』. 서울: 장로회신학대학교출판부, 2010.

『잊혀진 종교개혁자 마르틴 부처』. 서울: 대한기독교서회, 2012(한국기독교학회 제6회 소마약술상 수상저서).

『깔뱅신학 입문』. 서울: 장로회신학대학교출판부, 2012(2012년 한국기독교출판문화상 국내 신학부문 "최우수상" 수상저서).

『영혼을 울리는 설교』. 용인: 킹덤북스, 2012(장로회신학대학교 신학대학원 2009년 가을신앙사경회 설교).

『성경적 · 개혁신학적 · 복음주의적 · 에큐메니칼적 · 기독교적 조직신학 입문』. 서울: 장로회신학대학교출판부, 2013.

『개혁신학 입문』. 서울: 장로회신학대학교출판부, 2015.

『구원은 하나님 은혜의 선물』. 용인: 킹덤북스, 2016.

『장로회신학대학교 장애대학생 교육복지 지원 발전계획서(2013-2016)』. 서울: 장로회신학대학교, 2014.

『참된 신앙에 따른 삶의 개혁』. 용인: 킹덤북스, 2015.

II. 번역

『멜란히톤과 부처』. 서울: 두란노아카데미, 2011(공역).

마르틴 부처의 『참된 목회학』(Von der waren Seelsorge, 1538). 용인: 킹덤북스, 2014.

III. 공저

『내가 새 일을 행하리라』통권/제1호. 평택: 평택대학교출판부, 1997.

『칼빈신학과 목회』. 서울: 대한기독교서회, 1999.

『최근의 칼빈연구』. 서울: 대한기독교서회, 2001.

『16세기 종교개혁과 개혁교회의 유산(1)』. 서울: 한국장로교출판사, 2003.
『개혁교회의 역사와 신학(2)』. 서울: 한국장로교출판사, 2004.
『개혁교회의 종말론(3)』. 서울: 한국장로교출판사, 2005.
『신학적 해석학 上』. 서울: 주 · 이컴비즈넷, 2005.
『설교로 이해하는 종교개혁』. 서울: 도서출판 이화, 2006.
『개혁교회의 신앙고백(4)』. 서울: 한국장로교출판사, 2007.
『칼빈과 교회론』. 부산: 고신대학교출판부, 2007.
『개혁신학과 기독교교육(6)』. 서울: 한국장로교출판사, 2007.
『위로하라 내 백성을』. 서울: 한국학술정보 · 주, 2007.
『성경통신대학 제2권』. 서울: 한국장로교출판사, 2007.
『임택진 목사님을 생각하며』. 서울: 크리스천 디자인 어린양, 2008.
『21세기 교회와 사회봉사 제2권』. 서울: 장로회신학대학교출판부, 2008.
『교회를 섬기는 청지기의 길(Ⅰ)』. 서울: 도서출판 성안당, 2008.
『교회를 섬기는 청지기의 길(Ⅱ)』. 서울: 도서출판 성안당, 2008.
『교회를 섬기는 청지기의 길(Ⅲ)』. 서울: 도서출판 성안당, 2008.
『제2회 長神筆苑書展』. 서울: 이화문화사, 2008.
『第2回大韓民國中央書藝大殿』. 서울: 이화문화사, 2008.
『교회론』. 서울: 대한기독교서회, 2009.
『칼빈탄생 500주년 기념: 칼빈신학개요』. 서울: 두란노아카데미, 2009.
『칼빈신학 2009』. 서울: 성광문화사, 2009.
『제3회 長神筆苑書典』. 서울: 이화문화사, 2010.
『제15회 대한민국 중부서예대전』. 수원: 중부일보사, 2010.
『하나님 나라와 교회의 현실참여2』. 서울: 장로회신학대학교출판부, 2010.
『성령과 기독교신학』. 서울: 대한기독교서회, 2010.
『종교개혁과 칼뱅』. 서울: 두란노아카데미, 2010.
『시편찬송가』. 서울: 한국기독교교육교역연구원, 2010.
『그리스도론』. 서울: 대한기독교서회, 2011.
『칼빈과 예배』. 부산: 고신대학교출판부, 2011.

『신론』. 서울: 대한기독교서회, 2012.
Yoonbae Choi, "Kyung-Chik Han's Theology of the Holy Spirit," Eun-seop Kim (ed.), *Kyung-Chik Han Collection 9 Theses 1* (Seoul: Kyung-Chik Foundation, 2011.3.1), pp. 315-364.
"깔뱅의 선교신학과 선교활동에 관한 연구."『세상 속에 존재하는 교회』. 서울: 총신대학교출판부, 2011. pp. 538-567.
『에큐메니즘 A에서 Z까지』. 서울: 대한기독교서회, 2012.2.20, pp. 88-98.
"세계교회협의회(WCC)의 성령론: 제7차 호주 캔버라총회(1991)를 중심으로."『나와 함께 하신 하나님의 은혜: 김영한 박사 은퇴기념논문집』. 서울: 미션앤컬처, 2012. pp. 730-761.
"마르틴 부처의 예배에 관한 연구."『깔뱅의 종교개혁과 교회갱신』. 서울: 장로회신학대학교출판부, 2012. pp. 381-407.
『종말론』. 서울: 대한기독교서회, 2012.
『설교를 위한 신학 신학 있는 설교』. 서울: 대한기독교서회, 2012.
『제4회 장신필원서전』. 서울: 이화출판사, 2012.
『제6회 대한민국중앙서예대전』. 서울: 애드윈, 2012.
『칼빈의 목회와 윤리, 사회참여』. 서울: SFC, 2013.
"정유 고 이상근 박사의 구원론."『권호덕 박사 퇴임논문집』(2013)
『한국교회의 위기 진단과 대안 모색』. 서울: 장로회신학대학교출판부, 2013.
『대학부 신학과의 정체성과 특성화에 관한 연구』. 서울: 장로회신학대학교 연구지원처, 2013.
『제7회 대한민국중앙서예대전』. 서울: 애드윈, 2013.
『제8·9회 춘계신학강좌: 춘계 이종성 박사의 생애와 사상』.서울: 장로회신학대학교출판부, 2014.
『고신교회 어디서와서 어디로 가는가』. 서울: 미래교회포럼, 2014.9.20.
「제5회 장신필원서전: 장신필원 10주년기념전시회」. 서울: 이화문화사, 2014.12.1.

『개혁교회의 예배 · 예전 및 직제(5-1)』. 서울: 한국장로교출판사, 2015.
『개혁교회의 예배 · 예전 및 직제(5-2)』. 서울: 한국장로교출판사, 2015
   (예정).
『WCC신학의 평가와 전망』. 서울: 장로회신학대학교출판부, 2015.
『제20회 서울서예대전』. 서울: 이화문화사, 2015.
『관계 속에 계신 삼위일체 하나님』. 서울: 협동조합 아바서원, 2015.
『구원론』. 서울: 대한기독교서회, 2015.
"칼빈과 칼빈주의자 이환봉 박사의 성경 계시 이해." 고신대학교 개혁주의
   학술원 편.「갱신과 부흥」(2015.7.31., Vol. 16), 350-367.
11-5886-016-5)
『오직 주님: 은파 김삼환 목사 성역 50주년기념논문집』. 서울: 도서출판 실
   로암, 2016.

IV. 책임편집
『21세기 신학의 학문성』. 서울: 장로회신학대학교출판부, 2003.
『칼빈연구(창간호)』.서울: 한국장로교출판사, 2004.
『칼빈연구(제2집)』. 서울: 한국장로교출판사, 2005.
『칼빈연구(제3집)』. 서울: 한국장로교출판사, 2006.
『칼빈연구(제4집)』. 서울: 한국장로교출판사, 2007.
『어거스틴, 루터, 깔뱅, 오늘의 개혁교회』. 서울: 장로회신학대학교출판부,
   2004.
『개혁신학과 경건』. 서울: 장로회신학대학교출판부, 2006.
『개혁교회의 경건론과 국가론』. 서울: 장로회신학대학교출판부, 2007.
『기독교사상과 문화』제3호. 서울: 장로회신학대학교출판부, 2007.
『기독교사상과 문화』제4호. 서울: 장로회신학대학교출판부, 2008.
『조직신학연구 제14집』(2011 봄 · 여름). 서울: 이비즈넷컴, 2011.
『조직신학연구 제15집』(2011 가을 · 겨울). 서울: 이비즈넷컴, 2011.
『조직신학연구 제16집』(2012 봄 · 여름). 서울: 이비즈넷컴, 2012.

『조직신학연구 제17집』(2012 가을·겨울). 서울: 이비즈넷컴, 2012.
『소망교회후원: 제15회 소망신학포럼: 한국교회의 위기진단과 대안모색』.
　　서울: 장로회신학대학교출판부, 2013.8.7.

V. 감수

『2009구역예배교재: 인도자용』. 서울: 한국장로교출판사, 2008.
『2009구역예배교재: 구역원용』. 서울: 한국장로교출판사, 2008.
『2010구역예배교재: 인도자용』. 서울: 한국장로교출판사, 2009.
『2010구역예배교재: 구역원용』. 서울: 한국장로교출판사, 2009.
『2012구역예배교재: 인도자용』. 서울: 한국장로교출판사, 2011.
『2012구역예배교재: 구역원용』. 서울: 한국장로교출판사, 2011.
『2012 소그룹 성경연구를 위한 구역워크숍교재: 리더용』. 서울: 한국장로
　　교출판사, 2011.
『2012 소그룹 성경연구를 위한 구역워크숍교재: 멤버용』. 서울: 한국장로
　　교출판사, 2011.
『2013 구역 모임을 위한 구역예배교재: 구역원용』. 서울: 한국장로교출판
　　사, 2012.
『2013 구역 모임을 위한 구역예배교재: 인도자용』. 서울: 한국장로교출판
　　사, 2012.
『GPL 바이블 제자도: 저학년 어린이 1,2,3 드림주니어』. 서울: 한국장로교
　　출판사, 2014.
『GPL바이블 제자도: 고학년 어린이 4,5,6 드림주이어』. 서울: 한국장로교
　　출판사, 2014.
『GPL 바이블 제자도: 저학년 교사 1,2,3 드림주니어』. 서울: 한국장로교출
　　판사, 2014.
『GPL바이블 제자도: 고학년 교사 4,5,6 드림주이어』. 서울: 한국장로교출
　　판사, 2014.

VI. 소논문

"칼빈주의자 이수영의 성령론에 관한 연구." 「조직신학 연구」 제22호(2015년 봄·여름호), 6-27(2015.6.30.).

"춘계 이종성 박사의 구원론에 관한 연구." 「한국개혁신학」 제47집(2015. 8.31.), 158-183.

"깔뱅신학의 오늘날의 의미에 관한 연구," 「교회와 신학」 제80집(2016. 2.28.), 219-241.

시미즈 마사유키(淸水正之)의 "훼해와 연대: 동아사아 공동체를 위하여-일본의 철학적 과제,"(2015.11.20., 논찬)

"복지지수가 감사지수와 항상 정비례하는 것은 아니다." 한국성서신학연구소, 「성서마당」 Vol. 115(2015 가을), 4-7.

"추천의 글." 이필수. 『따뜻한 강단』. 서울: 베드로서원, 2015/7/5, ISBN 978-89-7419-345-4(03230), 6-8(11월 20일).

"제11과 성령의 사람으로서의 그리스도인." 「평신도신문」 제76호(2015.1. 10., 토) A9.

"제12과 그리스도인의 '구원의 과정." 「평신도신문」 제80호(2015.1.24. 토) A11.

"제13과 하나님의 사랑과 자비에 근거한 하나님의 일방적인 선택." 「평신도신문」 제80호(2015.12.7., 토) A9.

"제14과 복음전파와 선교의 절대필요성과 절대 긴박성." 「평신도신문」 제80호(2015.2.28, 토) A9.

"제15과 하나님의 구원의 역사." 「평신도신문」 제80호(2015.3.7., 토) A9.

"제16과 영적 예배." 「평신도신문」 제81호(2015.3.21., 토) A9.

"제17과 은사와 직분을 통한 그리스도인의 삶." 「평신도신문」 제82호(2015. 4.4, 토) A9.

"제18과 국가와 사회 속에서의 그리스도인의 삶." 「평신도신문」 제83호(2015.4.18, 토) A9.

"제19과 국가와 사회 속에서 율법." 「평신도신문」 제84호(2015.5.2, 토)

A9.

"제20과 그리스도인의 종말(론)적인 삶의 태도." 「평신도신문」제85호(2015.5.23, 토) A9.

"제21과 상호교제와 소통을 해치는 '상호 비판행위'." 「평신도신문」제86호(2015.6.6, 토) A9.

"제22과 상호교제를 가능케하는 '상호 사랑'." 「평신도신문」제87호(2015.6.20, 토) A9.

"제23과 상호 교제와 소통을 가능케하는 상호 덕을 세움." 「평신도신문」제88호(2015.7.11, 토) A9.

"제24과 하나님의 복음의 제사장 직무." 「평신도신문」제89호(2015.7.25, 토) A9.

"제25과 바울의 미래 선교사역에 대한 구체적 계획." 「평신도신문」제90호(2015.8.8, 토) A9.

"제26과 바울 사도의 로마 교회에 대한 마지막 문안인사." 「평신도신문」제91호(2015.8.22, 토) A11.

"제1과 '잊혀진 종교개혁자'로서의 마르틴 부처(Martin Bucer, 1491-1551)." 「평신도신문」제92호(2015.9.5, 토) A9. "제2과 16세기 종교개혁의 주된 동기는 '윤리' 문제가 아니라 '종교' 문제였다." 「평신도신문」제93호(2015.9.19, 토) A11.

"제3과 마르틴 루터의 구원론 중심의 비텐베르크 종교개혁." 「평신도신문」제94호(2015.10.10,토) A9.

"제4과 츠빙글리의 국가론 중심의 취리히 종교개혁, 마르틴 부처와 요한 칼빈의 교회론 중심의 스트라스부르와 제네바의 종교개혁." 「평신도신문」제95호(2015.10.24,토) A9.

"제5과 종교개혁운동의 다양성 속에서 통일성." 「평신도신문」제96호(2015.11.14,토) A9.

"제6과 마르틴 부처의 생애(1)." 「평신도신문」제97호(2015.11.28., 토) A11.

"제7과 마르틴 부처의 생애(2)." 「평신도신문」제98호(2015.12.12., 토) A9.
"제8과 마르틴 부처와 칼빈의 인격적·신앙적·신학적 상호 관계와 상호 영향(1)." 「평신도신문」제99호(2015.12.26, 토) A11.
"제9과 마르틴 부처와 칼빈의 인격적·신앙적·신학적 상호 관계와 상호 영향(2)." 「평신도신문」제100호(2016.1.16, 토) A11.
"제10과 마르틴 부처와 칼빈의 인격적·신앙적·신학적 상호 관계와 상호 영향(3)." 「평신도신문」제1001(2016.1.30, 토) A9.
"제11과 마르틴 부처의 교회론(1)." 「평신도신문」제1002(2016.2.13., 토), A9.
"제12과 마르틴 부처의 교회론(2)." 「평신도신문」제1002(2016.2.17., 토), A9.

제3장 소논문

1985년

"위르겐 몰트만의 희망의 정치신학." 장로회신학대학원 편. 「$\Lambda O \Gamma O \Sigma$」 제XXI집(1985.6.6), pp. 107-112.

1988년

"평화의 본질." 「교육교회」(1988.2).

1997년

"개혁신학이란 무엇인가?." 평택대학교 편. 「논문집」제9집/제2호(1997.후기), pp. 59-69.
"두 가지 종류의 생년월일." 평택대학교 편. 『내가 새 일을 행하리라』통권/제1호(1997.12.31), pp. 83-90.

1998년

"종교개혁의 세 가지 모델." 「서울장신학보」(1998).

1999년

"Der Heilige Geist und dreifache Amt Christi bei Martin Bucer (1491-1551) und Johannes Calvin(1509-1564)." *Yonsei Review of Theology & Culture* V(1999), pp. 81-89.

"복음주의신학이란 무엇인가?." 안양대학교 편. 「신학지평」제10집(1999), pp. 145-162.

"성령론과 그리스도의 삼중직: Bucer와 관련하여." 한국칼빈학회 편. 『칼빈신학과 목회』(1999), pp. 33-45.

"부처와 깔뱅에게서 성령과 그리스도의 삼중직." 서울장신대학교 편. 「서울장신논단」7집(1999), pp. 128-146.

2000년

"헨드리꾸스 베르꼬프의 성령론의 발전." 서울장신대학교 편. 「서울장신논단」제8집(2000), pp. 99-119.

"'개혁교의학'(Reformed Dogmatics)에서 '프로레고메나'(prolegomena) 개요." 평택대학교 편. 「복음과 신학」제3호(2000), pp. 124-143.

"논의 중에 있는 칼빈의 예정론." 연세대학교 편. 「현대와 신학」제25집(2000), pp. 318-333.

"Martin Bucer(1491-1551) und Johannes Calvin(1509-1564) im Umgang miteinander." *Yonsei Journal of Theology* V(Dec. 2000), pp. 349-362.

"H. Berkhof의 K. Barth에 대한 관계 발전: 신학방법론을 중심으로." 한국조직신학회 편. 「조직신학논총」제5집(2000), pp. 245-262.

"개혁과 종교개혁자 Martin Bucer(1491-1551)에게서 구약과 신약의 관계." 한국기독교학회 편. 「한국기독교신학 논총」제18집(2000), pp.

223-246.

"Martin Bucer의 삼위일체론적 성령론." 안양대학교 편. 「신학지평」제13집(2000), pp. 207-236.

"자원봉사의 의의와 가치." 「새가정」10월호(2000), pp. 30-33.

"종교개혁적 관점에서 본 한국교회의 문제." 「서울장신학보」(2000.11).

"추천도서 소개." 「서울장신학보」(2000.11).

"종교개혁 운동은 윤리적 사건인가 종교적 사건인가." 「영남신학대학보사」(2000.11).

2001년

"사랑과 하나님의 나라에 뿌리를 둔 목회." 「기독교사상」(2001.1), pp. 135-141.

"최근의 칼빈의 성령론: 연구방법론과 성령론을 중심으로." 한국칼빈학회 편.『최근의 칼빈연구』(2001), pp. 158-173.

"마르틴 부처와 쟝 깔뱅의 상호관계." 「서울장신논단」제9집(2001), pp. 98-116.

"G.C. Berkouwer의 하나님의 형상의 회복." 평택대학교 편. 「복음과 신학」제4호(2001), pp. 218-241.

"Die Entwicklung des Verhältnisses von Berkhof zu Barth: hinsichtlich der theologische Methode." *Yonsei Journal of Theology* VI(2001), pp. 105-119.

"G.C. Berkouwer의 하나님의 형상 이해." 한국기독교학회 편. 「한국기독교신학논총」21집(2001).

"십자가를 전하는 선교." 서울서남노회 편. 「남선교회보」(2001), pp. 6-9.

"십자가의 의미 (I)." 「서울장신학보」제119호(2001).

"칼빈의 기도론." 영락교회 편. 「제7기 기도학교」(2001).

"2001년 크리스마스에는…." 영락교회 편. 「만남」(2001.12), pp. 4-5.

2002년

"부활의 영광 속에서 십자가를." 영락교회. 「만남」(2002.3), pp. 8-10.
"개혁신학 전통 속에서 여 · 남 평등: 조직신학적 소고." 전국여신학생연합회. 「새날」(2002.재창간호), pp. 31-33.
"십자가의 의미(II)." 「서울장신학보」제120호(2002).
"예수 그리스도의 부활." 서울장신대학교 편. 「서울장신논단」제10집 (2002), pp. 106-125.
"루터의 종교개혁과 우리시대의 교회개혁." 대한예수교장로회총회교육부 편. 「교육목회」제14호(2002, 가을호), pp. 33-39.
"바람직한 기독교 가정." 대한예수교장로회총회교육부 편. 「생명의 성령이 역사하시는 하나님의 나라와 가정」(2002), pp. 293-314.
"요한 칼빈의 구원론: 칭의와 성화의 관계를 중심으로." 목원대학교대학원신학과학생회 엮음). 「루터 칼빈 웨슬리의 구원론 비교」(2002), pp. 33-60.

2003년

"Calvins Prädestinationslehre unter Diskussion." 「Korea Presbyterian Journal of Theology」3(2003.5), pp. 85-101.
"기독교는 인간에 대해서 어떻게 가르쳐야 하는가?." 「새문안」(2003.5), pp. 10-12.
"헨드리꾸스 베르꼬프의 성령론과 기독론의 관계 연구." 연세대학교연합신학대학원 편. 「신학논단」제31집(2003.5.15), pp. 99-138.
"개혁교회 전통 속에서 하나님의 나라와 가정." 『남제 유정우 박사 회갑기념논문집: 역사와 신학』(2003.5.16), pp. 358-378.
"하나님의 나라와 가정의 성서적 접근." 「교육교회」통권/315호(2003.7.1), pp. 6-14.
"세 가지 종류의 십자가." 「교회와 신학」제54호(2003.9.1), pp. 48-56.
"기도 일천 시간! 책 일천 권!." 「로고스」제35집(2003.9.22), pp. 35-42.

"선물로 받은 평화를 전해주는 2003년 성탄절." 영락교회 편.「만남」통권 (2003.11.23), pp. 4-6.

"지식으로서 신학: 마르틴 부처의 '이중적 신지식'(duplex cognitio Dei)을 중심으로." 장로회신학대학교 편.『21세기 신학의 학문성』 (2003.12.30), pp. 199-220.

"마르틴 부처(Martin Bucer)의 교회일치적 활동에 나타난 교회론."「장신논단」제20집(2003.12.30), pp. 161-181.

2004년

"칼빈의 성령과 그리스도와의 관계: 성령의 담지자로서 그리스도를 중심으로." 한국칼빈학회 편.「칼빈연구」창간호(2004.1.10), pp. 71-91.

"마르틴 부처의 교회론-그리스도의 나라로서 교회." 이형기 교수 은퇴기념논문위원회 편.『하나님의 나라, 역사, 그리고 신학』(2004.2.26), pp. 293-319.

"현대 개혁신학의 종말론: G.C. Berkouwer와 O. Weber를 중심으로." 한국복음주의조직신학회 편.「조직신학연구」제4호(2004.3.27), pp. 233-254.

"로마 가톨릭 교회와 바르트를 비판하는 칼빈주의자 베르까우어의 개혁신학." 연세대학교연합신학대학원 편.「신학논단」37집(2004.9.20), pp. 307-351.

"칼빈과 바르트의 중재자로서 오토 베버(Otto Weber)." 한구개혁신학회 편.「한국개혁신학」제16권(2004.10.1), pp. 222-261.

"마르틴 부처의 삼위일체론적 기독론적 성령론." 한국기독교학회 편.「한국조직신학논총」제11집(2004.10.15), pp. 269-303.

"황정욱 교수의 '칼빈과 오늘의 개혁교회-교회론'을 중심으로." 최윤배 책임편집.『어거스틴, 루터, 깔뱅, 오늘의 개혁교회』. 서울: 장로회신학대학교출판부, 2004, pp. 158-164.

"통전적 신학."「교회와 신학」제59호(2004), pp. 139-142.

"마르틴 부처의 해석학." [장신논단]제22집(2004.12.31), pp. 173-190.

2005년

"마르틴 부처의 신학적 해석학."『신학적해석학』상(2005.1.5), pp. 187-210.

"부처와 칼빈의 종말론."「칼빈연구」제2집(2005.1.20), pp. 235-257.

"두 질서 안에서 살아가는 그리스도인."「목회자신문」제438호(2005.1.29).

"잊혀져 가지만 그러나 반드시 간직해야 할 말씀, '그리스도의 보혈'."「목회자신문」제444호(2005.3.19).

"쯔빙글리, 부처, 칼빈의 종말론." 한국기독교학회 편.「한국기독교신학논총」제38호(2005.4.15), pp. 185-209.

"윤철호, 신옥수 교수의 21세기 한국교회의 패러다임을 위한 교회론적 고찰-하나님 나라의 비전을 품고 세상과의 상호적이고 역동적인 상관관계 속에서 세상을 변혁시키는 삼위일체적 교회."『한국교회의 영적 부흥과 리더십1·2』. 서울: 장로회신학대학교출판부, 2006, pp. 645-652. (2005.4.20).

"아그누스 데이."「목회자신문」제449호(2005.4.30).

"나라 사랑과 교회." 영락교회 편.「만남」통권/377호(2005.6.1), pp. 4-6.

"그리스도인과 애국자의 관계."「목회자신문」제456호(2005.6.25).

"깔뱅의 경건으로서 영성." 장로회신학대학교 편.「제3차 종교개혁기념학술강좌」(2005.10.27).

"시62:7; 행11:21." 장로회신학대학교 편,『2006 말씀과 기도』(2005.12.25), pp. 149-150.

"깔뱅의 삼위일체(론)적 성령론." 한국칼빈학회 편.『칼빈연구』제3집(2005.12.30), pp. 79-99.

"깔뱅의 '기독교 강요'(1559)에 나타난 교회의 본질." 한국칼빈학회 편.『칼빈연구』제3집(2005.12.30), pp. 123-145.

2006년

"백수 신앙과 일하는 신앙."「목회자신문」제481호(2006.1.28).

"상급은 공로주의인가?."「목회자신문」제485호(2006.3.4).

"교회직분의 절대론이냐? 무용론이냐?."「목회자신문」제490호 (2006.4.16).

"깔뱅의 국가론(Calvin's Thoughts on State)." 장로회신학대학교 편.「장신논단」제25집(2006.4.30), pp. 127-167.

"The Relationship between the Holy Spirit and Jesus Christ by John Calvin."(제8차 세계칼빈학회, 네덜란드 Apeldoorn 기독교개혁신학대학교/독일 Emden J. Lasco 도서관, 2006.8.22-26).

"깔뱅과 한국신학." [로고스]제38집(2006.8.29), pp. 12-32.

"깔뱅의 성령과 예수 그리스도의 관계: 성령의 파송자로서 예수 그리스도." 연세대학교연합신학대학원 편.「신학논단」제45집(2006.9.15), pp. 147-180.

"오직 하나님의 은혜로!." 최윤배 공저.『설교로 이해하는 종교개혁』 (2006.9.20), pp. 151-162.

"칼빈의 성례전으로 세례: '기독교 강요'(1559)를 중심으로." 한국개혁신학회 편.「한국개혁신학」제20권(2006.10.1), pp. 313-340.

"개혁교회 전통에서 경제관: 깔뱅을 중심으로." 장로회신학대학교기독교교육연구원 편.「교육교회」제351회(2006.11.1), pp. 9-15.

"장신대 교수님이 추천하는 신학생 필독서 50권."「신학춘추」통합/51호 (2006.11.21).

"깔뱅의 그리스도의 나라(Regnum Christi)에 관한 연구." 김영한 교수 회갑기념논문집 간행위원회 편.『은혜 김영한 교수 회갑기념 논문집: 21세시 한국 신학의 방향』(2006.11.23), pp. 504-526.

"깔뱅의 교회론: 교회의 본질을 중심으로." 한국복음주의조직신학회 편.『조직신학연구』제8집(2006.12.12), pp. 8-43.

"시62:7; 막14:62." 장로회신학대학교 편,『2007 말씀과 기도』(2006.12.20),

pp. 184-185.
"개혁교회의 역사와 신학."「교회와 신학」제67호(2006.겨울호), pp. 156-158.
"칼빈의 중세 로마 가톨릭 교회의 7성례에 대한 비판." 한국기독교학회 편.『한국조직신학논총』제17집(2006.12.30), pp. 203-235.

2007년

"깔뱅의 교회직분과 교회권위에 대한 연구: '기독교강요'(1559)를 중심으로." 한국칼빈학회편.「칼빈연구」제4집(2007.1.10), pp. 199-226.
"칼빈의 교회론: 교회의 본질을 중심으로." 한국기독교학회 편.『한국기독교신학논총』제49호(2007.1.15), pp. 92-122.
"The Relationship between the Holy Spirit and Christ as the Sender of the Holy Spirit in John Calvin." *Korea Presbyterian Journal of Theology*, Vol. 7(2007.2.20), pp. 181-208.
"위르겐 몰트만의 '디아코니아'."『유정우 교수 정년퇴임 기념논문집』(2007.2.20).
"평양 대부흥운동의 신학적 고찰 (1): 세계 신앙각성운동과 연계하여."「교회와 신학」제68호(2007.3.15), pp. 36-43.
"깔뱅의 권징론." 고신대학교개혁주의학술원 편.『칼빈과 교회론』(2007.3.23), pp. 147-171.
"The Relationship between the Holy Spirit and Christ as the Bearer of the Holy Spirit in John Calvin." 한국개혁신학회 편.「한국개혁신학회 제21집」(2007.4.1), pp. 261-286.
"박형룡의 개혁신앙: 칭의와 성화를 중심으로." 한국개혁신학회 편.「한국개혁신학」제21집(2007.4.1), pp. 187-209.
"무극(無極) 한숭홍(韓崇弘), 그에게는 무엇이 있는가?."「신학춘추」통권 53호(2007.5.1).
"21세기 글로벌 신학의 동향과 과제(Trends and Tasks of Global

Theology in 21st Century)." 백석대학교 편.「춘계신학전공학술제」 제1회(2007.5.17).
"개혁전통에서 디아코니아: 개혁파 정통주의와 H. Berkhof 중심으로." 한국복음주의조직신학회 편.「조직신학논총」제19집(2007.5.22).
"21세기 교단신학의 정체성."「장신논단」제28집(2007.5.30), pp. 95-139.
"평양 대부흥운동의 신학적 고찰 (1): 세계 신앙각성운동과 연계하여."「교회와 신학」제68호(2007.봄호), pp. 36-43.
"깔뱅의 성례전으로 성찬: '기독교강요'(1559)를 중심으로." 평택대학교 편.『복음과 신학』통권/제9호, 2007.8.29), pp. 191-223.
"개혁파 종교개혁자 마르틴 부처의 '경건'(pietas) 개념."「로고스」제39호 (2007.9.1), pp. 67-90.
"한국교회의 정치신학과 2007 대선참여."『교회와 신학』제71호(2007. 12.3), pp. 59-67.
"Bucer와 Strasbourg."(제11차 한중학술대회, 2007.12.10-12).

2008년

"마르틴 부처(Martin Bucer, 1491-1551)의 종교개혁과 선교: 하나님의 나라를 중심으로."「선교와 신학」제21집(2008.1.14), pp. 69-96.
"시편 주석서를 통해 본 성경번역자로서의 깔뱅." 한국칼빈학회 편.「칼빈연구」제5집(2008.1.20), pp. 169-187.
"개혁파 전통에서 본 국가론."「장로교회와 신학」제5집(2008.2.12), pp. 138-160.
"오직 메시아이신 주를 의지해 그 존재 이유와 영예를 발견하는 민족."「새문안」통권/235호(2008.3.2), pp. 10-12.
"한경직의 성령신학." 한국개혁신학회 편.「한국개혁신학논문집」제23권 (2008.4.1), pp. 117-152.
"칼빈의 가정론." 두란노 편,「목회와 신학」(2008.5.1), pp. 164-169.

"Bucer와 Strasbourg." *Korea Presbyterian of Theology*, Vol. 8(2008.5), pp. 143-156.

"마르틴 부처의 선교 사상: 예수 그리스도와 사도들에 의한 하나님의 나라를 중심으로."「장신논단」제31집(2008.5.30), pp. 9-36.

"성경에 근거한 교리."「한국기독공보」(2008.8.9).

"마르틴 부처의 '경건'(pietas)에 관한 연구." 한국기독교학회 편.「한국조직신학논총」제21집(2008.9.30), pp. 11-33.

"칼뱅의 교회정치 사상에 대한 연구."「한국기독교신학논총」제59집(2008.10.15), pp. 101-126.

"중보자 예수 그리스도의 직무(munus)에 대한 고찰: 고대 교회로부터 칼뱅까지."「교회를 위한 신학 제7권」통권/제 2호(2008.12.20), pp. 272-291.

"말씀과 기도." 장로회신학대학교출판부 편,『2009 말씀과 기도』(2008.12.31), pp. 230.

2009년

"깔뱅의 기도 이해: '기독교 강요' 초판과 최종판(1536/1559)을 중심으로." 한국칼빈학회 편.「칼빈연구」제6집(2009.1.20), pp. 61-90.

"칼빈탄생 500주년 특집: 학술기고⑤ '칼빈의 동역자'."「한국기독공보」(2009.2.14).

"⟨7⟩박형룡 목사: 1. 초기 신앙과 교육적 배경."「한국기독공보」(2009.3.7).

"⟨7⟩박형룡 목사: 2. 신학교 분열의 중심에 서다."「한국기독공보」(2009.3.14).

"⟨7⟩박형룡 목사: 3. 박형룡 사상에 대한 연구들."「한국기독공보」(2009.3.21).

"⟨7⟩박형룡 목사: 4. 죽산 박형룡이 논쟁한 주요 사건들."「한국기독공보」(2009. 3.28).

"정암 박윤선의 성령신학." 한국개혁신학회 편.「한국개혁신학」제25권(2009.4.1), pp. 34-83.

"하나님의 나라와 개혁교회의 현실참여: 역사신학적, 조직신학적 고찰과 한국교회를 위한 실천방향."「제10회 소망포럼」(2009.5.6).

"왜 21세기에도 16세기의 칼빈인가?."(계명대, 2009.5.18).

"개혁교회의 미래." (평신도대학원교육대회, 2009.5.21).

"칼빈의 문화관: 하나님 나라 위한 문화 만들라."「한국기독공보」(2009.5.23).

"칼빈 탄생 500주년에 부쳐."「한국장로신문」(2009.5.23).

강연, "칼빈의 신학과 한국장로교회 신학의 특성."(서울교회, 2009.6.1).

"깔뱅의 장로교 이념의 신학적 재해석."(제4회 한강목회포럼, 2009.6.29).

"깔뱅과 문화," 한국기독교회사학회 편.「교회사학」제8권/1호(2009.7.1), pp. 81-108.

"세상을 품는 교회의 나라 사랑과 평화."「새문안」통권/8호(2009.8.2), pp. 10-12.

"21세기에도 칼빈이 주목받는 이유."「신앙세계」통권/489호(2009.4), pp. 34-39.

"학술기고 30 '칼빈의 기도'."「한국기독공보」(2009.9.5).

"깔뱅의 생애와 사상 및 신학 (1)."「통독 큐티」(2009.5), pp. 152-155.

"깔뱅의 생애와 사상 및 신학 (2)."「통독 큐티」(2009.6), pp. 150-155.

"깔뱅의 생애와 사상 및 신학 (3)."「통독 큐티」(2009.6), pp. 150-155.

"소그룹 학습을 통한 교회학교 교리교육의 이론과 실제: 깔뱅의 '즈네브교회 교리문답'을 중심으로." 장로회신학대학교 교수학습개발원 편.「학습자 주도적 협력학습연구」제5호(2009.9.23), pp. 37-83.

"깔뱅은 성경을 어떻게 이해했는가?."「성서마당」통권/제22호(2009.9.30), pp. 31-43.

"마르틴 부처(Martin Bucer)의 성서주석들에 나타난 해석학적 관점들에 대한 연구." 한국조직신학회 편.「한국조직신학논총」제24집 (2009.9.30), pp. 7-33.

"칼빈의 통전적(holistic) 영성."(NCCK 선교훈련원 주최, 장신대 신대원 주관, 감신, 구세군사관학교, 성공회대, 연신원, 한신대, 장신대,

2009.10.19).

"마르틴 부처(Martin Bucer)의 '시편주석'에 나타난 역사적 해석."「장신논단」제35집(2009), pp. 109-137.

2010년

"칼빈의 종교적 인식에 대한 연구: '기독교강요' 프랑스어판(1560) I 권 1장에서 9장을 중심으로." 한국칼빈학회 편.「칼빈연구」제7집, (2010.1.20), pp. 275-304.

"종교개혁 신학에 나타난 '그리스도와의 신비적 연합'(unio mystica cum Christo)에 대한 이해."「장신논단」제37집(2010.2.15).

"마르틴 부처의 '에베소서주석'(1527)에 나타난 중심사상: 성령과 말씀을 중심으로." 연세대학교연합신학대학원 편.「신학논단」제59집(2010.3.31), pp. 149-171.

"깔뱅의 '과학'(science) 이해." 한국조직신학회 편. 한국기독교학회 편.「한국조직신학논총」제26집(2010.6.30), pp. 7-39.

"부처의 예배."(장로회신학대학교 제8회 종교개혁기념학술강좌, 2010.10.20).

"칼빈의 인간 이해: 중생된 인간을 중심으로." 한국복음주의조직신학회 편.「조직신학연구」제13호(2010.10.29), pp. 139-153.

"칼빈의 성령론."『교회력에 따른 2011 예배와 강단』(2010.10.30), pp. 63-80.

"앤드류 머레이의 '예수님의 보혈의 능력'." 장로회신학대학교도서관 편.『교수님에게 듣는 나를 변화시킨 한 권의 책』(2010.11.3), pp. 48-49.

"이상원 교수의 '아브라함 카이퍼의 하나님의 주권사상 실천과정, 오늘날의 의미'." 개혁주의이론실천학회 제1회 학술대회(2010.12.18).

"개혁신학과 교회일치: 교회의 '하나됨'의 속성을 중심으로." 필그림출판사 편.『바른신학과 교회갱신』(2010.12.26), pp. 814-833.

"하나님 나라와 개혁교회의 현실참여." 장로회신학대학교연구지원처 편.『하나님 나라와 교회의 현실 참여 2』(2010.12.30), pp. 77-150.

2011년

"마르틴 부처의 생애와 사상 (I)." 도서출판독원, 「큐티성경통독」(2011. 1.1), pp. 144-147.

"마르틴 부처의 생애와 사상 (II)." 도서출판독원, 「큐티성경통독」(2011. 2.1), pp. 144-147.

"종교개혁신학에 나타난 '그리스도와의 신비적 연합'(unio mystica cum Christo)에 대한 이해," 장로회신학대학교 편. 「장신논총」제3집, (2011.2.28).

"깔뱅의 예배신학의 특징." 한국칼빈학회 편. 「칼빈연구」제8집 (2011.2.28), pp. 123-154.

"칼빈과 16세기 예배 이해." 고신대학교 개혁주의학술원 편. 『칼빈과 예배』 (2011.2.28), pp. 37-58.

"마르틴 부처의 예배신학에 대한 연구."(한국장로교신학회, 2011.3.5).

"마르틴 부처(Martin Bucer)의 초기 사상에 나타난 그리스도론 연구."「장신논단」제40집(2011.4.30), pp. 289-309.

"WCC 문서에 나타난 성령론." 한국개혁신학회(2011.5.14).

"헬무트 틸리케의 성령론 연구."「한국개혁신학」제30권(2011.5.31), pp. 38-78.

"헬무트 틸리케의 교회론적 성령론 연구: '개신교 신앙' 제3권의 3부에 나타난 '교회론'을 중심으로."「신학논단」제64집(2011), pp. 259-283.

"Kyung-Chik Han's Theology of the Holy Spirit." *Kyung-Chik Foundation*(2010), pp. 315-364.

"칼빈의 신론에 관한 연구."「조직신학연구」제14집(2011.봄·여름호), pp. 154-169.

"프랑스 개혁교회의 예배와 직제에 관한 연구."「조직신학연구」제15집 (2011.가을·겨울호), pp. 79-108.

"맑은 물과 흐린 물."「신학춘추」통합 79호(2011.9.27).

"부처, 칼빈, 한경직의 삼위일체론적 성령론."(한국칼빈학회, 2011.10.17).

"故 이종성 명예학장의 신학."「신학춘추」제80호(2011.10.25).

"붙잡지 못한 사랑하는 제자와 존경하는 스승님."「신학춘추」제80호 (2011.10.25).

"깔뱅의 선교론." 한국복음주의신학회(2011.10.28-29).

"성령론과 목회." 장로회신학대학교 기독교사상연구부, 새세대성장연구소 (2011.11.5).

"소통(疏通)과 불통(不通)."「신학춘추」제81호(2011.11.22).

"프랑스 개혁교회의 예배와 직제에 관한 연구."「조직신학연구」제14집 (2011년 봄·여름호, 5.30), pp. 154-169.

"헬무트 틸리케의 성령론 연구."「한국개혁신학」제30권(2011.5.31), pp. 38-78.

"헬무트 틸리케의 교회론적 성령론 연구:『개신교 신앙』제3권의 3부에 나타난 '교회론'을 중심으로."「신학논단」제64집(2011.6.30), pp. 259-283.

"개혁신학과 교회일치."「성경과 신학」제59권(2011.10.25.), pp. 265-290.

"칼빈의 신론에 관한 연구."「조직신학연구」제15집(2011년 가을·겨울호.10.30), pp. 79-108.

"마르틴 부처의 생애와 사상(III)."『큐티성경통독 2011년 3월호』. 서울: 도서출판 통독원, 2011.3.1, pp. 150-155.

"16세기 종교개혁 운동의 오늘날의 의미."『금성월보』(2011.11.1. 통권 72호, 금성교회홍보출판부), pp. 13-17.

한국기독교학회 참석 및 제6회 소망학술상 수상, "잊혀진 종교개혁자 마르틴 부처,"(2011.10.21-22, 온양호텔)

2012년

"마르틴 부처(Martin Bucer)의 구원론에 관한 연구: 예정과 소명과 영화를 중심으로."「신학논단」제67집(2012.3.31), pp. 141-169.

"마르틴 부처의 구원론: 칭의를 중심으로."「조직신학연구」제16호(2012

봄·여름호)(2012.5.31), pp. 168-196.

"깔뱅의 선교신학과 선교활동." 「성경과 신학」제62권(2012.4.25), pp. 133-162.

"'프리베'와 '쀠블릭' 사이의 경계선에서." (「신학춘추」통합82호 2012.3. 27화, A10)

제6회 대한민국중앙서예대전, "한문특선 '범사감사'", "문인화 입선 '감'"(2012. 3.29-4.1 경복궁 메트로미술관 1/2관(전관).

"계절의 '봄'과 마음의 '봄'" (「신학춘추」통합83호 2012.4.24화, A10)

"가장 싫은 시험과 가장 좋은 방학." 「신학춘추」통합84호 2012.5.22화, A10)

"개신교 목회신학의 뿌리로서의 종교개혁신학." 「교육목회」 Vol. 41 (2012.4.8), pp. 34-43.

"직제적 관점에서 본 한국교회의 위기와 신학적 실천적 대안모색." 「한국개혁신학」제34권(2012.5.31), pp. 67-98.

"대한예수교장로회총회 100년: 조직신학의 어제와 오늘과 내일." 「장신논단」제44권-2호(2012.7.30), pp. 41-73.

"마르틴 부처의 구원론: 성화를 중심으로."(8.30) 「조직신학연구」제17집/ 최갑종 교수 은퇴논문.

"구원자이신 예수 그리스도의 힐링(healing)." (「신학춘추」통합85호 2012.9.25화, A10).

"쌍두마차로서의 교회와 선교, 선교와 교회." (「신학춘추」통합86호 2012. 10.30화, A10).

"아듀! 아-듀!"(「신학춘추」통합87호 2012.11.27화, A10).

"종교개혁 제495주년을 보내면서 …" 「장신소식 2012 Winter」, 9.

2013년

최윤배, 안교성, 배요한 공저. 『대학부 신학과의 정체성과 특성화에 관한 연구』. 서울: 장로회신학대학교 연구지원처(2013.2.28).

"장공 김재준 박사의 구원론에 관한 연구: 초기 신학사상(1926-1949)

을 중심으로." 한국개혁신학회 편. 「한국개혁신학회 논문집」제38권 (2013.5.31.), 51-80.

"중국인 가옥명(賈玉銘; Chia Yu Ming, 1879-1964)의 성령론 연구." 한국개혁신학회 편. 「한국개혁신학회 논문집」제39권(2013.8.31.),124-159.

"호주 디아스포라신학과 실천에 관한 연구: 홍길복을 중심으로." 한국복음주의조직신학회 편. 「조직신학연구」제19호(2013 가을, 겨울호) (2013.11.1.), 39-82.

"화해(和解)에 대한 조직신학적 소고." 한국성서학연구소 편. 「성서마당」 Vol. 106(2013. 6.30, 여름), 37-48.

2014년

"정유(靜流) 이상근(李相根) 박사의 구원론: 『신약성서 주해 로마서』를 중심으로." 장로회신학대학교출판부. 「교회와 신학」제78집(2014.2.28.), 141-169.

"기독교 교리, 왜 필요한가?" 「목회와 신학」(사단법인 두란노서원, 2014년 3월호, 2014.3.1.), 42-46.

"'성경·개혁·복음주의·에큐메니칼·기독교'적인 본교단 신학의 미래 전망." 「한국기독공보」제2939호(2014.2.22., 토), A21.

"개혁신학의 관점에서 본 신사도 운동의 영성." 「한국조직신학논총」제38집(2014년 6월), 121-156. ISBN1226-3656.

"기독교 교리의 필요성에 관한 연구." 「조직신학 연구」제20집(봄·여름호) (2014.5.16.), 140-161.

"성령에 대한 이해." 「만남」통권 485호(2014 6월호 6.1발간), 12-13.

"치유의 믿음." 대한예수교장로회 제삼교회(편). 「제삼의 만남」통권50호 (2014.6), 6-14.

"목회자가 목회자에게 들려주는 TULIP." 「목회와 신학」(2014년 9월호), ISSN 1227-3619, 216-217.

"제1과 『로마서』 성경공부 개요." 「평신도신문」(제66호 2014.8.9., 토), A9.
"제2과 복음과 우리의 신분." 「평신도신문」(제67호 2014.8.23, 토), A11.
"제3과 하나님의 의." 「평신도신문」(제68호 2014.9.6, 토), A9.
"제4과 인간의 죄로서의 불의 또는 불법." 「평신도신문」(제69호 2014.9. 27, 토), A11.
"제5과 유대인의 불법으로서의 죄." 「평신도신문」(제70호 2014.10.11, 토), A9.
"제6과 행위의 법과 믿음의 법; 율법을 통한 죄인과 믿음을 통한 의인." 「평신도신문」(제71호 2014.10.25, 토), A9.
"제7과 믿음으로 의롭다함(칭의)을 받은 아브라함과 우리들." 「평신도신문」(제72호 2014.11.15, 토), A9.
"제8과 칭의받은 신앙인의 삶과, 아담-그리스도 모형(type)." 「평신도신문」(제73호 2014.11.29, 토), A9.
"제9과 칭의받은 신앙인의 거룩한 삶의 실천." 「평신도신문」(제74호 2014.12.13, 토), A9.
"제10과 죄와 사망의 법과, 생명의 성령의 법." 「평신도신문」(제75호 2014.12.13, 토), A9.
"기독교 관점에서 본 죽음과 노년의 관계에 대한 연구." 「구약논단」제20권 4호(통권 54집)(2014.12.31., 42-88,

2015년

"제11과 성령의 사람으로서의 그리스도인." 「평신도신문」(제76호 2015.1. 10, 토), A9.
"제12과 그리스도인의 '구원의 과정(순서)." 「평신도신문」(제77호 2015.1. 24, 토), A11.
"제13과 하나님의 사랑과 자비에 근고한 하나님의 일방적인 선택." 「평신도신문」(제78호 2015.2.7, 토), A9.
"제14과 복음전파와 선교의 절대 필요성과 절대 긴박성." 「평신도신문」(제79호 2015.2.28, 토), A9.

"제15과 하나님의 구원의 역사."「평신도신문」제80호(2015.3.7., 토) A9.
"제16과 영적 예배."「평신도신문」제81호(2015.3.21., 토) A9.
"제17과 은사와 직분을 통한 그리스도인의 삶."「평신도신문」제82호(2015.4.4, 토) A9.
"제18과 국가와 사회 속에서의 그리스도인의 삶."「평신도신문」제83호(2015.4.18, 토) A9.
"제19과 국가와 사회 속에서 율법."「평신도신문」제84호(2015.5.2, 토) A9.
"제20과 그리스도인의 종말(론)적인 삶의 태도."「평신도신문」제85호(2015.5.23, 토) A9.
"제21과 상호 교제와 소통을 해치는 '상호 비판행위'."「평신도신문」제86호(2015.6.6, 토) A9.
"제22과 상호 교제를 가능케하는 '상호 사랑'."「평신도신문」제87호(2015.6.20, 토) A9.
"제23과 상호 교제와 소통을 가능케하는 상호 덕을 세움."「평신도신문」제88호(2015.7.11, 토) A9.
"제24과 하나님의 복음의 제사장 직무."「평신도신문」제89호(2015.7.25, 토) A9.
"제25과 바울의 미래 선교사역에 대한 구체적 계획."「평신도신문」제90호(2015.8.8, 토) A9.
"제26과 바울 사도의 로마 교회에 대한 마지막 문안인사."「평신도신문」제91호(2015.8.22, 토) A11.
"제1과 '잊혀진 종교개혁자'로서의 마르틴 부처(Martin Bucer, 1491-1551)."「평신도신문」제92호(2015.9.5, 토) A9.
"제2과 16세기 종교개혁의 주된 동기는 '윤리' 문제가 아니라 '종교' 문제였다."「평신도신문」제93호(2015.9.19, 토) A11.
"제3과 마르틴 루터의 구원론 중심의 비텐베르크 종교개혁."「평신도신문」제94호(2015.10.10,토) A9.

"제4과 츠빙글리의 국가론 중심의 취리히 종교개혁과, 마르틴 부처와 요한 칼빈의 교회론 중심의 스트라스부르그와 제네바의 종교개혁."「평신도신문」제95호(2015.10.24,토) A9.

"제5과 종교개혁 운동의 다양성 속에서 통일성."「평신도신문」제96호 (2015.11.14,토) A9.

"제6과 마르틴 부처의 생애(1)."「평신도신문」제97호(2015.11.28., 토) A11.

"제7과 마르틴 부처의 생애(2)."「평신도신문」제98호(2015.12.12., 토) A9.

"제8과 마르틴 부처와 칼빈의 인격적·신앙적·신학적 상호 관계와 상호 영향(1)."「평신도신문」제99호(2015.12.26, 토) A11.

"은파 김삼환 박사의 새벽기도 신학에 관한 연구."『제6회 2015년 새벽기도 목회자 컨퍼런스』(서울: 명성교회, 2015), 267-288.

"개혁신학의 관점에서 본 목사 이중직에 관한 연구."(2015.4.15, 대한예수교장로회총회 국내선교부).

"춘계 이종성 박사의 구원론에 관한 연구."(2015.5.9 한국개혁신학회 발표).

"칼빈주의자 이수영 박사의 성령론에 관한 연구."(1015. 5.30 한국복음주의조직신학회 발표).

"로흐만의 신학에 관한 연구."(2015.10.21. 제498회 장로회신학대학교 종교개혁기념강좌 발표).

2016년

"칼빈의 관계적 삼위일체론에 관한 연구."「교회와 신학」제80호 (2016.2.28).

"제9과 마르틴 부처와 칼빈의 인격적·신앙적·신학적 상호 관계와 상호 영향(2)."「평신도신문」제100호(2016.1.16, 토) A11.

"제10과 마르틴 부처와 칼빈의 인격적·신앙적·신학적 상호 관계와 상호 영향(3)." 「평신도신문」제1001(2016.1.30, 토) A9.
"제11과 마르틴 부처의 교회론(1)." 「평신도신문」제1002(2016.2.13., 토), A9.
"제12과 마르틴 부처의 교회론(2)." 「평신도신문」제1002(2016.2.17., 토), A9.

제8부

참고문헌

1. 국내 서적

국어국문학회 감수. 『새로나온 국어대사전』. 서울: 민중서관, 2007.
김균진. 『기독교조직신학 Ⅲ』. 서울: 연세대학교출판부, 1987.
김도훈. 『길 위의 하나님』. 파주: 조이웍스, 2014.
김명용. 『현대의 도전과 오늘의 조직신학』. 서울: 장로회신학대학교출판부, 1997/2002.
김명용. 『칼 바르트의 신학』. 서울: 도서출판 이레서원, 2007.
김세윤. 『구원이란 무엇인가』. 서울: 겨자씨, 2001.
박영선 공저. 『구원 이후에서 성화의 은혜까지』. 서울: 도서출판 이레서원, 2008.
박수암. 『신약신학주제사전』. 서울: 장로회신학대학교출판부, 2012.
성종현. 『신약총론』. 서울: 장로회신학대학교출판부, 1997.
송인설. 『에큐메니칼 구원론: 구원론의 화해가 가능한가?』. 서울: 겨자씨, 2008.
유태화. 『삼위일체론적 구원론』. 서울: 도서출판 대서, 2007.
유해무. 『개혁교의학: 송영으로서의 신학』. 서울: 크리스챤다이제스트,

1997.

윤철호. 『기독교신학개론』. 서울: 대한기독교서회, 2015.

이신건. 『조직신학 입문』. 서울: 한국신학연구소, 1992/1994.

장로회신학대학교 연구지원처. 『제11·12회 소망신학포럼: 화해와 화해자: 화해자로서의 교회와 장신신학의 정체성』. 서울: 장로회신학대학교출판부, 2012.

장흥길. 『산상설교』. 서울: 장로회신학대학교출판부, 2010.

차재승. 『7인의 십자가 사상: 십자가 그 자체로부터 넘치는 십자가로』. 서울: 새물결플러스, 2014.

최윤배. 『그리스도론 입문』. 서울: 장로회신학대학교출판부, 2009.

최윤배. 『영혼을 울리는 설교』. 용인: 킹덤북스, 2012.

최윤배. 『잊혀진 종교개혁자 마르틴 부처』. 서울: 대한기독교서회, 2012.

최윤배. 『깔뱅신학 입문』. 서울: 장로회신학대하교출판부, 2012.

최윤배. 『성경적·개혁적·복음주의적·에큐메니칼적·기독교적 조직신학 입문』. 서울: 장로회신학대학교출판부, 2013.

최태영. 『성경의 신학』. 서울: 기독교문서선교회, 2013.

현요한. 『신학은 하나님 배우기』. 서울: 대한기독교서회, 2011.

2. 해외 서적

Aulén, Gustaf. *Christus Victor: An Historical Study of the Three Main Types of the Idea of the Atonement*, tr. A. G. Herbert. London: SPCK, 1952.

Barth, Karl. *Die Kirchliche Dogmatk* IV/1, IV/2, IV3-1, IV3-2, IV/4. Zollikon-Zürich: Evangelischer Verlag A.G., 1953-1967.

Barth, Karl. *Die Kirchliche Dogmatik* IV/3. Zollikon-Zürich: Evangelischer Verlag AG., 1959.

Bavinck, Herman. *Gereformeerde Dogmatiek* 3. Kampen: J. H. Kok,

1929.

Bavinck, Herman. *Gereformeerde Dogmatiek* 4. Kampen: J. H. Kok, 1930.

Berkhof, Hendrikus. *Christelijk Geloof*. Nijkerk: Uitgeverij G. F. Callenbach bv, 1990.

Berkhof, Louis. *Systematic Theology*. WM. B. Eerdmans Publishing Co., 1938.

Berkhof, Louis. *Systematic Theology*. Grand Rapids: Eerdmans Publishing Co., 1981/1938.

Berkouwer, Gerrit Cornelis. *Dogmatische studiën: Geloof en rechtvaardiging*. Kampen: Uitgave J. H. Kok N.V., 1949.

Berkouwer, Gerrit Cornelis. *Dogmatische studiën: Geloof en Heiliging*. Kampen: Uitgave J. H. Kok N.V., 1949.

Berkouwer, Gerrit Cornelis. *Dogmatische studiën: Geloof en Volharding*. Kampen: Uitgave J. H. Kok N.V., 1949.

Bloesch, Donald G. *Essentials of Evangelical Theology* II: Life, Ministry & Hope, 이형기, 이수영 역, 『복음주의 신학정수』. 서울: 한국장로교출판사, 1999.

van Bruggen, Jakob. *Matteüs: het evangelie voor Israël*. Kampen: Uitgeverij Kok, 1990.

Childs, Brevard S. *Biblical Theology of the Old and New Testaments*. 유선명 역. 『신·구약 성서신학』. 서울: 은성출판사, 1994/2001.

Erickson, Millard J. *The Doctrine of Salvation*. 김광렬 역. 『구원론: 에릭슨 기독교 신학5』. 서울: 기독교문서선교회, 1992.

Freedman(Ed.), David Noel. *The Anchor Bible Dictionary Volume 5*. New York: Doubleday, 1992.

Friedrich(ed.), Gerhard. *Theological Dictionary of the New*

Testament Volume VII. tran. ed. by G. W. Bromiley. Grand Rapids: WM. B. Eerdmans Publishing Company, 1975.

Genderen, J. van. & Velema, W. H. *Beknopte Gereormeerde Dogmatiek*. Kampen: Uitgevermaatschappij J. H. Kok, 1992.

Heppe, Heinrich, *Reformierte Dogmatik*. Kreis Moers: Buchhandlung des Erziehungsvereins Neukirchen, 1961/1935.

Hodge, Charles. *Systematic Theology Vol. 2: Part II Anthropology, Part III Soteriology*. Grand Rapids: Eerdmans Printing Company, 1977/1871.

Hoekema, Anthony A. *Saved by Grace*. Grand Rapids: WM. Eerdmans Publishing Company, 1989.

Knitter, P. No Other Name?. 변선환 역.『오직 예수 이름으로만?』. 서울: 한국신학연구소, 1986.

Kümmel, W. G. *Die Theologie des Neuen Testaments nach seinen Hauptzeugen Jesus · Paulus · Johannes*. 박창건 역.『주요 증인들에 따른 신약성서신학』. 서울: 성광문화사, 1985.

Lochman, Jan Milič. *Versöhnung und Befreiung, David Lews, Reconciliation and Liberation*. Belfast: Christian Journals LTd., 1980.

Migliore, Daniel L. *Faith Seeking Understanding: An Introduction to Chriatian Theology*. 신옥수, 백충현 역.『기독교조직신학개론: 이해를 추구하는 신앙』. 서울: 새물결플러스, 2012.

Moltmann, J. *Der gekreuzigte Gott: Das Kreuz Christi als Grund und Kritik christilicher Theologie*. München: Chr. Kaiser Verlag, 1972.

Moltmann, Jürgen. *Kirche in der Kraft des Geistes: Ein Beitrag zur messianischen Ekklesiologie*. München: Chr. Kaiser Verlag, 1975.

Murray, John. *Redemption-Accomplished and Applied*. Grand Rapids: WM. B. Eerdmans Publishing Company, 1955.

Ott, Heinrich. *Die Antwort des Glaubens: Systematische Theologie in 50 Artikeln*. Stuttgart · Berlin: Kreuz Verlag, 1973.

Piper, John. Five Points. 윤종석 역.『나는 나를 구원할 수 없습니다』. 서울: 도서출판 두란노, 2014.

Ridderbos, *Herman Paulus: Ontwerp van zijn theologie*. Kampen: Uitgeversmaatschappij J. H. Kok, 1966.

Sakenfeld(General Edtor), K. D. *The New Interprete's Dictionary of the Bible*. Nashville: Abingdon Pess, 2009.

Shedd, William G. T. *Dogmatic Theology Vol. 2*. Grand Rapids: Zondervan, 1889-1894.

Trillhaas, Wolfgang. *Dogmatik*. Berlin: Verlag Alfred Töpelmann, 1966.

Weber, Otto. *Grundlagen der Dogmatk II* (Kreis Moers: Neukirchen Verlag der Buchhandlung des Erziehhungsvereins Neukirchen, 1962.